Wissenschaftliche Untersuchungen
zum Neuen Testament

Herausgegeben von
Martin Hengel und Otfried Hofius

100

Petr Pokorný / Josef B. Souček

Bibelauslegung als Theologie

herausgegeben von

Petr Pokorný

Mohr Siebeck

Die Deutsche Bibliothek – CIP-Einheitsaufnahme

Bibelauslegung als Theologie / Petr Pokorný/Josef B. Souček. Hrsg.
von Petr Pokorný. – Tübingen : Mohr Siebeck, 1997
   (Wissenschaftliche Untersuchungen zum Neuen Testament ; 100)
   ISBN 3-16-146766-3

ISSN 0512-1604

Professor D. Martin Hengel, Dr. h. c.
und seiner Frau Marianne
gewidmet

Inhaltsverzeichnis

I. Lebensverhältnis zur Sache

II. Hermeneutik

III. Biblische Theologie in ihrer Umwelt

I.
Lebensverhältnis zur Sache

1. Exegese als Zeugnis

Als sich unter Mitwirkung von Professor Martin Hengel und dem Verleger Georg Siebeck aus Tübingen die Möglichkeit zeigte, einige meiner Aufsätze in einem Sammelband zu veröffentlichen, war mir gleich klar, daß ich auch eine Auswahl der deutsch geschriebenen exegetischen Beiträge meines Prager Vorgängers Josef B. Souček (1902–1972) eingliedern muß. Souček hat mich als Exeget durch die Breite, Sachlichkeit und hermeneutische Überzeugungskraft seiner Interpretationen beeinflußt.

Ursprünglich als systematischer Theologe ausgebildet, war er überzeugt, daß eine gute Theologie die Probleme der Geschichte analysieren und das christliche Zeugnis als einen mindestens zeichenhaften Durchbruch der ideologischen und politischen Fronten gestalten muß. Die Theologie ist nach ihm gerade als die Selbstreflexion der Kirche zu dieser Aufgabe geeignet. Er ist zu einer Orientierungsgestalt für die tschechischen Protestanten, zum Teil für die tschechischen Intellektuellen überhaupt und in mancher Hinsicht für die ganze Ökumene geworden.

Von seinem Vater, dem ersten Synodalsenior (Präses) der Evangelischen tschechischen Brüderkirche (einer Union aller Reformierten und aller Lutheraner in Böhmen und Mähren, die im Jahre 1918 stattfand) hat J. B. Souček die Sachlichkeit und Kultur der theologischen Bildung gelernt, die er während seiner Studien in Prag, Aberdeen, Paris und Basel weiter entfalten konnte. Mit der Prager linguistischen Schule (R. Jacobson, V. Mathesius, J. Mukařovský) und dem phänomenologischen Circle philosophique gut vertraut (seit der Zeit datiert sich seine Freundschaft mit dem Philosophen und dem späteren Gründer der Charta 77 Jan Patočka), hat er sich sein Leben lang mit den Problemen der Sprache befaßt und aus dieser Sicht versucht, den Begriff „Wort Gottes" näher zu bestimmen und ihn in seinem Verhältnis zur schöpferischen Kraft des menschlichen Sprechens zu untersuchen (Das Wort Gottes und der schaffende Mensch, tschechisch 1944). In seiner exegetischen Arbeit waren für ihn sorgfältige Satzanalyse und feines Gefühl für die Intertextualität bezeichnend. Dies hat u.a. die ganze Auffassung seines Griechisch-tschechischen Wörterbuchs zum Neuen Testament beeinflußt (1961, bis jetzt fünf Auflagen), in dem er jeden Ausdruck daraufhin untersucht, ob er in Septuaginta vorkommt und welche hebräischen Äquivalente er hat. Hebräische und griechische Äquivalente gibt auch die große Konkordanz zur tschechischen Bibel (der Kralitzer Übersetzung) an (Biblická konkordance I-III, 1954–1960), die Souček und der Alttestamentler Miloš Bič mit vierzig Mitarbeitern aus den evangelischen Pfarrern in der äußerlich schweren Zeit veröffentlicht haben. Das alles war eigentlich als eine Vorbereitung für die neue tschechische ökumenische Bibelübersetzung gedacht, die Bič und Souček initiiert haben (1961–1985) und deren Veröffentlichung (Altes und Neues Testament 1979) Souček schon nicht mehr erlebt hat.[1] Nach der russischen Besatzung unseres Landes ist ihm diese Arbeit zum Trost (*consolatio*) und zur Freude geworden, und seine Studien zur Theorie der Übersetzung, die er vor dem Beginn der Arbeit veröffentlichte, erweisen sich nach der Welle der Bibelübersetzungen in die Umgangssprache (Common Language Translations) wieder als aktuell.

Dazwischen erstreckt sich das ganze Leben eines Intellektuellen, dessen großer Teil in der direkten Todesgefahr zur Zeit der nationalsozialistischen Okkupation (1939–1945) und im Schatten der kommunistischen Diktatur gelebt wurde – Grund genug zu Verbitterung, Skepsis oder Zweifel. Souček war jedoch vor allem Christ und Theologe, und es ist bezeichnend, daß die schwersten Zeiten zum Höhepunkt seiner Wirkung geworden sind.

Theologisch war er durch Josef L. Hromádka (1889–1969) und durch Karl Barth (1886–1968) beeinflußt, also durch die dialektische Theologie, die man auch Theologie der Krise und später Theologie des Wortes genannt hat. Hromádka hat als junger Dozent der systematischen Theologie in der Zeit zwischen den beiden Weltkriegen die Theologiestudenten tief beeinflußt, und Souček hat sich in seiner Theologie ständig mit Hromádka auseinandergesetzt. Er hat seine theologischen Thesen exegetisch geprüft und seine politische Prophetie mit sachlichen politischen Analysen konfrontiert. Als Hromádka nach der Okkupation im Jahre 1939 nach Amerika emigrieren mußte und Theologieprofessor in Princeton geworden war, hat Souček nach der Schließung der tschechischen Universitäten in Prag ein externes Ersatzstudium der Theologie organisiert, das für alle Teilnehmer zu einem unvergeßlichen Erlebnis geworden ist.

In dem nächsten Aufsatz schreibe ich über die Distanz, welche Souček zu Hromádka nach dem kommunistischen Putsch gehalten hat. Er hat zusammen mit einer repräsentativen Gruppe tschechischer Wissenschaftler und Künstler vor der kommunistischen Machtübernahme gewarnt, während Hromádka sie im Rahmen seiner Geschichtsauffassung als *fait accompli* akzeptierte. Zu Hromádkas Ehre müssen wir sagen, daß er seine eigene Schätzung der Geschichte nicht direkt theologisiert hat. Theologisch hat er die neue Lage der Kirche in der sog. sozialistischen Gesellschaft als eine Aufforderung betrachtet, der Umwelt und sich selbst zu demonstrieren, daß die Kirche in ihrem Leben und ihrem Zeugnis von keinem Regime abhängig ist und daß sich das Evangelium seinen Weg in der Souveränität des Geistes auch unter ungünstigen Bedingungen bahnt. Während Hromádka die Möglichkeit einer sozialistischen Neugestaltung der Welt ernst genommen hat und in dem stalinistischen Mißbrauch der

---

[1] Die bedeutendsten bibliographischen Angaben über das Werk von J. B. Souček sind in meinem Aufsatz „Der Theologe J. B. Souček", EvTh 32 (1972), 241–251 = Communio viatorum 15 (1972), 161–172, enthalten, die Bibliographie von Souček (bis 1959) ist in Theologická příloha Křesťanské revue 27 (1960), 132–137, bis 1971 in Křesťanská revue 39 (1972), 115–116 und der Rest in: Kristus a dějiny (Studia et textus 8), Praha 1987, 128–129, enthalten. Später sind noch „Bláznovství kříže", Třebenice 1996 (2.Aufl.) und „Freundschaft in Widerspruch: der Briefwechsel zwischen Karl Barth, Josef L.Hromádka und Josef B. Souček (1935–1968)" , hg. v. M. Rohkrämer, Zürich 1995, erschienen.

Macht die Reste der revolutionären Stimmung sah, die durch die neue rechtliche Ordnung überwunden werden müßten, hat Souček hellsichtig entdeckt, daß es sich eher um Erscheinungen handelte, die den Verfall der ganzen kommunistischen Bewegung signalisierten. Das Fortschreiten des Verfalls wäre nach Souček nur nach grundsätzlicher und programmatischer Demokratisierung des Regimes zu vermeiden gewesen. Die Ablehnung des öffentlichen Dialogs mit den Christen, den Hromádka den Kommunisten bald nach ihrer Machtübernahme angeboten hat, sprach dafür.

Und doch hat Hromádka nicht nur Souček und andere Intelektuelle, sondern auch unsere theologische Generation durch seine energische Tätigkeit, durch seine kühne theologische Vision und durch sein klares Zeugnis gewonnen. Ich habe ihm seine gewisse politische Naivität vergeben, als er auf einer großen politischen Versammlung proklamierte, daß es nicht möglich sei, die Fundamente der neuen Gesellschaft ohne eine neue Deutung des christlichen Erbes und ohne Umkehr zu bauen. „Vor Gott sind wir alle, auch ihr Kommunisten, auch ich und Sie, Herr Minister, nur arme, arme Bettler!" hat er zum Abschluß seiner fast prophetischen öffentlichen Rede in Anwesenheit des Kulturministers gesagt. Seit 1959 hat er trotz der Gefährlichkeit des ganzen Unternehmens seine Schüler auf den Dialog mit den Marxisten vorbereitet und interkonfessionelle Gespräche mit der katholischen Intelligenz organisiert.

Da war Souček vollen Herzens mit dabei. Und als im Jahre 1964 der eigentliche Dialog in der philosophischen Fakultät begann, war es schon deutlich, daß in der ganzen Gesellschaft eine geistige Erneuerung im Gange ist, die eine neue Orientierung in der Geschichte sucht und die das Evangelium, mindestens indirekt, durch seine Wirkung in der Kultur, als ein lebendiges Erbe aufnimmt. Es gehört zu den Paradoxien der sozialistischen Gesellschaft, daß sie die Lebensbahn eines erfolgreichen Geschäftmanns, Unternehmers oder Bankiers als Modell des Erfolgs unmöglich gemacht hat, was zur Folge hatte, daß sich die Aufmerksamkeit der jungen Generation auf Kultur, Kunst und Forschung konzentrierte und der ganze Bereich der Geisteswissenschaften ein hohes Prestige gewonnen hat. Da das Engagement der jungen Menschen in diesem Bereich gesellschaftskritisch motiviert war, herrschte ein ständiger Streit mit der zweiten Tendenz des leninistischen Kommunismus, nämlich mit dem gewaltsamen Totalitarismus. Die Zensur und das Risiko, das mit jeder authentischen Aussage verbunden war, hat jedoch die Tragweite jeder schöpferischen Tätigkeit in den Geisteswissenschaften, ähnlich wie die jedes freien Dialogs, nur gesteigert.

Die Blütezeit der sechziger Jahre hat ihren Höhepunkt im Prager Frühling gefunden. Auf die Seite des Dialogs und der Rehabilitierung des christlichen Erbes haben sich zuletzt führende Persönlichkeiten der Kommunistischen Partei gestellt, die für den entsprechenden Bereich – d.h. für die Atheismus-Komission der Partei (der Philosoph Milan Machovec), für die Ideologie in der Armee (der Philosoph und Dramatiker Vítězslav Gardavský) und für Kirchenfragen (die Soziologin Erika Kadlecová, die Staatssekretärin) – verantwortlich waren. Sie alle mußten dann in der Zeit der sog. Normalisierung zusammen mit

Alexander Dubček und tausenden anderer (ehemaliger) Reformkommunisten die bittere Frucht ihrer ehrlichen Entscheidung genießen.

Für Hromádka war ihre Entscheidung eine Genugtuung, um die sich Souček durch seine Arbeit, Initiative und intellektuelle Kapazität besonders verdient gemacht hat. Im Frühling 1968 ist er zum Vizepräsidenten der Gesellschaft für Menschenrechte gewählt geworden, der Machovec präsidierte ... und im Jahre 1972 durften wir schon wieder nicht die druckreife Festschrift zu seinem 70. Geburtstag herausgeben, weil er erneut zu einer *persona non grata* geworden war. Die sowjetischen Panzer waren noch ein paar Jahre stärker als die Ideen, welche die Herzen so vieler Tschechen gewonnen hatten.

Ich habe mich mit dieser Periode schon in dem Beitrag zum 90. Geburtstag Součeks beschäftigt, der hier abgedruckt ist. Und doch muß ich es noch einmal wiederholen, weil es sich in der Gegenwart um eine unterdrückte Erinnerung handelt. Viele Politiker meinen heute, daß der Reformversuch schlecht war, weil er in der kommunistischen Zeit geschah, und die überlebenden Reste der Kommunisten verschweigen es, weil es eine Tradition ist, die sie in ihrer unbußfertigen Einstellung beschämt. Dadurch bestätigen sie nur, daß ihre leninistische Gestalt des Sozialismus keine Perspektive hat. Das hat Souček nüchterner als Hromádka gesehen.

Und doch war er überzeugt, daß der Prager Frühling auch nach dem Einmarsch der sowjetischen Truppen eine bleibende Bedeutung haben würde. Er war für ihn ein Zeugnis dafür, daß das geistige Erbe eine autonome Wirkung hat, ganz anders, als es die marxistische Theorie proklamierte. Er hielt die Erfahrung der konkreten geschichtlichen Wirkung der Wahrheit für eine indirekte Konsequenz der Wirklichkeit, auf welche sich der Glaube mit seinem Grundbekenntnis (Inkarnation des Gottessohns) bezieht. Wie in seinem ganzen Leben, so hat ihn auch bei solchen Überlegungen das Werk des Prager christlichen Naturwissenschaftlers und Philosophen Emanuel Rádl (1973–1942) inspiriert.

Tief enttäuscht war Souček, als in der Zeit der „Normalisierung" einige Intellektuelle das ganze geistige Unternehmen der sechziger Jahre für einen Teil der Taktik der Kommunisten erklärt haben, welche der Enthüllung der Gegner diente. Souček hat dies als eine unbewußte und schreckliche Wirkung der totalitären Propaganda betrachtet, welche alles, was ihr schwarz-weißes Schema durchbricht, für ein raffiniertes Manöver der Gegner erklärt.

Ein in diesen Monaten besonders interessantes Kapitel von Souček's Engagement ist sein Bemühen um die grundsätzliche Wende in den tschechisch-deutschen Beziehungen, die nach dem Kriege durch die Austreibung der deutschen Bevölkerung aus unserem Land tief belastet waren. Souček hat ganz deutlich die Schuld der Mehrheit der Sudetendeutschen gesehen, welche nach langjährigem relativ friedlichem Zusammenleben (die böhmischen Könige haben die ersten Deutschen schon im Hochmittelalter als Kolonisten eingeladen) unter dem direkten Einfluß Hitlers die Demokratie unserer ersten Republik programmatisch bekämpft haben. Er wußte auch, wie die Austreibung psychologisch begreiflich war – nachdem er die Zeit erlebt hatte, in welcher die totale Li-

quidierung der Tschechen als Tschechen nicht nur geplant wurde (der deutlichste Beleg ist die erhaltene geheime Rede von Reinhard Heydrich, deren Inhalt
schon während der Okkupation bekannt geworden war), sondern durch die
Tötung vieler Intellektueller schon begonnen hatte. Und doch wußte er als
Christ und Demokrat, daß die kollektive Strafe der Gerechtigkeit nicht dienen
kann. Und als Christ wußte er auch, daß eine so monströse Gewalt im Namen
einer so verkehrten Ideologie, wie es die des Nazistaates war, durch keine Ent-
geltung wiedergutzumachen ist. Solche extremen Fälle zeigen deutlich, daß die
wirkliche Gerechtigkeit mit Versöhnung anfangen muß. Souček war überzeugt, daß die gewaltsame Aussiedlung der Deutschen die Demokratie geschwächt hat, so daß die Kommunisten die Macht leichter ergreifen konnten.

Schon im Jahre 1932 hat Souček seine These von der doppelten bzw. verdoppel-
ten Eschatologie des Neuen Testaments formuliert, die in ihrem Grundanlie-
gen seitdem aktuell ist und eine irreversible Etappe der Forschung darstellt.
Irreversibel ist die Erkenntnis, die Souček am Modell der paulinischen Theologie gewonnen hat, daß nämlich die christliche Eschatologie im Vergleich mit
der jüdischen, an welche sie ohne Zweifel anknüpft, nicht nur einen, sondern
zwei Brennpunkte hat: Nicht nur das künftige Kommen des Messias vor dem
Ende der Geschichte oder am Ende dieses Äons und vor dem Anfang des neuen
Äons, sondern das Kommen des Messias vor der sichtbaren Ankunft des
messianischen Zeitalters auf der einen und die endgültige Ankunft des Messias
in der apokalyptisch dargestellten eschatologischen Zukunft auf der anderen
Seite.[2] Als Phänomen war es wohl bekannt. Albert Schweitzer hat es als die tragische und zugleich großartige Dimension des Christentums erklärt.[3] Er hat es
jedoch als eine Last des nachösterlichen Glaubens geschildert. Die Parusieverzögerung hat nach ihm die extrem apokalyptische Erwartung Jesu und die Erwartung einer nahen Parusie in Frage gestellt und das neue kompromißhafte
Paradigma ins Leben gerufen.
Souček hat Schweitzers Konstruktion kritisch untersucht. Schweitzer hat
den matthäischen redaktionellen Entwurf historisch und psychologisch verstanden und im Sinne der damals bekannten Apokalypsen interpretiert. Das
Ergebnis war das Bild Jesu als eines Mannes, der auf sich die Rolle des Messias
genommen hat, der sterben muß, um die apokalyptische Wende herbeizuführ-
ren. Nach Souček ist die „doppelte" Eschatologie schon in der inneren Gestalt
der Reich-Gottes-Verkündigung und besonders in den Gleichnissen aus den
ältesten Schichten der synoptischen Überlieferung indirekt enthalten. Eine
Spannung zwischen dem Jetzt der Verkündigung des Reiches und seinem endgültigen Kommen gehört zu den konstanten Zügen jener Texte. In der Vorstel-

---

[2] J. B. Souček, Bláznovství kříže (Die Torheit des Kreuzes. Der Sinn und die Bedeutung
des Paradoxes im Neuen Testament), Prag 1932, 42.
[3] Das Messianitäts- und Leidensgeheimnis des Lebens Jesu, Tübingen 1929 (2. Aufl.),
77f.

lung Jesu kann es wohl eine kurze Zeitspanne gewesen sein, mit deren Ausdehnung er sich existentiell auseinandersetzen mußte. Das kann als das innere Drama seines Opfers verstanden werden. Allerdings ist sein (wohl doch im Grunde messianisches) Sendungsbewußtsein, für welches das Zeugnis vom Reiche Gottes in demütiger Autorität innerhalb dieses Äons bezeichnend ist, der Ausgangspunkt zur positiven Deutung der Parusieverzögerung in der nachösterlichen Zeit geworden. Nach Souček ist die Kirche „das soziologische Korrelat"[4] der faktischen Spannung, die in der Erscheinung Jesu enthalten ist. Die Gestalt, die Verkündigung und die ganze Geschichte Jesu, die Gegenwart war und Vergangenheit geworden ist, konnten nach Ostern als die Offenbarung dessen bezeugt und interpretiert werden, der die entscheidende eschatologische Zukunft hat. Anders gesagt hat die „doppelte" Eschatologie die jüdische Erwartung grundsätzlich transformiert: Der Messias, der in der Endzeit kommt, ist schon bekannt. Der Unterschied zwischen den beiden Polen der eschatologischen Erwartung hat sich in eine positive Spannung verwandelt, welche die Kirche als eine *communio viatorum* definiert.[5]

Erst später, nach der kritischen systematisch-theologischen Bearbeitung der religionsgeschichtlichen Deutungen, ist diese Änderung der Messiaserwartung als ein grundsätzlicher Paradigmenwechsel erkannt worden. Schon in den siebziger Jahren hat man in einigen englisch geschriebenen Arbeiten begonnen, von einer teleskopischen Eschatologie (telescopic eschatology) zu sprechen, aber das war mehr oder weniger eine deskriptive Bezeichnung des Phänomens. Oscar Cullmann hat die Tragweite jener Umdeutung älterer Erwartungen erkannt, die mit dem christlichen Glauben und Verstehen von den ersten Glaubensformeln verbunden war, und hat sie in seinem theologischen Entwurf als einen Teil der Heilsgeschichte interpretiert.[6] Rudolf Bultmann hat dagegen richtig gesehen, daß die Geschichtlichkeit des Eschatons jede gegenständliche Darstellung transzendiert. Es wäre nach ihm ein „Gesetz", den Glauben an ein Weltbild zu binden. In diesem Sinne war Souček mit Bultmann einig. Er hat ihn jedoch der Inkonsequenz beschuldigt. Bultmanns Theologie reicht nur bis zum Gläubig-Werden, bis zur Entscheidung für die Verkündigung des Gekreuzigten. Er kann dem Menschen, dessen Selbstverständnis durch den Glauben bestimmt ist, nur sagen, daß er sich verantwortlich entscheiden soll.

Nach Souček liegt der Fehler Bultmanns nicht in seiner Christologie und Soteriologie, sondern vor allem in seiner Anthropologie, denn er unterschätzt die soziale und historische Dimension des Menschen. Und weil das Wort Gottes den Menschen als Menschen in der Fülle seines Mensch-Seins anredet, soll das Denken des Glaubens zur wohl nicht einheitlichen, aber doch prinzipiell konvergierenden Orientierung in der Geschichte führen. Der Leser dieses Bandes

---

[4] J.B. Souček, Církev v Novém zákoně (Die Kirche im Neuen Testament, 1939), zuletzt in: Ders. (hg. v. L. Brož), Slovo – člověk – svět, Praha 1982, 24–44, hier 33. Vgl. ders. (hg. v. P. Pokorny), Teologie apoštola Pavla, Praha 1982 (2.Aufl.), 61ff.

[5] J.B. Souček, Pilgrims and soujourners, Communio viatorum 1 (1958), 3–17.

[6] Christus und die Zeit, Zollikon-Zürich 1948 (2.Aufl.), 107ff.

kann es dem Aufsatz über die Einheit des Kanons (im Rahmen einer Diskussion mit Herbert Braun im Jahre 1966 in Berlin vorgetragen) und dem Aufsatz über Israel und Kirche entnehmen, der auf einige Thesen von Günther Klein reagiert.

Eine ähnlich verengte Auffassung des menschlichen Daseins hat Souček auch in dem Werk von Slavomil Daněk (1885–1946), dem Prager Alttestamentler, gespürt. Nach Daněks schon in den zwanziger Jahren formuliertem Programm der Entmythologisierung spielt die Geschichte vor allem eine negative Rolle: durch ihre Unwiederholbarkeit „liquidiert" sie die scheinbar ewigen Mythen. Hier kann ich jedoch schon das Wort Souček selbst übergeben, denn sowohl sein Brief an Götz Harbsmeier (während des Krieges war Souček offiziell nur ein Beamter der Kirchenleitung) über Bultmanns Theologie, als auch sein Beitrag aus Kerygma und Mythos IV, wo er Daněk mit Bultmann vergleicht, sind in diesem Band abgedruckt. Wie Rudolf Bultmann, so hat schon früher auch Slavomil Daněk auf Souček inspirierend gewirkt, und Souček war beiden dieser älteren Theologen in vieler Hinsicht verbunden. Umso ernster müssen auch seine kritischen Aussagen genommen werden.

Für eine Charakteristik meiner eigenen Arbeit bin ich nicht zuständig. Meine Position kann meinen Kommentaren zu Epheser- und Kolosserbrief entnommen werden, die deutsch und englisch zugänglich sind, wie auch der Studie über die lukanische Theologie, die in der Reihe Forschungen zur Religion und Literatur des Alten und Neuen Testaments (Göttingen) im Jahre 1997 erscheint. An der Grenze zur systematischen Theologie bewegt sich die Monographie über die Entstehung der Christologie (1985), die deutsch geschrieben und ins Englische und Tschechische übersetzt worden ist, sowie die für breitere Leserkreise bestimmte kleine Eschatologie (Die Zukunft des Glaubens, deutsch 1991).

Mehr, als diese Auswahl verrät, habe ich mich mit gnostischen Texten beschäftigt. Das Problem habe ich in einer tschechischen Monographie bearbeitet, und mehrere Texte aus Nag-Hammadi habe ich aus dem Koptischen ins Tschechische übersetzt. Der Gnosis habe ich schon meine altphilologische Dissertation (The Gnostic Origins, tschechisch mit englischer Kurzfassung, 1968. 1969 – 2. Aufl.) und meine theologische Habilitation gewidmet (tschechisch, das Material habe ich in den Arbeiten zum Epheserbrief benutzt: vor allem ZNW 53 [1992] und Der Epheserbrief und die Gnosis, [1965]). Für mich war es mehr als eine Untersuchung über den möglichen religionsgeschichtlichen Hintergrund einiger neutestamentlicher Schriften. Schon als Schüler des Gymnasiums habe ich beobachtet, daß sich die feuerbachsche und die marxistische Religionskritik mehr an dem gnostischen Modell der Religion, als an dem hebräisch-christlichen orientiert. In der letzteren Tradition widerspricht die Deutung des Glaubens als einer Fluchtbewegung sowohl der forensischen Auffassung des Menschen als eines verantwortlichen Wesens, als auch der Verkündigung der Gnade Gottes, die nur auf diesem Hintergrund aussagbar ist. Die

Möglichkeit des Mißbrauchs ist dadurch zwar nicht ausgeschlossen, allerdings kann die Theologie den Mißbrauch als Mißbrauch relativ schnell und verläßlich entdecken.

Die Religion stellt zweifelsohne den Bereich dar, der von der menschlichen Sünde und Entfremdung äußerst gefährlich mißbraucht werden kann. Allerdings ist es noch gefährlicher, die ganze religiöse Dimension des menschlichen Lebens abzulehnen und zu unterdrücken. Dann kann es zu einer unkontrollierbaren Vergöttlichung einer anderen Sphäre des Lebens kommen, in der keine inneren Mechanismen zur Abwehr des Mißbrauchs, wie Buße, vorhanden sind. Das kann verheerende Folgen haben, wie es die zwei totalitären Regime dieses Jahrhunderts illustrieren.

In der theologischen Orientation war ich von Hromádka und von Barth beeinflußt, den ich jedoch schon in der zweiten Periode seiner Wirkung erlebt habe, als er mit Hilfe des theologisch neu interpretierten Analogiegedankens die Voraussetzung zum Dialog mit der Kultur und mit der Welt überhaupt schuf (in der Studie „Die Menschlichkeit Gottes" [1956] programmatisch proklamiert). Seine Kirchliche Dogmatik mit ihren vielen Exkursen zu den konkreten Problemen der Geschichte und der Kultur halte ich für eine praktische Durchführung des Programms der Neuinterpretation des Evangeliums. Der theologische Rahmen setzt jedoch paradoxerweise ein (von Barth selbst bekämpftes) konstantinisches Modell der Kirche voraus. Die Erneuerung der Kirche wird nämlich in dem „konstantinischen" dogmatischen Soziolekt gefördert, welcher in der Welt kaum verständlich ist. Die Idee der einen Wahrheit, die in allen Bereichen gilt und für Hromádka eine notwendige Konsequenz des christlichen Bekenntnisses ist (in seiner Inauguralrede über die Wahrheit im theologischen Denken aus dem Jahre 1928 hat er dies Problem zum Thema der Theologie *und* Philosophie gemacht), erfordert eine offene Methode und eine Hermeneutik, die sich nicht in eine *hermeneutica profana* und eine *hermeneutica sacra* trennen läßt. In diesen Fragen haben mich besonders mein Kollege, der Philosoph Ladislav Hejdánek, und der Tübinger Systematiker (am Anfang der sechziger Jahre Ostberliner Neutestamentler) Eberhard Jüngel inspiriert.

Dies alles hat sich in meinen Aufsätzen und Monographien nur indirekt widergespiegelt, wenn auch das Thema der einen Hermeneutik an mehreren Stellen deutlich durchscheint. Im Unterschied zu Souček konnte ich mich schon mehr der neueren Metaphertheorie und der Untersuchungen über die Funktion der analogen Rede bedienen. Vor allem bin ich Paul Ricœur verbunden, der in seiner Biblical Hermeneutics (Semeia 4, 1975) und in seinen Arbeiten zur Hermeneutik des Zeugnisses eine offene Hermeneutik skizzierte, die theologisch reflektiert werden kann (und muß), ohne dadurch ihr Wesen zu verlieren. Es ist deutlich, und ich möchte es noch ausdrücklich hervorheben, daß es sich in der universalen (und deswegen offenen) Hermeneutik um keinen Beweis des Glaubens, sondern um eine dem Glauben sachlich entsprechende Orientierung in der Welt handelt.

Mein besonderes Anliegen ist das Erhalten und Entfalten der theologischen

Aufgabe der Exegese, die in den letzten Jahrzehnten durch Überschätzung der sonst nützlichen Methodologien aus dem Bereich der Linguistik und Literaturforschung herausgedrängt wurde. Das halte ich für eine Flucht vor der theologischen Verantwortung. Die Theologie soll zwar weder die historischen noch die synchronen Methoden der Interpretation ersetzen, sie muß allerdings ihre gegenseitige Beziehung definieren. Die Theologie der exegetischen Methoden halte ich für eine bedeutende Aufgabe, die eine allgemeine Semiotik nicht erfüllen kann. Einiges aus diesem Fragenbereich habe ich in meinem Beitrag zu Mk 7,24–30 angedeutet.

Die Erfahrung meines Lebens, in dem ich an dem großen Experiment teilgenommen habe, das zeigen sollte, ob die Kirche von gewissen innergeschichtlichen Bedingungen abhängig ist oder nicht, hat mich gelehrt, die konkreten sozialen Gestalten des Christentums als die Existenzform der einen allgemeinen Kirche hoch zu schätzen. Nicht wegen ihrer moralischen Qualität. Die kann das Überleben, und zwar weder vor Gott noch in der Welt, nicht garantieren. Ich habe die Kirche als diejenige Gruppe schätzen gelernt, die ihre Abhängigkeit von der Gnade Gottes bekennt und dies Bekenntnis mit seinen notwendigen Folgen nie völlig vergessen kann, solange sie sich zu Jesus Christus und dem Zeugnis der Schrift bekennt. Die Kontinuität der Kirche ist die Kontinuität der Gnade, die sich gerade in der Diskontinuität und im Versagen ihrer Empfänger als Gnade erweist. Und vor der Umwelt kann die Pragmatik der theologischen Arbeit als Reflexion des Zeugnisses definiert werden, das diese sichtbare und soziologisch faßbare Gruppe ablegt.

Die weniger günstigen Bedingungen, unter denen wir im Vergleich mit einigen westlichen Kollegen gearbeitet haben, dürfen bei der kritischen Würdigung des fachlichen Beitrags keine Rolle spielen. Ihre Kenntnis hilft nur für eine bessere geschichtliche Standortbestimmung des Werkes, die auch für das Verstehen der wissenschaftlichen Beiträge von Bedeutung ist. Für die eigentliche Würdigung der Arbeit ist nur der Maßstab der Sachlichkeit geeignet, der für alle derselbe ist.

In gewisser Hinsicht sind alle Forscher aus den kleineren Nationen (und Kirchen) irgendwie benachteiligt. Falls sie Verantwortung für die eigene Nation oder Kirche fühlen (und das ist wohl ein Zeichen der Authentizität ihrer Arbeit), wird nur ein Teil ihres Werkes bekannt, und jede bedeutende Arbeit müssen sie in doppelter Fassung schreiben, wobei sie das fachlich entscheidende Publikum in einer Sprache anreden, die für sie fremd ist. Auf der anderen Seite kann diese ständige Kommunikation mit mehreren Sprachkulturen besonders inspirierend sein, ähnlich wie uns auch das Leben der Kirche in den ungünstigen Bedingungen inspirierte und im Ganzen zu einer besonders wertvollen Erfahrung geworden ist.

Den am Anfang genannten Initiatoren dieses Projekts, Herrn Prof. D. Martin Hengel, Dr. h. c. und dem Verleger, Herrn Georg Siebeck, bin ich für ihr Entgegenkommen und Verständnis dankbar.

Petr Pokorný

2. In Honor of Josef B. Souček

Petr Pokorný

May, 1992, marked 90 years since the birth of Professor Josef B. Souček, and shortly thereupon the 20th anniversary of his death. A doctor of theology in his own right, besides having been awarded honorary doctorates from the Universities of Basel and Aberdeen, the chairman of the Department of Biblical Studies of the Comenius Faculty and dean of the same from 1966-70, he remains one of the most outstanding figures of Czech Protestantism. According to sheer volume, his work may not appear expansive, but when it is weighed according to its erudition, scope and supportability, it is most impressive indeed, extending from work on the Greek-Czech Lexicon of the New Testament, to detailed exegetical studies, to reflections on the relationship of theology to philosophy or faith to art, and culminating in the new ecumenical translation of the Bible into Czech. Behind it all runs a common orientation which formated our church, influenced the public, and made its way onto the stage of European events. Twenty years ago, I dealt with his theological work in detail[1], and now the time has come to look at his work as a whole, including the consequences of his theology for the church and the entire society.

Theologian

From Souček's work, the majority of students can remember only his thesis called „two-fold eschatology."[2] This is how he expressed the reality that, unlike the Messiah of Jewish expectation, whose ap-

---

[1] Teologické dílo J. B. Součka, Křesťanská revue 9 (1972), 109-116; in German, EvTh 32 (1972), 241-251. Bibliografy of J. B. Souček up to 1960 in Theologická příloha Křesťanské revue 27 (1960), 132-139, and up to 1971 in Kř revue 39 (1972), 116-117 and additions in the volume Kristus a dějiny (ed. P. Pokorný), Prague, 1987 (SAT 8), 128-129.

[2] Bláznovství kříže, Prague, 1932, 22n. 34-37, Můj theologický vývoj a program (1952), most recently in Slovo-člověk-svět (ed. L. Brož), Prague, 1982, 138-158, pg. 150 and elsewhere.

pearance was to bring on the new age which was understood by most as a cosmic transformation, when Jesus came, this new age, at least to the eye, did not break in. Albert Schweitzer had dealt with this by concentrating on the moral concerns of Jesus, while a half a century later Charles H. Dodd oriented himself primarily on the present aspect of hope fulfilled through faith, or so-called realized eschatology. Souček's thesis of two-fold eschatology precisely and concisely captured the basic problem, much as American theology was to do later by describing this reality as „telescopic eschatology." The church constantly keeps its sight facing forward, toward the goal of this age, but it already knows *whom* it is awaiting, *who* has revealed and manifested the will of God in the world.[3] So it lives „between the times," challenged to follow Christ while realistically taking into account the situation in which it finds itself.

All of Souček's work is marked by this way of seeing things. His first extensive study referred to the meaning of paradox in the New Testament (The Folly of the Cross, 1932). Here he exegetically characterizes the paradox of faith which Karl Barth formulated in the field of systematic theology: Faith recognizes that Christ is victorious where the decision has been made not to take the path of violence, that it is truly the Crucified One who bestows true life. While Souček points out that behind this paradox of sin and grace is finally the one and only truth of God,[4] he continues to stress the tension, which the Christian overcomes through faith. A mere observation of history with all its ambiguities does not provide him an orientation in life. That is why Souček was sceptical of the theology of Wolfhart Pannenberg, who has a tendency to see history in its entirety as the revelation of God.

In addition to precise philological work, Souček's exegesis had roots in cultural-historical studies as well, which he used in turn to verify his exegetical work. Short works like „The Bible and Heroism,"[5] „Nation in the Bible,"[6] or „The Word of God and Creative

---

[3] Problém eschatologie v janovských spisech, Theologická příloha Křesťanské revue 19 (1952), 65-69.

[4] Bláznovství kříže, op. cit., 48n, Theologie a filosofie (1944), Slovo-člověk-svět, op. cit., 96-120 on pg. 119n compare J. L. Hromádka, Problém pravdy v myšlení teologickém (1928), P. Filipi (ed.), Do nejhlubších hlubin, Prague, 1990, 424-436 on pgs. 434-436.

[5] Kalich 19 (1941), 8-14.

[6] In: Pro národ zasvěcený Bohu, Prague, 1939, 5-15.

Man"[7] are actually interpretations of the gospel in specific dimensions of human life. Indeed the first two represent an obvious response to the pressure of Nazi ideology. No less pertinent was the study „The State in the New Testament"[8] in which certain analogies between the early church and the contemporary situation (1951) were indicated. The study on I Peter[9] bore a similar orientation. It was the text which expressed the background for his political decision-making. In it he laid out the limits beyond which Christian civil obedience cannot go (denial of Christ), and on the other hand formulated a model for concrete interpretation of the gospel which enables one to approach the representatives of an unbelieving world with the hope that they are not predetermined to always respond negatively to the proclamation of the gospel.

While originally having wanted to specialize in systematic theology, out of exceeding modesty, he gave up that course.[10] Even so, as a biblical scholar he remained a systematic theologian of immensely profound vision.[11] His concretizations of the gospel were not derived from naive biblicism, but presupposed systematic study. Aware that not even Karl Barth had presented a systematic exposition of his reflection of faith, he nevertheless admired the way Barth had prepared the way for it in his exhaustive Church Dogmatics (especially in Volume III/4) by indicating a concrete approach from the standpoint of the gospel to human problems - all the way from marriage to politics. While Souček's endeavour was much more modest and filled incomparably less paper, theologically speaking, he was by no means Barth's inferior.

[7] From the year 1944, most recently in Slovo-člověk-svět, op. cit., 121-137.

[8] Křesťanská revue 18, (1951), 42-50, most recently in Kristus a dějiny, op. cit., 47-59.

[9] Dělná víra a živá naděje, Prague, 1968.

[10] Můj teologický vývoj, op. cit, 147n.

[11] He expressed his idea about the connection between biblical studies and systematic theology in the article Rudolf Bultmann jako systematický teolog, Křesťanská revue 20 (1953), 209-217, although he had reservations toward another biblicist whom he respected for his interest in questions of systematic theology, that is Slavomil Daněk: Slavomil Daněk, Theologia Evangelica 3 (1950), 65-73. 132-143. Proof of Souček's systematic foresight is his letter to G. Harbsmeier about Bultmann's program of demythologization (Ein Briefwechsel 1944), printed in Kerygma und Mythos (ed. H. W. Bartsch), Hamburg, 1967, 150-152.

All the while, an ever more obvious emphasis was coming to the forefront in his work, that being the doctrine of the church, as can be seen beginning from his lectures on the Church in the New Testament[12] to the article written in 1971 entitled „Israel and the Church" dedicated to his friend Jan Patočka.[13] It is hard to imagine the working out of his two-fold eschatology without the theme of church. He traced the apparent breakdown of the social impact of faith which was associated with the disintegration of Israel as an empire and later as an ethno-political concept, but called attention to the fact that even the church, which had no outright political ambitions, represented and represents a real social quantity, albeit of a different type than the state. The degree of this difference is determined by just how much the church relates itself to the new age which it proclaims and anticipates. It is not united by a common theology in the ideological sense, but only by the witness to the grace of God which ever anew constitutes it as a church. We can see disagreement between individual biblical testimonies about the proper reaction in certain historical situations (Paul and James, Matthew and John), similar to the way we argue over stands taken during the era of totality, but everyone is supported by one and the same foundation - the story of Jesus.[14] The only thing unacceptable is not to enter into this conversation, to deny the canonicity of the other group as did Marcion or on the other hand as did some Christians who never rid themselves of legalism.

According to Souček, the existence of the church always has political consequences of which Christians must be aware. However, one can never make into a law any solution to concrete questions. While he knew that certain stands are excluded by faith, he also knew there are so many other positions faith allows for, that he was always concerned faith never be ideologized. His frequent remark, „It's not all that simple," which questioned proposals for radical solutions from the left or the right, was never an expression of weakness or uncertainty, but of a definite intentional struggle against a black and white, diabolizing view of reality. Sometimes his warnings against thinking in friend/enemy categories were so strong, that we recognized them as an authentic, interpreted form of exorcism.

---

[12] From the year 1941, most recently in Slovo-člověk-svět, op. cit., 24-44.

[13] Israel und Kirche im Denken des Apostel Paulus, Communio Viatorum 14 (1971), 143-154.

[14] Einheit des Kanons - Einheit der Kirche, Zeichen der Zeit 22 (1968), 219-225.

Souček knew that upon each and every entry into political life we can only pray anew for God's forgiveness. After all, not only dictatorships but even great and vital democratic states like the United Kingdom or the United States developed with the help of violence and the economic and cultural devastation of entire continents (today's Third World), or even through the genocide of the indigenous population. Their Christian civilization, despite the undeniable good will of many of their elected representatives and institutions, has failed to this day to solve the disparity between the wealthy north and the poverty-stricken south. Yet Souček expected a great deal from western democracies, since he knew that in principle democracy is open to new solutions. He would remind leftist Christians in the West that refusal of the given structures is no solution at all. But by the same token, he refused to identify the mission of the church with the political negation of the post-war situation in Czechoslovakia and saw its mission in the proclamation of the gospel, which he knew had political consequences as well, however indirect they might be. The key to understanding his public behaviour lies in his ecclesiology.

Responsible Citizen

As a theologian, therefore, Souček did get involved with politics, although he himself was not and never desired to be a politician. I have already referred to his theologicial studies which were an explicit exposure of Nazism as an elementary rebellion against God. The great failure of the western democracies for him was their inability to discern its danger in time. While not an active member of the resistance, he performed an enormous service to the entire nation in the hardest of times by carrying on the semi-legal training and education of theologians and the future generation of pastors who were to become so influential.

After the war he was disappointed by the domestic democratic representation as well as by some of his colleagues at what was then the Huss Faculty for their inability to overcome the tendency toward revenge (the deportation of Germans) and their proclivity for nationalism, which was in turn exploited by the Communists. In this manner, they themselves contributed to the suppression of democracy.

Souček's course after February, 1948, can be characterized as explicitly critical, nevertheless in undeniable solidarity with Josef L. Hromádka and his decision to accept the oncoming Marxist government as God's judgement and an opportunity to confirm the vitality of faith in circumstances where faith must prove itself through a life lived differently from that of the majority.

Before any attempt to uncover the roots of Souček's position and trace its consequences, it must be pointed out that he did not agree with Hromádka immediately after February, 1948, when he unambiguously stood up on the side of democracy, thereby emitting the signal that he did not share Hromádka's historical evaluation. However, in time he went on to accept Hromádka's path as the only way possible, unless one wanted to impose an unbearable burden upon the church. He knew that in the past the church had borne even matyrdom, but he emphasized that besides the fact that it was a matyrdom directly connected to the confession of Jesus Christ, as a teacher of the church, he could not impose upon its members burdens he himself could not help to bear in their place. Here he often quoted Matthew 23:4.

His divergence from Hromádka was based upon study of modern history which taught him that Marxist totalitarianism was not the remnant of initial revolutionary force, as Hromádka believed, but already the symptom of crisis and the internal disintegration of the Soviet state, the roots of which he saw in the time around the October Revolution. This was when the Communists forsook their dialectical and historical view of history and began to accuse the Mensheviks and Social Democrats of treason, instead of pondering what kind of objective change in society the growing influence of these groups reflected. Therefore he saw the events of February, 1948, as a coup orchestrated to look like a grass roots revolution.[15] He feared that Hromádka, himself a devoted democrat, underestimated the autonomous value of democracy. At the close of the 60s, Hromádka alligned himself with Souček's analysis.

What Souček realized above all, however, was that the nature of the church's impact on society is different from that of political parties, primarily in the way that congregations create within themselves an alternative space in which people are judged according to another scale of values than in the surrounding world. In the lecture presented at the celebration of the anniversary of the Vinohrady church in 1958, he measured the work according to this model of the church, as a path which had already borne fruit in the more concentrated atmosphere of congregations formed more distinctly

---

[15] Letter to Geneva from 1948, Křesťanská revue 58 (1991), 39-46. In this issue see p. 46-61. J. B. S. spoke with me about a letter he wrote to Visser 't Hooft and it is almost certain that he is the author of the published letter.

by the gospel than had been the case in his youth. While he concurred with Rudolf Bultmann in holding that the church cannot prescribe political positions to its members, since that would be tantamount to legalism, he fought against the policy of saying that the only thing to say about politics to church members was that they should make rational and responsible decisions.[16] The church as a whole is like the „body of Christ" and we cannot not take into consideration other members' political opinions, especially those who bear the responsiblity for the lives of individual congregations, or of brothers and sisters of other churches or (as he later emphasized) of the majority of Christians who live in the so-called developing nations. But what was behind his dispute with Bultmann was the contemporary picture of Europe and Bultmann's unwillingness to support discussions concerning limitation of atomic weapons. Souček considered every possibility of solving a bad situation through military conflict or escalation of the Cold War as irresponsible, even if it were to lead to the immediate removal of totalitarianism. However, this alone was not the principle reason for his solidarity with Hromádka. Souček here was in agreement with responsible western politicans; in those days even Winston Churchill ruled out war as a solution.

In 1948 Souček was directed above all by a further consideration: suppressing the Communist takeover, supported by more than a quarter of the population, would be possible only at the price of limiting the rule of democray. Even if it were to be only temporary, after the tragedy of Munich and the deportation of the Germans, it would mean the definite discreditation of Masaryk's democratic policy and the loss of the idea of a citizen-based democratic state.[17] It would have deplorable consequences for the future.

Decisive was the discernment that despite all the cruelties in which the Communists rapidly matched the violence of the conquerors and colonizers of former ages, some resources remained in the socialist movement and even in the Soviet system itself which, thanks to the presuppositions of socialist ideas, opposed totalitarianism. These could take the form of direct opposition, at the price of one's own suffering, or indirect opposition in support of realistic forces according to one's possiblilities. The recognition that Nazism was a movement corrupt and perverted from its very roots meant

---

[16] Politisierung der Theologie? Communio Viatorum 1 (1958), 210-120 on pg. 213.

[17] Letter, op. cit., 49n.

that preparations for the assassination of Hitler could be considered as a justifiable act of Christian freedom,[18] while Communism was a movement of profound ambiguities, did not mean Souček dismissed the horrors of Stalinism, nor even that he necessarily counted on the possibility of its regeneration. On the contrary, he realistically took into account even the most cataclismic of outcomes and therefore studied the apocalypses, but he also knew that uncompromising opposition might only enhance the chances for such catastrophe. He held the post-revolutionary work of the YMCA in Russia in the highest esteem. Through its publications which informed its readers, for example, about the expansion of Sunday School work in the first years following the October Revolution, it passed on an awareness of the variety of forces being mobilized at the time -an awareness neither the ruling powers nor their western opponents later had any interest in maintaining. The mutual fear was so intense that on the part of western democracies, it inspired the technological advantage of the US in armaments (from the atom bomb to the star wars program) which complicated the position of socialist powers open to humanism, instead of alleviating it. Souček never stooped so low as to publish this conviction during the time when it would be politically exploited. He pointed out that the fears of the West were not groundless, yet at the same time, he was conscious of the fact that as a Christian he could only depend upon the internal strength of the gospel and strive to break through the Iron Curtain one window at a time.

The Marxist-Christian dialogue at the Prague philosophical faculty in the years 1964-68, long before prepared by J. L. Hromádka and Milan Machovec, proved that Souček was right in his realism of faith. This was an event whose significance will become clear when more time has passed since the unglorious end of the Marxist attempt at socialism, and whose importance was not diminished even by the violent conclusion of the Prague Spring of 1968. Souček came to terms with the occupation with the awareness that the demise of totalitarianism was irreversible and that the will for dialogue would prevail even within the Soviet realm itself. With some doubts, he predicted that such a transformation might come too late. But at least he hoped it could prevent the violent catastrophic disintegration of the totalitarian empire, which could mean disaster

---

[18] The Czech translation of Souček's foreword could not be published until 1991: D. Bonhoeffer, Na cestě k svobodě, Prague, 1991, Souček's foreword pp. 7-25, esp. 25.

for the whole world. It would appear that at least this portion of his hope can be fulfilled. With a certain degree of irony he said that the October Revolution was most successful in the West, where under pressure from the unions and Social-Democratic parties, social measures for which workers had struggled since the turn of the century were taken and where, at least in the developed world, democratic systems of protection of the market from tendancies toward self-destruction (monopolization) were set up.

What depressed Souček after 1968 was that some people rejected his evaluation of dialogue and considered all humanizing tendancies of the past as a mere tactical maneuver by the wielders of power to expose domestic enemies and deceive western intelligence. In this Souček saw the bitter inward triumph of Stalinistic totalitarianism, turned inside out maybe, but still with that same mentality which viewed all other-minded people as the victims of enemy manipulation.

Hromádka's vision of the humanization of socialist society did not come true, nor did Souček's optimistic version of future developments, but it appears now that not even the possibility of catastrophe shall come to pass. This does not mean that all we should learn from Souček is the realism with which he calculated several possible developments. Neither he nor Hromádka erred in saying that the church had entered into a secularized world where no one has yet discovered the proceedure for solving the most crucial problem of the under-nourishment of its two-thirds majority, where the democratic tradition has lost its spiritual base, but where it is all the more necessary for someone to clearly and humbly proclaim the true God in all his mercy as he revealed himself in Christ. Rejection of false solutions to the problems of this world does not solve the problems. It is not up to the church to develop outright prescriptions for their solution, but to become aware of its mission - that is that its external influence will be strengthened only by concentrating on its very foundation. Not only by repetition of religious phrases or by expressing the gospel in new terms, but primarily by truly coming to know God's mercy, understanding its meaning and accepting it. This is where the work of Souček is relevant today.

At the conclusion of this portion, I would still like to point out two areas where Souček could have experienced outright satisfaction for his efforts. First of all it would be the area of theological cooperation with Catholic intellectuals, for whom he created a platform at the so-called Jircháře Thursdays. As early as 1963, theological lectures were held there regularly, attended by theologians and theologically and philosophically erudite laity from both sides and accompanied by involved discussion and debate. In this way we arrived at the center of what was a European spiritual event without being able to study abroad. In time, even before 1968, these Thursdays became the place of personal encounter with representatives of European theology. Unless he himself was lecturing, Souček remained in the background and intervened only at critical moments. But there could be no doubt that it was he who gave the entire dialogue its depth and relevant orientation as well.

The second circle of Souček's successful endeavour was ostensibly the area of relations between Czechs and Germans. In the background of this interest was most certainly the influence of his friend, the naturalist and philosopher Emanuel Rádl. Here his fellow Protestants played a pioneering role. Today it is hard for us to conceive that at one time, although we lived next to each other, we were divided, even enemies. Through the assistance of theologians from the former Confessing Church, it was possible to create connections on many levels. Souček and Hromádka on the Czech side and Hans J.Iwand on the German provided these contacts with a solid theological base. The culmination of the first stage of this breakthrough was the visit to Prague in 1955 of a delegation of the EKD led by Bishop Otto Dibelius. I still have a photograph of Karel Trusina, Bláža Šourek, Jan Čapek, and myself standing on Wenceslaus Square with Hammel, a member of the delegation, who had just been released from prison in the GDR. I also recall accompanying at that time Gustav Heinemann, who later became president of the Federal Republic of Germany. Some things were used by both sides for political propaganda, but that was only a marginal consequence to the breakthrough which in principle opened the way toward authentic reconciliation and commenced mutual communication on church, faculty and conregational levels and after 1968, in connecting critics of the regime. Iwand's Beienrolle convent became the meeting place for dozens of preachers, laity, scientists and artists from Protestant churches of both sides. Historically this breakthrough has been documented several times[19] and it is all the more unfortunate that after 1989, it was forgotten. Souček had already seen in his lifetime that a motion had started which was irreversible, despite all attempts to suppress it.

---

[19] For example H. Iwand, Frieden mit dem Osten (ed. G. C. den Hertog, K. Geyer, J. Seim and D. Schellong), Munich, 1988, 176nn and others.

It may appear that this picture of Souček in his relationship to public events has no more than a relative significance, since he publically expressed himself concerning these matters very seldom. I have reproduced his opinions in part according to his „tischreden" during breaks in translating the Bible. This does not mean that he did not actually have an effect on public affairs. It only confirms the fact that his impact came as a theologian and not as a politician in the party sense of the word. The foundations of his political decision-making can be discovered in his theological work, from The Folly of the Cross, to the studies The Church and the World in I Peter, and The State in the New Testament.[20] In them he pointed out how in a certain sense we were approaching the New Testament age, when Christians aroused excitement by their otherliness and not by their outright resistence to pagan power. He rightly considered the new ecumenical translation of the Bible as a significant spiritual and cultural accomplishment. Together with Professor Bič, he had given it its impetus, and it was an authentic Christian entrance onto the public scene of contemporary society. But why not allow Professor Souček to speak for himself?

„This by its very nature prophetic existence of the congregation will certainly manifest itself as well in individual insights, when the eye - enlightened by humility and hopeful faith - will be able to see the true situation of the congregation and the world more authentically and perceptively, and when in individual situations, it will know how to understand the world and people better than they do themselves. Of course this is the fruit of the congregation's being, that in the midst of the world there lives a community where, by having accepted and experienced the power of the sovereign love of God, our selfishness and pride, our self-righteousness and rigidity, our fear and despair are restrained, indeed, are overcome ever anew."[21]

[20] Bibliografical information is found in footnotes 8) and 9).

[21] Le sel de la terre et la lumiere du monde, Communio Viatorum 6 (1963), 5-21, esp. pg. 10.

3. Brief aus Prag an Wilhelm A. Visser't Hooft, März 1948

Josef B. Souček

Den Jubiläumsartikel von Prof. P.Pokorný zu Ehren von seinem Lehrer J.B.Souček ergänzen und wohl auch beleben wir mit dem Wortlaut eines hochinteressanten Schreibens, auf den übrigens der Verfasser im Aufsatz auch Bezug nimmt. Eine bloße Erwähnung würde uns allerdings das werte Ganze nicht vergegenwärtigen. Es handelt sich um einen Brief, geschrieben in der tschechoslowakischen Umbruchstunde der dramatischen Nachkriegsgeschichte Europas, die einen der entscheidenden Momente der Niederlassung des sog. „Eisernen Vorhanges" und der Entfesselung des „kalten Krieges" darstellt. Er hat zum Ziel, den damaligen WCC-Generalsekretär über den Stand der Dinge zu informieren, freilich nicht nur im Stil einer ephemerischen Presseberichterstattung; im klaren Bewußtsein, daß es um die letzte Gelegenheit ihrer Art geht, analysiert der Autor die aktuelle Lage als Epochenwende - er bemüht sich also von der Wurzel her, manche gewichtige Ursachen, mögliche Folgen und offene Aussichten zu erfassen.

Er offenbart dabei einen nicht alltäglichen theologischen Tiefgang - verbunden mit einer wünschenswerten nüchternen Sachbildung über das geistige Klima und die konkreten politischen Vorgänge im Lande. Wiewohl einige seiner Auffassungen als strittig angesehen werden dürfen (einschließlich des charakteristischen Unbehagens des abendländischen Intellektuellen zuzugeben, daß die politischen Vorgehensweisen der Kommunisten tatsächlich selbst die sozialistische Gesinnung über die Lenkung der Gesellschaft in ein verdächtiges Licht gestellt haben - was im Gesamtkontext allerdings doch zugleich eine verständnislose Einreihung des Verfassers unter einseitige apriorische Ideologen verhindern könnte), den heutigen Leser fasziniert vor allem die Menge solcher Bemerkungen, die sich inzwischen bestätigt haben, aber vielen haben sie erst mit einem fatalen Abstand eingeleuchtet, insofern man sie überhaupt schon verdaut hat. Wir haben da vor uns wieder einen Beweis, daß es möglich war, die Abwege bereits in der Stunde zu verstehen, als der „Zeitgeist" Massen auf diese Irrwege trieb, und daß sich mancherlei ziemlich deutlich voraussehen ließ. Zugleich ist es freilich auch ein Beleg, daß die Prophezeiung eine geistig sehr anspruchsvolle Möglichkeit darstellt, die erfordert, ein Ablesen der Zeichen der Zeit mit Überlegungsanstrengungen des mit der biblischen Weisheit genährten Geistes zu lernen.

Die editorische Gewissenhaftigkeit verlangt jedoch zu vermerken, daß uns (bisher?) der letztgültige direkte Beweis fehlt, ob dieser Brief tatsächlich gerade von Prof. Souček stammt. Wie es im Text selbst steht, der Autor erschwerte die Arbeit ungebetener Kontrolleure dadurch, daß er das Schreiben nicht unterzeichnet hat, ohne so gegenüber dem beabsichtigten Adressaten ein Anonymus werden. Auch wir sind allerdings dritte Personen, so daß es auch für uns die Situaion einigermaßen kompliziert. Zum Glück erweist sich hier als Vorteil, was in anderen Hinsichten nachteilig ist: der Kreis der tschechischen evangelischen Theologen ist schon seit Generationen keineswegs so groß, daß die führenden Geister sich in ihm unübersehbar scharen würden - im Gegenteil: er ist zuweilen fast familiär zu) erkunden. Wenn wir heute, wo immer noch auch Mitarbeiter und Schüler Součeks leben, eine Vergleichung auf der Grundlage der theologischen Richtung, der Einzelansichten und des Stils vornehmen (damit hat sich namentlich Prof. P.Filipi befaßt), das Ergebnis scheint schier eindeutig sein. So z.B. Prof. R.Říčan (1899-1975), damaliger Kirchengeschichtler der Hus-Fakultät (dann Comenius-Fakultät), der auch später ausgeprägte sittliche Standpunkte zum öffentlichem Geschehen einnahm, käme als der Schreiber zumindest darum in Betracht, insofern er sehr markant den Widerwillen gegen die Nachkriegsvertreibung der Deutschböhmen teilte (dafür wurde ihm eine Anerkennung durch die Verleihung der Medaille der sudetendeutschen Joh.-Mathesius Gesellschaft für böhmische Reformationsgeschichte zuteil), seine Schreibweise war jedoch eine merklich andere, „pathetischere" - und ähnlich signifikante Unterscheidungsmerkmale finden wir auch bei anderen „Kandidaten". Umso kräftiger wird also auch das Zeugnis von Prof. Pokorný überzeugend (siehe S.40 Anm.15).

Und wird uns vielleicht noch den fehlenden Beleg, mithin auch eine definitive Lösung, der Nachlaß Visser t' Hoofts bieten? Der Wortlaut, den wir hier veröffentlichen, entstammt einem Exemplar, das im Basler Archiv von Prof. Karl Barth aufbewahrt wird.

mw

Prag, März 1948

Lieber ....

Ich werde diesen Brief nicht unterzeichnen, und weil Sie in der Lage sind, meine Identität zu erraten, ist das weiter nicht wichtig. Was wichtig ist, ist dies, daß das Folgende der Versuch eines tschechischen Christen ist, so vollständig und so aufrichtig wie nur möglich, seine Überzeugungen zu fixieren über die tschechische Krise, in dieser Weise seine eigene Seele zu entlasten und dabei vielleicht ein wenig mitzuhelfen, daß Sie unsere Situation besser verstehen.

....

1) Sie sind im Ganzen umfassend und korrekt informiert über die politische Seite der Krise. Einige Berichte, die in der westlichen Presse zirkulieren, sind ohne Zweifel übertrieben im einzelnen; die Begleiterscheinungen der Krise waren äusserlich sehr viel weniger dramatisch als sie der Bericht von Pavel Tigrid, einem entflohenen tschechischen katholischen Journalisten, in der Neuen Züricher Zeitung wiedergibt. Aber ungeachtet solcher Irrtümer im Einzelnen bleibt doch das wahr: die ganze Angelegenheit war wesentlich ein kalt vorbereiteter und sorgsam inszenierter Putsch. „Putsch" oder Machtergreifung „von oben", hauptsächlich begründet auf die Polizeimacht und auf die Furcht eines sofortigen oder verzögerten, auf jeden Fall aber höchst wahrscheinlichen Eingreifens Russlands. Es kann nicht geleugnet werden, daß ein gewisser Ansatz zu populärer Erregung da war, und daß der Teil des Volkes, der wirklich von den Kommunisten gewonnen war (ungefähr ein Viertel der Bevölkerung), in voller Zustimmung war zu dem was geschah. Aber es war auch eine bemerkenswerte Abwesenheit von wirklicher Leidenschaft oder echter revolutionärer Glut vorhanden. Alles, was ich an Anzeichen sammeln konnte, weist daraufhin, daß sogar tief innerhalb der kommunistischen Partei, einschließlich des Geheimdienstes der Partei, wenig Begeisterung war, sondern eher ein Gefühl von einer unliebsamen Pflicht. Das „Volk" wurde aufgeboten und mehr oder weniger befohlen, die Straßen zu füllen, um den Anschein einer Volksbewegung zu erwecken, aber sie waren kaum mehr als Zuschauer eines Stücks oder im besten Fall ein griechischer Chor. Natürlich war jene eigentümlich treibende Kraft vorhanden, die bei solchen Vorgängen immer erzeugt wird durch einfache Gier oder durch persönlichen Haß, aber abgesehen von solchen fragwürdigen „Bewegungen" hatte das Ganze sehr viel mehr die Art einer Polizeimaßnahme als einer Volksbewegung. Jede Interpretation, die behauptet, daß der Putsch das Zeichen oder der Ausgang einer elementaren, spontanen Volksbewegung war, daß er in seinem Ursprung eine echte Revolution war, mag ruhig als Mythus abgelehnt

werden. Und die offizielle Darstellung, es sei ein Abwehrversuch eines „reaktionären" Angriffs gewesen, ist natürlich eine glatte Propagandalüge. Der Ausgang, die letzten Resultate mögen natürlich beweisen, daß es eine Revolution des ganzen Lebens des Volkes war, aber es ist eine Revolution „von oben" aus „aus dem Ausland".

2) Man hat manche Überlegungen angestellt über das „schwache" Verhalten der tschechischen demokratischen Kräfte in der Krise und besonders des Präsidenten. Sogar hier habe ich von Amerikanern sehr kritische Äusserungen gehört über das, was ihnen als „Feigheit" erschien im Verhalten des Volkes während der Krise. Einige Fragen sind wohl durch den Tod von Jan Masaryk beantwortet, ob er nun ein vorsätzlicher politischer Akt war oder nicht, der sicherlich ein Ausdruck eines schwer bedrängten Gewissens war und ein Ausweg aus einer moralischen unmöglichen Situation. Es war sicher kein christlicher Weg - aber wenn einmal, so ist hier Matth. 7,1 in Kraft. Aber abgesehen davon scheint es mir möglich, eine verständliche Erklärung unserer Schwäche zu geben. Es steht eine Schuld, eine Sünde dahinter und ist bei weitem nicht einfach Feigheit. Ich will in verschiedenen Abschnitten zu zeigen versuchen, was ich meine und beginne mit dem weniger Gewichtigen.

Bezüglich des Verhaltens von Dr. Beneš müssen zwei Faktoren in Betracht gezogen werden:
1) sein wahrscheinliches Urteil über die möglichen oder sogar wahrscheinlichen Folgen jedes anderen Kurses als dessen, den er akzeptiert hat;

2) sein Gesundheitszustand, der seit dem Juli 1947 schwer geschädigt war: die Klarheit seines Urteils schien unbeeinträchtigt, aber die alte Willenskraft und Festigkeit war sehr geschwächt durch eine Art Schlagfall, den er im Juli erlitt (offiziell sprach man von Hitzschlag, aber es war doch wohl eine innere Störung).
ad 1): die einzige praktische Möglichkeit war wohl die, einen Putsch aus der entgegengesetzten Richtung zu versuchen, vielleicht mit Hilfe der Armee, die eventuell bereit gewesen wäre, einem solchen Befehl zu gehorchen. Aber das würde enorme internationale Risiken mit sich gebracht haben: eine mögliche, wenn nicht wahrscheinliche Intervention der Sowjet-Union, die vielleicht unmittelbar zum Krieg geführt hätte und auf jeden Fall in einen nicht zu übersehenden Terror im Lande, das dann sehr schnell von der Sowjetarmee besetzt worden wäre. Und selbst wenn das nicht eingetreten wäre: ein Versuch eines solchen Gegen-Putsches hätte not-

wendig - auch wenn er erfolgreich gewesen wäre - eine faschistische Diktatur zur Folge gehabt, die oppositionelle Minderheit wäre zu stark und zu geschlossen gewesen, als daß sie einen anderen Weg erlaubt hätte. Das aber würde die Tradition der tschechoslowakischen Demokratie schlimmer kompromitiert haben, als es nun tatsächlich geschehen ist, nämlich die Diktatur einer Minderheit, die sich nie zu den wirklich freien demokratischen Idealen bekannt hat. (Um dieses Argument richtig einzuschätzen, muß man freilich glauben, daß 1. Kor. 6,7-8 auch im realen politischen Leben etwas bedeutet). Und es würde bedeutet haben, daß das kommunistische Viertel des Volkes endgültig sich versteift hätte, und daß der internationale Riß unheilbar geworden wäre. (Das ist zu befürchten nach meiner Meinung in Frankreich, wenn dort in nächster Zeit die kommunistische Partei unterdrückt werden wird). Wie die Dinge hier stehen, zeigen sich bereits Zeichen, daß ein beträchtlicher Teil der kommunistischen Partei in unserem Volk durch bittere Erfahrungen ernüchtert werden wird, und daß auf diese Weise der Riß, der durch unser Volk jetzt geht, geheilt werden möchte. Einige der abseits stehenden kommunistischen Intellektuellen sind schon schwer enttäuscht, und es gibt eine Anzahl von Kommunisten, die sich dessen schämen, was in ihrem Namen gemacht worden ist. Der Prozeß wird ein langer und schmerzlicher sein, und die Chance, ihn zu überleben, ist für unser Volk sicher nicht glänzend - ich mache mir darüber keine Illusionen - aber trotzdem glaube ich, daß es wahrscheinlich der einzige Weg war und ist. Das soll nicht heißen, daß ich irgendwie billige, was sich ereignet hat - es bleibt ein verabscheuungswürdiger, unnötiger und nicht zu verteidigender Putsch im Dienste einer fremdem Macht - aber vielleicht ist es möglich, von ferne die Hand der Vorsehung auch hinter diesem Stück menschlicher Verwirrung zu erkennen. Aus dem Folgenden wird deutlicher werden, was ich meine.

ad 2): es scheint, daß Dr. Beneš' schlechter Gesundheitszustand und die daraus folgende Schwäche seiner Willenskraft die Haupterklärung dafür ist, warum er nicht abgegangen ist, nachdem er das neue Regime akzeptiert hat, das ihm unter den oben erwähnten Umständen aufgezwungen worden war. Seine Abdankung wurde hier und wahrscheinlich auch im Ausland weithin erwartet. Es scheint, daß er in der Tat das auch selber für richtig hielt, es aber nicht ausführte infolge einiger schwacher Persönlichkeiten in seiner Umgebung.

3) Aber wie kam es, daß diese Dinge diesem Engpaß zutreiben durften, in dem es keine andere Lösung mehr gab als das, was geschah,

und das sogar moralisch vorzuziehen war? Ohne Zweifel gab es mächtige auswärtige Kräfte, die es ausserordentlich schwer machten, das Blatt zu wenden. Ein Blick auf die Landkarte und eine Vergegenwärtigung dessen, was in benachbarten Ländern kürzlich passiert war, machen klar, was ich meine. Und ich bin sehr der Meinung, daß die Amerikaner und andere westliche Völker wenig moralisches Recht haben, uns wegen unserer Schwachheit selbstgefällig zu kritisieren. Schließlich sind wir nicht verantwortlich für die Abkommen von Teheran und Yalta und auch nicht für die Tatsache, daß von Washington aus der amerikanischen Armee verboten wurde, an der Befreiung Prags teilzunehmen. Aber noch wichtiger ist der Umstand, daß die Erfahrung von München immer noch ein sehr realer Faktor im Bewußtsein unseres Volkes ist. Ich will nicht sagen als billige Anklagen - wir, die wir einiges von der Realität und Mannigfaltigkeit menschlicher Sünde wissen, haben dazu kein Recht. Aber die Tatsache bleibt, daß diese Erfahrung die Reaktionen unseres Volkes zweifellos bedingt hat. Einerseits machte sie es gefügiger und andererseits hinterließ sie einen Geschmack in unserem Munde, den selbst die 6 Jahre Krieg nicht ganz wegbringen konnten und der unser Volk aufgeschlossener machte für eine Anti-West-Propaganda als irgend ein anderes Volk. Und natürlich benutzen die Kommunisten diese Gelegenheit ohne Scham und mit großer Klugheit. Von seiten der großen westlichen Völker muß der gegenwärtige Verlust der Tschechoslowakei für die Sache der Demokratie, der sicher tragisch ist und sich als fatal für die ganze Welt erweisen wird, am besten als eine letzte Zahlung für die Sünde von München akzeptiert werden. (Das ist freilich nur zu verstehen von gläubigen Christen, aber wir wissen - oder nicht? - daß in Wahrheit keine andere Erklärung der Dinge sinnvoll ist.)

Aber meine eigentlich Absicht ist nicht die, die Sünden anderer Völker zu bekennen - das ist in der letzten Zeit zu viel geschehen. Meine Last - und es ist eine wirkliche Last, die auf meiner Seele liegt - ist die, daß unsere Schwäche in der gegenwärtigen Krise auch - und das heißt für einen Christen primär - eine Zahlung für unsere *eigenen Sünden* war. Wir haben unser Leben nach der Befreiung im Geist eines hemmungslosen und ungezügelten Nationalismus begonnen. Es war natürlich und vielleicht unvermeidlich als Reaktion gegen das Leiden und die Demütigung der Besetzung, aber es war doch ein falscher Geist, und man hätte ihm seitens der verantwortlichen Männer unseres Volkes widerstehen müssen. Es wurde ihm aber nicht widerstanden, sondern er durfte wie ein Krebs dem Volke die Kraft aussaugen. Die Verantwortung von uns allen dafür ist groß. Wir von der Kirche, oder wenigstens die meisten von uns, haben es gesehen und haben versucht, etwas zu tun dagegen, aber unsere Anstrengungen waren eher lahm. Ich nehme mich hier nicht aus. Ich sah zweifellos die Situation sehr klar, ich habe immer im Nationalismus den Hauptfluch der Gegenwart gesehen und ich war zutiefst betrübt über die Entwicklung der Dinge, aber was tat ich schon anderes, als daß ich einige Artikel schrieb, eine Reihe von Predigten hielt und mit Freunden und Studenten gelegentlich über diese Sache redete - das Alles war nicht sehr kraftvoll und nicht sehr mutig. Die konkrete Verwirklichung dieses nationalistischen Geistes war die Aussiedlung der Sudetendeutschen. Von Anfang an war ich in innerem Protest dagegen, aber darin war ich weithin isoliert und konnte nicht viel machen und machte auch nichts. - Der Ruf der protestantischen Kirche ist insofern sauber in dieser Sache, als sie keinen Anteil nahmen an der „Balgerei" um den deutschen Besitz (sie nahm erst Anteil daran, bzw. Interesse daran, als Dr. Wehrenfennig uns sagte, daß er es begrüßen würde), als sie ihr Bestes zu tun versuchte, einzelne deutsche Pfarrer zu beschützen und ihnen zu helfen, und als sie sich im allgemeinen von dem ganzen Fieber nicht anstecken ließ. Aber sie ließ sich verführen gegen die Resolutionen des Weltkirchenrates zu der Aussiedlung zu protestieren, wenn auch in einer milden und würdigen Weise. Und inoffiziell haben wir in Form des Büchleins von Dr. Bednář teilgenommen an dem traurigen Versuch, das nicht zu Verteidigende zu verteidigen! Ich bin nur glücklich, daß die offizielle Kirche sich geweigert hat, Dr. Bednářs Broschüre als eine kirchliche Veröffentlichung herauszugeben. Denn das ist gewiß das Minimum: wenn die Kirche keinen Weg sieht, auf dem sie etwas gegen solche Maßnahmen unternehmen kann, daß sie dann wenigstens schweigt und nicht noch versucht, sie zu verteidigen.

Nach meiner Meinung ist diese ganze Sache von zentraler Bedeutung. Ich betrachte sie nicht so sehr unter dem Gesichtspunkt, ob die Sudetendeutschen es „verdient" haben: was „verdienen" wir nicht in den Augen Gottes für unsere Sünden? Es kann sein, daß es eine gnädige Züchtigung für sie war - das müssen sie selber erkennen, sofern sie Christen sind. Was mich alarmiert, ist nicht die rein moralische Seite der Sache. Die ganze Maßnahme wurde uns dargestellt - und zwar gerade von den moralisch verantwortlichen und demokratischen Führern - nicht als ein Akt der Rache oder der Bestrafung, sondern als eine kühl aufzufassende „notwendige" Maßnahme, um uns ein für allemal zu befreien von einem anerkannt dornigen Problem. Es wurde uns gesagt, wir müssten diese einzigartige geschichtliche Gelegenheit benützen und uns so gegen eine Wiederholung von München schützen. Gerade diese Art, die Sache zu betrachten, war in meinem Augen ein schwerer Fehler, wenn nicht eine Sünde. Einen Ausbruch von Leidenschaft kann man verstehen und auch vergeben nach der Erfahrung einer sechsjährigen Besetzung. Aber dieser Versuch, sich selbst zu schützen durch anerkannt harte, ungewöhnliche und noch nie dagewesene in der Tat ungeheuerliche Maßnahmen, scheint mir ein Stück „Hybris" zu sein, das nicht gelingen kann. Solche menschlichen Sicherungen scheitern immer. Nach meiner Meinung ist dieser ungezügelte Nationalismus, der sich in der Aussiedlung ausdrückt, das erste Übel, das „proton pseudos" unseres Lebens nach dem Mai 1945, die böse Wurzel, deren erste Frucht der kommunistische Putsch ist. Wenn ich das zu meinen Freunden sage, so ist die erste Frage immer, welchen anderen Weg ich geraten haben würde. Das ist zugegeben eine Schwierigkeit - aber meine Antwort lautet wesentlich dahin, daß alles Andere natürlich bedeutet hätte auf ein wunderbares Ereignis zu vertrauen - aber warum haben wir Christen Angst einen Kurs zu halten, der in der hl. Schrift voll vertreten wird (Röm.12,17-21), nur weil man an Wunder glauben müßte dabei. Jetzt, nachdem was in diesen Tagen geschehen ist, beginnt eine überraschend große Zahl von Männern und Frauen zu sehen, daß ein großer Fehler, eine Sünde, begangen wurde. Und es scheint mir, daß eine der vordringlichsten Aufgaben der Kirche nun die ist, das Evangelium ohne direkte politische Anwendungen zu predigen, daß auf diese Weise der Boden bereitet wird für ein Bekenntnis und eine Verwerfung dieses Irrtums und dieser Sündem, wenn die Zeit dafür kommt.

Das mag wie eine Art metaphysischer Spekulation tönen (wenn auch, wie ich hoffe, auf bester biblischer Grundlage). Diese geistige und moralische Einsicht in den Irrtum des Nationalismus, der in der „Aussiedlung" gipfelte, war der erste Aspekt des ganzen Problems, der mir klar wurde. Aber bald begann ich die politischen Folgen, die Wege, auf denen der Lohn für diese Sünde Gestalt annahm, zu sehen. Zunächst und vor allem bedeutete dieser Nationalismus eine schreckliche Schwächung der ganzen Masaryk-Tradition unseres nationalen Lebens. Nach dem Mai 1945 schien die ganze kritische und freie Atmosphäre, die zu dieser Tradition gehörte, verschwunden. Sie kam wieder zum Leben, aber sehr geschwächt eben durch dieses nationale Fieber. Ein wichtiger Punkt der Kritik Masaryks und seiner Anhänger war eine sehr kritische, um nicht zu sagen unfreundliche Haltung den anderen slawischen Völkern gegenüber und eine sehr saubere Haltung zum Panslawismus. Nun aber war Raum gegeben zu panslawistischen Orgien. Die kommunistische Absicht, die dahinter steht, ist leicht zu durchschauen, aber uns ist jetzt wichtig festzustellen, wie der Widerstand gegen diesen rohen romantischen Panslawismus geschwächt war durch den neuen Nationalismus. In dem Nebel vager Gefühle wurden auch die Hintergründe nebelhaft, und die Geister waren geschwächt in ihrem Widerstand dem gegenüber, was aus Russland kam. Ferner: das Bewußtsein, daß etwas geschah, was den Abgrund zwischen uns und den Deutschen noch tiefer aufreissen mußte, als er ohnehin schon war, schuf begreiflicherweise eine intensive Angst vor Deutschland und ließ alle Parteien, sogar die am stärksten antikommunistischen, das Schlagwort annehmen, daß das Bündnis mit Rußland unsere einzig mögliche Außenpolitik ist. Das führte uns dazu, dem Befehl Rußlands, uns von den Marschall-Ländern zurückzuziehen, im Juli 1947 anzunehmen und das wiederum führte dann direkt zu der Krise im Februar und machte ihren Ausgang unvermeidlich. Und endlich: die große Bewegung der tschechischen Bevölkerung im Sudetenraum entwurzelte nicht nur die Deutschen, sondern auch unzählige Tschechen. Eine außergewöhnliche Beweglichkeit kam herein, nicht nur in das geographische Bild der Verteilung der Bevölkerung, sondern auch in ihre ganze psychologische Verfassung. Alle Werte begannen zu schwanken, und eine Zeit schattenhafter Existenz begann. Das war eine Atmosphäre, in der die kommunistische Propaganda gedeihen konnte. Und in der Tat war der Erfolg der kommunistischen Partei im Mai 1946 bei den Wahlen wesentlich den Grenzbewohnern oder dem Sudetenraum zu danken, wo sie oft mehr als 50% der Stimmen bekamen. Die Kommunisten wußten natürlich sehr wohl, was sie taten, als sie den nationalistischen Geist nach dem Mai 1945 anfachten. Die Sache ist die, daß die anderen, die Nicht-Kommunisten und Anti-Kommunisten nicht wußten, was sie taten, wenn sie darauf hereinfielen und sogar versuchten, den Kommunisten den Wind aus den Segeln zu nehmen, wenn sie sie durch den Nationalismus überwinden wollten. Das war nach meiner Meinung der Grund, warum diese Anti-Kommunisten sich als so schwach erwiesen und so erfolglos in der Stunde der Krise. Natürlich ist es richtig, daß die Kommunisten ähnlich erfolgreich in anderen östlichen europäischen Ländern waren, z.B. Rumänien oder Ungarn, in denen die Aussiedlung der Deutschen nur eine untergeordnete oder gar keine Rolle spielte. Aber die Tschechoslowakei mit ihrer echten demokratischen Tradition hätte es den Kommunisten schwieriger machen sollen als jene Länder, in denen halbe Diktaturen herrschten schon vor dem Krieg und in denen die ganze soziale Struktur so rückständig war. Warum waren die Dinge hier ebenso leicht oder leichter für die Kommunisten? Meine Antwort lautet dahin: weil wir Masaryks Tradition verraten haben, indem wir 1945 in den Chauvinismus fielen, und weil dadurch eben die demokratischen Kräfte geschwächt und verwirrt wurden. Mit anderen Worten: *wir haben unser Erstgeburtsrecht verraten für ein Linsengericht.* Darum mußte es so ausgehen.

Das kann gut illustriert werden im Falle Dr. Drtinas, des letzten Justizministers. Er kämpfte ohne Zweifel einen tapferen Kampf, um eine echte Justiz aufrecht zu erhalten, und sein Name wird mit Ehren in die Geschichte eingehen. Aber der gleiche Dr. Drtina glaubte, als er von London Ende Mai heimkehrte, daß er die Kommunisten durch Nationalismus überwinden könnte und hielt eine eher schrecklich nationalistische Rede zu jener Zeit, bei der ich und andere nachdenkliche Leute schauderten. Solch ein Mann konnte ganz einfach den Kampf nicht gewinnen. Und so scheint mir auch von daher kein anderer Ausgang möglich: dies ist wahrscheinlich der einzige Weg, wenn auch ein sehr schrecklicher Weg, auf dem unser Volk geheilt werden kann von dem kummervollen Irrtum des nationalistischen Rückfalls. Das soll nicht heißen, daß ich ihn gewünscht habe und daß ich dafür gearbeitet hätte. Aber nun er Ereignis ist, scheint es mir, daß wir Christen ihn anzunehmen haben als gerechtes und darum barmherziges Gericht Gottes.

4) Ich habe sehr lange bei dem letzten Punkt verweilt, weil ich hier sehr tiefsitzende Überzeugungen und Empfindungen zu haben meine. Sie haben natürlich auch Gedanken über unsere Zukunft und insbesondere unsere Aufgaben im Gefolge. Es ist mir klar, daß unsere nächste Zukunft sehr dunkel ist. Die Gefahr von dem ungeheuren östlichen Meer überschwemmt zu werden, ist sehr real, und es ist klar, daß wir unmöglich uns daraus retten können ohne große Katastrophe. Das ist etwas, wovor mein Geist schaudert. Ein weiterer Krieg würde wohl die Existenz echter Demokratie sogar in Amerika ernstlich gefährden (vielleicht hätte nur Großbritannien eine kleine Chance sie auf jeden Fall zu behalten). Es würde notwendig ein Krieg sein, der auf beiden Seiten mit schlechtem Gewissen geführt werden müßte - sehr viel mehr als der letzte Krieg. Und für uns könnte er nur unaussprechliches körperliches und moralisches Leiden bedeuten und vielleicht sogar unser Erlöschen als Nation. Aber: wenn wir je befreit sein sollten aus unserer Bindung, müssen wir sicherlich ein ganz neues Blatt aufschlagen. Wir sind darin nicht allein. Es ist mir klar, daß alle europäischen Völker einen Schritt oder auch zwei herabsteigen müssen in ihren traditionellen ehrgeizigen Bestrebungen. Es wird nicht länger möglich sein, daß die europäischen Völker versuchen, ihre Nachbarn zu beherrschen,

zu entvölkern, auszurotten, auszuweisen oder wenigstens zu belehren. Was uns bleibt, das kann nur sein, daß wir versuchen, unser ererbtes Stück Land in Frieden und mit demütigem Sinn zu bebauen, ohne Aspirationen auf „führende" Rollen. Wenn wir durch Gottes Gnade erhalten bleiben dürfen (nichts als diese Gnade kann uns retten, sie aber kann es), werden wir sicher zufrieden sein müssen mit einer sehr bescheidenen Ecke in der Familie der europäischen Völker. Es scheint mir, daß die außenpolitische Bedeutung von Masaryks Tschechoslowakei, die viel größer war, als unsere Größe es eigentlich zuließ, unwiderruflich dahin ist, aber durch Gottes Gnade muß die Existenz unseres Volkes und mehr noch: das moralische Erbe Masaryks nicht notwendig für immer begraben sein.

5) Was folgt aus dem Allem für die *Aufgabe der Kirche*? Ich meine, daß die Kirche die Zusammenarbeit mit dem neuen Regime so gut vermeiden soll, wie den Versuch der Bildung eines politischen Widerstandes. Das Erste ist klar: dieses Regime ist betrügerisch und willkürlich. Das Zweite: die besiegten Parteien sind zu stark kompromittiert durch ihre moralischen Fehler und Sünden, als daß die Kirche es nicht vermeiden müßte, den Anschein, als bedauere sie sie und versuche ihre Linie zurückzugewinnen, zu erwecken. Und die westlichen Mächte sind als solche auch nicht gut genug, um der Kirche das Recht zu geben, irgend eine Art von „Westblock" in unserem Land aufzurichten (ich stimme hier völlig überein mit Hermann Diems Broschüre). Und selbstverständlich kann die Aufgabe der Kirche zu keiner Zeit eine direkt politische sein. Wir haben das Wort Gottes zu predigen - und es wird uns gegeben werden, wenn wir das treu tun, seine Tragweite und Kraft zu erkennen. Ich war nie ein Verteidiger des „unpolitischen" Evangeliums in irgend einem pietistischen oder dualistischen Sinne und werde es nie sein. Aber es muß dem Wort überlassen bleiben, seine Macht selbst auszuüben ohne Druck von unserer Seite. Ich hoffe und bitte darum, daß es der Kirche geschenkt werden möchte, in der Gegenwart die Bibel besser zu verstehen und in der Gewißheit des Glaubens fröhlich zu sein inmitten aller Bedrängnisse. Wenn uns das geschenkt wird, so wird das auch der beste Beitrag sein zur Erhaltung der Seele unseres Volkes in der Anspannung, durch die es jetzt gehen muß. Und wenn die Zeit kommt - so sie durch Gottes Gnade kommt - daß die Freiheit wieder bei uns einkehren wird, muß die Kirche bereit sein, dem Volk die Notwendigkeit der Buße und der willigen Annahme aller Demütigungen als dem gerechten Gericht des gnädigen Gottes zu verkündigen. Diese Arbeit wird tatsächlich früher beginnen: schon heute haben wir das Evangelium so zu ver-

kündigen, daß das Volk verstehen lernt, daß das, was sich ereignet, nicht eine reine Katastrophe ist, sondern daß darin Zeichen des Gerichtes und darum der Gnade zu erkennen sind. Ich weiß nicht, ob es klar geworden ist, was ich meine, aber ich bin meiner Sache darin sicher.

6) Es ist noch nicht möglich zu sagen, welches die äußere Stellung der Kirche nunmehr sein wird. Es ist klar, daß die Kirche nicht zuerst belästigt wird. Die politische Gleichschaltung hat die Priorität, und so ist die Kirche mehr oder weniger in Frieden gelassen. Aber es kann kein Zwiefel bestehen, daß schwierige Zeiten vor ihr liegen. Das Wichtige ist, daß die Kirche allen Prüfungen mit einfachem und wahrem Glauben begegnet, ohne allzu viele Zweckmäßigkeitserwägungen. Ich sehe keinen Plan vor Augen. Wahrscheinlich gibt es einen - aber vor allem haben wir Mark.13,11 ernst zu nehmen.

Die römisch-katholischen Bischöfe hier haben, geführt von Erzbischof Beran von Prag, der ein wirklich gläubiger Christ und für einen Hierarchen ein außerordentlich einfacher und eindeutiger Mann ist, eine sehr würdige Haltung eingenommen. Der Erzbischof ist von Vertretern der neuen Regierung besucht worden, darunter wahrscheinlich auch von Mr. Plojhar, dem römisch-katholischen Priester, der in der Regierung die katholische Partei vertritt. Nach diesem Besuch trafen sich die Bischöfe der Tschechoslowakei auf einer Konferenz und verfaßten einen Brief an die Regierung, in dem es heißt: „Als katholische Bischöfe werden wir weiterhin gewissenhaft und treu alle unsere Pflicht Gott, der Kirche, dem Volk und dem Staat gegenüber erfüllen, und wir sind dessen gewiß, daß der ganze Klerus und das ganze katholische Volk diese Treue wahren wird. Mit Dankbarkeit haben wir die Zusicherung empfangen, daß sich nichts ereignen wird, was die gute Beziehung zwischen Kirche und Staat stören könnte. Wir versichern erneut, daß wir in allen Unternehmungen und Aktionen des katholischen Lebens über dessen überparteilichen und unpolitischen [Charakter?][22] sorgsam wachen werden, und daß wir uns ganz der religiösen Arbeit widmen werden, daß wir die christliche Moral und Liebe stärken und behüten wollen. Wir beten für alle, die in dieser ernsten Zeit Verantwortung vor Gott und den Menschen tragen, daß ihre Entscheidungen wirklich unserem Volk Wohlergehen, Frieden und Glück bringen. Wir beten für unser gutes tschechisches und slowakisches Volk,

---

[22] Hier ist dem Verfaßer höchstwahrscheinlich ein Wort ausgefallen.

daß es seiner Verantwortlichkeit bewußt sein und verstehen möge, daß nur eine moralische, anständige und fleißige Art zu leben, ihm wirklich eine glückliche Zukunft garantieren kann." ... Der Erzbischof hat offiziell wissen lassen, daß er fürderhin an keinem öffentlichen Anlaß politischen Charakters teilnehmen könne. Die erste Gelegenheit, bei der er in der Öffentlichkeit nach der Krise erschien, war Jan Masaryks Beerdigung. Es will mir scheinen, daß andere Kirchen am besten tun würden, eine ähnlich würdige Haltung einzunehmen, natürlich ohne eine gewiß speziell katholische Art zu reden. Bis jetzt haben die Kirchen sich nicht verirrt. Ich bin froh zu sehen, daß sogar die tschechoslowakische Kirche, von der schlimme Dinge erwartet werden mochten, eine zurückhaltende Stellung einnimmt.

7) Ich möchte diesem langen Brief gerne einige Worte an die *Brüder im Ausland* anfügen. Und vor allem an unsere *deutschen Brüder der Bekennenden Kirche*. Viele von uns haben ihren Kampf mit aufrichtiger Sympathie begleitet und mehr als das: mit einem Gefühl der Solidarität des Glaubens. Nach dem Krieg freuten wir uns über das Schuldbekenntnis, das sie aussprachen und über manche klärenden Worte, die manche ihrer leitenden Männer dem Volk sagten. Andererseits waren wir und sind wir betrübt über das, was uns als ein Rückfall in alte nationalistische Art einiger Vertreter der deutschen Kirche zu sein scheint. Ich kann sie versichern, daß ich das nicht aus einem Geist pharisäischen Richtens sage, daß ich diesen Rückfall als das Versagen von Brüdern empfinde, als etwas, das mich als meine eigene Sache angeht. Heute verstehen wir sie sicher besser als je zuvor, und wir werden wahrscheinlich viel zu lernen haben von dem, was ihnen gegeben wurde und von ihren Fehlern und ihrem Versagen, dem sogar die Bekennende Kirche nicht entgangen ist. Ich möchte sie gerne Eines fragen: auf den vorangehenden Seiten habe ich in einiger Ausführlichkeit über das geschrieben, was ich als unsere eigene besondere Sünde bekenne, die wir gegen ihre Landsleute in den Sudeten begangen haben. Ich nehme kein einziges Wort davon zurück. Aber möchten die deutschen Brüder sich dadurch nicht schwächen lassen in ihrer Pflicht, die besondere Verantwortlichkeit und Sünde ihres Volkes zu erkennen und auszusprechen. Eine Schuld annuliert nicht die andere. Unsere Sünde ist nicht durch die jüngste Sünde der Deutschen entschuldigt. Noch aber ist die deutsche Sünde entschuldigt oder getilgt durch die Tatsache unserer jüngsten Sünde in Gestalt der „Umsiedlung". Jeder von uns hat seine Verantwortung zu erkennen.

Ich möchte gerne noch ein Wort anfügen, nicht im Geiste dessen, der die Sünden anderer Völker bekennt - sondern um einem gegenseitigen besseren Verstehen zu helfen. Die Schuld des deutschen Volkes ist sicher nicht erschöpft durch Vorkommnisse wie Lidice. Ich möchte nicht den Streit über die Linie Friedrich der Große - Bismarck - Hitler fortsetzen, obwohl ich glaube, daß Karl Barth wesentlich recht hat an diesem Punkt. Aber ich möchte gerne wiederholen, was ich zu einigen deutschen Brüdern nach dem letzten Krieg sagte: von uns aus gesehen, d.h. von einem kleinen Volk an der Ostgrenze Deutschlands aus gesehen, ist die Klage gegen die allgemeine deutsche Haltung seit 100 Jahren (wirklich besonders seit 1848) die, daß das deutsche Volk als Ganzes nicht nur kein freundschaftliches Interesse in die Entwicklung der kleineren Völker unter seinen östlichen Nachbarn genommen hat, sondern vielmehr deren Entwicklung mit steigendem Zorn über ihre Existenz und ihre wachsende Stärke begleitet hat. Im besten Falle war eine tiefe Unkenntnis und eine grenzenlose Nicht-Achtung für unser Leben bezeichnend für die deutsche Intelligenz, sogar für Theologen. Als Beispiel möchte ich Wilhelm Herrmann zitieren, der in seiner Ethik § 28 (S.213 der 6. Auflage) geschrieben hat, daß die Polen und Tschechen nicht fähig seien, einen eigenen, unabhängigen Staat zu haben und zu bewahren, weil sie keine eigene Kultur hätten. Als er das Ende des 19. Jahrhunderts schrieb, war es schon lange nicht mehr wahr, aber noch 1940 zitierte H. Strathmann diesen Satz in den „Theologischen Blättern", um Hitlers Zerstörung der Existenz von Polen und der Tschechoslowakei moralisch zu rechtfertigen. Unsere deutschen Brüder sollten erkennen, daß der Geist, aus dem heraus solche Äußerungen von den Lippen großer Theologen kommen konnten, ein ganz und gar falscher Geist ist, und daß er absolut zu verwerfen ist, wenn Europa noch bessere Tage sehen soll. Ja, wir haben beide sehr, sehr viel zu bereuen...

Einige Worte nun noch an unsere westlichen, insbesondere amerikanischen Brüder:

a) Vor allem: möchten sie doch ihren Völkern sagen, daß es ein Irrtum wäre, das tschechoslowakische Volk einfach zu den Wölfen zu werfen, weil wir dem schlimmen kommunistischen Druck nur schwach widerstanden haben, oder weil wir uns selbst zweifellos belastet haben mit der Torheit und Sünde eines maßlosen Nationalismus. Wir werden zweifellos einen bitteren Lohn ernten für unsere Sünde - aber die Kirchen sollen doch wachsam sein, daß diese Strafe, soweit sie in Menschenhand liegt, nicht maßlos und ohne Gnade ist. Ich möchte besonders die amerikanischen und britischen Christen bitten, daß sie sich durch die Tatsache unserer Torheit nicht versuchen lassen zu denken, man müsse in einer künftigen Auseinandersetzung den Deutschen freie Hand lassen gegen uns. Unser Volk war nicht frei von nationalistischer Torheit, aber das deutsche Volk ist als Ganzes auch keineswegs frei davon, und die Kette der Irrtümer muß einmal abbrechen.

b) Es ist wahrscheinlich nicht notwendig, das Folgende zu sagen, es soll aber nun trotzdem gesagt sein: viele amerikanische führende Christen sagen in letzter Zeit häufig, Amerika dürfe sich nicht verführen lassen, die sozialistischen Maßnahmen in Europa zu unterdrücken. Das scheint mir eine sehr notwendige und wichtige Warnung zu sein, die oft und nachdrücklich wiederholt werden sollte. Es ist möglich, daß die tschechoslowakische Krise als ein Beispiel zitiert werden wird, zu welchen Kosequenzen die Verstaatlichung notwendig führen muß. Ich glaube, daß ein solcher Schluß falsch wäre. Unsere Krise hat schwerlich bewiesen, daß Professor Hayek recht hat. Der Putsch war auf Polizei-Macht und auf die Drohung des Auslands gegründet und in geringerem Maß auf die kommunistische Herrschaft der U.R.O. (I.C.U. in der Tschechoslowakei). Die verstaatlichte Industrie als solche hat nur einen ganz geringen Anteil daran, wenn überhaupt einen. Es scheint mir im Gegenteil, daß unsere ja kurze Erfahrung mit der Verstaatlichung der Betriebe unter dem Regime relativer politischer Freiheit eher in der Richtung ihrer gegenseitigen Entsprechung weist. Natürlich ist unsere Erfahrung zu kurz und in einer zu großen politischen Spannung erworben, als daß sie viel bedeuten könnte. Die zweite Verstaatlichungswelle unter dem neuen Regime, d.h. die Verstaatlichung aller Betriebe über 50 Angestellte und aller öffentlichen Einrichtungen etc. geht zu weit und ist eine reale Bedrohung der Freiheit. Aber keine strukturelle Notwendigkeit hat diese zweite Welle hervorgebracht: nur politischer Druck und Druck aus dem Ausland. Die Aufgabe für die westlichen, insbes. die britischen Sozialisten bleibt: die optimale Scheidungslinie zwischen dem verstaatlichten und dem privaten Sektor in der Industrie zu suchen und zu finden. Diese Aufgabe sollte nicht verunmöglicht werden durch irgend einen Druck, denn jede Maßnahme von Sozialisierung fordert wesentlich Freiheit. In dieser Hinsicht sind humorvoller Weise die wirtschaftlich durch und durch Liberalen wie die Kommunisten, die behaupten, daß keine Verstaatlichung möglich ist, sie sei denn 100%. - Diese Probleme sind natürlich nicht von den Kirchen zu lösen, aber ich glaube, daß die Kirchen ihre Völker warnen sollten vor. voreingenommenen und dogmatischen Stellungsnahmen, die im internationalen Zusammenleben viel Schaden stiften können. Ich bin der Meinung, daß ein beträchtliches Maß an Sozialisierung - wenigstens das Maß der „ersten Welle" in der Tschechoslowakei - erhalten bleiben muß.

Ich habe einen außerordentlich langen Brief geschrieben. Meine Entschuldigung ist die, daß ich wahrscheinlich kaum noch die Möglichkeit haben werde, in nächster Zukunft weitere solcher Briefe zu schreiben. Darum versuchte ich, etwas ausführlich zu erklären, was mir am Herzen liegt.

Ich sollte vielleicht hinzufügen, daß das, was ich geschrieben habe, meine persönlichen Überzeugungen sind. Ich schreibe in Niemandes Auftrag. Einige von uns, wie z.B. Professor Hromádka, sehen die Situation anders. Ich war immer pessimistischer eingestellt. Aber ich bin der Meinung, daß ich jetzt nicht pessimistisch denke. Ich möchte vielmehr in aller Demut bekennen, daß mir die grundlegenden Wahrheiten des Glaubens noch nie so klar, so kostbar und so gewiß waren als gerade jetzt. Und das ist eine große Tröstung.
Ich glaube fest, daß Gott alles zu Seinem guten Ende führen wird. Und das sollte genug sein. Wir wissen nicht, was uns bevorsteht. Ich kenne meine eigene Schwachheit, und daß ich schmerzlich versagen mag in der Zeit der Anfechtung. Aber die Verheißung von Mark. 13, 11 wird sich als wahr erweisen, auch an uns. Und wir lernen und hoffen immer mehr zu lernen über die Realität des Gebetes. Das ist es, was ihr für uns tun könnt: ihr könnt beten. Und denkt an uns in Liebe und Verstehen.

Mit allen guten Wünschen

II.
Hermeneutik

4. Ein Briefwechsel

Josef B. Souček und Götz Harbsmeier

Dr. J. B. Souček, Pfarrer, Prag

Prag, den 6. Juni 1944

Herrn Götz Harbsmeier
Evangelischer Pfarrer
Reiffenhausen bei Göttingen

Sehr geehrter Herr Amtsbruder!
Ihrem Vortrag habe ich mit großem Interesse und Nutzen gelesen und daraus auch ausgiebige Excerpta verfertigt. Sie werden mir gewiß nicht verübeln, wenn ich einige Fragen und kritische Bemerkungen hinzufüge. Nichts Außerordentliches dürfen Sie erwarten; wahrscheinlich haben Sie das meiste schon früher gehört – und außerdem bin ich durch meine unvollkommene Beherrschung der deutschen Sprache gehemmt. Trotzdem werden Sie vielleicht meine Bemerkungen nicht ohne Interesse lesen.

Ich war sehr davon beeindruckt, was Sie über die Unverständlichkeit des üblichen christlichen Zeugnisses wegen seines mythischen Gewandes sagen. Ja, so ist es, auch – wenn nicht in noch höherem Ausmaße – in unserem Volke mit seinen stark positivistischen Traditionen; und wesentlich anders ist es auch nicht in anderen Ländern. Aber trotzdem: ich kann die Frage nicht unterdrücken, warum gleichzeitig die katholische Kirche in den von Ihnen genannten Ländern, d. h. in Deutschland, Frankreich, bei uns, und gewiß auch in England oder Amerika bedeutende Anziehungskraft ausübt, ohne durch das unvereinbare Mythologische an ihrer Lehre gehemmt zu sein? Und man kann nicht sagen, daß das nur bei dem weniger kritischen, durch die Wissenschaft und Philosophie nicht durchgegangenen Bevölkerungsteil der Fall ist! Sehr entscheidend für den gesamten Gedankengang ist diese Frage nicht, aber sie gibt meiner Meinung nach doch zu denken!

Jetzt einige weitere, nur lose zusammenhängende Fragen:

1. Sie sagen: „*Ich* bin ein neuer Mensch geworden; indem ich dies bezeuge, bezeuge ich die Heilstat Gottes ... Eine andere Möglichkeit des Zeugnisses habe ich nicht. Denn ich habe nicht die Möglichkeit der Mythologie ...“ Besteht nicht die Gefahr, dies so zu verstehen, daß mit der Mythologie auch der alte Einwand gegen das „pietistische“ Verständnis des Zeugnisses gefallen ist? Ich weiß sehr wohl, daß Bultmann seinen Intentionen nach sehr weit von jedem Pietismus ist; aber in jenen Formulierungen ist mir der Unterschied nicht durchsichtig geworden.

2. Zielen Ihre Ausführungen nicht darauf hin, daß wir uns je und je in die Situation der ersten Zeugen, die dem Kreuze begegnet und zur Auferstehungsgewißheit gelangt sind, zurückversetzen müssen? Aber kann man solches wirk-

lich tun? Können wir das Zeugnis von der Auferstehung wirklich immer neu produ|zieren, sind wir nicht in einem sehr wesentlichen Sinne an das Zeugnis der ersten Zeugen gebunden? Anders gesagt: kann man getrost in dem Auferstehungsglauben nur das Durchstoßen zur Bedeutsamkeit des Kreuzes sehen? Ist dahinter nicht eine besondere „ontische" Realität? und muß solche Annahme wirklich Mythologie sein?

Daß „Jesus für uns" die einzige Möglichkeit des Glaubens als Glaube ist, ist ja richtig und wichtig. Aber muß man nicht stärker, als es bei Bultmann geschieht, die Wirklichkeit des Jesus Christus „vor" unserem Glauben betonen und herausarbeiten?

4. Ist die Übernahme Heideggerscher Kategorien eine wirkliche Sicherung gegen die „Schleiermacherei"? Könnte es (wenigstens an sich, abgesehen von den Intentionen Bultmanns) nicht so aussehen, daß bloß das Bauen auf die ruhende Essenz des Menschen (so könnte man doch die „Schleiermacherei" kurz ausdrücken) dem Vertrauen auf die „Existenz-in-der-Bewegung" gewichen ist? Und wäre damit wirklich etwas Wesentliches gewonnen? Ist hier nicht eine ähnliche Gefahr der Anthropologisierung der Theologie?

5. Meine größte Besorgnis gegenüber der Arbeit Bultmanns, auch, ja besonders in der gewiß sehr wertvollen Interpretation, welche Sie geboren haben, ist dieses: Ist überhaupt etwas wirklich gewonnen? Ist das wirklich Entmythologisierung? Und ist das wirklich Verständlichmachen des Zeugnisses? Die erste Frage stellt selbst Bultmann, die zweite Frage stellen Sie zum Ende Ihres Vortrages. Dennoch kann ich mir nicht versagen, folgendes zu bemerken:

a) Die schwere Verständlichkeit Bultmanns beruht meiner Meinung nach nicht nur auf der starren Begrifflichkeit seiner Ausführungen. Mir scheint es: wenn man es grundsätzlich abweist, aus der in der Begegnung mit dem Menschen Jesus gewonnenen Einsicht in seine eschatologische Bedeutung „ontische" oder „metaphysische", besser gesagt: dogmatische Aussagen abzuleiten (z. B. christologische Aussagen), dann bleibt es letztlich undurchsichtig, wieso Jesus solche Bedeutung hat. Es ist die gleiche Undurchsichtigkeit, welche bei der begrifflich viel einfacheren Rede W. Herrmanns über den „Eindruck des inneren Lebens Jesu" erscheint! (Die Nähe Bultmanns zu W. Herrmann ist gewiß keine Entdeckung von mir; dessen muß sich Bultmann und überhaupt die Marburger Theologie völlig bewußt sein.) Kann es bei der Destruktion der Christologie bleiben? Ist z. B. der weg von Herrmann zu Karl Barth wesentlich nur ein Abweg? Muß die Christologie, welche z. B. die Zweinaturenlehre neu übernimmt, wirklich als „Sicherung" des Menschen Jesus vor dem vollen Gewicht des Ärgernisses des Kreuzes wirken? Mir wenigstens sind die Bemühungen Brunners oder Barths um die Christologie nie als eine Abschwächung des Ärgernisses des Kreuzes vorgekommen.

b) Ist das, was Bultmann bietet, wirklich Entmythologisierung in radikalem Sinn? Er selbst sagt: auch das ist mythologischer Rest für den, für den die Rede von Gottes entscheidend eschatologischem Tun Mythologie ist. Hier steckt es eben. Wenn ich an meine säkularisierten Bekannten denke: für sie (und es sind auch ganz gescheite Universitätsprofessoren darunter) wäre die Rede vom Kreuz als eschaltologischem Geschehen ganz gewiß einfach Mythologie. Wenigstens wenn diese Rede wirklich ernst, nicht als bloßes Symbol für Existenzstruktur gemeint ist. Und so ernst ist sie doch gewiß gemeint! Und die Anderen, welche um das Mysterium des Seins etwas wissen und deshalb die Rede von Gottes Tun nicht von vornherein ein großer Anstoß, auch wenn darunter selbst ganz gescheite und sogar an Heidegger geschulte Philosophen sind. So daß ich geneigt bin, mit R. Niebuhr (dem amerikanischen Theologen deutscher Herkunft) zu meinen, daß man die „Tiefendimension" der „Religion" (des Glaubens) nicht angemessen unmythologisch ausdrücken kann; auch die von Ihnen zitierte Meinung der HBK würde mich interessieren. Natürlich, ohne Kritik geht es nicht; es gibt mythologische Überwucherung, mythologische Verdeckung des Entscheidungscharakters des Glaubens, und dem muß durch konkrete theologische Kritik gewehrt werden.

Sehr zusammenhängend waren meine Bemerkungen nicht. Und ich fürchte, daß sie den Eindruck erwecken können, daß ich von Bultmann nichts lernen will. Im Gegenteil, ich glaube vieles gelernt zu haben, und halte seine Bemühungen für sehr wertvoll gerade in ihrer Radikalität. Aber meine Bedenken gegen das echt „Herrmannsche" in ihnen kann ich nicht unterdrücken. Übrigens: glauben Sie, daß das, was E. Brunner im „Mittler" über die christliche Mythologie geschrieben hat, so ganz unbrauchbar für die heutige Auseinandersetzung ist? Mir scheint nicht. (Demgegenüber ist K. Barth durch seinen verengten Begriff des Mythos – Mythos als Ausdruck der Zeitlosigkeit des Seinsverständnisses – dem Problem eher entwichen. Meint der von Ihnen zitierte Schreiner seine Aussage über Nichtvorhandensein des Mythos im N. T. im Barthschen Sinne?)

Jetzt muß ich mich aber wegen der anmaßlichen Zumutung, welche solche lange und polemische Epistel an einen Unbekannten darstellt, gebührlich entschuldigen. Vielleicht werden Sie aber gerade darin das Zeugnis einer wirklichen Bewegtheit durch Ihre Ausführungen sehen – und darüber hinaus ein Zeugnis für die Gewalt und das Gewicht der theologischen Sache, welche, wenn auch in einer Auseinandersetzung, auch Unbekannte über Entfernungen, die wahrlich nicht nur geographisch groß sind, verbinden kann.

Für die freundliche Zusendung Ihres Manuskriptes bin ich Ihnen sehr verbunden.

Mit glaubensbrüderlichen Grüßen   Ihr ergebener
                                                            J. B. Souček

Götz Harbsmeier

Reiffenhausen, den 21. Juli 1944

Herrn Dr. J. B. Souček
Pfarrer
Prag, Kanzlei des Synodalrates

Lieber Bruder Souček!
Endlich möchte ich Ihnen sehr herzlich für Ihren Brief und die pünktliche Rückgabe des Vortrages danken. Heute will ich nur kurz auf einige Ihrer Fragen eingehen. |

Zunächst bin ich erstaunt und erfreut über das große Verständnis, mit dem Sie den aufgeworfenen Fragen gegenüberstehen. Hier ist ein Gespräch mit der älteren theologischen Generation annähernd hoffnungslos. Die Liberalen mißverstehen Bultmann, indem sie sich nur an das destruktive Moment bei ihm halten und meinen, es handle sich um ein Zurechtmachen der Botschaft nach Maßgabe ihr fremder, moderner Maßstäbe. Sie freuen sich der Subtraktionen, die Bultmann zwar ausdrücklich ablehnt, die sie aber doch in dem B.schen Unternehmen sehen, und der übrigbleibende Rest ist dann das alte liberale Skelett, das jeder mit dem Leben füllt, wie es ihm vorschwebt. Die Orthodoxen, wie Sasse, aber auch Althaus und Schreiner sind nach wie vor in hellem Entsetzen. Aber auch Asmussen und mit ihm die Liturgiker (Stählin) teilen den Zorn gegen Bultmann und wittern bei ihm die gleichen Tendenzen, die sich in den neueren Schriften von Emanuel Hirsch kundgeben. Unverkennbar ist in Deutschland der Zug zum Liturgischen und durch ihn die Annäherung gerade an die katholische Kirche, die nicht zuletzt durch das Schrifttum des Hegner-Verlages und durch unzählige Gespräche zwischen den Konfessionen größte Anziehungskraft in allen Konfessionen ausübt. Es ist unverkennbar, daß, was Sie von der katholischen Kirche schreiben und von ihrer Anziehungskraft gerade auf die gebildeten modernen Menschen für Deutschland im höchsten Grade zutrifft. Hier spielt natürlich die größere Widerstandskraft und die organisatorische Festigkeit der katholischen Kirche eine sehr große Rolle. Der bedrängte Protestant schielt mit beneidender Bewunderung auf die so sicher ihren Weg gehende katholische Kirche, und dies Ganze ist ja auch nur eine Erscheinungsform des allgemeinen Zuges der Zeit, zurück zur Mythologie. Denn die Zeiten sind vorbei, da man sich der Errungenschaften des entmythologisierten Weltbildes nur mit Stolz freut. Die so gerufenen Geister über ihre Macht und lassen in vielen die Sehnsucht wachsen nach dem, was sie in der Mythologie verloren haben. Man kann geradezu von einer *allgemeinen Flucht in das Mythologische* sprechen, bei der man sich nicht klar macht, daß dieses einmal verlorene Leben so wenig wiederkehren kann wie die Kindheit, nach der ein Mann sich sehnt. Wir können nicht zurück zu der Naivität und Ursprünglichkeit des Mythologischen, so wenig als der Ruf „zurück zur Natur" zum Ziele führte. Das mythologische Weltbild ist tot, aber es lebt in der Erinnerung, und wir sehnen uns nach ihm und können es doch nicht einfach wieder übernehmen. Dennoch ist die Flucht, die in der Illusion geschieht, als wäre dies doch möglich, eine überaus verständliche, ebenso verständlich wie die Naturschwärmerei der Jugendbewegungen aller Art.

Man sieht im Kultisch-Liturgischen, wie es in der katholischen Kirche noch da ist, und wie es die reformatorischen Kirchen in ihrer Vergangenheit sehen, den guten und festen Hort, in dem man sich vor den Fragwürdigkeiten der Gegenwart geborgen fühlen kann. So singt man wieder das alte Liedgut und wähnt sich dabei in dem Leben, aus dem heraus es einstmals gewachsen ist. Dies ist verständlich bei der Erlösungsbedürftigkeit, die so viele empfinden und die in ihrer Verzweiflung nach jedem Strohhalm greifen, der sich ihnen zu versprechen scheint. Demgegenüber ist es die Absicht Bultmanns, geltend zu machen, daß es sich bei dieser Flucht | weder um eine echte Aneignung handelt, noch darum, daß man mit Mythos schon den Hort gefunden hätte, den das Evangelium meint. Echte Aneignung kann nur geschehen durch das, was Bultmann mit Interpretation ausdrückt, durch Übersetzung in meine Wirklichkeit. So erst kann das Zeugnis der Schrift in seiner Art zu reden uns da anreden, wo wir tatsächlich sind. Mit dem Gesagten meine ich, Ihnen eine Erklärung für das von Ihnen mit Recht angeführte Phänomen gegeben zu haben, daß die katholische Kirche eine so starke Anziehungskraft ausübt. Es ist die Anziehungskraft des Kultischen, in dem der Mensch eine Möglichkeit sieht, Gottes und seiner Geheimnisse mächtig zu werden. Es ist die Anziehungskraft des als nicht unwiederbringlich verloren empfundenen verlorenen Paradieses. Demgegenüber ist es die Meinung Bultmanns, daß für uns der Mythos sowie das Kultische wie Tote unwiederbringlich sind. Wir können uns ihnen nähern und wähnen, sie lebten wieder für uns, aber wir können nicht mehr wirklich darin leben. Das ist schmerzlich wie jeder Verlust eines geliebten Toten, wie die Erinnerung an große Menschen und ihr Werk, das vergangen ist. So wenig die Renaissance eine einfache Wiederholung oder Wiederbringung des antiken Menschen ist, so wenig ist die Entmythologisierung Wiederbringung des Mythos. Es gibt die Illusion der Gegenwärtigsetzung vergangenen Lebens, aber es gibt nicht die Gegenwart der Vergangenheit selbst. Und nicht damit sind wir Christen, daß wir uns in das mythologische Kleid des ersten Zeugnisses hineinleben und wähnen, es lebe bei uns, sondern dadurch, daß das noch nicht vergangene Heil, das immer sein wird, zu uns komme und uns da erlöst, wo wir sind, und so erlöst, wie wir sind. Es gehört mit zu unserem gefallenen Menschen, daß wir die Wege der Illusionen, die immer kompliziert sind, eher gehen als die einfachen Wege, auf die uns das Heil bringt.

Was nun die mangelnde Abgrenzung gegen den Pietismus bei Bultmann anbetrifft, so ist diese als an dieser Stelle explicit fehlend zuzugeben. Sie wäre in der Tat einem pietistischen Gesprächspartner gegenüber auszuführen. Und der Unterschied scheint mir auch wirklich da zu sein, wie Sie ja auch empfunden haben.

Die „ontische Realität" der Auferstehung wird bei Bultmann mit der des Kreuzes in eins gesehen. Bultmann bestreitet sie nicht, er behauptet nur, daß es sich bei Kreuz und Auferstehung um eine Einheit, und zwar die eschatologische Einheit einer ontischen Realität handelt. Im Factum des Kreuzes ist das Factum der Auferstehung zugleich da. So wie in mir als dem Glaubenden, in meinem Tod um der Sünde willen, das Leben um der Gerechtigkeit willen zugleich da ist. Beides sind nicht zwei verschiedene Sachen, sondern zwei verschiedene Seiten ein und derselben Sache.

Die Wirklichkeit des Jesus Christus „*vor*" unserem Glauben sieht und versteht erst der Glaube. Es ist also nicht so, daß ich um diese Wirklichkeit wissen kann vor dem Glauben, so wie ich um die Qualität und den Nutzen und die Wirklichkeit eines Pferdes wissen kann, um mich daraufhin zum Kauf zu entscheiden. Ich muß „kaufen", um erst im Kaufen die Wirklichkeit des „Gekauften" zweifellos als Wirklichkeit auch vor dem Kauf von Ewigkeit her zu sehen. Außer im Glauben kann von der Wirklichkeit Christi nicht gesprochen werden. Aber im Glauben muß von ihr gesprochen werden und wird auch bei Bultmann gesprochen. Die von Bultmann | angeredeten Theologen sind daraufhin angeredet, daß für sie das Factum der Auferstehung als historisches Factum neben das Kreuz gestellt wird. Sie ist mir aber in dem Sinne wie das Kreuz überhaupt nicht gegeben; denn das freilich ist ja richtig, daß das Kreuz als historisches Factum, das allen möglichen Beurteilungen ausgesetzt ist, vor dem Glauben konstatierbar da ist. Wenn Sie aber von der Wirklichkeit des Jesus Christus sprechen, dann meinen Sie ja offenbar nicht die bloße Tatsache des gekreuzigten Menschen namens Jesus, sondern Sie meinen die damit entstandene ontische Realität. Sie meinen, was Jesus in Wahrheit ist, und das eben ist nicht konstatierbar vor dem Glauben, wiewohl der Glaube darum weiß, daß dies schon vor seinem Glauben da war.

Ich halte die Übername Heideggerscher Begriffe mit Ihnen nicht für gefahrlos. Wer aber Bultmann kennt, scheint mir vor der Gefahr der „Schleiermacherei" weitgehend bewahrt zu sein, wenn er auch nur annähernd verstanden hat, wie Bultmann die Geschichtlichkeit versteht und wie er sich nun doch von Heidegger unterscheidet. Man versteht ja Bultmann nicht, wenn man ihn einfach auf Heidegger reduziert. Er übernimmt die Heideggerschen Begriffe, die an sich schon weit genug von der Welt Schleiermachers entfernt sind und auch sogar ihrer Herkunft nach im Gegensatz zu ihm stehen. Aber er bedient sich dieser Begrifflichkeit nicht, um nun dasselbe zu verkünden wie Heidegger. So würde man ja auch Paulus und Johannes schlecht verstehen, wenn man sie einfach reduzierte auf die Mythen, deren sie sich bedienen, um etwas total Unmythologisches zu sagen. Im Grunde fällt Ihr Einwand gegen die Heideggersche Terminologie ja zusammen mit dem, was Sie vorher gegen die bloße Bedeutsamkeit der Auferstehung sagten. Es ist gut, auf die Gefahr hinzuweisen. Thielicke hat das ja auch getan, und Bultmann hat darauf m. E. ganz zutreffend selber geantwortet (s. S. 122 ff.). Die Gefahr der „Schleiermacherei" ist immer groß, aber die Gefahr, daß der Glaube außerhalb des Glaubens Sicherheiten sucht für den Glauben und dadurch aufhört Glaube zu sein, ist im Augenblick noch größer.

Die Frage danach, was eigentlich mit dem Versuch Bultmanns gewonnen ist, bleibt sicher immer zu stellen. Es kann auch in der Tat so scheinen, als bleibe auch nach Bultmann immer noch ein mythologischer Rest übrig und als unterscheide er sich von den Anderen nur dadurch, daß er sich mit einem Minimum von Mythologie begnüge, auf das er dann doch so wenig verzichten kann wie seine Gegner auf das Gesamt der Mythologie des Zeugnisses. Aber Bultmann bestreitet, daß es so ist. Er behauptet vielmehr, daß dieser angebliche Rest selbst keine Mythologie ist; denn wer Gott zum Vater hat und von ihm redet, der behauptet dann, daß für ihn Gott die für sein Sein oder Nichtsein entscheidende Realität ist. Er erklärt sich sein Sein nicht mit Hilfe der Idee Gott, die er zugleich real setzt, sondern er erfährt, daß Gott es ist, der ihm sein Sein erklärt und setzt. Gott ist ihm nicht erledigt wie der Mythos, nach dem die Welt als Hölle, Erde und Himmel betrachtet wird. Gott ist ihm nicht erledigt wie die Dämonen erledigt sind, weil nachgewiesen werden kann, daß sie nicht sind. Erledigt ist aber die Rede von Gott, die sich ihm in der Weise des Mythos als seiend vorstellt. Erledigt ist darum die Möglichkeit für uns, mytho|logisch von Gott zu reden, und Bultmann meint nicht, daß wir überhaupt zu wählen hätten, ob wir mythologisch von Gott reden sollen und dürfen oder nicht. Er meint nur, daß das keiner von uns wirklich kann. Er will der gegenwärtigen Art der kirchlichen Verkündigung die Illusion nehmen, als könne sie das überhaupt. Er will damit nicht sagen, daß auch die Bibel das nicht gekonnt hätte. Sie konnte es, und sie konnte es sogar nicht einmal anders. Und wenn bei vielen heute der Eindruck entsteht, als wäre jede Rede von Gott Mythologie und darum erledigt, so kommt dies eben daher, weil diese Menschen die praktische Verkündigung der Kirche, die heute noch so tut, als könne man genau so weiterreden wie die Schrift es tut, ja notwendig so beurteilen müssen, daß Mythologie und jedes Reden von Gott ein und dasselbe sind. Daß das aber nicht der Fall ist, das zu sagen und deutlich zu machen hält ja Bultmann eben für die Aufgabe, die der Kirche heute gestellt ist. Würde nicht jede Rede von Gott als Mythologie und damit als erledigt betrachtet, so wäre ja die Aufgabe gar nicht gestellt. Es ist auch verständlich, daß die Kirche selbst den Eindruck haben muß, auf die Mythologie nicht verzichten zu können und zu dürfen, solange sie an der allgemeinen Flucht in die Mythologie selber teilnimmt. Die Rede Bultmanns ist eine Rede an und gegen die heutige Gestalt der Verkündigung der Kirche. Sie bestreitet ihre Glaubwürdigkeit in der Art wie sie von Gott redet.

Ich muß hier nun schließen und es mir für später aufsparen, von Herrmann, Brunner und Barth zu reden.

Mit herzlichen Grüßen   Ihr G. Harbsmeier

5. Die Entmythologisierung in der tschechischen Theologie

Josef B. Souček

Das Gespräch über Bultmanns Programm ist so breit geworden, die in Betracht kommenden Gesichtspunkte sind so ausführlich bearbeitet und die verschiedenen Standpunkte so gründlich entwickelt worden, daß es wirklich sehr schwierig ist, einen weiteren Beitrag anzubieten, der nicht nur das schon vielmals Gesagte wiederholen und deshalb nichts zur Klärung der Lage, sondern vielleicht nur zur Verhärtung der Fronten beitragen würde. Wenn ich trotzdem so etwas versuche, geschieht es in der Hoffnung, daß von einem Standort, der außerhalb der unmittelbaren deutschen Diskussion, wenn auch nicht außerhalb der gemeinsamen theologischen Aufgabe und Solidarität liegt, einige Probleme vielleicht doch in einem etwas anderen Lichte erscheinen als bei den bisher direkt beteiligten Hauptwortführern des Gesprächs, und daß es deshalb gelingen mag, dieses Gespräch durch einige Hinweise und Fragen ein wenig zu fördern. Diesem Ziel gemäß soll mein Beitrag einerseits in einigen Hinweisen über die innere Lage in dem zahlenmäßig zwar kleinen, aber theologisch nicht unbeteiligten und unregsamen tschechischen Protestantismus, andererseits in einigen Fragen zu den meiner Meinung nach nicht genügend geklärten oder vielleicht sogar nicht gebührlich berücksichtigten Aspekten des Problems der Entmythologisierung bzw. der rechten Interpretation des Neuen Testaments bestehen. Hoffentlich werden darunter einige echte Fragen, nicht bloß in rhetorische Fragen gehüllte polemische Hiebe enthalten sein.

1. Das Hauptanliegen Bultmanns begegnet bei uns im allgemeinen einem wirklichen und wachsenden Verständnis, obwohl hier infolge der Nachkriegsschwierigkeiten nur wenige Exemplare der betreffenden Schriften vorhanden sind und obwohl die Sprache und Begrifflichkeit Bultmanns, insofern sie philosophisch geprägt ist, das Verständnis eher erschwert, da bei uns die Existenzphilosophie in der deutschen (Heideggerschen) Gestalt fast unbekannt ist und auch in der etwas besser bekannten französischen Gestalt (J. P. Sartre) keinen breiten und tiefen Widerhall gefunden hat. Aber Bultmanns Insistenz, daß man dem heutigen Menschen den Zugang zur echten Entscheidung des Glaubens erschwert, ja verbaut, wenn man ihm nicht klar macht, daß von ihm kein sacrificium intellectus, keine Rückkehr zur überholten Natur- und Weltauffassung oder sogar zu den abergläubischen Vorstellungen und Erwartungen gefordert wird, ist einer wachsenden Anzahl der innerlich regen Theologen bei uns trotz der angedeuteten Schwierigkeiten unmittelbar verständlich und überzeugend. Schon in meinem Votum vor 10 Jahren (K. u. M. I, S. 166 ff.) ist von diesem Verständnis des eigentlichen Anliegens Bultmanns hoffentlich etwas zu spüren. Seitdem ist mir die Dringlichkeit des Problems und der damit verbundenen Aufgaben nur noch viel klarer geworden. Und viele Pfarrer, besonders der jüngeren Jahrgänge, die mit dem Unverständnis und der

Hilflosigkeit des gegenwärtigen Menschen gegenüber einer die biblischen und reformatorischen Formulierungen bloß wiederholenden Verkündigung und Lehre täglich zu tun haben, sind grundlegenden Fragestellungen Bultmanns sehr aufgeschlossen, auch wenn sie vielleicht nur sehr wenig oder nichts von ihm selbst gelesen haben und ihre Probleme auf eigene Weise zu lösen versuchen. Zur Illustration will ich einen Abschnitt aus dem Votum eines jungen Pfarrers, der selbst direkt von Bultmann gar nicht beeinflußt wurde, zu dem Bericht des Beratenden Ausschusses für das Hauptthema der Evanstoner Tagung des ökumenischen Weltrates (vgl. „Einerlei Hoffnung euerer Berufung", S. 381—434) wörtlich zitieren: „Im großen und ganzen ist der Bericht lebendig und verkündigungsmächtig. Es scheint mir, daß er das wirkliche theologische Erwachen der gegenwärtigen Christenheit bezeugt. Seine größte Schwäche liegt aber meines Erachtens darin, daß er gerade am entscheidenden Punkte (Abschnitt 21, S. 390) die biblischen Bilder bloß wiederholt und in keiner Weise sagt, in welchem Sinne sie zu verstehen sind. Während die verschiedenen „Hoffnungen unserer Zeit" ziemlich treffend beschrieben und scharfsinnig analysiert werden (Abschnitte 71—108, S. 408—423), über unsere eigentliche Hoffnung spricht man viel blasser und unklarer. Wenn bei unserer Prager Eröffnungsaussprache über die Evanstoner theologischen Vorbereitungen vom Senior O. ganz richtig gesagt wurde, daß die uns umgebende Welt eine ganz bestimmte, klar umrissene Eschatologie hat, müssen ähnlich unbestimmte und nicht ausgelegte Bilder demgegenüber als Ratlosigkeit, als bloße Träumerei, ja zuletzt als nichtssagende Phrasen erscheinen. Es ist wohl im gewissen Sinne wahr, daß wir über das Wesen des zukünftigen Reiches nicht anders als in Bildern und Gesichtern reden können. Aber diese Bilder und Gesichter haben einen bestimmten Verkündigungsinhalt, und wir sind verpflichtet, ein Zeugnis darüber abzulegen, wie wir sie verstehen. Es geht doch nicht um ein bloßes Spiel unserer Eindrücke! Es ist nicht möglich, über „Christus — die Hoffnung für die Welt" zu reden, wenn wir nicht imstande sind, der Welt verständlich und klar zu sagen: in diesem besteht unsere Hoffnung — und in jenem besteht sie nicht! Es gibt doch solch eine Menge von ganz irrigen Vorstellungen über unsere Hoffnung! ..." Dieses Votum, das für eine beträchtliche Zahl jüngerer, aber auch mancher älterer Pfarrer typisch ist, zeigt wohl klar genug, in welchem Sinne Bultmanns Anliegen als zu unserer Lage sprechend empfunden werden kann, auch wenn seine konkrete Entfaltung und Bearbeitung des Problems zu verschiedenen Bedenken und Fragen Anlaß gibt.

2. Die theologischen Entwicklungen im tschechischen Protestantismus liefen denjenigen in der auswärtigen, besonders in der deutschen Theologie immer parallel und waren von ihnen weithin abhängig. Auch wir machten nach dem ersten Kriege den großen Umbruch von der „liberalen" zur „biblisch-reformatorischen" Theologie durch. Und auch bei uns meldeten sich später in grundsätzlich ähnlicher Weise wie in Deutschland die gebliebenen, unbewältigten oder neu auftauchenden Probleme dieses Umbruchs. Dabei tauchten doch besondere, anderswo so nicht erörterte Fragen und Akzente bei uns auf. Der erste grundlegende Umbruch hat bei uns

hauptsächlich durch die Arbeit von Prof. J. L. Hromádka stattgefunden, der die Probleme der öffentlichen Verantwortung der Christen ausdrücklicher und nachdrücklicher, als es in den ersten Jahren z. B. bei Karl Barth zu sein schien, von allem Anfang an behandelte. Die Problematik des Verhältnisses der Wort-Gottes-Theologie zu der kritischen biblischen Forschung ist besonders in der Arbeit des 1946 verstorbenen Alttestamentlers der Prager evangelisch-theologischen Fakultät Slavomil *Daněk* in sehr eigenartiger und tiefgründiger Weise erörtert worden. Diese Arbeit ist bei uns bis heute so lebendig und beherrscht direkt oder indirekt in so großem Maße jedes ernste theologische Gespräch und auch die Weise, in der wir ausländische Anregungen und Diskussionen verarbeiten, daß es mir unumgänglich erscheint, zu versuchen, einen Bericht über Daněks wohl nur fragmentarisch festgehaltene und darüber ziemlich schwer zu fassende Richtlinien und Hauptthesen auch hier zu geben.

Daněk, ursprünglich ein Schüler B. Duhms, ist aus der Arbeit der kritischen und religionsgeschichtlichen Richtung hervorgegangen und ihrer kritischen Unbefangenheit in der Forschung dauernd verpflichtet gewesen. Früh kam er aber zu der Erkenntnis, daß die ältere kritische Forschung an den alttestamentlichen Texten wesentlich nur als an Dokumenten zur Rekonstruktion der allgemeinen oder religiösen Geschichte des Volkes Israel interessiert war, und daß auch die religionsgeschichtliche Schule ihre These, daß die alttestamentlichen Schriften vor allem als Dokumente der Religion aufzufassen sind, nicht folgerichtig und tief genug zur Durchführung brachte. Nach Daněk sind diese Schriften zentral, wenn nicht sogar ausschließlich als „religiöse Texte" im strikten Sinne des Wortes aufzufassen. Sie sind „Synthese", d. h. Endergebnis, religiöser Ertrag der ganzen Entwicklung der altorientalischen Welt. Fachwissenschaftlich wollte es bedeuten, daß diese Texte wesentlich kultischen und mythologischen Ursprungs sind. Daněk ist darin einigermaßen in den Tendenzen der panorientalischen Richtung (z. B. A. Jeremias) fortgefahren, dabei aber hat er in eigentümlicher und interessanter Weise viele Motive und Thesen der neueren skandinavischen Forschung (der sogenannten Uppsala-Schule) vorausgenommen. In kühnen, manchmal recht fragwürdigen Hypothesen hat er viele Texte als kultische und mythologische, deren ursprünglicher Charakter später absichtlich verdeckt wurde, auszulegen versucht. Dies hat er nicht nur bei solchen Texten wie den Psalmen oder dem Hohenlied getan, sondern auch bei den geschichtlichen Berichten. Und zwar nicht nur bei den Urvätergeschichten oder bei den Einzelheiten der Mosesüberlieferung, sondern auch bei Überlieferungen aus den viel späteren Zeiten. Nicht nur Königsgestalten wie David waren ihm als spätere Historisierung mythischer Gestalten verdächtig, sondern er hat z. B. auch durch eingehende Exegese zu zeigen versucht, daß Gedalja von Jeremia 40 ff. eher eine kultisch verwendete Hypostase und ein Bild Jahves in Mispa als ein babylonischer Statthalter war. Solches kann man natürlich als höchst fragwürdig, ja vielleicht abenteuerlich betrachten. Dahinter stand aber eine sehr ernste und beachtenswerte Frage: Sind die historischen Züge der Überlieferung vielleicht oft nicht nur ein Ergebnis nachträglicher Historisierung? Eine Frage, die auch bei einem so gemäßigten Vertreter der skandinavischen alttestamentlichen Forschung wie A. Bentzen bekanntlich eine bedeutende Rolle spielte! Daněk aber fragte weiter: Ist diese Historisierung oft nicht ein Mittel zur Umdeutung der in der ursprünglichen Fassung für eine spätere Betrachtung schwer tragbaren (z. B. polytheistischen) mythologischen Texte und dadurch zu ihrer Erhaltung als Träger lebendiger Religion auf einer höheren Stufe? Er hat auch gewagt, diese Frage in eine positive Aussage umzuwandeln: die Historisierung ist das Hauptmittel zur Liquidierung der alten Mythologie. Anders gesagt: im A. T. gibt es Mythologie nur in statu liquidationis — und dies ist status nascendi der Theologie!

Die Aufmerksamkeit Daněks war nämlich nie nur auf die literarischen oder historischen Traditionsfragen, sondern immer zentral auf das ihnen zugrunde liegende Theologische gerichtet. Durch jenen Umdeutungsprozeß, der als in verschiedenen nacheinanderlaufenden Stadien vorgestellt werden sollte, seien die Texte zum passenden Ausdruck der ureigensten, in früheren Stadien aber unter kultisch-mythologischem Schutt weithin verdeckten „religiösen Qualität" geworden — und darüber hinaus zum geeigneten Mittel oder Träger der Anrede Gottes. Denn jene Qualität sei nicht als zeitlose Idee, sondern eben als Geeignetheit zum Tragen des ereignishaften Wortes aufzufassen. In seiner Vorliebe für prägnante Formulierungen hat Daněk einmal seine Auffassung in folgenden lateinischen Sätzen ausgedrückt: Factum loquitur, verbum fit. Das bedeutet: die im Texte erwähnte oder hinter ihm liegende Tatsache (kultisches oder mythologisches Motiv, historische Begebenheit) ist als solche nicht wichtig, da sie als solche stumm ist. Wichtig ist aber das Ereignis, in dem solche Tatsache zum Reden kommt. Dies ist ein echtes Ereignis, welches aus der Tatsache als solcher direkt nicht abzuleiten ist. Es ist überhaupt nicht ableitbar. Inhaltlich ist dieses Ereignis eben das Sprechen, das Wort. Diesen Gedanken hat Daněk folgendermaßen fortgeführt: Facta labuntur, manet Verbum. Manet, quia fit. D. h.: die im Text erwähnte oder dahinter liegende Tatsache, z. B. ein Kultikum oder ein Mythologumenon oder auch ein historisches Datum, ist vorübergehend, auswechselbar und infolgedessen kritisierbar. Was bleibt, ist nur das durch diese Tatsache gesprochene Wort. Dieses bleibende Wort darf aber nicht als eine zeitlose Idee aufgefaßt werden, welche ein für allemal begriffen und dadurch fixiert werden könnte, sondern das Bleibende ist nur wirklich als je neu stattfindendes Ereignis des Sprechens des Wortes Gottes durch den immer neu ausgelegten, kritisierten, umgedeuteten, aber gerade dadurch der Vergangenheit je neu entrissenen Text.

Es ist klar, daß bei dieser Grundauffassung alle außertextlichen geschichtlichen Tatsachen als grundsätzlich belanglos erscheinen müssen. Sie sind vielleicht als Spuren der zur Liquidierung der Mythologie dienlichen Historisierung, aber gerade nicht an sich wichtig. Wichtig ist nur jene durch den kontinuierlichen, theologisch kritischen und dadurch umdeutenden Traditionsprozeß ausgearbeitete Geeignetheit zum Substrat des ereignishaften Wortes Gottes. Jeder Historismus, der nach außertextlichen historischen Tatsachen fragt und sich sogar an dieselben klammert, ist in der Theologie vom Übel, ja, er stellt eigentlich den Hauptschaden in der neueren Theologie dar. Für den Glauben ist die Bibel keine historische Quelle zur Erarbeitung eines konstruierten geschichtlichen Verlaufs, sondern die biblischen Texte als solche wollen uns den Zugang zu der Inspirationswirklichkeit öffnen, was wohl nur in der Gemeinschaft der Kirche und beim gleichzeitigen Bekennen geschehen kann.

Diese die historischen Tatsachen radikal vergleichgültigende Auffassung wurde zwar nur gelegentlich und andeutungsweise, aber doch klar und sachlich konsequent auch auf das Neue Testament angewandt. Daněk behauptete übrigens die Kontinuität des erwähnten Traditionsprozesses in den beiden Testamenten und konnte gelegentlich das Neue Testament als „Endsilbe" zum Alten bezeichnen. In dieser Sicht ist die geschichtliche Existenz Jesu an sich gleichgültig. Wahrscheinlich hat zwar ein Mensch names Jesus in Palästina des I. Jahrhunderts gelebt und ist wohl auch am Kreuz gestorben. Gewißheit darüber kann man nicht gewinnen, und jedenfalls ist sein Leben, seine Lehre, seine Bedeutung für uns historisch ganz unfaßbar. Nur soviel kann man sagen, daß er, wenn er gelebt hat, ganz anders ausgesehen hat als jedes traditionsbestimmte oder historisch konstruierte Bild von ihm. Dies alles ist aber für die Theologie und für den Glauben unwichtig. An das Christusgeschehen kann man ohne jede historische Stütze glauben, die Lehre von der Inkarnation kann man festhalten, auch wenn es sich herausstellen sollte, daß dahinter historisch nichts als eine Reihe der Messiasprätendenten ungefähr in den Jahren 300 ante — 30 post steckt. Vielleicht hat die einzige historisch zu vermutende Tat des „historischen Jesus" darin bestanden, daß er mit den messianischen Erwartungen und Ansprüchen Schluß gemacht und dadurch jene Reihe abgeschnitten hat: dies könnte vielleicht als das einzige historische Gegenüber zur Inkarnation vermutet werden. Aber wie dem auch sein mag, die Botschaft von dem Tode Jesu Christi für unsere Sünden und von seiner Auferstehung kann man jedenfalls predigen und den Glauben und die Theologie darauf gründen. Denn diese Botschaft und damit auch der wahre Sinn des christologischen Dogmas ist der richtige Ausdruck des Gegenübers und der im ereignishaften Wort stattfindenden Begegnung von Gott und Mensch. Daran kann und soll man genug haben, ohne sich auf ungewisse historische Tatsächlichkeiten vom Glauben aus einzulassen. Es ist zwar möglich, vielleicht sogar wahrscheinlich, daß die neutestamentlichen Zeugen, z. B. Paulus in 1. Kor. 15, das alles etwas verschieden gesehen, daß sie die in ihrem Kerygma erwähnten Tatsachen naiver und massiver aufgefaßt haben. Dies gehört aber zu ihrem antiken Weltbild, zu ihrer für uns unwiederbringlich vergangenen Denkweise. Wir müssen mutig und entschlossen bereit sein, ohne jede äußerliche, d. h. auch historische Stütze unseres Glaubens auszukommen. Dadurch werden wir ein ganz gutes Gewissen in unserem theologischen Denken, darin auch vollständige Sicherheit, d. h. innerliche Unberührtheit gegenüber jedem denkbaren historischen Ergebnis erlangen. Das wird uns zum sachgemäßen Auslegen biblischer Texte, zur verständnisvollen Benutzung klassischer, bekenntnismäßiger Formulierungen und durch das alles zum fröhlichen gegenwärtigen Bekennen und zum fleißigen Ausbau der Gemeinden behilflich sein.

Hoffentlich ist aus dieser Darstellung ersichtlich, daß es sich bei dem Unternehmen Daněks um ein beachtliches und wohl durchdachtes theologisches Gebilde handelt — und daß dieses Gebilde eine in der Begrifflichkeit und in der Einzeldurchführung zwar beträchtlich divergente, aber in den Haupttendenzen dem Programm Bultmanns erstaunlich parallele Erscheinung ist. Es ist um so erstaunlicher, weil von gegenseitiger Beeinflussung, aber eigentlich auch von gemeinsamen unmittelbaren Lehrern keine Rede sein kann. Daněk hat zwar einige von Bultmanns früheren Arbeiten gesehen und irgendwie zur Kenntnis genommen, aber sie nie gründlich verarbeitet. Die Parallelität ist wesentlich wohl auf die gemeinsame, irgendwie „in der Luft liegende" Problematik der gegenwärtigen Theologie, insbesondere des exegetischen Bemühens zurückzuführen. Die Unterschiede sind ziemlich leicht zu sehen. Teilweise stammen sie aus dem Unterschied der Lage der neutestamentlichen zur alttestamentlichen Exegese, wo die Verhältnisse noch viel schwieriger, verwickelter und undurchsichtiger liegen. Damit mag auch der Umstand zusammenhängen, daß die Thesen Daněks wissenschaftlich so viel hypothetischer, ungeschützter, ja vielleicht abenteuerlicher aussehen. Jedenfalls ist die Vergleichgültigung der Historie bei Daněk viel radikaler, ja rücksichtsloser als bei Bultmann durchgeführt. Die einzige Beurteilung Bultmanns, die ich je aus Daněks Mund gehört habe, lief demgemäß darauf hinaus, daß Bultmann nicht radikal genug, daß er irgendwie noch im Historismus steckengeblieben sei. Die große Frage ist aber, ob oder inwiefern dieser Radikalismus Daněks einerseits wissenschaftlich völlig begründbar, andererseits — und dies ist die eigentliche Hauptfrage — theologisch tragbar ist. Wenigstens für die theologische Gemeinschaft unseres tschechischen Protestantismus ist dies eine brennende Frage. Ich persönlich gehöre zu denjenigen, die bei aller Bereitschaft hier mit Aufgeschlossenheit zu lernen seit langer Zeit sich genötigt sehen, gewichtige Fragen und Bedenken anzumelden. Diese ganze Auffassung verflüchtigt meines Erachtens das biblische Kerygma vom Handeln Gottes im wirklichen, geschichtlichen Menschen Jesus zu offensichtlich, und in Konsequenzen kann, ja vielleicht muß sie zu einem Dualismus von der profanen und religiösen Sphäre, zu einem religiösen Idealismus führen, wenn auch dies der ausdrücklichen Intention Daněks zuwiderläuft. Kurz ausgedrückt, in diesem Programm und besonders in der völligen Vergleichgültigung der geschichtlichen Existenz Jesu scheinen mir doketistische Tendenzen vorzuliegen, denen klar und konsequent entgegenzuarbeiten ist. Die Auseinandersetzung mit diesem Programm, welche einen wesentlichen Bestandteil unserer theologischen Diskussion und auch meines eigenen theologischen Bemühens ausmacht, macht einen auch bei der Auseinandersetzung mit Bultmann in besonderen Richtungen aufmerksam. Bei dem Problem Kerygma und Geschichte wird man durch jahrelanges Ringen mit Daněks Motiven sehr feinhörig und für jedes Entgleisen in der Richtung auf völlige Vergleichgültigung der Geschichte besonders empfindlich. Andererseits ist man durch dieselbe Schulung von der Unmöglichkeit, den Glauben durch äußere historische Beweisführung zu begründen oder zu stützen, schon lange fest überzeugt worden. Und jedenfalls weiß man dadurch von der äußersten Schwierigkeit des Problems, von der äußersten Leichtigkeit, von dem richtigen schmalen Wege entweder auf die Seite des massiven und den Glauben verzeichnenden Historismus oder auf die Seite der geschichtslosen Idealität abzuleiten. Um bildlich zu reden, die Auseinander-setzung mit Daněk und diejenige mit Bultmann ist für mich zu einem Kontrapunkt vereinigt worden, und dieser schon an sich komplizierte Kontrapunkt scheint mir befriedigend oder wenigstens erträglich nur so zu sein, wenn er mit dem cantus firmus — oder soll ich sagen Generalbaß? — der theologischen Arbeit Karl Barths zusammen gehört wird.

Diese ganze Darstellung mag vielleicht als etwas abseits der eigentlichen Problematik Bultmanns liegend und deshalb in diesem Gespräch als ein Fremd-körper erscheinen. Aber ich kann in meinem Denken über Bultmann nur in diesem Zusammenhang zu einer gewissen Klarheit gelangen, und ich vermag auch meine weiteren Fragen zur Sache eigentlich nur auf diesem Hintergrund einigermaßen sachgemäß zum Ausdruck zu bringen.

Auf diesem Hintergrund möchte ich es nun versuchen, einige konkrete, wenn auch miteinander nur ziemlich lose zusammenhängende Fragen zum Programm Bultmanns und zu dessen Ausführungen in seiner Arbeit und in der Arbeit seiner Schüler vorzulegen.

3. Zuerst noch einige Ausführungen zum Thema Kerygma und Geschichte. Ich meine ziemlich gut alles das verstanden und weitgehend gutgeheißen zu haben, was Bultmann selbst, H.-W. Bartsch und andere Schüler Bultmanns über die Unmög-lichkeit sagen, den Glauben aus den historisch feststellbaren historischen Tatsachen abzuleiten oder ihn sogar darauf zu gründen und dadurch zu beweisen. Ganz gewiß kommt der Glaube aus einer ganz anderen Dimension und gründet sich nur in dem anders unbegründbaren, nur gerade im Ereignis des Glaubens zu ergrei-fenden Kerygma. Darin ist inbegriffen, daß z. B. die vielleicht — meines Erachtens wahrscheinlich — mögliche Feststellung der Historizität des messianischen Bewußt-seins Jesu keineswegs die Wahrheit seines Christusseins beweist, sondern höchstens mit gesteigerter Dringlichkeit zur Entscheidung angesichts dieses Anspruches Jesu aufruft. Es ist mir auch ganz klar, daß einen historischen Beweis der Auferstehung Jesu zu erwarten, zu behaupten oder zu vermissen ein Mißverständnis ist. Die Auferstehung ist ganz gewiß nicht „photographierbar" — mit allen Implikationen, die in dieser Feststellung einbegriffen sind. Es scheint mir in dieser Hinsicht be-achtenswert — und in der gegenwärtigen Diskussion sonderbar selten erwähnt —, daß die neutestamentlichen Schriften nirgends der Versuchung erliegen, das Auf-erstehungszeugnis durch außenstehende Zeugen stützen zu wollen. Sogar die der historisierenden Tendenzen verdächtige Lukasschrift A. G. 10, 41 lehnt das aus-drücklich ab, und das zu ziemlich massiven Vergegenständlichungen neigende Matthäusevangelium läßt die allenfalls in Betracht kommenden „neutralen" Zeugen in einem merkwürdig zweideutigen Licht erscheinen (28, 11—15). Es ist wahr, was S. Daněk sagte: Jede historisch festgestellte Tatsache ist im Verhältnis zum

Glauben an sich stumm, und wenn sie zu sprechen beginnt, ist es ein Ereignis aus einer anderen Dimension. Folgt es aber wirklich daraus, daß man von der Bedeutungslosigkeit der objektiven Tatsächlichkeit für den Glauben oder von der Uninteressiertheit an historischen Fragestellungen so ganz verallgemeinernd und sorglos sprechen muß, wie es z. B. Bartsch im Beiheft zu K. u. M. I, S. 27 und 58 tut? Wenn es wirklich feststeht, daß der christliche Glaube an eine Person der Geschichte gebunden ist (Bartsch, K. u. M. III, S. 75), kann das wenigstens für den Grenzfall einer völligen Bestreitung der historischen Existenz dieser Person nicht stimmen. Daněk war zwar bereit, auch ein solches Ergebnis ruhig in Kauf zu nehmen, aber es ist gerade fraglich, ob man ihm auch in dieser Unbekümmertheit folgen muß oder darf? Der Grund für diesen ganzen Tatbestand scheint mir darin zu liegen, was ich die „Personalunion" zwischen Geschichte und Eschatologie (oder zwischen dem Tatwort Gottes und einer grundsätzlich feststellbaren, ja an sich banalen historischen Tatsache, wie die Kreuzigung es damals war) in der Person Jesu nennen möchte. Diese in dem Kerygma des Neuen Testaments klar bezeugte Personalunion ist Kern und Sinn der Inkarnationslehre. Eine Folge dieser gewiß paradoxen Personalunion besteht darin, daß das neutestamentliche Kerygma, welches wohl nur auf dem anders unbegründbaren Glauben begründet ist und historisch keineswegs bewiesen werden kann, sich dennoch auf außerkerygmatische und in diesem Sinn historische Tatsachen bezieht. Einfacher ausgedrückt: das Kerygma verkündigt doch etwas ganz Bestimmtes, nämlich daß in dem konkreten, auch geschichtlich faßbaren, ja vom Standpunkt der ursprünglichen Zeugen fast zeitgenössischen Menschen Jesus Gott zu unserem ewigen Heil gehandelt hat und handelt. (Ähnlich auch Bartsch, K. u. M. III, S. 75.) Deshalb sind im neutestamentlichen Kerygma die „Geschichte" und „Interpretation" (siehe R. H. Lightfoot: History and Interpretation in the Gospels) so eng verflochten, ja verschmolzen, daß man daraus keine kerygmafreie Historie, aber auch kein nicht geschichtsbezogenes Kerygma herauspräparieren kann. Das bedeutet, daß das Eschatologische und das Historische im neutestamentlichen Kerygma zwar unterschieden werden müssen, aber nicht geschieden werden können. Daß man unter dieser Voraussetzung keinen völlig sturmfreien Grund gegenüber der historischen Forschung sichern kann, welchen Daněk gesucht hat und welchen auch Bartsch in Nachfolge M. Kählers für wünschenswert zu halten scheint (Beiheft 56), ist gewiß richtig. Aber soll man solchen sturmfreien Grund wirklich ganz ungehemmt erstreben? Ist nicht auch solches Streben eine Form des Bedürfnisses nach fraglichen Sicherungen? Steht nicht ein ausgesprochenes und fragwürdiges apologetisches Bestreben darin? Sollte man nicht das Risiko auf sich nehmen, daß man eines Tages die Nichtexistenz Jesu „ausgraben" könnte, wie Daněk zu sagen pflegte?

Es scheint mir klar, daß jene Personalunion zwischen Eschatologie und Geschichte in der Person Jesu und deshalb im ganzen neutestamentlichen Kerygma mit allem, was darin einbegriffen ist, eine ständige Voraussetzung — oder vielleicht besser gesagt: ein grundlegendes, wenn auch nicht oft ausdrücklich formuliertes Ergebnis — des Hauptstromes der neueren angelsächsischen neutestamentlichen Forschung ist und daß darin ein guter Teil ihrer Bedeutung begründet ist. Man findet diesen Standpunkt bei Hoskyns (Das Rätsel des N. T.), aber auch wiederum in der Arbeit von C. H. Dodd, W. Manson, T. W. Manson und auch bei den der formgeschichtlichen Forschung so nahe stehenden Forschern wie V. Taylor oder R. H. Lightfoot. Und wenn Ian Henderson am Ende des 4. Kapitels seiner ausgezeichneten Erörterung des Programms Bultmanns sagt: „Yet when all that is said, there must have been something about the actual Jesus at the time at which He was on earth, to make the New Testament witnesses summon men to decide for or against Him. . . . And if it is so, the historical facts about Jesus, and the mythological element in His life cannot have quite the subordinate role that Bultmann allots to them" (Myth in the New Testament, S. 49), so ist das gerade aus jener in der englischen Forschung ganz üblichen Auffassung des Verhältnisses von Kerygma und Geschichte im Neuen Testament gesagt.

Aus dieser Sachlage geht meiner Meinung nach die Folgerung hervor, daß dem Kerygma eine gewisse, obgleich nicht vorausbestimmbare Ausdehnung des geschichtlichen Interesses eigen ist. Die Existenz der Evangelien ist doch schon an sich ein Zeugnis dafür, daß das Kerygma eine solche geschichtliche Breite und Füllung hat.

Das heißt noch nicht, ihm eine „chronistische Tendenz" zuzuschreiben (vgl. Beiheft 59). Eher könnte man vielleicht mit Schniewind über die „Spuren der Epiphanie" (Beiheft 61) reden. Angesichts dieser Sachlage kann man weder sagen, daß die beiden Größen, Kerygma (Eschatalogie) und Geschichte, völlig beziehungslos sind oder daß sie sich nur in einem ausdehnungslosen geometrischen Punkt schneiden, noch kann man sagen, daß ihre Beziehung die Breite eines zu konstruierenden historischen Gesamtbildes hat. Ein Entweder-Oder mag hier verlockend, weil scheinbar einzig konsequent, erscheinen, aber vom konkreten Zustand der neutestamentlichen Botschaft erscheint solches Entweder-Oder unbegründet.

Die erwähnten angelsächsischen Forscher scheinen mir gut beraten zu sein, wenn sie diesem Entweder-Oder nicht folgen und im Zusammenhang damit in geschichtlichen Fragen merklich weniger skeptisch als Bultmann (um über Daněk nicht zu sprechen!) sind, ohne dabei ihre historischen Ermessungsurteile für „de fide" zu erklären. Mit anderen Worten: man braucht E. Stauffer in seiner so unüberzeugenden und theologisch so unergiebigen historischen Konstruktion (vgl. K. u. M. II, S. 13—28) nicht zu folgen, auch wenn man die angeführten Formulierungen Bultmanns oder Bartschs über die Uninteressiertheit des Glaubens an historischen Tatsachen für überspitzt oder begrifflich nicht richtig unterscheidend hält.

4. Damit soll nichts davon widerrufen oder abgeschwächt werden, was über die Unmöglichkeit gesagt ist, den Glauben anders als im ereignishaften Ergreifen des Kerygmas zu gründen. Man muß wirklich die Noetik von der Ontologie des Glaubens unterscheiden (vgl. Beiheft 29 f.). Das ist ein notwendiger Bestandteil des legiti-

men, ja notwendigen Programms, Theologie in solcher Weise zu treiben, daß es daraus klar wird, daß sie aus dem Glauben kommend für den Glauben bestimmt ist. Ich bin mir aber im unklaren darüber, inwiefern bzw. in welchem Sinne diese Richtlinie durch den oft angeführten, von W. Herrmann stammenden Satz von der Identität des Grundes und des Gegenstandes des Glaubens sachgemäß ausgedrückt ist (vgl. z. B. K. u. M. III, S. 76). Ist dieser Satz mit der Unterscheidung der Noetik von der Ontologie des Glaubens völlig vereinbar? Vielleicht ja; er ist als eine echte Frage gemeint! Man kann aber darüber vielleicht auch weniger abstrakt reden. Es scheint mir, daß jener Satz in dem Sinne richtig ist, daß man den Glauben auf keine unabhängig vom Kerygma feststellbaren Tatsachen begründen und dadurch beweisen kann. Der Grund des Glaubens darf in nichts anderem als in dessen Gegenstand gesucht werden! Aber derselbe Satz scheint mir wiederum unrichtig zu sein, wenn man ihn in dem Sinne verstehen wollte, daß der im persönlich ergriffenen Kerygma gegründete Glaube in keiner Beziehung zu geschichtlichen und in diesem Sinne außerkerygmatischen Tatsachen steht. Der Gegenstand des Glaubens transzendiert dessen Grund, wenn man den Grund mit dem durch Menschenmund stattgefundenen Kerygma oder mit dem Aufkommen des Glaubens identifiziert. Kann man diese Distriktion (die man wohl noch sorgfältiger und genauer formulieren mag!) als eine von Bultmanns Voraussetzungen aus zu Recht bestehende anerkennen? Auch dies ist eine echte Frage!

5. Die Unterscheidung von Geschichte und Historie erscheint mir zwar bedeutend und wichtig, aber auch nach allen bisherigen Erklärungen noch immer nicht befriedigend geklärt. Bezeichnet die Geschichtlichkeit letzten Endes etwas anderes als die allgemeine Struktur, konkret die Ereignishaftigkeit unserer Existenz, ohne an irgendein bestimmtes Ereignis wirklich gebunden zu sein? Ähnliche Fragen haben sich mir seit langer Zeit am Rande von Daněks Ausführungen über das je neu stattfindende Ereignis des Wortes am Substrat des immer neu gedeuteten Textes aufgedrängt. Und ganz ähnliche Fragen sind mir neulich auch am Rande der neuen Formulierungen Bultmanns zur Interpretation der Inkarnation aufgetaucht (vgl. K. u. M. II, S. 206, Anm. 1; III, S. 58). Daß die Inkarnation wesentlich nicht an die zeitlich einmalige Existenz Jesu gebunden sein, sondern das durch den Mund von Menschen stattfindende Zusprechen Gottes bezeichnen soll, erscheint mir mit der Behauptung der wesenhaften Bindung des christlichen Glaubens an eine Person der Geschichte (III, S. 75) nur schwer vereinbar. Denn die Erklärung Bultmanns, daß in der historischen Gestalt Jesu und ihrer Geschichte die Legitimation des Zusprechens zu sehen ist, scheint mir den Sinn und die Tragweite des neutestamentlichen Zeugnisses, besonders auch des neutestamentlichen *ephapax*, bei weitem nicht zu erreichen. Diese Formulierung scheint mir nur schwer gegen die Auffassung zu verteidigen zu sein, daß dadurch das Geschichtliche (konkret der geschichtliche Jesus Christus) als bloßer Anlaß der wirklichen Heilsgeschichte gedacht ist, daß sich die Heilsgeschichte völlig in der Form einer ganz persönlichen, in der allgemeinen Struktur der Existenz verwurzelten und deshalb

grundsätzlich wiederholbaren und an keine geschichtliche Person wirklich gebundenen Entscheidung ereignet. Wenn es so sein sollte, müßte der Schritt von Bultmann zu Buri folgerichtig und innerlich notwendig erscheinen.

6. Zum Verhältnis Bultmanns zu Heideggers Existenzphilosophie solle man meiner Meinung nach zuerst die z. B. von Karl Barth, Dogmatik I/2, S. 815 ff., dargelegte Unumgänglichkeit irgendeiner philosophischen Ausrüstung für die theologische Arbeit gründlich bedenken. Wenn man das wirklich tut, wird man davon absehen, Bultmann allgemein und abstrakt vorzuwerfen, daß er weitgehend in einer philosophischen Sprache redet. Und auch wenn man persönlich Heideggers Philosophie ziemlich fremd gegenübersteht, wird man nicht verkennen können, daß Bultmann daraus jedenfalls einige für die sachgemäße Interpretation hilfreiche Grundauffassungen und Kategorien gewonnen zu haben scheint. Auch die Frage Karl Barths (R. Bultmann, ein Versuch ihn zu verstehen, S. 45), ob er sich dabei nicht prinzipiell gerade an diese Philosophie gebunden hat, kann man gewiß nur in konkreter Auseinandersetzung zu beantworten versuchen und nicht zum voraus pauschal entscheiden wollen, wie übrigens auch Barth ganz gut sieht.

Auf die Gefahr hin, daß ich in dem philosophischen Gebiet, wo ich mich nicht ganz zu Hause fühle, dilettantisch sprechen werde, möchte ich einige konkrete Bemerkungen zu dieser Frage vorlegen. Bekannt und für manche etwas ärgerlich ist Bultmanns Insistenz an die sorgfältige Unterscheidung von existential und existentiell, allgemeiner gesagt, von ontologischen und ontischen Aussagen. Es ist ziemlich klar, daß diese Unterscheidung an die in alter philosophischer Tradition verwurzelte Unterscheidung von potentia und actus, Möglichkeit und Wirklichkeit, anknüpft. Für Bultmann aber scheint es wichtiger zu sein, daß diese Unterscheidung, gerade wenn sie folgerichtig durchgeführt wird, dazu dienen soll, die existentiale Analyse im Rahmen des Ontologischen, d. h. bloß Formalen, metaphysisch nicht Festgelegten zu halten. Ist solche Trennung der formalen ontologischen Analyse von dem irgendwie „metaphysisch" gefüllten Inhalt wirklich möglich? Der Sinn der mir nicht ganz klaren und jedenfalls recht kommunikationsarmen Ausführungen Karl Jaspers zu dieser Frage scheint in der Verneinung dieser Möglichkeit zu liegen; deshalb erklärt er die Unterscheidung von existential und existentiell für sinnlos (K. u. M. III, S. 16). Vom rein philosophischen Standpunkt aus hat Jaspers vielleicht recht. Aber er selbst macht dabei eine aufschlußreiche Bemerkung: es sei ungewiß, ob Heidegger selbst jene Unterscheidung schon folgerichtig und prinzipiell durchgeführt hat; möglicherweise sei diese Unterscheidung erst das Ergebnis der von Bultmann gemachten Weiterführung von Heideggers Gedanken (vgl. K. u. M. III, S. 14 f.). Für Jaspers gilt es als ein „Mißverständnis" Bultmanns, das ihn „für Philosophie blind" macht. Ist aber in Wirklichkeit der Sinn dieser angeblich mißverstehenden Weiterführung von Heideggers Gedanken nicht darin zu sehen, daß Bultmann als Theologe an der möglichst weitreichenden Formalisierung und „Entmetaphysierung" (sit venia hoc verbo barbarissimo!) interessiert und dazu befähigt ist? Nämlich daß er als Theologe keine philosophische Seinslehre letztlich braucht, sondern seine „Ontik" völlig von seinem im Kerygma verwurzelten Glauben empfängt? So gesehen würde seine Insistenz auf jene Unterscheidung von existential und existentiell gerade ein Zeichen dafür sein, daß er an den philosophischen Kategorien wesentlich nur als Sprache interessiert, daß er aber letzten Endes von der Philosophie frei ist und seine eigentliche Existenz als ein glaubender Theologe lebt.

Natürlich bedeutet das nicht, daß man jenes in die meisten Fremdsprachen unübersetzbare Begriffspaar für besonders glücklich halten, oder, in einem anderen gedanklichen Klima lebend, gerade die existenzphilosophische Begrifflichkeit besonders hilfreich finden muß. Und ebenso bedeutet es nicht, daß Bultmann durch jene ihm zu glaubende und auch an den erwähnten Zeichen ersichtliche Intention, sich von der Philosophie inhaltlich frei halten zu wollen, tatsächlich vor aller theologischen Gefahr geschützt wird. Bultmann führt seine Unterscheidung von Ontologie und Ontik wirklich recht konsequent durch, und zwar regelmäßig in der Gestalt, daß zuerst von den Möglichkeiten des menschlichen Seins, dann erst von dem wirklichen, in der Entscheidung erfaßten Sein die Rede ist. Dieser Reihenfolge, ja diesem Schema begegnet man in seinen Ausführungen immer wieder. Das gilt auch von seinem wichtigen hermeneutischen Begriff des Vorverständnisses und vom Aufbau und vielen Einzeluntersuchungen seiner Theologie des Neuen Testaments. Es wäre doch im Absehen von diesem Schema nicht völlig verständlich, daß Bultmann bei der Darlegung der paulinischen Theologie zuerst im § 17 vom *soma* als einer Bezeichnung der allgemeinen Möglichkeiten des menschlichen Seins und erst später im § 22 von der *sarx* als der Bezeichnung der aktualen sündhaften Wirklichkeit des Menschen handelt, obgleich wenigstens von der alttestamentlich-jüdischen Tradition aus gesehen die *sarx* der ursprünglichere Begriff ist. Daß diese zähe wiederkehrende Reihenfolge Möglichkeit - Wirklichkeit nicht sonderlich gut mit der Grundthese des philosophischen Existentialismus von der Priorität der Existenz vor der Essenz übereinzustimmen scheint, ist theologisch gewiß nicht sehr wichtig, ja, dieser Umstand kann als ein Zeichen dafür gewertet werden, daß hier die Theologie ihre Freiheit von der Philosophie nicht verloren hat. Desto dringlicher scheint mir die Frage, ob diese Reihenfolge theologisch nicht an die prinzipiell aufgefaßte Reihenfolge Gesetz - Evangelium gebunden ist. Das hat H. J. Iwand wahrscheinlich richtig empfunden (siehe Beiheft 35), und auch Bartsch sieht dieses Problem als echt und wichtig an (Beiheft 37). Hier liegt der Kernpunkt aller Differenzen zwischen Bultmann und Barth. Karl Barth führt bekanntlich mit gleicher Zähigkeit immer wieder die umgekehrte Reihenfolge durch: zuerst darf man die Wirklichkeit der Offenbarung in Christus ergreifen, dann erst kann man Schritt für Schritt ihre Möglichkeit begreifen. Die darin ausgedrückte und bei Barth in monumentaler Folgerichtigkeit und Erfindsamkeit angewandte Reihenfolge Evangelium - Gesetz hat etwas eigentümlich Befreiendes an sich. Erst von da aus scheint es möglich zu sein, die in der Schrift bezeugte und im Glauben allein mögliche Konzentrierung auf Jesus Christus nicht als eine ängstliche und deshalb

menschenunfreundliche Exklusivität, sondern als eine allen Menschen ohne vorher-
gehende Bedingungen zugesagte und deshalb wahrhaftig inklusive Hoffnung begreiflich zu machen. (Schade nur, daß Jaspers es weder Bultmann noch Barth abzu-
nehmen imstande zu sein scheint! Wer bricht hier eigentlich die Kommunikation
ab?) Wer das alles einmal völlig begriffen hat, wird nur schwer seine Bedenken
gegenüber jener starren Reihenfolge Bultmanns unterdrücken können, auch wenn
er einsieht, daß diese Reihenfolge von der hermeneutischen Frage nahegelegt ist,
wie es besonders bei dem Begriff des Vorverständnisses klar ist. Ebenso klar ist es
aber, daß der Sinn von Barths Fragen und Bedenken gegenüber Bultmann in der
Geltendmachung der Priorität des Evangeliums vor dem Gesetz, noch besser gesagt, der unumkehrbaren Priorität und Genügsamkeit Jesu Christi, nicht aber in
einer mythologisierenden oder katholisierenden und sogar der Magie verdächtigen
Begrifflichkeit (so Beiheft 40) verwurzelt ist.

7. Bultmann wirft Barth gelegentlich vor (z. B. Glaube und Verstehen II, S. 234),
daß auch er ständig faktisch Entmythologisierung ausübt, ohne sich aber dabei
methodisch Rechenschaft darüber abzulegen, so daß sein Vorgehen eine gewisse Im-
provisiertheit und Unklarheit an sich hat. Dieser Vorwurf ist gewiß nicht aus der
Luft gegriffen. Man lese z. B. die ausführlichen und inhaltlich wie formal glänzen-
den Ausführungen Barths über den Sinn der Hoffnung des ewigen Lebens (Dogmatik III/2, S. 714—780; III/3, S. 99 ff.; III/4, S. 648 ff., bes. 681 f.). Ist diese Rede
vom ewigen Leben nicht als eine Verlängerung und Fortsetzung des irdischen
Lebens, sondern als göttliches Erhalten der befristeten Kreatur, als Aufgehobensein
des nur noch gewesenen Menschen bei Gott, ist dieser Hinweis auf Gott als unserer
einzigen Hoffnung sachlich nicht ein großartiges Beispiel der Entmythologisierung?
Wenigstens wenn man diese Ausführungen den traditionellen und verbreiteten
Vorstellungen von der Unsterblichkeit und von dem ewigen Leben gegenüberstellt!
Und man kann die Frage nicht völlig unterdrücken, wie diese Auslegung unserer
Auferstehung mit den etwas zu massiv erscheinenden Ausführungen Karl (und erst
recht Markus!) Barths über das Zusammensein Christi mit den Jüngern während
der 40 Tage, über das Betasten des Auferstandenen und ähnliches in völlige Übereinstimmung zu bringen ist. Aber andererseits kann man auch umgekehrt fragen.
Darf man sich wundern, daß Bultmanns Darlegungen weithin auf Befremdung ge-
stoßen sind, wenn man bedenkt, daß bisher fast keine Versuche seinerseits vorliegen, die christliche Hoffnung anders als durch den allzu formalen Begriff der
Freiheit für die Zukunft zu interpretieren? Nur in letzter Zeit habe ich den
vielleicht ersten Versuch in dieser Richtung gesehen, nämlich die letzten vier Sätze
des mir zur Zeit nur in englischer Übersetzung zugänglichen Artikels Bultmanns
„The Christian Hope and the Problem of Demythologizing" (The Expository
Times, June 1954, S. 278): „The one certainty of our human future is, that for
every man death is coming. For him who is open to all that future as the future
of the coming God, death has lost its terror. He will refrain from painting in the
future which God bestows in death, for all pictures of a glory after death can

only be the wishful images of imagination, and to forego all wishful images is part of the radical openness of faith in God's future. But the sense of the mythological pictures laid bare through demythologizing is this that they speak about God's future as of the realization of human life." Diese Ausführung Bultmanns liegt gewiß im allgemeinen in der Richtung der Interpretation Barths, und sollte Bultmann vor dem Vorwurf Brunners schützen, daß „die Theologie Bultmanns auf einen Glauben ohne Hoffnung hinausläuft" (E. Brunner: Das Ewige als Zukunft und Gegenwart, Zürich 1954, S. 231). Dennoch sind diese seine Worte recht isoliert und im Vergleich mit Barths wirklich hilfreicher Darlegung ziemlich formal, ja kümmerlich. Jedenfalls sollten Bultmann und vielleicht besonders seine Schüler der Aufgabe einer positiven und im nichttechnischen Sinne des Wortes kerygmatischen Auslegung der großen Themen der biblischen Verkündigung mehr Aufmerksamkeit und Energie widmen. Anders darf man sich über viel Unverständnis nicht besonders wundern oder sogar ärgern.

8. Ziemlich unbefriedigend erscheinen mir Bultmanns Ausführungen über das Verhältnis des Alten und Neuen Testaments und noch mehr seine konkrete Berücksichtigung — oder vielmehr Nichtberücksichtigung — des alttestamentlichen Hintergrundes der neutestamentlichen Texte. Das ist ein Gesichtspunkt, dessen Wichtigkeit mir durch die Schulung bei Daněk in positivem Sinne eingeprägt wurde, aber auch durch die Forschungsergebnisse z. B. Hoskyns oder Dodds nahegelegt wird (siehe das neue Buch von C. H. Dodd: According to the Scriptures, London 1952). Bultmann geht gewiß in der Nachfolge von Bousset u. a. von der wissenschaftlichen Voraussetzung aus, daß das Neue Testament mehr aus dem hellenistischen oder auch jüdisch-gnostischen als aus dem alttestamentlichen Hintergrund zu verstehen ist. In dieser Voraussetzung hat er sehr Beachtliches zur Erklärung der gnostisch bedingten Sprache besonders des Paulus und des Johannesevangeliums ausgearbeitet. Andererseits aber sind ihm meines Erachtens durch die Nichtbeachtung alttestamentlich-jüdischer Motive manche wichtige Erkenntnisse entgangen. Wenn er z. B. in der Theologie des N. T. 147 den Anamnesis-Befehl ausschließlich nach den hellenistischen Gedächtnisfeiern zu erklären versucht, übersieht er völlig das durch die Mischnatradition (M. Pes. X) naheliegende und schon Ex. 12, 14 enthaltene Motiv der kultischen Vergegenwärtigung des geschichtlichen Handelns Jahwes. Mit diesem wissenschaftlichen scheint auch das exegetisch-theologische Ungenügen der Bultmannschen Auffassung vom Verhältnis der beiden Testamente zusammenzuhängen. Der im Aufsatz über Weissagung und Erfüllung (Glaube und Verstehen II, S. 162 bis 186) zur Erhellung des Verhältnisses der beiden Testamente angewendete Begriff des „Scheiterns" erscheint doch zu sehr „marcionitisch", um wirklich befriedigend zu sein. Die kritischen Bemerkungen W. Zimmerlis dazu (Evang. Theologie, Juli/August 1952, S. 55 ff.) sind ernst zu beachten. Hier scheinen die in anderen Hinsichten so fruchtbaren hermeneutischen Bemühungen Bultmanns auf ihre sowohl wissenschaftliche als auch theologische Grenze zu stoßen, die nur in weiterer, auch in anderen Richtungen grabender Arbeit, wie sie z. B. bei den erwähnten englischen Forschern angebahnt ist, wirklich überwunden werden kann.

9. Daß das ganze Programm Bultmanns seiner Ansicht nach eine Parallele und Weiterführung der reformatorischen Rechtfertigungslehre sein soll, das braucht man ihm nicht nur auf sein Wort zu glauben (vgl. K. u. M. II, S. 207 ff.), sondern das kann man beim aufmerksamen und verständnisbereiten Nachdenken seiner Ausführungen selbst ganz gut merken. Und es ist natürlich theologisch positiv zu bewerten. Dieser positive und theologisch legitime Sinn der Position Bultmanns ist besonders in dem anders so wenig fruchtbaren Gespräch mit Jaspers klar sichtbar. Wobei man als Theologe nur darüber nachdenklich sein kann und soll, woran das liegt, daß zwei so tiefgrabende Theologen wie Bultmann und Barth es nicht zustande brachten, einem auch nicht oberflächlichen Philosophen wie Jaspers die Rechtfertigungslehre in einem anderen Licht erscheinen zu lassen als dem einer fremden, wunderlichen, nichtssagenden, ja schrecklichen paulinisch-lutherischen, theologischen Sonder- und Trotzlehre (vgl. K. u. M. III, S. 42). Wie ist es möglich, daß er nichts, aber auch nichts von ihrer befreienden, ausweitenden, uns alle in die Solidarität der Sünde und der Gnade stellenden Macht gespürt hat? Vieles mag gewiß an ihm selbst liegen, aber vieles auch an dem Verzeichnenden, Unverständlichen, bloß Worte Wiederholenden der durchschnittlichen kirchlichen und theologischen Tradition. Das ist eine indirekte Bestätigung der Dringlichkeit des Hauptanliegens Bultmanns, das Barth übrigens mit ihm teilt, auch wenn er es in anderer Gestalt zur Geltung zu bringen versucht: die überlieferten Inhalte der christlichen Botschaft in einer neuen Weise, in einer neuen Beleuchtung zu verkündigen.

Natürlich darf und soll man auch dem Programm Bultmanns gegenüber die alte Frage der reformierten, aber auch der alten böhmischen Brüdertheologie aussprechen: Ist die Rechtfertigungslehre in der traditionellen lutherischen Fassung, aber auch in dieser modernen Umdeutung, nicht in Gefahr, isoliert, theoretisiert und dadurch krampfhaft zu werden, und so in gefährliche Nähe an die von Paulus Röm. 3, 8 und 6, 1 nachdrücklich abgelehnten Sätze zu rücken? Aber ich will hier diese Frage nicht im allgemeinen erörtern. Lieber möchte ich an eine von einigen Schülern Bultmanns angedeutete und, wie mir scheint, unrichtige Folgerung einer isolierenden Auffassung der Rechtfertigungslehre hinweisen. In den mir leider nur unvollständig vorliegenden Äußerungen Ph. Vielhauers, G. Harbsmeiers, aber auch E. Käsemanns über den Sinn des neutestamentlichen Kanons, über die konkreten Abstufungen darin und in Besonderem über die kanonische Stellung der Lukasschriften (Evang. Theologie 1950—1953, Z. Th. K. 1952 u. a.) scheint es oft als eine Selbstverständlichkeit vorausgesetzt zu werden, nicht nur daß die Rechtfertigungslehre das innere Kriterium des Kanonischen ist (das wäre, mit Umsicht angewendet, ja richtig), sondern daß nach diesem Kriterium der Jakobusbrief und dann analog die Lukasschriften, der 2. Petrusbrief u. ä. wenigstens als libri canonici secundi ordinis zu gelten haben. Vgl. z. B. Käsemanns Meinung in Evang. Theologie, Juli 1951, S. 18: „Mir scheint Luther die theologische Unvereinbarkeit von paulinischer Rechtfertigungslehre und derjenigen des Jakobusbriefes zutreffend beurteilt zu haben." Stimmt es wirklich? Es ist mir ganz fern, solche Fragen dogmatisch niederschlagen und den Gedanken einer theologischen Abstufung innerhalb des Kanons von vornherein ablehnen zu wollen. Aber stimmt jene Meinung konkret? Wird dabei nicht eine merkwürdig verengte, theoretisierte und insofern für einen Forscher von Käsemanns Format eigentlich ungeschichtliche Vorstellung von der Rechtfertigungslehre vorausgesetzt? Mir scheint es ziemlich klar und durch eingehende Exegese nachweisbar zu sein, daß der Jakobusbrief — eine verhältnismäßig recht späte Schrift — den gemeinschaftlichen, d. h. „kirchlichen" und „sozialen" Sinn des urchristlichen Glaubenslebens gegen eine individualistisch-„pietistische" Verzeichnung der paulinischen Tradition zu behaupten versucht. Das tut er in unzulänglicher Begrifflichkeit, ohne den ursprünglichen Sinn der überlieferten paulinischen Formeln völlig verstanden zu haben. Das wird übrigens bei G. Eichholz: Jakobus und Paulus (München 1953) grundsätzlich richtig ausgearbeitet, nur daß er mir den „kirchlich-sozialen" Hintergrund der Hauptfront des Jakobusbriefes noch nicht mit voller Klarheit zu sehen scheint. Aber die Lehre des Jakobusbriefes in ihrem wirklichen Anliegen z. B. mit Gal. 5, 6 für unvereinbar zu halten, kann zwar bei Luther, der die geschichtlichen Hintergründe und Abstufungen noch nicht klar sehen konnte, verstanden und entschuldigt werden (obgleich auch er gut beraten war, daß er „mit dem Jeckel den Ofen *nicht* geheizt" hat!), aber bei einem neuzeitlichen Forscher scheint es mir Zeichen einer beunruhigenden Verengung des Blickfeldes und einer zu abstrakten Fassung des rechtfertigenden Glaubens zu sein. H.-W. Bartsch scheint mir viel richtiger zu sehen, wenn er in Auseinandersetzung mit Jaspers betont, daß „das ganze Neue Testament in allen seinen Teilen nur Entfaltung dieser Verkündigung gibt, die wohl hier und dort verschieden ausgeprägt ist, aber niemals gegensätzlich, selbst dort nicht, wo es lange so geschienen hat, wie etwa in dem Verhältnis des Jakobusbriefes zu Paulus" (K. u. M. III, S. 71). Das beweist, daß jene Unausgewogenheiten beim Beurteilen der inhaltlichen Kanonizität der neutestamentlichen Schriften nicht auf das Konto Bultmanns geschrieben werden müssen. Aber ebenso klar dürfte es sein, daß durch das radikalisierte Verständnis des Rechtfertigungsglaubens, wie es Bultmann in seinem Programm versucht, nicht genügend wirksame Kräfte gegen solche Schiefurteile gegeben sind.

10. Meine recht langen Bemerkungen haben bisher nicht ausdrücklicher und ausführlicher das Zentralthema der Entmythologisierung behandelt. Und doch ist es vielleicht ersichtlich, daß hier versucht wurde, bei allen Punkten gerade dazu indirekt zu reden. Ausdrücklich möchte ich nur eines hinfügen: wenn es die Haupttendenz des Mythos ist, das Ungegenständliche vergegenständlichen zu wollen, dann ist das Problem des Mythos schon mit der bloßen Tatsache der Theologie gegeben. Denn *über* Gott in der dritten grammatischen Person kann man eigentlich nie adäquat reden, sondern nur in der ersten und zweiten Person im Hören auf das Wort Gottes, im Gebet, im unmittelbaren Bekenntnisakt. Und doch kann der Glaube nichts anderes tun, als sein Zeugnis, aber auch schon seine eigenste und intimste Rechenschaftsablegung auch in der dritten Person auszudrücken. Und die

Theologie ist eigentlich nichts anderes als Entfaltung dieses „uneigentlichen" und doch notwendigen Redens des Glaubens in der dritten Person. In der inneren Spannung dieser zwei Haltungen, Rede- und Denkweisen, ist wahrscheinlich die Urform des Problems der Mythologie in der Theologie enthalten. Damit soll das Problem des konkret, weltanschaulich Mythologischen nicht verharmlost oder abgetan werden. Dieses Problem soll dadurch nur in den richtigen Rahmen hineingestellt und es soll auf seine ganze Schwierigkeit hingewiesen werden.

Ich darf vielleicht mit den Worten schließen, die ich vor einiger Zeit zum Schluß meines Versuches, den Sinn von Bultmanns Bemühen unserer tschechischen kirchlichen Öffentlichkeit klarzumachen, geschrieben habe („Křestanská revue" XX, 1953, S. 216 f):

„Das Neue Testament mit seiner monumentalen Gewißheit, daß wir in diesem Leben und in dieser Welt nicht allein sind, weil Gott sich unser im Tode und in der Auferstehung Jesu Christi angenommen hat, ist in anthropologisch verengte Kategorien eines neuen Selbstverständnisses nicht befriedigend hineinzupressen. Deshalb verstummt das Gespräch mit Bultmann nicht und kann nicht verstummen. Aber an diesem Gespräch kann nur derjenige in nützlicher Weise teilnehmen, der begriffen hat, worin Bultmanns Stärke besteht, worin er einfach recht hat. Erstens weiß und sagt er klar, daß es sich im Glauben nicht um ein überholtes Weltbild handelt. Wir alle pflegen zu sagen, daß die Bibel weder geschichtliche noch naturwissenschaftliche Belehrung zu bieten versucht. Bultmanns Verdienst besteht darin, daß er diese Erkenntnis konsequent durchzudenken versucht. Das ist der berechtigte Sinn seines Programms der Entmythologisierung. Man muß eine Sympathie mit der Ungeduld des modernen Menschen haben, wenn ihm kirchlicherseits zu oft zugemutet wird, etwa die biblischen Formeln, die er in Wirklichkeit nicht versteht und hinter denen er Elemente eines überwundenen Bildes der natürlichen Welt empfindet, bloß zu wiederholen. Zweitens hat Bultmann meines Erachtens darin recht, daß er unermüdlich die Notwendigkeit betont, die biblische Botschaft neu zu interpretieren, sie mit neuen Kategorien auszudrücken. Karl Barth mag vielleicht mit Recht behaupten, daß diese Aufgabe bei Bultmann eine ungebührlich und unausgewogen zentrale Stelle einnimmt. Aber dennoch ist es wahr, daß die Interpretation notwendig ist, und daß Interpretation nicht bloß Inhaltsangabe der biblischen Aussagen oder Übersicht über biblische Begriffe und Vorstellungen bedeutet. Der Ausleger soll den Sinn dessen, was im Text gesagt ist, als etwas sein eigenes Leben Angehendes neu erfassen und ihn in neuen Worten ausdrücken. Zur Interpretation gehört deshalb immer in einem gewissen Ausmaße auch das „Transponieren" in neue Situationen und Kategorien. Bultmann kann bei dieser Aufgabe jedem Theologen sehr behilflich sein, der sich um seine Darlegungen wirklich bemüht — denn auch Bultmanns Denken fordert und bedarf allerdings vom Leser schrittweise erfaßt und in eigene Gedanken und Worte versuchsweise ausgedrückt zu werden. Auch Bultmann bedarf in solcher Weise interpretiert zu werden! Das ist kein Argument gegen ihn. Es ist doch ein Merkmal des geistigen Lebens, daß das Erfassen von Gedanken eines anderen Menschen nie selbstverständlich ist und immer Bemühen und Arbeit erfordert. Drittens sehe ich eine positive Seite des Bemühens Bultmanns darin, daß er das Programm einer Theologie „aus dem Glauben für den Glauben" aufstellt, d. h. einer solchen Theologie, die keine bloße metaphysische Lehre wäre, ja die stets gegen die Gefahr wachsam sein würde, in eine bloße intellektualistische Theorie verwandelt zu werden, die man aus bloßer Neugier, ohne persönliche Verbundenheit annehmen könnte. Das Programm einer Theologie, in der es gezeigt würde, daß der Glaube als Akt und der Glaube als ein gewisser Inhalt unzertrennlich verbunden sind, ist ein richtiges Programm. Man muß nur wissen, daß es keinem durchgeführten, formulierten theologischen System tatsächlich je gelang oder gelingen wird, dieses Programm restlos zu verwirklichen."

6. From a Puppy to the Child

Some problems of contemporary biblical exegesis
demonstrated from Mark 7.24–30/Matt 15.21–8*

Petr Pokorný

My intention is to discuss some problems of biblical exegesis using as model the pericope on the Syrophoenician woman according to Mark. I assume the priority of Mark (the two sources theory) in spite of the fact that the Matthean parallel bears some traces of independent origin. They are most probably influenced by oral tradition,[1] which was alive at least until the end of the second century,[2] and partially also by the Matthean redaction (Matt 15.24).

The pericope has a clear surface structure: after information about the setting and the actors in verses 24, 25 and 26a, verses 7.26b and 27 to 29 are a dialogue.[3] The request of the pagan mother (v. 26b), which is reproduced by the teller (woman 1) is followed by Jesus' surprising answer in verse 27 (Jesus 1) and the woman's rejoinder in verse 28 (woman 2). Verse 29 is Jesus' concluding apophthegm (Jesus 2) and verse 30 the confirmation of its validity.[4]

Our first reading will be an analysis of the text as a unit, which, at least to a certain extent, must be as meaningful in itself as it was in the pre-Markan Jesus-tradition, unless it is proved that the

---

* Presidential address, delivered at the 49th Meeting of the SNTS at Edinburgh, 1994.

[1] The hypotheses that this pericope may have originated from Matthew and been included in the Gospel of Mark by its later editor (W. Bußmann) or that Matthew used an older version of Mark (B. H. Streeter, *The Four Gospels* [London: Macmillan 1924; 3rd ed. 1930] 260) are speculations lacking any external evidence. A review of the discussion is given by C. Focant, 'Mc 7.24–31 par. Mt 15,21–29. Critique des sources et/ou étude narrative', in: C. Focant, ed., *The Synoptic Gospels* (BETL 110; Leuven: University/Peeters) 39–75, esp. 39–50.

[2] H. Köster, *Synoptische Überlieferung bei den apostolischen Vätern* (TU 65; Berlin: Akademie, 1957) 267, etc.

[3] R. Bultmann, *Geschichte der synoptischen Tradition* (Tübingen: Mohr–Siebeck, 4th ed. 1958) 38.

[4] For the structure see also Focant, 'Mc 7.24–31', 62–3; for the general orientation in this pericope see T. A. Burkill, 'The Syrophoenician Woman. The Congruence of Mark 7,24–31', *ZNW* 57 (1966) 23–37.

Gospel writer substantially changed its meaning. No doubt it is necessary to differentiate between a diachronic and a synchronic approach, but it is not possible to separate them in a consistent way, since some surprising features of the structure of Mark 7.24–30 provoke us to analyze the text also from another, diachronic point of view and to ask about its pre-Markan function.

FIRST READING

(V. 24) The pericope is introduced by information about Jesus' coming to a non-Jewish territory (Tyre, Matt: Tyre and Sidon) as in Mark 5.1ff. and 8.27ff. In the Markan context it is a topographic statement with a theological implication: what follows will be a confrontation of Jesus with the pagan world.[5] The second piece of information is that Jesus intended to remain incognito (Matthew deleted this notice), but his presence could not be kept secret (v. 24b; cf. 3.20). In the oral tradition this was a means of expressing the irresistible influence of Jesus, as in Mark 7.36: 'The more he ordered them, the more zealously they proclaimed it' (NRSV).[6] Mark in his theological narrative strategy used the incognito motif to make the reader aware of the fact that the full understanding of Jesus' personality and mission is possible only from the post-Easter point of view. This is the most probable meaning of the so-called Messianic Secret in Mark.[7] Nevertheless the motif of a broken incognito has also its third dimension in the narrative strategy: it is a signal[8] of the coming conflict between Jesus' intention and its transformation in v. 29 – a motif typical for this pericope.

---

[5] See M. Hengel, *Judentum und Hellenismus* (WUNT 10; Tübingen: Mohr–Siebeck, 3rd ed. 1988) 543ff.

[6] U. Luz, 'Das Geheimnismotiv und die markinische Christologie', *ZNW* 56 (1965) 27–43.

[7] See the summary of the discussion in J. Gnilka, *Das Evangelium nach Markus* (EKK 2/1; Zürich: Benziger/Neukirchen: Neukirchener, 1978) 167–72 and P. Pokorný, 'Das Markusevangelium. Literarische und theologische Einleitung mit Forschungsbericht', *Aufstieg und Niedergang der römischen Welt* II.25.3 (Berlin/New York: de Gruyter, 1985) 1969–2035, esp. 2009–12. According to J. M. Robinson, 'Gnosis im neuen Testament' (1978), recently in: *idem, Messiasgeheimnis und Geschichtsverständnis* (ThB 81; München: Kaiser, 1989) 115–25, esp. p. 124, the Messianic Secret has been revealed in the second part of Mark's Gospel (since 8.32); R. Pesch, *Das Markusevangelium* 1 (Herder 2/1; Freiburg: Herder, 1976) ad loc. and H. H. Räisänen, *Das Messiasgeheimnis im Markusevangelium* (SFEG 28; Helsinki: Lansi-Suomi, 1976), put the redactional intention in question. See the criticism of Räisänen's position in: F. Fendler, *Studien zum Markusevangelium* (Göttingen: Vandenhoeck & Ruprecht, 1991) ch. 3.

[8] This feature of Markan narrative strategy was described by J. Dewey, 'Mark as Interwoven Tapestry: Forecasts and Echoes for a Listening Audience', *CBQ* 53 (1991) 221–35 and by E. S. Malbon, 'Echoes and Foreshadowings in Mark 4–8', *JBL* 112 (1993) 211–30.

(V. 25–6) In the first part of the story the pagan woman takes the initiative: she hears, comes, falls at Jesus' feet and begs him to heal her daughter. We can find also other female protagonists of this kind in Mark: the bleeding woman in 5.25–34, the poor widow in 12.41–4 and the woman anointing Jesus at Bethany in 14.3–9. All of them compelled Jesus to a decisive action and/or statement.[9]

We read not only about the action of the woman, but also about her situation: (a) she had a little daughter who was possessed by an unclean spirit, (b) she was a Syrophoenician by origin (not a Phoenician from Carthage),[10] (c) she was Greek by her language and social position – and so she belonged to the higher middle class of city inhabitants[11] – and (d) she must have been a pagan. This information is obviously indispensable, since otherwise verses 25 and 26 say the same thing – they stress the role of the woman in her typical motherly role as protector of the child and mediator of help.

The other actant (I take over the terminology of A. J. Greimas) is the unclean spirit. The unclean spirits were considered subjects like persons, and so they appear also in Mark. But they have only the negative features of a person, they are 'personal' only as a personal menace.

(V. 27) The first direct speech, the answer of Jesus, is shocking: 'Let the children be fed first, for it is not right to take the children's bread and throw (βάλλειν in aorist) it to the dogs.' The answer is a metaphor: the people to whom Jesus is sent are compared to children, while the 'others', such as the Syrophoenician woman, are compared to dogs. In all the Eastern Mediterranean, as well as in other cultural areas,[12] in the semantic field of 'dog' the meaning of 'less food for non-dogs' has been coded through connotations. 'A dog sleeping in the manger (for oxen)' was not only a Greek proverb,[13]

---

[9] M. Fander, 'Frauen in der Nachfolge Jesu. Die Frau im Markusevangelium', *EvTheol* 52 (1992) 413–33.

[10] Matthew calls her a Canaanite woman (the Aramaic name for Phoenicians). We need not speculate about possible text corruption in Mark 7.26 as in G. Schwarz, 'ΣΥΡΟΦΟΙΝΙΚΙΣΣΑ-ΧΑΝΑΝΑΙΑ (Markus 7.26/Matthäus 15.22)', *NTS* 30 (1984) 626–8, since the designation of the woman is logical in both versions. Nevertheless logical only from the 'Western' point of view (Rome etc.), since in Syria 'Syrophoenician' would be superfluous, see M. Hengel, 'Entstehungszeit und Situation des Markusevangeliums', in: H. Cancik, ed., *Markus-Philologie* (Tübingen Mohr–Siebeck, 1984) 1–45, esp. 45, note 164; see also Focant, 'Mc 7.24–31', 41.

[11] G. Theissen, *The Gospels in Context* (Edinburgh: Clark, 1992 [ET]) 70–2.

[12] For the later evidence see R. Haardt, 'Das koptische Thomasevangelium und die außerbiblischen Herrenworte', in K. Schubert, ed., *Der historische Jesus* (Vienna: KBW, 1962) 257–87, ad loc.

[13] E. L. Leutsch–F. G. Schneidewin, ed., *Corpus paroemigraphorum graecorum* 1 (Göttingen, 1839, reprint Hildesheim: G. Olms, 1965) 363.

but appears also as Jesus' saying in the Gospel of Thomas (log. 102). Such a role of the dog is implied also in the saying from Matt 7.6 on giving dogs what is sacred and casting (βάλλειν in aorist again) pearls before swine.[14]

It is shocking to hear that the sick child together with its mother becomes a puppy (κυνάριον). This was not a euphemism[15] and most probably in *koine*, κυνάριον was simply the expression for the dog[16] – a defiled animal (Exod 22.31). The status of a dog or a puppy is the starting position for the female protagonist and her child in this dramatic story.

According to some of those who hold the entire story to be an etiology of Christian mission among pagans, the 'proverb' in verse 27b, used by some Judaeo-Christian groups, caused the creation of the whole story: those who supported Christian mission among pagans created the story as a narrated polemic against tendencies to prevent the uncircumcised pagans from becoming full members of the Christian community.[17] According to this interpretation the story expresses the original doubts about the pagan mission as well as its later important role, which is legitimated by Jesus' final statement.

The argument in favour of mission among pagans is undoubtedly presented here, but first we have to ask about the possible meaning of Jesus' answer within the context of the more or less reliable data about his activity which can be deduced from the synoptics.

In the positive part of Jesus' answer, the healing demanded is compared to feeding with bread, which was an essential problem at that time[18] and for millions of people still is. The 'predicative' part of the metaphor (bread) no doubt corresponds to the daily experience as it is in every 'normal' metaphor. However, at the same time we know that in all cultures bread is a metonymy of life and even

[14] According to Burkill the sentence about preferring of children to dogs (verse 27a) may also have been a proverbial saying similar to 'Charity begins at home': T. A. Burkill, 'The Historical Development of the Story of the Syrophoenician Woman', *NovTest* 9 (1967) 161–78, esp. 176.

[15] V. Taylor, *The Gospel according to St Mark* (London: Macmillan, 2nd ed. 1966) ad loc., supposed that κυνάριον may be a euphemism, but the regular diminutive of κύων is κυνίδιον see C. H. Turner, 'Marcan Usage', last edition in: J. K. Elliott, ed., *The Language and Style of the Gospel of Mark* (Leiden, etc.: E. J. Brill, 1993) 1–146, esp. 124.

[16] Burkill, 'Historical Development', 172; U. Luz, *Das Evangelium nach Matthäus* 1.2 (Zürich: Benziger/Neukirchen: Neukirchener, 1990) 435–6.

[17] Burkill, 'Historical Development', 176 cf. Pesch, *Markusevangelium* 1.390.

[18] See P. Garnsey, *Famine and Food Supply in the Graeco-Roman World: Response to Risk and Crisis* (Cambridge: Univ., 1988).

of eternal life and that Mark was aware of it.[19] Jesus' answer is metaphorical in a double sense.

In the history of exegesis we find several attempts to decrease the scandal of Jesus' answer. Many exegetes maintained that Jesus' answer was only a test of the woman's faith. No doubt the woman proved persevering, but from the biblical text we cannot deduce that Jesus was only testing her. – What we have said about the meaning of κυνάριον excludes also the hypothesis of Jesus' intention to evoke affection for the pagans by comparing them to such sweet pets as puppies in our cultural tradition undoubtedly are. Nevertheless this hypothesis rightly stressed the fact that the dogs in Jesus' metaphor are domestic dogs[20] – that they (in spite of their low status) belong to the children as tolerated members of the same household. – Fascinating is Luther's explanation of this pericope in his Lenten Sermons[21] discussing the secret dimension of God (*deus absconditus*) who does not exhaust himself in revelation, but it is only a very indirect reflection of what we read in the text. – Gerd Theissen reconstructed the social and political situation in Galilea and Tyre, and concludes that Jesus' answer was a criticism of the hellenization and social exploitation of Jews in that territory.[22] This is an interpretation which does not help us to understand the story as a whole.

Influential was the interpretation in terms of the History of Salvation (*Heilsgeschichte*). According to this hypothesis salvation had to proceed from the Jews to the pagans. This is indeed how Christianity spread. In favour of this interpretation is the word 'first' (πρῶτον) in verse 27a. In Mark's redactional intention this must have been the indirect justification of the post-Easter pagan mission.

However, the successive view of mission is absent from the

---

[19] We can see a shift in the theory of metaphor in the last two decades. The metaphor is no longer considered to be only an adornment (Aristotle); it may be a discovery of a new relation, a new information which cannot be replaced by a 'rational' expression: P. Ricoeur, 'Stellung und Funktion der Metapher in der biblischen Sprache', in: P. Ricoeur–E. Jüngel, *Metapher* (EvTh Sonderheft; München: Kaiser, 1974) 45–70; English: 'Philosophical Hermeneutics and Theological Hermeneutics', *Studies in Religion* 5, 14–33, esp. 49, 119 (GT); N. Perrin, *Jesus and the Language of Kingdom* (Philadelphia: Fortress, 1976) 30–3.

[20] Gnilka, *Markusevangelium*, 1.293. Only after the Edinburgh Meeting did I learn of the article by F. G. Downing, 'The Woman from Syrophoenicia and Her Doggedness: Mark 7:24–31 (Matthew 15:21–28)', in: G. J. Brooke, ed., *Woman in the Biblical Tradition* (Studies in Woman and Religion 31; Lewinston, etc.: Edwin Mellen, 1992) 129–49. Downing mentioned the possible background of this story in a setting influenced by Cynics who called themselves dogs (e.g. Diog. Laert. 6.10).

[21] W.A. 17.2, 200–4.

[22] Theissen, *Gospels in Context*, 61–80.

Matthean version of this pericope and in the pre-synoptic tradition the story's intention must have been a different one. It is generally accepted that Jesus concentrated his activity on Israel, as in his saying: 'Go nowhere among the gentiles . . . go rather to the lost sheep of the house of Israel' (Matt 10.5; the second part is quoted also in the parallel to our pericope in Matt 15.24). This can be confirmed e.g. by the number of his twelve disciples who were to symbolize the renewed twelve tribes of Israel. This strategy did not in principle exclude the pagans from salvation. The eschatological (not necessarily radically apocalyptic) dimension implied in Jesus' image of the 'coming' of the Kingdom of God[23] most probably included the expectation of a procession of pagan nations to Mount Zion at the end of time, a theme well-known in some prophets: Isa 2.2–4; 11.10; 19.19–25; 60.3–14; 66.19–21; Micah 4.1–8; Zeph 3.9–10; Zech 8.20–3. The saying of Jesus about people who will 'come from the east and the west, from the north and the south, and will eat in the Kingdom of God' (Q [Luke] 13.29) supports the assumption that he knew this expectation and that his Israel-centred activity was part of a general centripetal strategy.[24] He intended to prepare his people for the eschatological rally of nations, to make it a 'priestly kingdom and a holy nation' (Exod 19.6), i.e. a mediator between God and the other nations. In our context it is important to know that the answer of Jesus (probably without verse 27a [πρῶτον] which is not in Matthew)[25] may reflect his attitude from the time of his Galilean ministry: it is congruent with other direct or indirect evidence about his activity and it explains the origin of this pericope. Jesus did not confirm the woman's expectation that he would play the role of an exorcist, but confronted her with the comprehensive Israel-centred project of his ministry.

In this part of our exegesis we availed ourselves predominantly of methodologies derived from the historical-critical approach (including traditio-historical criticism and redaction criticism); we demonstrated their critical function in destroying the traditional images.

---

[23] I cannot discuss arguments for the contemporary consensus about the Kingdom of God as the core of Jesus' proclamation. For the problem see my *Genesis of Christology* (ET – Edinburgh: Clark, 1987) ch. 2. Those who put the eschatological dimension of Jesus' teaching in question, like e.g. B. Mack, *A Myth of Innocence* (Philadelphia: Fortress, 1988) ch. 13, do not distinguish between the future dimension of the Kingdom in Jesus' proclamation (e.g. Mark 1.15; Lord's Prayer) and post-Easter apocalypticism.

[24] See e.g. J. Roloff, *Die Kirche im Neuen Testament* (NTD Erg. 10; Göttingen: Vandenhoeck & Ruprecht, 1993) 28ff.

[25] See Focant, 'Mc 7.24–31', 49–50.

Excursus on hermeneutics 1 (on the historical-critical method): Historical-critical exegesis has been put in question in the last decades. The method, influenced by positivism on the one hand and by the dialectic concept of evolution on the other, understood the text as a means for the reconstruction of history, and underestimated its function as literature and bearer of meaning. Reconstruction was often identified with interpretation, and it was difficult to interpret what is not understandable from historical analogies,[26] such as creation, resurrection or the eschaton. It was even impossible to answer the question why the biblical text was chosen as the field of research, the problem of the so-called *Vorverständnis* (preliminary knowledge).[27]

It is obvious that there is no methodology which could become a universal key for text interpretation, that each methodology has a tendency to become ideology,[28] that hermeneutics should protect theology from ideologization and that an integrated approach is necessary.[29] Nevertheless any holistic approach is in danger of eclecticism. One possible way of establishing a proper coordination of individual methodologies is to reflect upon them theologically.

Having mentioned the necessity of theological classification of various exegetical methodologies in order to reach their authentic coordination, I have to start with historical-critical methodology, and I try to formulate its possible positive theological function: it is to 'test' ($\delta o \kappa \iota \mu \acute{\alpha} \zeta \epsilon \iota \nu$) the spirits, whether they confess Jesus Christ who came in flesh (1 John 4.1–3; 2 John 7). In other words: the present manifestations of faith must not disagree with the attitudes of the earthly Jesus. According to Ernst Käsemann the earthly Jesus protects us from pious manipulation of the risen Christ of Christian proclamation.[30] This means that theologically

---

26 For the historico-critical method see E. Troeltsch, 'Über historische und dogmatische Methode in der Theologie', in: idem, *Gesammelte Schriften* (Tübingen: Mohr–Siebeck, 1913) 729–53.

27 R. Bultmann, 'Ist voraussetzungslose Exegese möglich?' (1957), in: idem, *Glauben und Verstehen* 3 (Tübingen: Mohr–Siebeck, 3rd ed. 1965) 142–50.

28 K. Berger, *Hermeneutik des Neuen Testaments* (Gütersloh: G. Mohn, 1988) 121–2. Even the new document of the papal Biblical Commission on Bible interpretation of 18 November 1993 deals with this problem, see J. Kremer, 'Die Interpretation der Bible in der Kirche', *Stimmen der Zeit* 212 (1994) 151–66, esp. 154.

29 Symptomatic is the book of W. R. Tate, *Biblical Interpretation. An Integrated Approach* (Peabody, MA: Hendrickson, 1991).

30 'Sackgassen im Streit um den historischen Jesus', in: idem, *Exegetische Versuche und Besinnungen* 1 (Göttingen: Vandenhoeck & Ruprecht, 2nd ed. 1965) 31–68, esp. 67. According to G. Ebeling the earthly Jesus is the hermeneutical key of christology: G. Ebeling, *Theologie und Verkündigung* (HUTh 1; Tübingen: Mohr–Siebeck, 1962) 52.

the historical-critical method is our contemporary means of recollection (ἀνάμνησις), the way of discovering the original layer of incarnation – the layer which was the reason for canonization, the layer to which the text relates as testimony.

(Vv. 28–9) The next two verses contain the woman's rejoinder and the concluding apophthegm of Jesus. Two verbs (ἀπεκρίθη καὶ λέγει) introduce the answer in an almost solemn style; and the time of telling the story slows down compared with the real time of the event – a signal that the key scene is coming.[31]

The woman's answer is a rejoinder, she is bargaining with Jesus. Dialogue and even controversy with God has a good tradition in the Bible beginning with Abraham (Gen 18) to the prophets (e.g. Jer 12) and later writings like Sirach (35.17ff.). In Luke 18.1–8 we have explicit instruction on how to persuade God through prayer. It is expressed in a parable, and it is again a woman who eventually persuades a key person to help her. Also the motif of Jesus' changing his programme after human intervention is not alien to the synoptic tradition (Mark 1.35ff.//Luke 4.42–3; Luke 24.28–9). For understanding the origin of our pericope this is the most important spiritual tradition – a phenomenon typical for Hebrew and Christian experience, a symptom of an encounter with the living God who communicates with humans as a person. Synoptic disputes, where God acts through Jesus, are in fact the top of this anti-fatal[32] tradition. As in Gen 18.20ff., the human rejoinder in Mark 7.28 answers God's declaration of his general intention, transcending the fate of the individual. As soon as we put our pericope into this context, the arguments in favour of its origins in the Hellenistic Christian pagan mission appear less valid.

The mother surprisingly approved Jesus' general intention and 'entered the metaphor' by accepting the role of a dog. But every metaphor has also an intensifying function,[33] and the woman recognized that Jesus as giver of bread is more than she expected. She got an insight[34] into his strategy and she tried to reconcile her daughter's need with his comprehensive mission. So also did Abraham when trying to save Lot. She insists on the metaphor of a

---

[31] Eb. Lämmert, *Bauformen des Erzählens* (Stuttgart: J. B. Metzler, 3rd ed. 1968) 22ff.

[32] To the anti-fatal impetus of the biblical tradition see M. Balabán, 'Virá nebo osud (Glaube oder Fatum)', in: *The State and Perspectives of Religious Studies in Czechoslovakia* (Brno: Society for Religious Studies, 1990) 17–23.

[33] See Ricoeur, 'Stellung', 69.

[34] J. Roloff, *Das Kerygma und der historische Jesus* (Göttingen: Vandenhoeck & Ruprecht, 1970) 160, note 200; cf. W. Schmithals, *Das Evangelium nach Markus* (ÖTK-NT 2/1; Gütersloh: Mohn/Würzburg: Echter, 1979) 355.

household with all its consequences including the dogs who survive in a community with humans. True, the dogs as carnivores were not able to survive by eating only bread, but such an inconsistency only confirms that the bread has a metaphorical meaning: in the house of the Lord the feeding of the children means also life for dogs.[35]

The motif of surviving by eating the remnants is firmly rooted in Hebrew tradition. According to Judg 1.7a the defeated kings survived by picking scraps under the table of the Canaanite king Adoni-bezek. And the rich man from Luke 16, who did not allow Lazarus to eat what fell from his table (v. 21), in fact acted against the Law since it was the duty to let the poor and the non-Jewish alien take the remnants (Lev 19.9–10; Deut 24.19; cf. Ruth 2).

In his concluding saying Jesus accepts the woman's interpretation of his general strategy. In Matthew Jesus has indirectly stressed the value of her attitude by comparing the failure of Galilean cities with the implicit faith of her fellow-countrymen: 'If the mighty deeds done in you had been done in Tyre and Sidon, they would have repented long ago . . .' (Matt 11.21).

(V. 30) The note about healing confirms the power of Jesus' saying. The girl was lying on the bed ($\kappa\lambda\acute{\iota}\nu\eta$, not the easily transportable $\kappa\rho\acute{\alpha}\beta\alpha\tau\varsigma$ of the poor people, cf. 2.9par.) and the demon had left her when the mother came home. We do not find any shocking happy end such as: she came home and the smiling daughter ran to meet her. Neither is it the procedure (technique) of healing which is stressed (a healing at a distance, as in 2 Kings 5 [cf. Philostr. *Vita Apollonii* 3.39] with Naaman – a pagan, too),[36] but the result: the unclean spirit (here called $\delta\alpha\iota\mu\acute{o}\nu\iota\nu$) has been expelled.[37]

SECOND READING

In the first reading we concentrated on the inner structure of the

---

[35] R. Feldmeier, 'Die Syrophönizierin (Mk 7,24–30) – Jesu "verlorenes" Streitgespräch?', in: R. Feldmeier–U. Heckel, ed., *Die Heiden* (WUNT 70; Tübingen: Mohr–Siebeck, 1994) 211–27, esp. 223.

[36] See E. Schweizer, *Das Evangelium nach Markus* (NTD 1; Göttingen: Vandenhoeck & Ruprecht, 1970) ad loc. and J. Ernst, *Das Evangelium nach Markus* (RNT; Regensburg: Pustet, 5th ed. 1963) ad loc.

[37] See F. Annen, *Heil für Heiden. Zur Bedeutung und Geschichte der Tradition vom besessenen Gerasener* (Mk 5.1–20parr.) (FTS 20; Frankfurt a.M.: J. Knecht, 1976) esp. 199. According to L. Schenke, *Die Wundererzählungen des Markusevangeliums* (Stuttgart: KBW, 1974) 71, 406 etc., the Markan miracles of Jesus help us to understand Jesus' teaching and are intended to help the mission.

pericope and its prehistory. Now we have to take the second step and read the story with respect to its function within the macrostructure of Mark's Gospel as it is represented by its Greek text (structuralist methodology) as well with respect to the general theological intention of Mark (redaction criticism).

As to the immediate context, we can see that the notion of the unclean spirit links our pericope with the preceding dispute (7.1–23). In 7.19 Jesus declared all foods clean (καθαρίζειν), in 7.25 the case with unclean (ἀκάθαρτον) spirit opens. Later (7.26 and 30) the spirit is called δαιμόνιον, so that Mark must have consciously established the link between the two text units.[38] Avoiding contacts with the unclean was the most striking feature of Jewish life in the diaspora (Dan 1.8; _Ep.Arist._ 139).[39]

However, the most valid argument in favour of the thesis that the quest of the Syrophoenician woman became in a new way topical in the early church's debate about gentiles,[40] is connotations linking it with the problem of celebration of the Lord's Supper (Eucharist).[41] In John 6 we find a developed metaphor of Jesus as the bread of eternal life, but the same metaphor is present already in Mark 8.14–21, where we read about disciples who forgot to bring any bread (so they have not got any), but they still had one loaf of bread with them (8.14). Since Jesus warns them in the next verse against the yeast (bread) of the Pharisees and reminds them of the feedings of the crowd, it is clear that the one bread is Jesus as Saviour.[42] With this observation we have established a link to the subsequent part of the Gospel (chapter 8) and we can see how the pericope is interwoven with the context.

The readers (hearers) must have realized that the verb 'feed' (χορτάζειν – 7.27) occurs also in the stories about miraculous feeding of the crowd (6.42; 8.4, 8),[43] and that 'take bread' is a key

[38] Cf. Focant, 'Mc 7,24–31', 48.

[39] Feldmeier, 'Syrophönizierin', 219.

[40] R. C. Tannehill, 'Types and Functions of Apophthegms in Synoptic Gospels', in: _Aufstieg und Niedergang der römischen Welt_ II.25.2 (Berlin/New York: de Gruyter, 1984) 1792–829, esp. 1812.

[41] See Roloff, _Kirche_, 56–7 and K. P. Donfried, 'The Feeding Narratives and the Marcan Community', in: _FS G. Bornkamm_ (Tübingen: Mohr–Siebeck, 1980) 95–103.

[42] J. Mánek, 'Mark VIII,14–21', _Novum Testamentum_ 7 (1964) 10–14; O. Betz, 'Jesus and the Temple Scroll', in: J. H. Charlesworth, ed., _Jesus and the Dead Sea Scrolls_ (New York, etc.: Doubleday, 1992) 75–103, esp. 77; this is also the correct thesis of J. B. Gibson, 'The Rebuke of the Disciples in Mark 8,14–21', _JSNT_ 27 (1986) 31–47. However, his opinion about the disciples' intention not to feed the pagans across the sea (p. 36) is an over-interpretation.

[43] Cf. C. Focant, 'La fonction narrative des doublets dans la section des pains Mc 6,6b–8,26', in: _The Four Gospels_ 1992 (FS F. Neirynck; Leuven: University/Peeters, 1992) 1039–62, esp. 1053ff.

phrase in the Institution of the Lord's Supper in Mark 14.22–5parr. And when we read the pericope with these connotations in mind,[44] it is obvious that the problem which was dealt with here when Mark put this pericope into the frame of his book on Jesus, is the same as the problem of table-fellowship,[45] more accurately of the intercommunion of circumcised and uncircumcised Christians, topical in the time of the apostle Paul. According to Galatians 2.11–14 Peter yielded to the pressure of James, a representative of the 'circumcised' party, and refused to eat (= to celebrate the eucharist) at one table with uncircumcised Christians. For the circumcised party they were like dogs. Luke's idealized report on the council in Jerusalem in Acts 15 confirms the weight of this conflict. Paul's teaching about justification by faith was an answer to it. He acknowledged the special role of Israel as the bearer of God's promises: the Gospel is 'the power of salvation for everyone who has faith: FIRST ($\pi\rho\tilde{\omega}\tau\text{ov}$) FOR THE JEW, then for the Gentile' (Rom 1.16c; cf. 9.4). Nevertheless, more than the ethnic definition of God's people is according to him the relation to God which is based on faith: '. . . for EVERYONE WHO HAS FAITH' (Rom 1.16b). So the believers are Abraham's sons, the true people of God and heirs of God's promises even being uncircumcised (Gal 3.6–4.7; Rom 4). In Gal 3.19–4.7 Paul concludes that this way even a slave can become a son (or a daughter). Since in Mark 12.35–7, Jesus as Lord ($\kappa\acute{\upsilon}\rho\iota\varsigma$ – according to Ps 110) is declared to be more than David's son, the woman's addressing Jesus as LORD must have been understood as a christological confession of faith in a Pauline sense ('if you confess with your mouth that Jesus is Lord . . . you will be saved' – Rom 10.9).[46] This is confirmed by Jesus' answer in verse 29: 'For saying THAT, go – the demon has left your daughter.' Mark had to reproduce the woman's request in v. 26b (woman 1) in a shortened and indirect way in order that her confession of Jesus as Lord may be followed by a positive answer.

The verbs describing the woman's action underscore our interpretation, since 'hear' (Rom 10.14), 'come' and calling Jesus 'Lord' when kneeling during prayer (Phil 2.10–11; cf. Mark 7.25) are expressions belonging to the language of Christian liturgy.

[44] An indirect argument in favour of a sacramental connotation is the allusion to our pericope in the *Gospel of Philip*, where the 'dogs' do not have full access to the sacrament of 'bridal chamber' (NH II.81.34–82.26).

[45] For the specific features of Jesus' table-fellowship see J. D. G. Dunn, 'Jesus, Table-Fellowship, and Qumran', in: *Jesus and the Dead Sea Scrolls* (see above note 12) 254–72, esp. 256.

[46] See Pesch, *Markusevangelium* 1.389; the christological meaning is denied by F. Hahn, *Christologische Hoheitstitel* (FRLANT 83; Göttingen: Vandenhoeck & Ruprecht, 1963) 82.

Mark's concept of faith is certainly not identical with Paul's. There are some analogies,[47] but there are also striking differences, since Mark accepts also the popular concept of faith as miracle faith (e.g. 5.34).[48] In his version of our story he understands faith as confession and he does not use the expressions πίστις or πιστεύειν. He has written his book several years after Paul's death and tried to gather and interpret a wide stream of Christian tradition. Unlike Paul, who had to defend his teaching against Jewish Christians, Mark tried to interpret the new situation after the Christians lost their base in Jerusalem by saying: We are in a situation which Jesus has foretold, i.e. in the time after the 'first' (πρῶτον) period, after the period of feeding the Jewish children. His solution seems to be quite in agreement with the Pauline one: in both cases through the grace of the Lord a non-child becomes the child of God.

Excursus on hermeneutics 2 (on structural analysis): In the Matthean parallel the answer of the woman is explicitly motivated by her faith (15.28); Mark also must have seen her reaction as an expression of faith, as we shall see (see his characterization of Bartimaeus in 10.52[49]).[50] Rudolf Bultmann and his followers interpreted faith as the most authentic kind of openness of human existence (*Dasein*) and Gerhard Ebeling tried to find this view of faith in the synoptic tradition also.[51] They discovered the difference between faith on the one hand and life according to mythical patterns on the other, and were able to demythologize the biblical message. However, they reduced the problem and underestimated the language level of faith. Faith has to express itself and take an orientation by means of language. There is no shortcut from a mythical life-pattern to the existential dimension of faith. The language of faith means an incarnation of faith into models of reality or 'world-projects', paradigms or patterns.[52] To interpret

[47] See e.g. F. Lang, 'Sola gratia im Markusevangelium', in: *Rechtfertigung* (FS E. Käsemann; Tübingen: Mohr–Siebeck/Göttingen: Vandenhoeck & Ruprecht, 1976) 322–37.

[48] See Th. Söding, *Glaube bei Markus* (SBB 12; Stuttgart: Kath. Bibelwerk, 1985) 550–1.

[49] Cf. W. Kirchschläger, 'Bartimäus – Paradigma einer Wundererzählung', in: *The Four Gospels* 1992 (FS F. Neirynck; Leuven: Univ./Peeters, 1992) 1105–23, esp. 1122.

[50] See Söding, *Glaube*, 309.

[51] G. Ebeling, 'Jesus und Glaube' (1958), in: idem, *Wort und Glaube* (Tübingen: Mohr–Siebeck, 2nd ed. 1962) 203–54, esp. 238ff.

[52] This is the positive contribution of E. Güttgemanns in his articles concerning Biblical Theology: 'Gegenstand, Inhalt und Methode einer Theologie des Neuen Testaments', *Linguistica Biblica* 66 (1992) 55–113, esp. pp. 92–3; cf. idem, 'Semiotische Methode und "Darstellung" einer "Theologie des Neuen Testaments"', ibid. 68 (1993) 5–94.

biblical text always means to 'translate' it into a new world-project.[53]

Such an orientation in history is impossible without analogical language, practically without metaphor. In this context metaphor could become an alternative model, a model necessary for orientation in a new reality.[54] As such the metaphor can be defined also as a secularized, desacralized myth.[55]

In this sense, our pericope itself is a story about hermeneutics. The dialogue between Jesus and the pagan woman is a conflict of two world-projects and the woman tries to adapt them to each other, admitting the superiority of her Lord's strategy. We observe here one of the initial transitions of faith, namely the transition from a thaumaturgical concept of help to the project of reforming God's people as a prelude to the eschatological salvation. This has been topical during Jesus's earthly life and for a short time after Easter. The attractiveness of such biblical stories provoked later authors to re-interpret them as inspiration for solving conflicts in their time. So it was also in Mark, as we shall see. Every new interpretation is in fact an accommodation of projects supposing solidarity (not identification) with those who created the previous projects.[56] Against the tendency towards ideologizing Christianity we have to stress the transitory character of Christian world projects (they should be consciously tentative and preliminary like the synoptic metaphors and parables), against the existentialist attitude their necessity for our orientation.

In our pericope the pagan woman has 'entered' the metaphorical world of Jesus' apophthegm on feeding and her orientation has been twice intensified in a metaphorical way: from exorcism ('daily' level) through 'feeding' ('lifelong' level) to discovering the Lord as Saviour (eschatological level).

These exegetical observations may help us to recognize the role of structuralist methodology (in linguistic as well as in literary or

---

[53] See Ricoeur, 'Philosophische und theologische Hermeneutik', in: Ricoeur–Jüngel, *Metapher*, 24–44, esp. 27–8. He speaks of a 'Textwelt'.

[54] Ricoeur, 'Stellung und Funktion der Metapher', 51ff. cf. M. Gerhard–A. Russel, *Metaphoric Process. The Creation of Scientific and Religious Understanding* (Fort Worth, TX: Texas Christian University, 1984) 184ff.

[55] P. Ricoeur, 'Symbole et mythe', *Le Semeur* (1963, No. 2) (accessible to me only through a Czech translation). It was already F. Overbeck who realized that 'allegory' in biblical exegesis is a substitute for myth (*Über die Christlichkeit unserer heutigen Theologie* (Leipzig: Naumann, 2nd ed. 1903) 36.

[56] So K. Berger, *Exegese des Neuen Testaments* (UTB; Heidelberg: Quelle & Meyer, 1977) 251–3 and idem, *Hermeneutik*, 218–19 cf. 205–6 in polemics against Gadamer's theory on *Horizontverschmelzung*; see H. G. Gadamer, *Wahrheit und Methode* (Tübingen: Mohr–Siebeck, 2nd ed. 1965) 289.

socio-rhetorical analysis) within theological reflexion: it is to interpret analogical language as a way of mediating between the reader
and the new reality,[57] and expressing the significance of biblical
testimony through metaphorical 'intensification'. In theology analogical language plays a crucial role, since the reflected testimony
refers to an event of a new kind which cannot be expressed by
direct denotation. When trying to define the theological function
of structural analysis, we should locate it within the theology
of revelation. The chain of metaphorical reflection on the story of
Jesus culminates in metaphors of basic Christian confession about
Jesus' resurrection or his divine sonship. And if we take these
metaphors seriously according to the rule of metaphorical reflection, the earthly Jesus himself becomes a parable of God.[58]

The most fascinating feature is the way that Mark dealt with the
problem of inter-communion in our pericope – in its literary
structure as well as in its theological intention. He expressed the
Pauline role of faith above all through the dramatic structure of his
narrative: in the first story about the feeding of the crowd in Mark
6.30–44 we read that after the common meal twelve baskets of
broken pieces (of bread) and fish were left. This undoubtedly
means that there are enough portions (κλάσματα) for those who
were not present there, since twelve is a number of fullness. And
the woman asking for remnants (crumbs) from the children's table
according to Mark undoubtedly asks for this fullness of left-overs
from the miraculous feeding. It is true that she speaks about
crumbs (ψιχία) whereas the left-overs after the miraculous feeding
are called portions (κλάσματα), but such a difference in terminology
is almost necessary for the metaphorical character of both text
units. Decisive is the analogy of motifs functioning as a semantic
isotopy:[59] feeding of a special group + the left-overs good enough as

---

[57] See P. Tillich's theory of revelation taking seriously the *analogia entis*, however not in
the sense of natural theology, but as a means of expressing the experience of faith: *Systematic
Theology* 1 (Chicago: University of Chicago, 1951) ch. 2.A.4.

[58] L. E. Keck, *A Future for the Historical Jesus* (London: SCM, 1971) 244; E. Jüngel, *Gott
als Geheimnis der Welt* (Tübingen: Mohr–Siebeck, 2nd ed. 1977) 491; E. Schillebeeckx, *Jesus*
(Freiburg i.Br. etc.: Herder, 3rd German ed. 1976) 555ff. However, such a concept of revelation is theologically valid (non-docetic) if we draw the necessary consequence, namely that
through faith in Jesus as Kyrios, all the world (the creation) as the realm of his incarnation
becomes in its full reality a parable of openness toward God. This is implied already in the
hymn in Philippians 2, esp. in verses 10–11. In systematic theology it was W. Pannenberg in
his book *Christentum und Mythos* (Gütersloh: Mohn, 1972) 73ff., who described this dimension of Christian theology. Unfortunately his comprehensive definition of myth is not helpful.

[59] A. J. Greimas, *Sémantique structurale* (Paris: Larousse, 1966) 96.

full-value nutrition for others, who did not belong to the original table-fellowship. The reader (hearer) can recognize the logic of the woman's reaction since he or she does know about the fullness of portions which are left. In the Markan narrative the Syrophoenician woman is the first non-Jew asking for them. In her rejoinder she confessed Jesus as Lord, acknowledged his grace as grace and put her problem into the frame of his comprehensive strategy. Her story may be considered a link between the first feeding of the crowd and the second (Mark 8.1–9), which according to Mark is obviously a common meal of Jews and pagans from Decapolis (7.31) and from a 'great distance' ($\mu\alpha\kappa\rho\acute{o}\theta\epsilon\nu$ – 8.3) representing the Christian eucharist (8.6) in a Hellenistic setting.[60] We may assume that, in the Gospel writer's mind, every later celebration is eating from the fullness of the full-value portions left after this miraculous feeding, but this may be an over-interpretation. However, the fact that the first feeding story and the rejoinder of the Syrophoenician woman are interwoven is obvious.

On the surface of the story the healing of the little daughter may appear as an anticlimax, a relapse from the level of feeding and giving life to many, back to the individual thaumaturgic healing. But where the metaphor is taken seriously, there the reality becomes a metaphor of a still deeper reality.

Excursus on hermeneutics 3 (on reader-response criticism): it was good to investigate the function of metaphor in the various layers of our pericope. Nevertheless a metaphor must not lack its inner logic. The 'untranslatable' metaphors[61] link an accessible trace of a new reality (an event) with a metaphorical, i.e. anti-contextual, predicate[62] such as: your body is a temple (of the Holy Spirit) (1 Cor 6.19), or: Jesus' exorcism is a feeding (for life). The metaphor does not function if the semantic innovation does not express the new reality. In this sense the reception is the way of testing the productivity of metaphors – a phenomenon that cannot be sufficiently grasped by any kind of synchronic analysis. In terms of reception the existence of the Christian church plays an important part in interpreting the biblical text, since it confirms the validity

---

[60] P. Hofrichter, 'Von der zweifachen Speisung des Markus zur zweifachen Aussendung des Lukas', in: J. Hainz, ed., *Theologie im Werden* (Paderborn, etc.: F. Schöningh, 1993) 143–55, esp. 145–8.

[61] Ricoeur, 'Stellung . . .', 49.

[62] H. Weinrich, *Tempus. Besprochene und erzählte Welt* (Stuttgart, etc.: Kohlhammer, 2nd ed. 1971) 191.

of biblical statements at least for one visible social group up to the present time. In our pericope we have seen a direct link between the text and the social dimension of sacramental table-fellowship of the early church as an alternative space for life. Not every exegete accepts the biblical witness as his personal hope, but every exegete has to respect the fact that the church is a part of the effect and reception (*Wirkungsgeschichte*) of the text he interprets and that its existence also indirectly motivates his own interest in biblical texts.[63] The theological place of reader-response criticism is predominantly within ecclesiology.

The most appropriate category for expressing the function of many biblical text units of various genres and subgenres is that of testimony (*témoignage*). As Paul Ricoeur has demonstrated,[64] testimony is a special kind of referential function of language, a special way of mediating between the reported event and the receivers of a message: the primary or secondary witness ($\mu\acute{\alpha}\rho\tau\upsilon\varsigma$) is an active, engaged reporter (cf. Luke 1.2), he belongs to the reported event as a part of its effect. The Gospel writer ('Mark') is for example a witness to the story of the Syrophoenician woman, and for us the event is accessible only through the biblical text as testimony. The category of testimony is good for theological integration of various methodologies. Through language it represents a new reality (in biblical texts it is the revelation or some of its consequences), it supposes the existential (Spirit-inspired) receptors (in a Christian context the church) and it exhorts people to ask about the attested event – to test the testimony (the testing of the spirits, as may be done by means of historical-critical methodology).[65] In the history of the *Studiorum Novi Testamenti Societas* we observe a certain self-restraint in theological reflexion, understandable as an attempt to keep the community open for all who deal with the New Testament, including Jews and Muslims, positivists and agnostics. It is an understandable tendency towards the ecumenicity of scholars sharing their methods of research. Yet I am sure that theologians should not deny their motivation and escape their responsibility and that the critical dimension

---

[63] See Berger, *Hermeneutik*, 51, 105, 232 etc.

[64] 'L'hérmeneutique du témoignage' (1972), ET: 'The Hermeneutics of Testimony', in: *idem*, *Essays on Biblical Interpretation* (London: SPCK, 1981) 119–54, esp. 123ff.

[65] The School of Constanz stressed the significance of the effect and reception of every text for its interpretation (H. R. Jauss, 'Literaturgeschichte als Provokation der Literaturwissenschaft', in: *Literaturgeschichte als Provokation* [Frankfurt a.M.: Suhrkamp, 1970] 144–207, esp. 183ff.), but it does not deal with the problem of reference and testing (see excursus 2 above).

of theological reflexion, namely the desacralization of various approaches which tend to become ideologies, can be useful for all.

A FINAL GLANCE

After we have distanced ourselves from the ambition of the structural approach to be more than one of the exegetical methodologies, we may cast a final glance at our pericope and follow the functions of the semantic field 'child' with respect to the possessed little pagan girl as the absent and passive actant who still caused all the actions and statements. Six times the semantic field 'child' appears in the story. In the introductory scene the teller speaks about a 'little daughter' (θυγάτριον) introducing the pagan woman (v. 25). She mentions her as daughter (θυγάτηρ – v. 26). In Jesus' answer the daughter as well as her mother become puppies or dogs and the children in the sense of descendants and privileged members of a house (τέκνα) are the Jews (v. 27). In her rejoinder the woman enters the world of Jesus' metaphor and speaks about the people of Jesus as children, this time about children with regard to their immaturity and dependence (παιδία – v. 28). In his final statement Jesus shares her position and speaks about the child as a daughter (θυγάτηρ – v. 29). And the teller in the last sentence (v. 30) calls the healed daughter τὸ παιδίον – the child. The skilful exploitation of the semantic field underscores the inner plot of the story: the mother tries to attract the attention of the key person to her child, but she is confronted with an alternative world, in which she cannot claim the privileged role of children. She agrees with the non-privileged position for her child and herself, since she realizes the value of the Lord's house as a devil-free zone, and asks the Lord to draw the necessary consequences. The Lord accepts her position as the mother of a daughter and through the healing he confirms that the child belongs to his household, where the unclean spirits are powerless. The mother has received the un-privileged position in order that she may belong to the household of the Lord, as with the prodigal son in the Lukan parable. And accepting it they received the status of children. This is the good news of this story: the puppy became a child.

7. „Ihr Männer von Athen!"*

Apg 17,16–34 und die Rolle der theologischen Fakultät im Rahmen der Universitätswissenschaften

Petr Pokorný

1. Das Problem

Welcher ist der Ort des Theologen an der heutigen Universität, wenn es sich nicht nur um einen relativ strittigen historischen Ort handeln soll?

Als Inspiration habe ich die bekannte Athener Rede benutzt, die der Verfasser der Apostelgeschichte (wir werden ihn traditionell Lukas nennen) Paulus von Tarsus in Apg 17, 22b-31 in den Mund gelegt hat. Es ist ein literarischer Ausdruck der Beziehung der Theologie zu den anderen Wisenschaften, die damals zu der umfassenden Kategorie „Philosophie" gehörten. Mit Paulus haben Epikureer und Stoiker diskutiert (V.18). Paulus redet sie „Ihr Männer von Athen!" (Ἄνδρες Ἀθηναῖοι – V.22) an, wenn auch unter den Hörern auch Frauen sind (V.34). Es handelt sich nämlich um eine absichtliche Anspielung auf Sokrates' Apologie, in der solche Anrede der Richter mehrmals vorkommt. Der Theologe Paulus ist hier als der Erbe der besten Traditionen antiker Bildung präsentiert.

Am Anfang steht die Disputation mit den Juden und den Gottesfürchtigen, die alle an den einen Gott geglaubt haben. Paulus hat ihnen die Auferstehung Jesu verkündigt (V.18). Das wiederholt er dann noch einmal in seiner Rede zu den Philosophen und fügt noch das Wort von dem Gericht Gottes am Jüngsten Tag hinzu (V.31). Es handelt sich um eine narrative Bearbeitung einer der ältesten christlichen Glaubensformeln (vgl. 1Thess 1, 9ff.). Wenn Lukas von den Zeugen (μάρτυρες, aus der ersten [Apg 1,8; 10, 41] und zweiten [22,15] christlichen Generation) spricht, handelt es sich um die Träger dieses Bekenntnisses, dessen kritische Reflexion die Theologie ist.

2. Das Zeugnis

Die Tatsache, daß die Theologie auf dem Zeugnis gegründet ist, schließt sie nicht aus der Gemeinschaft der anderen Unversitätswissenschaften aus. Mit einer kritischen Bewertung der Zeugnisse arbeiten auch die Rechts- und Geschichtswissenschaft. Ein Zeugnis weist auf ein konkretes Ereignis hin und drückt seine Bedeutung aus, einschließlich seiner Wirkung auf den, der das

---

* (Inaugulralrede des Dekans der Evangelischen theologischen Fakultät der Karlsuniversität in Prag, gehalten am 2. Oktober 1996)

Zeugnis abgibt, – auf seine Über-Zeugung. Das Problem entsteht dort, wo das Zeugnis eine gewisse Geschichte als ein Zeichen des Absoluten (theologisch als die Offenbarung Gottes) bezeugt, wie es in den christlichen Bekenntnissen der Fall ist.

Der Philosoph Jean Nabert hat es für einen möglichen Weg der Philosophie zur Orientierung im Ganzen gehalten (Métaphysique du témoignage et herméneutique de l'absolu, 1966). Paul Ricœur hat seine Ansätze aufgenommen und er hält die Hermeneutik des Zeugnisses für eine Alternative des nicht erreichbaren Ideals des absoluten Wissens (L'herméneutique du témoignange, 1972). Ähnlich wie Lukas ist er bemüht, die Theologie zu überreden, daß sie sich ihrer philosophischen Dimension und überkirchlicher intelektueller Verantwortung bewußt wird. Der Mensch ist ein forensisches Wesen. Das bedeutet vor allem, daß er die fundamentalen Angelegenheiten seines Lebens durch Entscheidung lösen muß. Und ein authentisches Zeugnis stellt jeden Menschen vor eine bedeutende Entscheidung. Was kann der Zeuge tun, um die Tragweite und Authentizität seines Zeugnisses anzudeuten? Er kann keinen „objektiven" Beweis der Existenz Gottes bringen. Er weiß, daß Gott unsere Kategorie des Seins transzendiert. Er kann auch nicht den Aufruf zur Entscheidung aufgeben, der zum Wesen des Zeugnisses gehört. Und doch verrät die klassische rhetorische Gestalt des Zeugnisses – *persuasio* (das Überreden), daß ein gutes Zeugnis die Entscheidung erleichtern soll. Deswegen ist ein authentisches Zeugnis durch Informationen und Konnotationen begleitet, die ihm Gewicht verleihen, ohne den Richter, in dessen Rolle in gewissem Augenblick kraft seines Mensch-Seins jeder Mensch eingeladen ist, seiner Pflicht zur Entscheidung zu entledigen.

3. Die kritische Funktion der Theologie

Der Theologe Paulus fängt mit der Kritik der Religion an. Sein Geist „ergrimmte" in ihm, als er sah, daß die Stadt voll von Götzenbildern ist (V. 16). Später spricht er von einer (übertriebenen) Götterverehrung ($\delta\epsilon\iota\sigma\iota\delta\alpha\mu\upsilon\nu\epsilon\sigma\tau\acute{\epsilon}$-$\varrho\upsilon\varsigma$ $\dot{\upsilon}\mu\tilde{\alpha}\varsigma$ $\theta\epsilon\omega\varrho\tilde{\omega}$ – V. 22). Als Antwort auf die Frage der Philosophen scheint es nicht ganz logisch zu sein. Allerdings ist bei den Stoikern die Lehre von den Göttern als Himmelskörpern manchmal zu einem Teil der Physik geworden, die Götter hat man gegenständlich erfaßt. In diesem Zusammenhang ist es schon deutlich, daß es sich um eine Täuschung handelt, um eine Vergegenständlichung des Transzendenten. Das erste Zeichen eines authentischen Zeugnisses ist also die Fähigkeit der *kritischen Reflexion* des eigenen Bereiches, in diesem Fall des Bereiches der Religion. Das ermöglicht den methodischen Abstand. In dieser Hinsicht spielt im Rahmen der Ökumene der Protestantismus eine bedeutende Rolle. Das paulinische *sola fide* bedeutet, daß der Glaube von keiner ideologischen Projektion abhängt, daß er grundsätzlich frei von allen äußeren Stützen (nach Paulus von dem „Gesetz") ist. Eine Ideologisierung der theologischen Lehrsysteme, ähnlich wie ein frommes Dutzen mit Gott, der dann nur das menschliche Selbstverständnis widerspiegelt, sind mit einem authentischen Zeugnis unvereinbar. Der Glaube ist in diesem Sinne der Voreingenommenheit des Forschers analog, die auch mit einer methodischen Skepsis (ἐποχή) verbunden ist. Leider ist diese Analogie noch nicht deutlich erkannt worden.

Auch in den exakten Wissenschaften begegnen wir immer der Überschätzung (Ideologisierung) einiger wissenschaftlicher Erkenntnisse, die dann zur Grundlage der „Weltanschauung" werden. Das geschieht z.B. dort, wo die wissenschaftliche Beschreibung der Entwicklung der Natur als ihre Erklärung betrachtet wird. Karl Barth hat diese Tendenzen als die „heidnische Dimension der Wissenschaft" charakterisiert. Allerdings hat er in seinem ganzen Werk zunächst die heidnischen Tendenzen der Religion, einschließlich mehrerer christlicher Traditionen enthüllt.

Die Spannung zwischen dem Glauben und der Wissenschaft, die in der Zeit der Aufklärung deutlich geworden ist, kann nur auf der Oberfläche als die Spannung zwischen Wissenschaft und Glauben betrachtet werden. Im Grunde handelt es sich um eine Spannung zwischen dem ideologisierten Glauben und einer ideologisierten Wissenschaft. Die wirkliche Frontlinie verläuft anders. Auf der einen Seite steht die Selbstgewißheit, ungeachtet dessen, ob sie die Gestalt eines christlichen oder marxistischen Fundamentalismus, bzw. eines „prinzipiellen" Scientismus hat, auf der anderen Seite steht die wesenhafte Aufgeschlossenheit. Sie kann die Gestalt eines authentischen Glaubens haben, der weiß, daß er aus der Gnade lebt und deswegen Voraussetzungen zur Selbstkritik (fromm gesagt „Buße") hat und in der Beziehung zur Wissenschaft ihre relative Autonomie respektiert (Paulus in Athen attackiert auch nicht die kritische Dimension der damaligen Philosophie). Wir können sie zur Luise aus dem bekannten Kinderbuch von Erich Kästner vergleichen. Auf derselben Seite steht die Offenheit des Forschers, der den Vorsprung der Wahrheit vor eigener Erkenntnis anerkennt und gerade dadurch die Freiheit zur konsequenten methodischen Skepsis erreicht. Das ist die Lotte. Die beiden wissen noch nicht, daß sie Zwillinge sind (vgl. das „unwissend" im V. 23), an ihrem Verhalten kann man es jedoch schon allmählich beobachten. Einmal erkennen sie, daß sie zueinander gehören. Lukas hat es schon gewußt, und auch Comenius (17. Jhdt) war es bekannt.

Jedenfalls können die beiden Schwestern dem robusten Angriff der neuen Mythen, Ideologien und Aberglauben, die im 20. Jahrhundert unerwartet aufgetaucht sind, nur gemeinsam einen effektiven Widerstand leisten.

4. Die wehrlose Autorität

Das weitere Zeichen eines authentischen Zeugnisses ist die äußere *Wehrlosigkeit des Zeugen*. Die Geschichte von Paulus in Athen kann auch als sein Verhör gelesen werden: „Sie nahmen ihn mit und führten ihn auf den Areopag und sagten: Können wir erfahren, was das für eine neue Lehre ist, die du lehrst?" Und Paulus hat ihnen gefolgt.

Gegen diese Bedingung der Glaubwürdigkeit hat die Kirche am öftesten gesündigt, wenn auch die Theologie ihre Verbindlichkeit immer vom Neuen entdeckt hat. Das, was wir gesagt haben, bedeutet nicht, daß die Wahrheit prinzipiell wehrlos ist. Lukas hat gezeigt, wie das Zeugnis des Paulus gerade durch seine Wehrlosigkeit seine Kraft erwies. Ohne äußeren Druck hat es neue Anhänger gewonnen. Die Betonung der Demut ist also keine moralische Forderung, sondern ein pragmatisches Verhalten, das sowohl die theologische Reflexion als auch die wissenschaftliche Arbeit erfordert.

5. Das Zeugnis als Antwort

Die rhetorische Pointe der Rede des Paulus ist, daß er sein Zeugnis als Antwort auf die indirekt formulierte Frage nach dem unbekannten Gott präsentiert: „...ich habe ihre Heiligtümer betrachtet und habe einen Altar gefunden, auf dem geschrieben stand: Dem unbekannten Gott. Ich verkündige Ihnen das, was ihr unwissend verehrt" (V. 23). So fängt seine Rede an. Das ist der dritte Zug des authentischen Zeugnisses: die Fähigkeit der *Verständigung* (Kommunikation). In mehreren protestantischen Kreisen hat man dies für eine Art Unterbietung, für einen unangebrachten Anknüpfungspunkt betrachtet, in Wirklichkeit ist es etwas Selbstverständliches. Das Wesen der Kommunikation ist die Konfrontation des Neuen, das der Zeuge bezeugt, mit bekannten Begriffen und mit den geistigen Traditionen, die das Suchen und die Erwartungen der Adressaten unseres Zeugnisses ausdrücken (V. 27).

In seinem ganzen Werk baut Lukas Brücken, die sein Zeugnis mit der antiken Weisheit verbinden, und zwar sowohl typologisch (Jesus als Sokrates) als auch durch die Intertextualität: Petrus und Johannes antworten vor dem Synedrium mit den Worten aus Platos Apologie, wonach es mehr recht ist, Gott zu gehorchen als dem Menschen (Apg 4,19). Das ist die Grundregel für die Beziehung der Menschen zu Gott. Mit Hilfe einer nach demselben Schema gestalteten (mehr – als: μᾶλλων – ἤ) Formel drückt Paulus in Milet auch die Regel der zwischenmenschlichen Beziehungen aus: Es ist „mehr selig" zu geben als zu nehmen (Apg 20,35). Es ist als ein Wort des Herrn eingeleitet, aber gleichzeitig mehrmals als stoische Maxime belegt.

Die bedeutendste Anknüpfung geschieht allerdings auf der Ebene der Sprache selbst. Es ist besonders die Fähigkeit der Sprache, mit Hilfe der Analogie, d.h. im Grunde der Metapher, die neue Wirklichkeit zu signalisieren, die wir sonst nicht fähig wären mitzuteilen. Deswegen benutzen wir in der Religion mehrere Metaphern, die unter den Nichttheologen den Eindruck eines wissenschaftlichen Defizits erwecken. Auch in Athen wurde Paulus abgelehnt, sobald die Hörer von der Auferstehung hörten (V. 32).

Kein Wunder. Die analoge Rede hat nämlich die unangenehme Neigung, zu entgleisen, ihre eigene ästhetische und kommunikative Funktion zu verlieren und in ein religiöses oder politisches Quatschen zu degenerieren. Die Theologen werden sich an der Universität auf die Fragen ihrer Kollegen gewöhnen müssen, die eine klare Deutung der religiösen Metapher einfordern wollen. Die Theologen müssen auch, mit den Metaphern als Signalen des Neuen und als Mitteln zur indirekter Verbalisierung spezifischer Erfahrung, bewußt und konsequenter zu arbeiten.

Allerdings gilt auch in diesem Bereich das *abusus non tollit usum*, und die Theologen müssen auch ihren Kollegen aus anderen Fakultäten deutlich machen, daß sie mit Analogien arbeiten, wenn sie die Grenzen ihrer relativ autonomen exakten Disziplin verlassen und von einem umfassenden Zusammenhang sprechen. Es ist ein übliches Phänomen. Wenn wir z.B. sagen, daß die Forschung in einem Bereich Fortschritte gemacht hat, ist es schon eine Metapher. Wo ist in dem einsteinschen Weltall das Vorne als vorausgesetzter Fluchtpunkt des Fortschreitens? – So kann das Gespräch zwischen Theologie und anderen Wissenschaften die Fähigkeit der Kommunikation fördern.

6. Das kongruente Bild des Ganzen

Zur Glaubwürdigkeit des Zeugnisses trägt zum Vierten auch die Möglichkeit bei, auf seiner Basis ein *kongruentes Bild des Ganzen* zu entwerfen. In dieser Sache steht die Theologie auf der Seite der Philosophie. Sie ist eine Art Philosophie, die sich aus ihrem Fach nur wegen ihres spezifischen Ausgangspunktes ausgegliedert hat. Das hat der Protestantismus wieder unterschätzt. Er wollte keine äußere Stützen und befürchtete eine Ideologisierung der Theologie. Man hat jedoch vergessen, daß sich der Mensch in der Geschichte orientieren muß und daß die Reflexion des Glaubens umfassend und bewußt aufgeschlossen sein kann – daß das Bewußtsein ihrer Vorläufigkeit in ihr selbst enthalten sein kann. In gewisser Hinsicht ist dies eine Analogie zur Bildung der Arbeitshypothesen, die in der exakten Forschung üblich ist. Auch Paulus bietet in seiner Athener Rede eine umfassende Deutung der Welt, die offensichtlich eine Alternative zur Auffassung seiner hörenden philosophischen Kollegen darstellt.

Wir haben schon gesagt, daß sie die Götter für den zwar höchsten, aber doch gegenständlich erreichbaren Bestandteil des Seins hielten. Paulus hat gesagt, daß der eine Gott – die epigraphischen und literarischen Aussagen von den unbekannten Göttern sind hier bewußt in den Singular umgestaltet –, daß Gott nicht durch das gegenständliche Erkenntnis erreicht werden kann, sondern nur indirekt, auf dem Wege zu den Quellen und Voraussetzungen menschlicher Erkenntnis und des menschlichen Daseins überhaupt: „... damit sie Gott suchen sollen ... denn in ihm leben, bewegen wir uns und sind wir" (VV. 27–28). Er unterstützt seine Behauptung durch einen Satz aus Aratus von Soloi: „Wir sind seines Geschlechts" (V. 28). Die Nähe (οὐ μακράν) Gottes, traditionell seine Allgegenwart (*ubiquitas*), begreift er als die Nähe des (wieder metaphorisch gesagt) barmherzigen Vaters, der seine Kinder (sein Geschlecht – γένος) auch dort sieht, wo sie noch „weit entfernt" (μαχράν, vgl. Lk 15,20) sind, d.h. nach Lukas, wenn sie noch in der heidnischen, von dem wirklichen Gott entfernten (heute würden wir sagen säkularisierten) Milieu sind, wo man ihn nicht gegenständlich vernehmen kann, wo seine volle Gegenwart die Sache der Zukunft ist, wie es im Vaterunser gebetet wird.

Solche kongruente Deutung der Welt ist keineswegs ein harmonisches Bild. Ein authentisches Bild des Ganzen als Schöpfung, die sich nach dem Willen Gottes entwickelt hat, darf die Widersprüche nicht übersehen, es muß auch die absurde (theologisch gesagt sündige) Dimension der Welt enthalten – es muß also auch kritisch sein.

Die Rede von Paulus ist wirklich auch mit einer Überlegung zum Thema Entfremdung verbunden. Die Vergöttlichung der menschlichen Erzeugnisse charakterisiert er als eine Verwechslung des Menschen für Gott, als Äußerung des „Unwissenheit" – ἀγνοία (V. 30), die Jesus ans Kreuz gebracht hat (Apg 3,17). In seinem ersten Buch schildert Lukas literarisch meisterhaft, wie man für Jesus, der die wahre Menschlichkeit verkörpert, keinen Ort unter dem Dach hatte. Das wirkliche Menschtum ist bewußt in die Position der *Utopie* verdrängt – οὐκ ἦν αὐτοῖς τόπος ἐν τῷ καταλύματι – Lk 2, 7). Und im 15. Kapitel drückt Lukas durch die Weise, auf welche er das Gleichnis vom verlorenen Sohn erzählt, wie der verlorene Junge der Entfremdung verfällt, weil er diese Utopie, in der kein Mensch hungert und alle ihr Zuhause haben, aus seiner Sicht verloren hat. Er überwindet die Entfremdung und wird wieder zu sich selbst (εἰς ἑαυτὸν δὲ ἐλθὼν – 15,17), sobald er sich auf das väterliche Haus erinnert, wo alle Brot genug haben. Lukas hat etwa auf das Moment gedacht, in dem man lernt, das Vaterunser zu beten. Die Entfremdung ist also mit Selbstsucht verbunden und kann nicht durch bloße Belehrung überwunden werden, sondern nur durch eine Wende in der ganzen Orientierung des Lebens, durch Buße, wie es Paulus den Athenern sagt (V. 30). Das neue gesellschaftliche Paradigma, das umfassende Bild dient der Orientierung im Leben und in der Geschichte.

7. Die Zeugen

Die Kommentierung der Rede in Athen unterbrechen wir jetzt vor ihrem Gipfel, um noch das fünfte und letzte Zeichen des authentischen Zeugnisses zu erwähnen.

Paulus hat in Athen keinen großen Erfolg gehabt, nur ein paar Menschen schlossen sich ihm an – „Dionysius, ein Mitglied des Areopags, eine Frau namens Damaris und andere mit ihnen" (V. 34). Einige Exegeten haben es als Argument gegen die Weise benutzt, auf welche Paulus hier mit den Heiden kommuniziert hat. Das ist nicht der Fall. Die Worte „So ging Paulus von ihnen" (V. 33) entsprechen dem, was Lukas von Jesus gesagt hat, als er nach seiner Antrittspredigt in Nazareth abgelehnt wurde (Lk 4,30). Lukas wußte, daß in jener

Zeit in Athen keine christliche Gemeinde entstand, und doch wollte er das christliche „Wort" mit der griechischen Weisheit konfrontieren, die mit Athen verbunden war. Er mußte die Rede so gestalten, wie er es gemacht hat.

Die Wenigen, die sich Paulus angeschlossen haben, sollen konkrete Gestalten sein, Repräsentanten der Kirche. Die Tragweite der Theologie kann u.A. durch die Betonung der realen Wirkung des Zeugnisses unterstrichen werden, das die Theologie kritisch reflektiert. Der Gegenstand der Theologie ist also ein Zeugnis, das *eine sichtbare Tradition ins Leben hervorgerufen* hat – die konkreten Christen, die Kirche. Es handelt sich um ein Zeugnis, das die Gruppenidentität einer historisch und soziologisch faßbaren Größe bestimmt. Die Kirche hat in ihrer Geschichte das von ihr Bezeugte mehrmals kompromittiert, aber ablehnen kann sie diesen Grund ihrer Identität und die Quelle ihrer Selbstkritik (Buße) nicht. Schon dies ist ein genügender Grund zur Beschäftigung mit der Theologie auf der europäischen Universität (K. Barth, Dogmatik I, 1).

Ich wiederhole: Dies alles – der kritische Abstand, die Wehrlosigkeit des Zeugen, die Fähigkeit der Kommunikation, die Fähigkeit der umfassenden Reflexion und die Bildung einer geschichtlichen Tradition – das alles sind keine Beweise der Authentizität des Zeugnisses, es sind nur Zeichen, die seine Tragweite dokumentieren.

8. Das eigentliche Zeugnis

Das eigentliche christliche Zeugnis, das die Theologie von der Philosophie unterscheidet, bietet Lukas in der Athener Rede des Paulus nur fragmentarisch an. Die Hörer unterbrechen Paulus im V.32 und er kann die Rede nicht abschließen. Dies gehört jedoch zur literarischen Strategie. Eigentlich ist das Wesentliche schon gesagt worden.

Die Worte vom Geschlecht Gottes erwecken vielleicht den Eindruck des Pantheismus. Gleich folgt jedoch die Proklamation, welche das Gegengewicht bildet: Gott ist das Gegenüber des Menschen, ja, er ist sein Richter. Seinem Gericht unterliegt auch das geistige und religiöse Leben des Menschen (das hat J.L. Hromádka in seiner Inauguralrede über die Wahrheit im theologischen Denken, 1928, betont): „Er wird den Erdkreis richten mit Gerechtigkeit" (V.31a).

An sich ist es eine mythische Vorstellung. Allerdings kennt der Leser des Doppelwerkes schon die lukanischen Gleichnisse, und der heutige Leser kann auch wissen, daß ein Gleichnis als entideologisierter Mythus fungieren kann. So wird der Satz „Gott ist der Schöpfer und Richter" zum Ausdruck der Transzendenz, die uns unmittelbar betrifft. Die unmittelbare Gegenwart des jüngsten Gerichts ist aus unserer Sicht die Zukunft, das Zu-Kommende, aber schon jetzt macht sie die Geschichte und die menschlichen Existenzen offen und sinnvoll. Das Gericht muß doch am Ende der Geschichte stehen, es ist das „jüngste Gericht", weil das menschliche Leben nur im sozialen Kontext zu beurteilen ist. Das gerechte (ἐν δικαιοσύνη) Gericht kann also erst am Ende der Geschichte kommen, wo man sie als Ganzes erfassen kann.

Ein christliches Zeugnis kommt erst im V. 31 und der Leser wird sich bei dieser Gelegenheit der Breite der gemeinsamen Basis bewußt, die ihn mit den gläubigen Juden verbindet. Und im V. 31 wird Jesus nur als „der Mann" (ἀνήρ) bezeichnet, durch den Gott die Welt (οἰκουμένη) richten wird.

Der Mensch wird also durch einen Menschen gerichtet, der in seinem Leben völlig auf der Seite Gottes stand. *Das authentische Mensch-Sein, das der Glaube in Jesus von Nazareth entdeckt, steht also am Ende der Wege Gottes mit den Menschen.* Im wirklichen (dogmatisch gesagt trinitarischen) Gott-Sein ist dies Mensch-Sein enthalten. Dagegen enthält das Menschliche an sich nicht die Göttlichkeit. Der Mensch ist zur Gemeinschaft mit Gott als seinem Gegenüber bestimmt, er bleibt jedoch Mensch. Die Anerkennnung der Priorität Gottes gehört zum wahren Mensch-Sein („Nicht, was ich will, sondern was du willst!" – Mk 14,3, so auch Lk 22,42), der von Gott bestimmte Richter war „gehorsam bis zum Tode, ja bis zum Tode am Kreuz" (Phil 2,8).

Dies ist keine Herabsetzung der menschlichen Würde. Wenn wir sie am Hintergrund der lukanischen (und paulinischen) Auffassung des „ewigen" Lebens definieren, dann besteht sie darin, daß der Mensch für die Gemeinschaft mit Gott bestimmt ist. Das ist die Botschaft, die der Messias Israels nach Lukas allen Menschen bringt. *Für den heutigen Menschen bedeutet es, daß der Mensch nicht als Mittel* für Erreichung eines höheren Ziels *betrachtet werden kann* (endzeitliche Sammlung Israels, klassenlose Gesellschaft, höherer Konsum, Auflösung in der Gottheit). Das alles sind un-menschliche Ziele. Der Mensch wird nach dem Maß der wahren Menschlichkeit gerichtet. Das ist die lukanische Auffassung der menschlichen Würde.

Der Leser weiß schon, daß Gott, der durch Jesus die Menschen richtet, mit dem barmherzigen Vater identisch ist (vgl. Lk 15, 18.21). Es war die Sendung des irdischen Jesus, dies Gottesbild konsequent bis zum Tod zu vertreten. Der Glaube in der christlichen Gestalt bejaht die von Jesus vertretene Metapher Gottes, der seine verlorenen Kinder sucht. Dies ist das christliche Zeugnis in Athen. Die lukanische Soteriologie ist also vor allem theo-logisch und nur im abgeleiteten Sinn christologisch. In dieser Hinsicht ist sie besonders aktuell.

Das Zeugnis des Glaubens (das Evangelium) ist also positiv und sogar der Illusion verdächtig. Einige haben wirklich gelacht. In Wirklichkeit haben sie jedoch Angst gehabt. „Wir wollen dich darüber später hören" (V. 32b), sagen sie. Daß es Lukas als Ausdruck der Verlegenheit und Angst verstanden hat, belegt der Vergleich mit dem Abschluß der Rede des Paulus vor dem Statthalter Felix in Apg 24,25: „Als Paulus von Gerechtigkeit und Enthaltsamkeit und von dem kommenden Gericht redete, erschrak Felix und sagte: Geh jetzt, zu geeigneter Zeit werde ich dich wieder rufen lassen." Ähnliche Szene, ähnliche Argumentation. Der gemeinsame Nenner, der das Ausweichen provoziert und Angst hervorruft, ist das Wort vom kommenden Gericht. Es handelt sich nicht nur um eine Vorstellung, um das Weltprojekt, d.h. um eine intellektuelle Angelegenheit.

Es ist die Furcht vor dem Gegenüber, Angst vor der Offenheit des eigenen Lebens und vor der Freiheit – alles Zeichen der Entfremdung. Es geht nicht um die Wissenschaftlichkeit oder Unwissenschaftlichkeit des Glaubens, sondern um die Lebenseinstellung konkreter Menschen auf beiden Seiten, die das Gespräch über die Grundfragen blockiert. Nur ein naiver Moralist kann solche Menschen wegen ihrer Entfremdung verurteilen, statt sie als seine Brüder und Schwestern aufzunehmen, die ihr Zuhause verloren haben.

Und der Theologe ist an der Universität nicht, um seine Kollegen zu moralisieren, sondern um durch den ganzen Charakter seiner Arbeit zu demonstrieren, daß ihre wissenschaftliche Voreingenommenheit mit der Zusage des positiven Sinnes aller Erkenntnis zusammenhängt.

Soviel Paulus an die Männer in Athen.

III.
Biblische Theologie in ihrer Umwelt

8. Einheit des Kanons – Einheit der Kirche

Josef B. Souček

I.

In seinem letzten Bericht vor dem Zentralausschuß des Ökumenischen Rates der Kirchen[1] hat der scheidende Generalsekretär Dr. W. A. Visser 't Hooft auch die große Bedeutung betont, welche die Renaissance der biblischen Theologie nach dem ersten Weltkrieg und der damals weitgehend erreichte Konsensus für das Zusammenrücken der Kirchen und so für die Entstehung und Konsolidierung der ökumenischen Bewegung hatte. Dabei hat er aber auch deutliche Worte der Warnung im Blick auf die neueren Entwicklungen in der biblischen, besonders der neutestamentlichen Forschung geäußert, durch welche er die vor einer Generation erreichte Erkenntnis der wesentlichen Einheit der biblischen Botschaft und damit die zentralste gemeinsame Überzeugung der ökumenischen Bewegung bedenklich in Frage gestellt sah.

Wir haben allen Anlaß, seine Worte ernstzunehmen. Dr. Visser 't Hooft ist trotz seines hohen Amtes und vieler organisatorischer und kirchlich-diplomatischer Aufgaben immer ein geistig beweglicher und leidenschaftlicher Theologe geblieben, nie Bürokrat, Diplomat oder autoritärer Kirchenführer geworden. Vielleicht wäre es gut, unsere Überlegungen unter die Frage zu stellen: Wie könnten wir brüderlich und überzeugend Dr. Visser 't Hooft antworten?

Gewiß wird er uns zustimmen, wenn wir sagen, daß wir die Einheit der Schrift und dann die Einheit der Kirche nur in voller Wahrhaftigkeit suchen können und daß dazu Offenheit für die historisch-kritische Erforschung der Schrift gehört. Die neue Phase dieses Bemühens, besonders in Fortführung der formgeschichtlichen, traditionsgeschichtlichen und redaktionsgeschichtlichen Forschung, stellt uns aber vor die Frage, ob jener frühere Konsensus über die Gestalt und Weise der Einheit der Schrift nicht vielleicht doch etwas schematisch und vereinfachend war, und besonders ob er ernst genug mit der geschichtlichen Bedingtheit aller Aussagen der Schrift rechnete. Die stufenweise Entdeckung dieser Bedingtheit ist nämlich das grundlegende Ergebnis der nun zwei Jahrhunderte andauernden kritischen Erforschung der Bibel.

Durch diese Forschung wurde uns erstens die *Distanz* gezeigt, die uns von der Bibel trennt. Gewiß wußten die Menschen schon immer etwas von der Verschiedenheit der Zeiten. In früheren Jahrhunderten sahen sie aber diese Verschiedenheit meistens unter dem Gesichtspunkt des Verfalls oder Abfalls von dem vermeintlich goldenen Zeitalter. Das entsprach dem in der Antike verbreiteten „Archetyp-Denken", das auch in der Bibel nachwirkt. Die für die Bibel charakteristische eschatologische Ausrichtung widerspricht zwar dieser Ver-

---

[1] Siehe Zeichen der Zeit 1966, S. 195.

herrlichung des Vergangenen und Unwandelbaren, aber dieser Widerspruch vermochte sich zunächst nicht in einer durchgreifenden Umformung der Denkkategorien auszuwirken. Jedenfalls nicht im Mittelalter, als es keine große Mühe bereitete, sich die biblischen Menschen einfach als gleichgeartete Zeitgenossen vorzustellen, wie die Unbefangenheit zeigt, mit der sie in der bildenden Kunst in mittelalterlichen Trachten dargestellt wurden. Solche Naivität ist uns unmöglich geworden, seit die neuzeitliche Betrachtungsweise uns die geschichtliche Bedingtheit des Menschen gezeigt hat. Wir wissen um den Abstand. Die Aussagen der Bibel sind für uns nicht selbstverständlich, manche sind uns fremd und wirken befremdlich.

Eine andere Seite dieses Tatbestandes ist die historische *Konkretheit* aller Partien der Bibel. Jede biblische Aussage ist durch eine besondere, so nicht mehr vorhandene Situation bedingt und direkt oder indirekt, bewußt oder unbewußt in diese Situation hinein adressiert. Deshalb müssen wir versuchen, die konkrete Situation zu entdecken oder zu rekonstruieren und jede Aussage im Zusammenhang mit dieser entsprechenden Situation zu sehen, um sie wirklich verstehen zu können.

Darin ist aber auch die große historische *Differenzierung* der Bibel begründet. Phänomenologisch betrachtet, ist sie eine Auswahl von literarischen Zeugnissen aus rund anderthalb Jahrtausenden. Jene Differenzierung ist nicht bloß oberflächlich. Sie bezieht sich nicht nur auf die Ausdrucksmittel, sondern greift in die eigent|liche Substanz hinein. Die Bibel sagt nicht überall wesentlich dasselbe, sondern oft erstaunlich verschiedene Dinge. Verschieden sind Berichte über dasselbe Geschehen, verschieden und gegensätzlich können Ermahnungen und Weisungen sein, sehr disparat sind Vorstellungen zum Beispiel über die eschatologische Zukunft, sehr verschieden auch andere „dogmatische" Aussagen.

Das alles macht es uns schwer, die Einheit der Bibel zu finden. Es ist kaum vorstellbar, diese Einheit in der Gestalt eines festgefügten Denksystems zu erwarten und zu suchen. So meint es übrigens auch Dr. Visser 't Hooft gewiß nicht. Es ist uns aber ebenso nicht leicht, eine „gemeinsame Stimme" der Heiligen Schrift zu hören, die uns „Marschbefehle" gibt. Wir haben jedenfalls sehr genau zu prüfen, wie eine solche gemeinsame Stimme hörbar gemacht werden könnte und wie sie beschaffen sein müßte.

Am greifbarsten ist die Einheit der Bibel als Einheit eines langen und komplizierten Prozesses, in dem diese Literatur entstand. In diesem Prozeß wurden die älteren Stufen immer wieder aufgegriffen, für eine neue Lage angewendet, dadurch interpretiert, modifiziert, aber auch korrigiert und widerlegt, dabei oft erhellt, aber manchmal auch verdunkelt. So wurde zum Beispiel die Versicherung Jesajas von der Beständigkeit Zions (Jes. 28,16) bei Jeremia verneint (Jer. 7,4), das Vergeltungsschema als Generationshaftung verneint (Ez. 18). Selbst die Erwählung Israels wurde in der Prophetie einer tiefgreifenden Kritik und Umwandlung unterworfen (vgl. nur Amos 3,2!).

Ähnlich ist es im Neuen Testament. Nicht nur wird dort an das Alte Testament so angeknüpft, daß seine Gedanken und Kategorien in einen neuen Rahmen einbezogen und dadurch wesentlich umgestaltet werden. Auch im Neuen Testament geht dieser Prozeß der nie endenden Auseinandersetzung fort. Manchmal ist es auch die innere Auseinandersetzung eines Autors mit sich selbst. So führt Paulus nicht nur einen ausgesprochenen oder impliziten Dialog mit seinen Adressaten oder mit anderen urchristlichen Lehrern. Manche Abschnitte seiner Briefe sind kaum anders zu verstehen, als daß er um Einsicht und Klarheit über wesentliche Probleme ringt und so im Dialog mit sich selbst steht. So zum Beispiel über die Bedeutung des Gesetzes für den Christen (Röm. 7), über den Ort Israels im Heilshandeln Gottes (Röm. 9-11), aber besonders über den Zeitpunkt der allgemeinen Auferstehung. Da ist 2. Kor. 5,1-10 am besten als ein vorläufiger und immer noch dialogischer Endpunkt einer Auseinandersetzung zu verstehen, deren frühere Stadien in der Spannung zwischen 1. Kor. 15 und 1. Thess. 4,13 ff. einerseits und Phil. 1,22 andererseits sichtbar sind. Die nicht ganz durchsichtigen und eindeutigen Formulierungen von 2. Kor. 5 verraten noch etwas von der inneren Spannung dieser Auseinandersetzung. Für die äußeren Auseinandersetzungen ist die Polemik des Jakobus gegen die paulinischen Rechtfertigungsformeln das klarste Beispiel. Andere wichtige Beispiele wurden gerade durch die intensive analytische Arbeit der letzten Jahrzehnte und Jahre entdeckt oder wenigstens in ihrer Bedeutung klar erkannt. Ich denke besonders an die Herausstellung der theologischen Bedeutung der vorliterarischen Jesustradition in ihren verschiedenen Stufen und Umwandlungen und dann der Redaktionsarbeit der Evangelisten.

So erscheint der biblische Kanon – beider Testamente – als eine lange, immer wieder angeknüpfte Kette von Reinterpretationen – wessen? Der Gegenstand, das Substrat dieser Reinterpretationen ist kaum direkt zu erfassen. Er kann am ehesten so in Sicht kommen, daß wir die gemeinsame Richtung zu erfassen suchen, in welcher sich diese Reinterpretationen (Anwendungen, Umdeutungen, Korrekturen) bewegen, und daß so allmählich die Grundthemen klar werden, um welche sich die Auseinandersetzungen in den biblischen Schriften bemühen.

Es ist dabei gewiß hilfreich, die ursprünglichsten Bestandteile oder Stoffe biblischer Schriften zu erarbeiten, zum Beispiel die ältesten Jesus-Traditionen oder die grundlegenden paulinischen Motive. Eine andere Hilfe ist die Herausstellung der Verkündigungsthemen, Bekenntnisformeln und Denkstrukturen der Bibel, beispielsweise der aktualisierten Eschatologie als des allgemeinsten Koordinationssystems neutestamentlichen theologischen Denkens. Solche Ergebnisse sind aber nicht einfach mit dem Grundthema, dem Gegenstand des biblischen Reinterpretationsprozesses identisch. Sie können nur als Wegweiser zu grundsätzlich nie endendem Suchen jener dynamischen Einheit der Schrift dienen. |

II.

Die Schrift erscheint so als ein nie endender Dialog, in dem die wesentliche Botschaft und Wahrheit – das Evangelium – immer wieder mit Widerständen und Verdunklungen kämpft: im Leben der Gemeinden, in denen die biblischen Schriften entstanden, aber auch im Denken und Leben ihrer Autoren. Die Trennungslinie zwischen Wahrheit und Irrtum, zwischen Evangelium und vielerlei menschlicher Vergegenständlichung und Entstellung geht also mitten durch die Bibel. Die Einheit der Schrift liegt nicht auf der Oberfläche und kann auch nicht einfach durch eine, wenn auch mit verfeinerten und modernisierten Mitteln durchgeführte Bestandsaufnahme und Ordnung der in der Bibel vorhandenen Aussagen entdeckt und festgehalten werden.

Wir sind freilich nicht die ersten, die dieses Suchen und Ringen auf uns nehmen. Wir stehen in einer Reihe mit unseren Vorgängern und inmitten vieler Brüder. Die Erfahrungen mit der Schrift sind in den Bekenntnisssen und der kirchlichen Tradition festgehalten. Unser Dialog wird sozusagen zu einem Trialog. Hier stoßen wir auf die klassische Frage der kirchlichen, mit heutigen Begriffen gesagt: ökumenischen Auseinandersetzungen, auf das Verhältnis von Schrift und Tradition. Die klassische Gestalt der protestantischen Beantwortung dieser Frage ist gerade durch die protestantische Schriftforschung überholt. Wir wissen jetzt, daß die Schrift phänomenologisch nur die ältere Stufe kirchlicher Tradition ist. Dieselbe Forschung hat aber auch den Weg zu einer neuen Gestalt der reformatorischen Antwort gezeigt.

Das kann an einer bedeutenden Episode der Kanonbildung illustriert werden. Bekanntlich ist die älteste für uns greifbare und klar definierte Urgestalt der neutestamentlichen Sammlung der Kanon Marcions. Er wurde auf eine bestimmte Auffassung der christlichen Wahrheit, auf eine scharf durchdachte Interpretation der paulinischen Botschaft gegründet, und von dieser Grundlage her wurde die Auswahl der Schriften durchgeführt und der Text zurechtgestellt. Jene Interpretation war von gnostisierendem Dualismus und doketischer, also mythologischer, Christologie bedingt und darin sachlich falsch, dem Evangelium Jesu und der Verkündigung des Paulus wesentlich fremd. Aber der Mut Marcions zum Suchen und Ausprägen der Mitte der Botschaft war großartig.

Die Großkirche wurde demgegenüber bei dem allmählichen Prozeß ihrer Kanonbildung bewußt oder unbewußt von dem Gedanken der Katholizität, das heißt auch der größtmöglichen Weite geleitet. So entstand eine Sammlung, die viel breiter, vielseitiger und ausgewogener und auch sachlich dem Evangelium mehr gerecht war als der einseitige und einlinige Kanon Marcions. Dieser kirchliche Kanon ist aber eben nicht einlinig, eindeutig und einheitlich. Er lädt dazu ein, seine Mitte zu suchen und zu erfassen und von dieser Mitte aus die peripheren Elemente zu interpretieren – oder zu kritisieren. Theologen haben es in irgendeiner Weise und im gewissen Ausmaß faktisch immer getan. Die von der kritischen Bibelforschung gewonnene Erkenntnis der Entstehung der biblischen Schriften und des Kanons macht es für uns unumgänglich, es mit voller Bewußtheit zu tun. Dieselbe Erkenntnis ermöglicht es auch, das Schriftprinzip der Reformation neu zu verstehen und zur Geltung zu bringen. Die wahre Kanonizität ist nicht einfach vorhanden, die schriftgemäße Verkündigung kann nicht sozusagen auf dem kalten Wege einer systematischen Zusammenstellung und Zuordnung aller biblischen Aussagen gefunden werden. Das wahrhaft Kanonische muß in etwas Engerem gesucht werden als im äußerlichen Bestand des Kanons. Die so verstandene reformatorische Position ist aber in formaler Hinsicht dem Unternehmen Marcions parallel, wenn sie auch nicht den Kanon äußerlich reduziert, sondern – wie wir noch ausführen werden – sozusagen den inhaltlichen Kanon in dem äußeren sucht. Die traditionelle katholische Position versteht den Kanon als eine innerlich undifferenzierte Einheit. Darin stimmt mit ihr die traditionelle nachreformatorische protestantische Position überein. Der Katholizismus aber ordnet dem Kanon die Tradition zu als die zweite, auch nach dem zweiten Vaticanum immer noch wenigstens grundsätzlich gleichwertige Instanz. Das führt in der Praxis leicht dazu, den Kanon von der Peripherie her zu verstehen, ja durch den Kanon auch solche Motive gedeckt zu sehen, die für reformatorisches Verständnis außerhalb der Peripherie des Kanons liegen (z.B. die Mariologie). Gewiß sind im gegenwärtigen Katholizismus diese Dinge sehr differenziert geworden, aber der | Unterschied katholischer und evangelischer Auffassung der kanonischen Autorität ist nicht einfach verschwunden. Kritische Schriftforschung hilft dazu, die reformatorische Position in der neuen geistigen Lage verständlich und einleuchtend zu machen, indem sie dazu führt, den Kanon von der Mitte her zu verstehen, das heißt, den Kanon inhaltlich zu verengen, die innere Grenze des Kanons, den Kanon im Kanon zu suchen. Das bedeutet aber Kritik, und zwar sachliche theologische Kritik am Kanon zu üben. Dies ist gewiß ein schwieriges und auch riskantes Unternehmen. In ihrer traditionellen Gestalt ist aber das reformatorische Prinzip der sola scriptura angesichts der Erkenntnis der geschichtlichen Bedingtheit und Differenziertheit und des dialogischen Charakters der biblischen Schriften nicht zu halten. Es müßte auch gegenüber dem katholischen Prinzip „Schrift und Tradition" als weniger beweglich und sachgemäß und so als unterlegen erscheinen. Dies ist aber an sich nebensächlich. Es ist die erkannte Wirklichkeit der Bibel, die uns dazu zwingt, das Kanonische in der Konzentration, im Zentralen zu suchen und deshalb die innere theologische Kritik am Kanon zu wagen.

III.

Wie ist jene innere Grenze des Kanons zu bestimmen? In seinem Artikel „Notwendigkeit und Grenze des neutestamentlichen Kanons" erwähnt W. G. Kümmel[2] als Beispiel zwei Stellen, die nach seiner Meinung von der zentralen Aus-

---

[2] ZThK 47/1950, S. 277ff.

richtung der neutestamentlichen Botschaft bedenklich abweichen und deren volle kanonische Geltung deshalb mit Fragezeichen zu versehen ist: 1. die naturtheologische Argumentation der Areopagrede (Apg. 17,24-28); 2. die vergegenständlichende, naturhafte Weise von der Beziehung zu Gott zu reden im zweiten Petrusbrief 1,4: theias koinonoi physeos (göttlicher Natur teilhaft). Beides sind wirklich Motive, die nicht zum Zentrum des Neuen Testaments gehören. Man könnte sie aber auch als solche Grenzfälle verstehen, die andeuten, welcher Gedanken und Kategorien sich das theologische Nachdenken noch bedienen darf, um die Reichweite des Glaubens zum Ausdruck zu bringen. Anstößiger und klarer außerhalb „kanonischer" Autorität liegen vielleicht die Aussagen, welche die Bruderschaft in der Kirche zu exklusiv und feindlich gegen die Außenwelt verstehen, die anderen mit einer gewissen Genugtuung der Verdammnis preisgeben oder in anderer Weise das moralische Überlegenheitsgefühl pharisäischer Art verraten. Es gibt solche Stellen im zweiten Petrusbrief, im Judasbrief, in der Johannesoffenbarung, in den Pastoralbriefen – zum Beispiel das moralische Anschwärzen der Andersdenkenden, der „Häretiker". Auch die Verengung des Begriffs „der Nächste" auf „den Bruder" in späteren Schriften des Neuen Testaments erscheint bedenklich. Das Äußerste vom Evangelium her in dieser Hinsicht Tragbare scheint die Formulierung Gal. 6,10 zu sein: Gutes tun jedermann, am meisten aber den Glaubensgenossen. Dieses Problem ist auch besonders dringlich in bezug auf das Alte Testament.

Wie ist die die Einheit des Kanons begründende und verständlich machende Mitte der Schrift positiv zu bestimmen? Kann man Herbert Braun zustimmen, wenn er sagt, daß die „Konstante", das heißt wohl auch: die Mitte, die Einheit des Neuen Testaments nicht in der Christologie liegt, die vielmehr das Variable und deshalb wohl auch das Abgeleitete, Periphere, nicht Maßgebliche darstellt, während die Konstante in der Anthropologie besteht? Wenn man Anthropologie in dem üblichen Sinne versteht, das heißt als eine explizite Lehre vom Menschen, welche seine immanenten Eigenschaften und Möglichkeiten begrifflich zu erfassen versucht, dann stimmt die These Brauns keineswegs. Die anthropologischen Begriffe und direkten Aussagen sind wenigstens ebenso oder noch mehr variable als die christologischen. Herbert Braun aber versteht offenbar unter neutestamentlicher Anthropologie nicht Ausführungen über Sarx, Soma, Psyche usw., sondern denkt daran, daß das Neue Testament die menschliche Existenz von der Realität der Vergebung und Verpflichtung anvisiert und versteht. Er verwendet freilich nicht diese Begriffe, sondern redet von dem „ich darf", welches das „ich soll" trägt. In neutestamentlicher Begrifflichkeit wäre aber eben einerseits von Vergebung (oder Rechtfertigung bzw. Evangelium im engeren Sinn) zu reden, und andererseits von Gesetz oder Gebot. Das ist aber tatsächlich das Allgemeinste und im gewissen Sinn das Kon|stanteste im Neuen Testament, woran auch die sachliche Übereinstimmung zwischen Paulus und Jesus am anschaulichsten greifbar ist, wie Rudolf Bultmann schon vor Jahrzehnten überzeugend dargelegt hat.

Das ist aber die Frage, ob oder inwiefern diese Zuordnung des „ich darf" und des „ich soll", der Vergebung und Verpflichtung, des Evangeliums und des Gesetzes, im Sinne des Neuen Testaments als „Anthropologie" bezeichnet und verstanden werden kann. Im Neuen Testament ist die in der Vergebung verankerte Verpflichtung nicht eine allgemeine anthropologische Wirklichkeit, sondern Gabe Gottes, Offenbarung, welche aufs engste mit Jesus Christus verbunden ist, ja durch ihn geschehen ist und geschieht. Anders gesagt: diese „Anthropologie" ist aufs engste mit der „Christologie" verbunden und in ihr verankert. Die konstante Mitte des Neuen Testaments ist nämlich das Kreuz und die Auferstehung Jesu Christi, wie wiederum Rudolf Bultmann nachdrücklich gezeigt hat. Das bedeutet aber, daß auch die Person Jesu zentrale Bedeutung hat.

Die Explikationen dieser zentralen Tatsache und Person können im Neuen Testament sehr verschieden, ja vielleicht disparat sein. In diesem Sinn kann man von der Vielheit der Christologien im Neuen Testament reden – aber in demselben Sinn auch von der Vielheit der Anthropologien. Der vor uns liegende Christozentrismus des Neuen Testaments kann unserer Interpretierung manche Schwierigkeiten bereiten – worin liegt die Bedeutung des Kreuzes, was ist unter der Auferstehung zu verstehen? Die Konzentrierung auf Kreuz und Auferstehung und auf die Person Christi ist aber nicht wegzuexegesieren noch zu verharmlosen. Die verschiedenen christologischen Entwürfe können zwar nicht in ein abgerundetes und geschlossenes System hineingepreßt werden, wie es in der traditionellen Dogmatik weithin geschah und wie es heute zum Beispiel Oscar Cullmann in einer neuen Weise zu versuchen scheint. Die christologischen Hauptbegriffe (Menschensohn, Messias, Sohn Gottes, Kyrios, Logos …), sind nicht bloß Steine eines christologischen Gesamtbaus, sondern jeder will ursprünglich den ganzen Jesus Christus und seine Bedeutung beschreiben und verständlich machen. Das aber schließt nicht aus, daß jeder es von einem etwas anderen Gesichtspunkt tut, und daß sie als die sich gegenseitig ergänzenden oder besser dialektisch begrenzenden Wegweiser zum schrittweise sich eröffnenden Verständnis Jesu Christi bleibende richtungsgebende Bedeutung haben können.

IV.

Der kirchliche Kanon besteht aber nicht nur aus dem Neuen Testament; das Alte Testament bildet seinen wesentlichen und integralen Bestandteil. Dies ist einerseits ein Gemeinplatz, eine fast banale Selbstverständlichkeit, andererseits ein schwieriges, bei weitem nicht bewältigtes Problem. Einen Teilaspekt haben wir schon indirekt berührt, als wir über die Bedenklichkeit der feindlichen oder sogar haßerfüllten Motive im Kanon sprachen, konkret über exklusive Aussagen von Besonderheit der Kirche und ihrer Abgrenzung gegenüber Menschen, die die Botschaft von Jesus Christus ablehnen. Um wieviel mehr trifft es auf den sogenannten nationalen Partikularismus Israels zu, der im Neuen Testament durch die Universalität der aus allen Völkern gesammelten Kirche überwunden ist.

Trotzdem ist es verwunderlich, wie wenig die heutige neutestamentliche Wissenschaft, wenigstens im deutschen Bereich, das Alte Testament ernst nimmt. Sie berücksichtigt es freilich, wenn es um historische Bedingungen der Sprache und der Gedankenwelt des Neuen Testaments geht, aber im großen und ganzen vernachlässigt sie es bei ihrem Bemühen um ein neues Verständnis und eine neue Interpretation der neutestamentlichen Botschaft. Dafür sind die Darlegungen Rudolf Bultmanns vor allem bezeichnend, der die Beziehung beider Testamente grundlegend von der Tatsache des Scheiterns nicht nur des Gesetzes, sondern auch der Prophetie verstehen will. Diese Vernachlässigung des Alten Testaments ist besonders in einer Hinsicht überraschend. Das Alte Testament ist nämlich ein klassisches Dokument des konkreten, in der Mitte des Lebens und der Welt stehenden Glaubens. Der geistige Anreger neuerer Bemühungen um die metaophysikfreie, „nicht-religiöse" Interpretierung des Glaubens, Dietrich Bonhoeffer, hat das klar gesehen. Er hat seine Einsichten ausdrücklich mit dem von ihm sozusagen neuentdeckten Alten Testament verbunden. An der vielleicht ersten Stelle, wo er den Fragenkomplex der neuen Interpretation anrührt, sagt | er: „Ich spüre übrigens immer wieder, wie alttestamentlich ich denke und empfinde, so habe ich in den vergangenen Monaten auch viel mehr Altes Testament als Neues Testament gelesen ..." (Widerstand und Ergebung, S. 112). Und weiter: „Gott ist mitten in unserem Leben jenseitig ... So ist es alttestamentlich, und in diesem Sinn lesen wir das Neue Testament noch viel zu wenig vom Alten her" (S. 182). Bonhoeffer kann sogar die vielleicht bedenklichste alttestamentliche Linie positiv werten: „ ... nur wenn der Zorn und die Rache Gottes über seine Feinde als gültige Wirklichkeit stehen bleiben, kann von Vergebung und von Feindesliebe etwas unser Herz berühren. Wer zu schnell und zu direkt neutestamentlich sein und empfinden will, ist meines Erachtens kein Christ" (S. 113).

Wie ist es zu erklären, daß gerade diese Gedanken Bonhoeffers so wenig wirken? Vielleicht aus dem Einfluß der am meisten problematischen Seite an Bultmanns Denken, seiner Konzentrierung auf individuelles Selbstverständnis und seiner Entlassung alles konkret geschichtlichen (historischen) Daseins aus dem Horizont des Glaubens?

Wie dem auch sein mag: Wir möchten fragen, ob nicht vieles im Neuen Testament schwieriger und problematischer erscheinen kann als die Hauptlinie des Alten Testaments. Wo gibt es im Neuen Testament ein gleichgewichtiges Äquivalent zur alttestamentlichen Prophetie? Ist das Neue Testament nicht zu einseitig auf das Innerliche, Individuelle und im technischen Sinn Religiöse konzentriert? Rückt es so nicht in einem bedenklichen Sinn an die antiken Erlösungsreligionen nahe heran? (Vgl. Bonhoeffer, Widerstand und Ergebung, S. 225!) Und finden sich im Neuen Testament – etwa in der Apokalyptik – nicht Anzeichen einer anhebenden Remythologisierung im Gegensatz zu der im Alten Testament weit fortgeschrittenen Entmythologisierung der altorientalischen religiösen Erbschaft? Das mag als eine überspitzte Formulierung erscheinen, aber sie ist ein Hinweis auf ein echtes Problem. Es muß als ein ernster

Mangel der üblichen neutestamentlichen theologischen Arbeit angesehen werden, daß sie dieses Problem bis auf wenige Ausnahmen kaum sieht oder wenigstens seine Bedeutung nicht gebührlich einschätzt. Das Verhältnis beider Testamente ist freilich sehr kompliziert und schwer zu fassen. Die zur Zeit außerhalb neutestamentlicher Forschung angebotenen Ansätze zur Lösung dieses Problems – die Neufassung der typologischen Auslegung seitens mancher Alttestamentler oder die geschichtstheologische Konzeption einiger Systematiker – sind wiederum zu ungeklärt und problematisch, um befriedigend zu sein. Weitere energische Bemühungen um Durchdenkung dieses Problems etwa in der Linie der Anregungen Bonhoeffers sind notwendig, wenn die dynamische Einheit der Schrift überzeugend verstanden und dargelegt werden soll.

V.

Inwiefern haben wir auf die Frage und die Mahnung Dr. Visser 't Hoofts sachgemäß geantwortet? Er fragte, ob die heutigen Thesen der neutestamentlichen Wissenschaft nicht zur Leugnung der Einheit der Schrift und so auch der Kirche führen müssen. Aus unseren Darlegungen geht gewiß hervor, daß seine Fragen nicht aus der Luft gegriffen sind. Wir sahen uns genötigt, manche Tendenzen und Thesen der gegenwärtigen exegetischen Diskussion mit Fragezeichen zu versehen. Andererseits haben wir gesehen, daß es zu den unumstößlichen Ergebnissen der kritischen Bibelforschung gehört, daß die Einheit des Glaubens, der Schrift, der Kirche keine vorfindliche Größe, sondern ein Glaubensgegenstand und so auch Ziel von immer neuen Bemühungen und Gegenstand von beharrlichem Ringen ist und bleiben muß. Vielleicht ist es uns auch einigermaßen gelungen zu zeigen, daß die Schwierigkeiten, die die neueste Forschung den noch gestern so befriedigend erscheinenden Versuchen bereitet hat, die Einheit der biblischen Theologie in einem einfachen und übersichtlichen Aufriß darzustellen, nicht nur destruktiv sind, sondern auch für ein tieferes Erfassen der biblischen Botschaft behilflich sein können. Gerade die Unabgeschlossenheit, ja Unabschließbarkeit dieses Bemühens kann davor bewahren, die Autorität der Schrift vorgefaßten Überzeugungen fügsam und sie so praktisch unwirksam zu machen. Vielleicht dürfen wir auch – nicht so sehr an Dr. Visser 't Hooft selbst wie an einige andere ökumenische Kreise – die Gegenfrage richten, ob die ständige Rücksicht auf unmittelbare Wirksamkeit und Annehmbarkeit der exegetischen Forschung sich nicht auch so auswirken könnte, daß jene richtende und auf|richtende Freiheit des stets dynamischen Schriftzeugnisses gefesselt und unwirksam gemacht würde?

Unsere Ausführungen können wir in der These zusammenfassen: Der Kanon will grundsätzlich als Angebot des Evangeliums, nicht als Joch des Gesetzes verstanden und vernommen werden. Wir sind nicht verpflichtet, über jedes beliebige biblische Wort – und wenn es auch eine altkirchliche Perikope wäre – predigen zu können. Wir sind aber eingeladen, in der Schrift mit offenen Augen und Herzen kritisch, aber auch voller Erwartung und Offenheit zu forschen und uns vielleicht an unerwarteten Stellen von der uns da geschehenden Erleuchtung, Ermutigung und Mahnung überraschen zu lassen. Dies ist keine originelle These. Dem Sinne nach entspricht sie den Darlegungen Karl Barths über die Autorität der Heiligen Schrift in der Kirchlichen Dogmatik I/2. In seiner eigenen Praxis mag er sich nicht immer daran gehalten haben, wenn er versuchte, einer Stelle der Bibel einen positiven und überzeugenden Sinn abzugewinnen, aber dabei zu recht gezwungener Erklärung gelangte. Das Prinzip hat er aber gut erfaßt und mit Nachdruck vertreten. Er hat auch recht, wenn er dringend empfahl, die undurchsichtigen und schwer nachvollziehbaren Stellen und Gedanken der Schrift nicht endgültig aus unseren Bemühungen und Erwartungen zu entlassen. Es hat sich nämlich oft bestätigt, daß ein scheinbar totes Motiv zu einem wichtigen Wegweiser zu einer neuen, tieferen und befreienden Erfassung der Wahrheit werden kann. Solche Erkenntnisse werden nur in der Freiheit des Geistes gegeben, nicht in Gestalt einer autoritär auferlegten fertigen Lehre, sondern als eine Einsicht, die uns im Laufe unseres Gesprächs und Ringens mit der Schrift eröffnet wird.

9. Probleme biblischer Theologie[*]

Petr Pokorný

1. Die Bibel und der Glaube

In der letzten Zeit spricht man wieder von der biblischen Theologie.[1] Die neuen Beiträge[2] wollen die biblische Theologie nicht in dem Sinne restaurieren, wie man sie im 18. Jh. konzipiert hat, d.h. als eine von der systematischen Theologie getrennte historische Disziplin. Das war das Programm, das die sonst nützliche und heute praktisch unentbehrliche Gliederung der Bibelforschung herbeigeführt hat, die nicht nur die beiden Testamente, sondern auch die einzelnen Autoren und Schichten getrennt untersucht. In der gegenwärtigen Forschung ist wieder das synthetisierende Interesse wach geworden, man will die Bibel auch als ein Ganzes untersuchen. Dabei weiß man schon, daß auch die historische Untersuchung das Faktum der christlichen Kirche der Kanonizität der Bibel und eventuell auch die Glaubenserfahrung des Forschers ernst nehmen muß. Dies alles ist nämlich ein Teil der Wirkungsgeschichte der Bibel, die zu ihr gehört. Die biblische Theologie kann also wirklich Theologie sein. Die eingeführte Bezeichnung trennt dies Arbeitsfeld auf der einen Seite von der Lehre über die Heilige Schrift im Rahmen der Dogmatik, auf der anderen Seite von den einzelnen Feldern der alt- und neutestamentlichen Wissenschaft.

Das auffälligste Problem der biblischen Theologie besteht darin, daß die Bibel kein einheitliches Lehrsystem bietet.[3] Die Gemeinsamkeiten sind nicht einfach vorfindlich, sie sind erst durch eine in eigener Sprache formulierte Überle-

---

[*] Vorgetragen an der Universität Lausanne, den 6.12. 1979

[1] Dem Gespräch soll auch die neue Zeitschrift Horizons in Biblical Theology (Pittsburgh – Pa) und z.T. auch die Bücherreihe Biblisch-Theologische Studien (Neukirchen – BRD) dienen.

[2] Ich denke vor allem an *P. Stuhlmacher*, Schriftauslegung auf dem Wege zur biblischen Theologie, Göttingen 1975 (Aufsätze); *ders.*, Das Gesetz als Thema biblischer Theologie, ZThK 75, 1978, 251–280; *H. Gese*, Erwägungen zur Einheit der biblischen Theologie, ZThK 67, 1970, 97–118; *ders.*, Zur biblischen Theologie, München 1977 (BEvTh 78); zum Problem: *K. Schwarzwäller*, Das Verhältnis Altes Testament – Neues Testament im Lichte der gegenwärtigen Bestimmungen, EvTh 29, 1969, 281–307; *S. Wagner*, „Biblische Theologien" und „Biblische Theologie", ThLZ 103 1978, Sp. 785–798; *E. Oßwald*, Zum Problem der hermeneutischen Relevanz des Kanons für die Interpretation der alttestamentlichen Texte, in: Theol. Versuche IX, Berlin 1977, 47–59; Arbeiten über die Geschichte der biblischen Theologie: *H.-J. Kraus*, Die biblische Theologie. Geschichte und Problematik, Neukirchen 1970 (Berlin 1974); *O. Merk*, Biblische Theologie des Neuen Testaments in ihrer Anfangszeit, Marburg 1972 (MThSt 9).

[3] *G. Ebeling*, Was heißt „Biblische Theologie"?, zuletzt in: *ders.*, Wort und Glaube, Tübingen ²1962, 69–89, bes. S. 85ff.

gung (Reflexion) über den inneren Zusammenhang der einzelnen Texte festzustellen, die in verschiedenen Orten und Zeiten entstanden sind.[4]

Eine solche zusammenhängende Deutung der in der breiten Zeitspanne sich erstreckenden Zeugnisse[5] erweckt jedoch mancherorts Bedenken. Man befürchtet, daß man den geschichtlichen Zusammenhang mit der Offenbarung verwechseln könnte.[6] Der Glaube wäre dadurch relativiert.[7] Jedes einzelne Leben und jede menschliche Gemeinschaft knüpfen jedoch an eine geschichtliche Tradition oder Tendenz an, die beharrlich und überindividuell ist. Man kann sie nicht ignorieren. Man kann sie nur bewußt überwinden, umdeuten oder entfalten. Das gehört zur Geschichtlichkeit des menschlichen Lebens, die auch in der geschichtsbezogenen Gestalt der Bibel zum Ausdruck kommt. – Man kann einwenden, daß der Glaube von einem Ereignis abhängig ist, das zwar innerhalb der Geschichte geschehen ist, das jedoch von ihrem Ablauf nicht abgeleitet werden kann. Der Glaube hat sein Ziel in einem eschatologischen Fluchtpunkt (Reich Gottes, Himmel, neues Leben), der die Geschichte „aufhebt". Die Beschäftigung mit dem Geschichtsablauf kann des|halb, wie Rudolf Bultmann betont hat, den Glauben nicht begründen. Er entsteht nicht durch die Betrachtung der Geschichte. Man darf jedoch nicht vergessen, daß mit dem Gläubig-Werden das neue Leben erst anfängt. Man muß „im Glauben wandeln", man muß sich in der Geschichte mit ihren Traditionen und Tendenzen orientieren. Das hat Bultmann unterschätzt, wahrscheinlich aus einer auf dem deutschen Boden begreiflichen Angst vor einem Geschichtsmythus.

Die Bibel ist das Zeugnis der Tradition, auf die sich die Kirche in ihrer ganzen Geschichte berufen hat. Die Kirchengeschichte ist eigentlich die Geschichte der Auslegung der Heiligen Schrift.[8] Die Theologie soll deshalb auch die breiten biblischen Zusammenhänge in ihrer Bedeutung für die Universalgeschichte untersuchen und die Tragweite ihrer Kongruenz prüfen.[9] *Die Untersuchung des inneren Zusammenhangs der biblischen Schriften soll und kann also keine äußere Stütze des Glaubens sein, sondern sie kann ein Zeugnis seiner Relevanz und eine Hilfe für die Kirche werden.*

---

[4] So bearbeitet sein Thema z. B. *W. Eichrodt*, Theologie des Alten Testaments I–III, Berlin [5]1957 (Liz.) vgl. *Ebeling* (Anm. 3) S. 84.

[5] Vgl. *G. v. Rad*, Theologie des Alten Testaments I, München [4]1962, 117ff.

[6] Vor allem *G. Klein*, Bibel und Heilsgeschichte, ZNW 62, 1971, 1–47, bes. S. 9ff.

[7] Das ist die Gefahr bei *W. Pannenberg*: „Sodann hat das Wissen die Eigentümlichkeit, daß es selbst zum Glauben hinleitet" (Die Offenbarung Gottes in Jesus von Nazareth, in: Theologie als Geschichte, Zürich-Stuttgart 1967, 135–165, Zit. S. 164, vgl. S. 165f).

[8] Vgl. *G. Ebeling*, Kirchengeschichte als Geschichte der Auslegung der Heiligen Schrift, zuletzt in: *ders.*, Wort Gottes und Tradition, Göttingen 1964, 9–27.

[9] Auf die Bedeutung solcher Rückbesinnung macht *W. Krötke* aufmerksam: Der neutestamentliche Kanon als Problem der Rede von Gott, in: Theol. Versuche IX, Berlin 1977, 61–69, bes. S. 61f.

2. Die Bibel und die Geschichte

Die Mitte der christlichen Bibel ist das Evangelium von Jesus Christus. Der Glaube entdeckt in ihm die Offenbarung Gottes. Die in der jüdischen Bibel (unserem alten Testament) erzählten Geschichten und Zeugnisse gehören in dieser Perspektive zu der geschichtlichen, in der Zeit sich erstreckenden Dimension der Anrede Gottes, die in Jesus Christus zu ihrem Ziel gekommen ist (vgl. Hebr. 1,1 f).[10] Mit der Bindung der eschatologischen Offenbarung an Jesus Christus hängt jedoch auch die Abgrenzung des Kanons „nach vorne" zusammen, die – wenn auch nicht historisch folgerichtig durchgeführte – grundsätzliche Tendenz zur Begrenzung des Neuen Testaments auf die Texte aus der apostolischen Zeit. Es ist die endgültige Offenbarung, die für die ganze Welt und Geschichte sinngebend ist,[11] aber nur in der biblischen Tradition und in der an sie gebundenen kirchlichen Verkündigung wird sie als solche ausdrücklich bezeugt.[12]

An dieser Stelle entsteht die Frage, wie sich die biblischen, besonders die alttestamentlichen Zeugnisse zu den Ereignissen verhalten, die sie als Geschichte erzählen. Ist ihre Beziehung zu der historisch faßbaren Geschichte nicht so indirekt, daß der geschichtliche Rahmen nur eine Kulisse ist, die für den Glauben belanglos wäre?[13] Man muß zugeben, daß es sich in der Bibel wirklich um keine unmittelbare Deutung aller Ereignisse der biblischen Geschichte handelt.[14] Es handelt sich nur um eine vermittelte Deutung der geschichtsbezogenen biblischen Traditionen, deren Verhältnisse zu der faktischen Geschichte man nicht immer verifizieren kann, weil die Information manchmal von der Überlieferung überschattet wird. Auf der anderen Seite sind jedoch die überlieferten Geschichten keine bloße Kulisse. Es gibt wesentliche Momente in der Gestaltung des biblischen Kanons und in der Struktur der biblischen Texte, die bestätigen,

---

[10] Siehe Wagner (Anm. 2) Sp. 795 f; vgl. *A. Jepsen*, Wissenschaft vom Alten Testament (1958), zuletzt in: *ders.*, Der Herr ist Gott. Aufsätze z. Wiss. vom AT, Berlin 1978, 13–38, bes. S. 31 f. – Weil man das Verhältnis zwischen dem Alten und Neuen Testament nicht kausal deuten kann, ist es nicht möglich, das Christusgeschehen als „Ergebnis" des Alten Testaments zu bezeichnen, wie es *K. Schwarzwäller* tut: Das Alte Testament in Christus, Zürich 1966 (ThSt 84), S. 51 f.

[11] *H. Gese* spricht in diesem Zusammenhang von einer ontologischen Dynamik der Offenbarung: Erwägungen (Anm. 2) S. 431.

[12] Zum Problem *E. Schillebeeckx*, Christus und die Christen, Freiburg i. Br. 1977, 728–744, 786 f; *P. Stuhlmacher*, Evangelische Schriftauslegung heute, in: *ders.*, Schriftauslegung (Anm. 2) S. 167–183.

[13] So etwa *G. Klein* (Anm. 6) bes. S. 20 ff. Noch schärfer hat dies der tschechische Alttestamentler *S. Daněk* (1885–1946) formuliert: „Facta labuntur. Sie sprechen nicht für sich selbst ... Die Destruktion der tradierten Berichte über eine Periode ist nie so katastrophal, wie ihre Konstruktion ..." (Verbum a fakta Starého zákona, 1937, zuletzt in: *ders.*, Vybrané studie, Praha 1977, 33–49, Zit. S. 39 (Übersetzung: P. P.).

[14] Eine mehr unmittelbare und kontinuierliche Deutung sieht in der Bibel *O. Cullmann*, Heil als Geschichte, Tübingen 1965, 80 ff.

daß der geschichtliche Zusammenhang und die Verbindung mit der faßbaren Geschichte eine grundsätzliche Bedeutung haben:

a) *Die meisten biblischen Texteinheiten berufen sich auf geschichtliche Ereignisse, sie wollen eine referierende Funktion haben.* Dies gilt für die erzählenden Bücher und Traditionen, für die Bekenntnisse, für das prophetische Gut und für die Episteln, aber auch für die meisten Lieder, Hymnen und in gewisser Hinsicht auch für die Sagen der Urzeit. Von den bedeutenden Formen ist es nur die Weisheitsüberlieferung, die nicht wesentlich mit den geschichtlichen Ereignissen verbunden ist. Die Bindung kann zeitlich und inhaltlich indirekt sein, d. h. das Ereignis kann schlecht datiert und einseitig beschrieben werden. Es handelt sich selbstverständlich auch nur um eine Auswahl der Ereignisse. Trotzdem wird das Bekenntnis immer durch den Hinweis auf eine geschichtliche Erfahrung mit Gott verbalisiert. Und der Hinweis ist meistens nicht zufällig. Zum Beispiel Schöpfung, Exodus, Jesus – das sind die Ereignisse, auf die sich die biblischen Zeugnisse berufen. Einige kann man ziemlich genau datieren (die Eroberung Jerusalems 587/86), einige kann man ungefähr rekonstruieren (Exodus) und einige liegen außerhalb des Horizonts der Geschichtswissenschaft (Schöpfung), aber alle *beziehen* sich auf die Geschichte.

b) *Die einzelnen Zeugnisse haben ihre irreversible Reihenfolge.* Exodus und Landnahme, die Zeit der Richter und die Zeit der Könige, Jeremia und Hosea, Jesus in Galiläa und die Anfänge christlicher Gemeinden – das sind Ereignisse, deren Stellung auf der Zeitachse man nicht verwechseln darf. Nicht nur, weil es historisch falsch wäre, sondern weil auch die relative Sukzession für ihre Deutung wichtig ist. Man kann also nicht sagen, daß der „kontinuierliche Ab|lauf von Geschichte" zwischen der als Weissagung erzählten und der als Erfüllung bezeugten Geschichte „überhaupt keine Rolle spielt".[15] Die dazwischenliegende Geschichte ist in der Diachronie präsent, die die beiden Ereignisse irreversibel macht.

Die Irreversibilität bedeutet nicht, daß die im Alten Testament bezeugten Ereignisse nur eine schon abgelaufene entwicklungsgeschichtliche Vorstufe der Inkarnation bilden. Der Glaube entdeckt in ihnen die Spuren der Wirklichkeit, die sich in Jesus Christus geoffenbart hat und die auch das gegenwärtige Leben der christlichen Gemeinde beeinflußt. Man kann sie mit den Knoten vergleichen, die das Netz der geschichtlichen Beziehungen verbinden. Auch die von uns entfernten Knoten haben eine gegenwärtige Funktion, weil es sich um ein Netz handelt, das dem Gott gehört, der Jesus „erweckt" hat.[16] Jeder Knoten hält jedoch an seiner Stelle. Die Diachronie und Geschichtsbezogenheit der bi-

---

[15] *F. Hesse*, Abschied von der Heilsgeschichte, Zürich 1971 (ThSt 108), bes. S. 34, vgl. S. 40f. 50ff.

[16] Zur Abgrenzung gegen eine entwicklungsgeschichtliche Betrachtung des Verhältnisses zwischen dem Alten und Neuen Testament siehe z. B. *F. Baumgärtel*, Verheißung, Berlin 1954 (Liz.), 46ff und bes. *S. Amsler*, L'Ancien Testament dans l'église., Neuchâtel 1960, 211f; *ders.*, Le dernier et l'avant dernier, RevSR 63, 1975, 385–396, bes. S. 393; *H. G. Geyer*, Zur Frage der Notwendigkeit des Alten Testaments, EvTh 25, 1965, 207–237, bes. S. 224f.

blischen Zeugnisse bestätigen, daß die Offenbarung in Jesus Christus nicht nur die einzelne menschliche Existenz betrifft, sondern daß in ihr auch eine Deutung (oder Umdeutung) der breiten Geschichte gipfelt, von der man die einzelne Existenz nicht trennen kann. Die Gestalt des Kanons erlaubt uns nicht, die biblischen Zeugnisse nur als einzelne Beispiele des neuen Existenzverständnisses zu begreifen.[17] *In diesem Sinne muß man die Geschichtsbezogenheit und Irreversibilität der biblischen Zeugnisse ernst nehmen, wenn wir den Glauben artikulieren.*

3. Das Alte und das Neue Testament

Praktisch scheitert das ältere Konzept der biblischen Theologie an den Unterschieden zwischen dem Alten und dem Neuen Testament, wenn auch *der Bezug auf das Alte Testament zu den Konstanten des Neuen Testaments gehört.* Dies gilt auch für das Johannesevangelium (vgl. z.B. 1,25-51 oder 19,31-37). Ich muß nicht besonders hervorheben, daß Jesus selbst seine Sendung vom alttestamentlichen Hintergrund her verstanden hat.[18] Das Problem besteht jedoch darin, daß man im Neuen Testament einige alttestamentliche Stellen unabhängig von ihrem ursprünglichen Sinn gedeutet hat (vgl. Jona 2,1 in Mt 12,40 oder Gen 17,7 bzw. 12,7 in Gal 3,16).

Man kann zwar damit rechnen, daß solche Umdeutungen schon in der jüdischen Tradition üblich waren, aber das Entscheidende ist, daß man überhaupt wagt, das Gewesene im Lichte der neuen Ereignisse neu zu deuten. Je bedeutender und beständiger die neue Erfahrung ist, desto tiefer kann die Umdeutung der Tradition sein, an die man anknüpft. Dies gilt im Grunde für jede Aufnahme der Tradition, aber dort, wo das Neue ein eschatologisches Ereignis ist, wird die Bedeutung der neuen Perspektive entscheidend. In diesem Sinne *ist das im Neuen Testament bezeugte Christusgeschehen keine direkte geschichtliche Fortsetzung oder Entfaltung des alttestamentlichen Geschehens.*[19] Der Glaube entsteht in der Begegnung mit dem Auferstandenen. Die neutestamentlichen Argumente aus der jüdischen Bibel (z.B. das zweifache *KATA TAS GRAFAS* 1 Kor 15,3b-5 oder die Reflexionszitate bei Matthäus[20]) sind vor allem Zeugnisse der bewußten (wenn auch umdeutenden) Anknüpfung an die

---

[17] Gegen *R. Bultmann*, Die Bedeutung des Alten Testaments für den christlichen Glauben (1933), in: *ders.*, Glauben und Verstehen I, Tübingen [5]1964, 313–336 vgl. dagegen *A. Jepsen* (Anm. 10) S. 25: „Der Ablauf menschlicher Geschichte ist wichtig als Zeit göttlichen Redens".

[18] Zum alttestamentlichen Hintergrund des Bekenntnisses zur Auferweckung Jesu siehe *P. Stuhlmacher*, Das Bekenntnis zur Auferweckung Jesu von den Toten und die Biblische Theologie, zuletzt in: *ders.*, Schriftauslegung (Anm. 2) S. 128–166, bes. S. 155.

[19] Betont bei *H. Braun*: Das Alte Testament im Neuen Testament, ZThK 51, 1962, 16–31.

[20] Zum Problem: *K. Stendahl*, The School of St. Matthew, Philadelphia [2]1968, bes. S. VI–XIV mit der Auswertung der neueren Diskussion.

Tradition Israels, wobei man die anderen Momente, wie die apologetische Absicht oder die Anpassung an die jüdische Umwelt, nicht ausschließen kann.[21] Die jüdische Bibel wird nicht nur als eine Vorratskammer der damals bekannten Motive, Begriffe und Vorstellungen benutzt.[22] Mit Hilfe der alttestamentlichen Vorstellungen hat man die Geschichte Jesu nicht nur dem jüdischen Verständnishorizont angepaßt, sondern man hat sie auch als den Wendepunkt der in der jüdischen Bibel bezeugten Geschichte gedeutet. Das war der Grund des Streites mit dem Judentum. Man hat die alttestamentlichen Weissagungen auf Jesus Christus bezogen. Dadurch hat man das Alte Testament als christliches Buch behalten und auch in die heidnische Welt mitgenommen. Die Auseinandersetzung mit Markion zeigt, daß das eine bewußte Entscheidung war. Die Kirche hat sich als Erbe Israels in dem Sinne verstanden, daß sie im Alten Testament das Zeugnis über Gott gefunden hat, der sich ihr als der Vater Jesu offenbart, der Jesus von den Toten erweckt hat, vgl. Röm 4,13-25; Apg 3,13-15.[23] Man kann also sagen, daß *die Kirche das im Alten Testament bezeugte Geschehen als ihre Vergangenheit aufgenommen und die alttestamentliche Überlieferung für ihre eigene Tradition gewählt hat. Der Grund für diese Entscheidung war ihre Glaubenserfahrung mit Jesus Christus.*

Den Zusammenhang beider Testamente kann man nicht aus der historischen Kontinuität deuten, weil man das Alte Testament als die jüdische Bibel auch ohne das Neue Testament verstehen kann, auch | wenn es sich dabei um eine andere Perspektive handelt. Nach einer verbreiteten jüdischen Sicht bedarf die Schrift keiner Fortsetzung.[24] Die Deutung der Tannaiten, die im Talmud ihren Niederschlag gefunden hat, setzt die Schrift im Grunde als abgeschlossen voraus. Einige Stücke der Septuaginta, wie z. B. die Zusätze zu Daniel oder das Gebet Manasse, gehören zwar bei der Spätdatierung in die Zeit Jesu, aber auch sie beziehen sich auf die „kanonische Zeit" der jüdischen Geschichte. Das erste und das zweite Buch der Makkabäer sind die letzten Bücher, die man als eine Geschichtserzählung in der Synagoge vorgelesen hat. Entscheidend ist jedoch, daß die Christen einfach die jüdische Bibel *(GRAFĒ)* übernommen haben (vgl. Lk 24,44).[25]

Die Tendenz der Tannaiten zur Betrachtung der Schrift als einer abgeschlossenen Größe hängt mit dem Bewußtsein zusammen, daß der Geist und die Prophetie in Israel ausgestorben sind (Ps 74,9). Man kann sich statt dessen der

---

[21] Zum Problem: *B. Lindars*, New Testament Apologetic. The Doctrinal Significance of the Old Testament, London 1961.

[22] Vgl. *Bultmann* (Anm. 17) S. 333; *Braun* (Anm. 19) S. 50f.

[23] *Stuhlmacher* (Anm. 18) S. 161f.

[24] Dies möchte ich wieder gegen *H. Gese* hervorheben, siehe *ders.*, Zur biblischen Theologie (Anm. 2) S. 9–30; *ders.*, Tradition und biblische Theologie, in: Zur Tradition und Theologie im Alten Testament, Neukirchen 1978 (BiblThSt 2), 78–111, bes. S. 102–109.

[25] Vgl. *H. Schmid*, Die christlich-jüdische Auseinandersetzung um das Alte Testament in hermeneutischer Sicht, Zürich 1971 (Schriften zur Judentumskunde 1), 6ff.

Hallstimme, der mündlichen Tradition bedienen (bab. Sanh. 11 a).[26] Die bedeutenden Aussagen der Propheten hat man auf die eschatologische Zukunft bezogen.[27] Es war keine zufällige Entwicklung. Schon in Jes 11 betrifft die Verheißung die eschatologische Zukunft, die einen apokalyptischen Umbruch voraussetzt. Nach Zacharias und Malachias soll jetzt schon nur Gott selbst zum Gericht kommen, und in Dan 7 eröffnet sich die Perspektive eines eschatologischen Reiches, dessen Herr im Auftrag Gottes der Menschensohn ist. Im Kap. 12 wird die Hoffnung auf das Eschaton als die Zeit der Auferstehung konzentriert. Die jüdische Bibel sieht also dem Ende der Geschichte als dem Ende „dieses Zeitalters" entgegen. Die Beziehung aller kanonisierten Prophetie auf das Eschaton hängt eng mit der Vorstellung über die ausgestorbene Prophetie und mit dem Schriftverbot zusammen.[28] *Von der Voraussetzung des Alten Testaments als der jüdischen Schrift kann man mit einem zweiten Band der Bibel nicht rechnen.*

Gegen dieses Bild wird manchmal der Einwand erhoben, daß das Judentum damals keine einheitliche Größe war und daß z. B. die Essener in Qumran behauptet haben, daß sie schon die endzeitliche Gabe des Geistes und der Einsicht erhalten haben (z. B. 1 QH XIV,13ff).[29] Sie haben ihre Schriften vielleicht für die Fortsetzung des „Gesetzes und der Propheten" gehalten. Die Christen haben jedoch bei der Bildung ihres Kanons einen anderen Weg gewählt. Sie haben ihre eigenen kanonischen Schriften weder als eine direkte Fortsetzung der jüdischen Bibel bezeichnet, noch haben sie sie als einen Kommentar der jüdischen Bibel aufgefaßt, etwa im Sinne des Habakuk-Kommentars der Essener (1 QpHab). Sie haben eine zweiteilige Sammlung gebildet, in welcher ihr eigenes Schrifttum das Gegenüber, ein Pendant des Alten Testaments geworden ist.

Der Hintergrund dieser Gestaltung des christlichen Kanons war die Erfahrung, die in der Mitte des christlichen Bekenntnisses steht und meistens durch das Schlüsselwort »Auferstehung Jesu« bezeichnet wird. In der Apokalyptik war die Auferstehung ein endzeitliches und kollektives Ereignis (so schon Dan 12). Die Christen haben es in den Bekenntnisformeln (1 Kor 15,3 b-5; Röm 1,3 f u. a.) umgedeutet, um mit Hilfe dieser Vorstellung die neue Erfahrung mit Jesus zum Ausdruck zu bringen: Gott hat Jesus auferweckt. Dadurch haben sie gesagt, (a) daß die apokalyptische Wirklichkeit schon begonnen hat, (b) daß sie in einem konkreten Menschen begonnen hat und (c) daß es gerade Jesus ist, in

---

[26] Diese Aussage hat im Talmud mehrere Parallelen. Da es sich um eine Baraita handelt, wird diese Auffassung in das erste Jahrhundert zurückgehen. Zum Problem: *K. Schubert*, Die Religion des nachbiblischen Judentums, Wien-Freiburg 1966, 6f. 211.

[27] bab. Berakh. 34 b vgl. *(H. L. Strack –) P. Billerbeck*, Kommentar zum Neuen Testament aus Talmud und Midrasch I, München ⁵1969, 602; *T. Holtz*, Zur Interpretation des Alten Testaments im Neuen Testament, ThLZ 99, 1974 Sp. 19–32, bes. Sp. 26; *E. Oßwald* (Anm. 2) S. 62f.

[28] *H. L. Strack*, Einleitung in Talmud und Midrasch, München ⁶1976, 1–16.

[29] Zum Problem *H.-W. Kuhn*, Enderwartung und gegenwärtiges Heil, Göttingen 1966 (StUNT 4), 44f. 137. 176 u. a.

dem das Neue in diese Welt einbricht. Seiner Geschichte, die durch die Erinnerung aufbewahrt wird, entnehmen wir, was die Zukunft beinhaltet. Bald nach der Überwindung der Naherwartung – jedenfalls vor der Entstehung der Idee des christlichen Kanons – hat man aus dem christlichen Bekenntnis die Konsequenz gezogen, daß sich seit der Zeit Jesu die Äonen durchdringen, daß der Anbruch des Eschatons mit der Änderung der kosmischen Ordnung nicht substanziell verbunden ist. Das Durchdringen der Zeiten ist im Alten Testament nicht vorausgesetzt. Nur unter dem Druck der neuen Erfahrung kann man sich vorstellen, daß man sich an das Eschaton auch schon „erinnern" kann und daß man das Zeugnis über die Erfüllung der eschatologischen Verheißungen in der Buchform aufbewahren kann.

Diese Horizontverschiebung hat auch weitere Konsequenzen. *Wenn das Eschaton als das objektiv Sinngebende innerhalb der Geschichte geoffenbart ist,* kann man von diesem Fluchtpunkt her nicht nur die Tradition wählen, die der neuen Erfahrung entspricht, sondern *es ist auch gerechtfertigt, die konkreten Motive und Strukturelemente zu suchen, die die beiden Teile der christlichen Bibel verbinden.* Ihre Existenz ist kein Grund der Einheit der Bibel. Sie bestätigt | jedoch, daß die Bildung dieses Kanons kein Zufall war.[30] Das Entdecken der gemeinsamen Elemente gehört auch zu den Aufgaben der biblischen Theologie.

Im Alten Testament entdeckt man z. B. das öfter auftauchende Motiv der Hinwendung Jahwes zu den Völkern, die prophetische Erwartung einer neuen Offenbarung Gottes, die Erinnerung an das Leiden des Gerechten in den Psalmen oder die Worte über das stellvertretende Leiden des Ebed Jahwe bei Deuterojesaja. Bei aller unmittelbaren Naivität, mit welcher die neutestamentlichen Autoren das Alte Testament auslegen, wenn sie an einigen Stellen wirklich nur die Wortassoziationen suchen, ist es bemerkenswert, wie sie nicht nur die eschatologisch „offenen" Verheißungen entdeckt haben, sondern auch, wie sie die Motive und Schichten der alttestamentlichen Überlieferung gefunden haben, an die das Evangelium direkt anknüpfen kann. In einer Auseinandersetzung mit Günther Klein hat Josef B. Souček darauf aufmerksam gemacht, „mit welcher Treffsicherheit er (der Apostel Paulus – P. P.) eine Reihe alttestamentlicher Texte herausgegriffen hat, in denen die universale Sendung Israels und die Erkenntnis zum Ausdruck kam, daß die Existenz dieses Volkes ständig von Gottes Wahl, von seinem Gericht und seiner Barmherzigkeit und seinem Vergehen abhängig ist".[31, 32] Es gibt also „biblische Themen", so z. B. die Bezie-

---

[30] *E. Oßwald* (Anm. 2) S. 54f; *S. Wagner* (Anm. 2) Sp. 794 spricht von den Funktionsgleichheiten.

[31] Jes 1,9; 10,22; 1 Kön 19,10-18 zitiert in Röm 9,27.29; 11,3f; Dtn 29,2; Jes 29,10 zit. in Röm 11,8; Ps 69,23f zit. in Röm 11,9; Ps 32,1f zit. in Röm 4,7f; Dtn 32,43; Ps 117; Jes 11,10 zit. Röm 15,9-12, vgl. *J. B. Souček*, Israel und die Kirche im Denken des Apostel Paulus, CV 14, 1971, 143–154, bes. Anm. 41, vgl. *C. H. Dodd*, According to the Scriptures, London 1952, 132f.

[32] *Souček* (Anm. 3) S. 149.

hung Schöpfung – Auferstehung,[33] das Gesetz,[34] der Bund,[35] die Prophetie,[36] das Phänomen des Wortes Gottes,[37] einige Linien der Ethik[38] und selbstverständlich die christologischen Hoheitstitel mit ihren theologischen Konnotationen[39]. In der letzten Zeit hat Peter Stuhlmacher den Sachzusammenhang der biblischen Schriften als die „Versöhnung in Christus" formuliert.[40] Seine Darstellung der soteriologischen Themen in den einzelnen biblischen Schichten ist ein klärender Beitrag. Da jedoch die Begriffe für die Versöhnung (APOKATASTASIS, HILASKESTHAI, KATALASSEIN) nur in wenigen neutestamentlichen Schriften im Vordergrund stehen, und weil das Wort Versöhnung heute nicht dieselbe Bedeutung hat, scheint mir eine zusammenfassende Darstellung des gemeinsamen Anliegens der biblischen Schriften aufgrund dieses Begriffs nicht durchführbar.

An dieser Stelle muß ich gleich hinzufügen: Die christologische Begründung der Aufnahme des Alten Testaments bedeutet nicht, daß man die alttestamentlichen Texte als ein direktes christliches Zeugnis erklären muß, wie es in der Kirchengeschichte oft geschehen ist. Wenn auf diese Weise einige alttestamentliche Stellen im Neuen Testament erklärt werden (z. B. Gen 16 u. 21 in Gal 4,21 ff), ist es für uns vor allem ein Zeugnis für die Autorität der jüdischen Bibel im Urchristentum. Bei der Auslegung der neutestamentlichen Texte muß man die in ihnen enthaltene Auslegung des Alten Testaments ernst nehmen und die dabei benutzten hermeneutischen Methoden (Allegorie, Typologie, Verhei-

---

[33] *Stuhlmacher* (Anm. 18).

[34] *H. Hübner*, Das Gesetz als elementares Thema einer Biblischen Theologie? KuD 22, 1976, 250–276; *Stuhlmacher*, Das Gesetz (Anm. 2); *Gese*, Zur bibl. Theol. (Anm. 2) S. 55–84. Die Wurzel dieses Gesprächs kann man in der Diskussion über die Gerechtigkeit Gottes bei Paulus suchen, die *E. Käsemann* eröffnet hat: Gottesgerechtigkeit bei Paulus (1961), zuletzt in: *ders.*, Exegetische Versuche und Besinnungen II, Göttingen ²1965, 181–193.

[35] *E. Kutsch*, Von der Aktualität alttestamentlicher Aussagen für das Verständnis des Neuen Testaments, ZThK 74, 1977, 273–290; *W. Thiel*, Die Rede vom „Bund" in den Prophetenbüchern, in: Theol. Versuche IX, Berlin 1977, 11–36.

[36] *J. B. Souček*, La prophétie dans le Nouveau Testament, CV 4, 1961, 221–231. Mit Vorbehalt kann man auch auf *H. Clavier*, Les variétés de la pensée biblique et le probléme de son unité, Leiden 1976 (NT. S. 43), 145ff, hinweisen.

[37] *H. Muszyński*, O integralny sens Pisma Św. (Um den integralen Sinn der heiligen Schrift), in: Warszawskie Studia Biblijne (FS J. Stępien), Warszawa 1976, 11–17 und *S. Wagner* (Anm. 2) Sp. 795.

[38] *H. Schulz*, Eschatologie und Ethik im Neuen Testament, in: Theol. Versuche VII, Berlin 1976, 115–124 vgl. *G. Wallis*, Natur und Ethos, Ewägungen zur Ethik des Alten Testaments, daselbst 41–60.

[39] In diesem Bereich hat schon *F. Hahn* eine große Arbeit geleistet: Christologische Hoheitstitel, Göttingen 1963 und die betreffende Diskussion, die der Verfasser in BhEvTh (Verkündigung und Forschung) 2, 1970, 1–41 zusammengefaßt hat. Einen Versuch der Gesamtdarstellung der gemeinsamen Themen hat *G. A. F. Knight* vorgelegt: A Christian Theology of the Old Testament, London 1959; vgl. *C. Westermann*, Das Alte Testament und Jesus Christus, Stuttgart 1968.

[40] *P. Stuhlmacher – H. Claß*, Das Evangelium von der Versöhnung in Christus, Stuttgart 1979, 13–54; *P. Stuhlmacher*, Vom Verstehen des Neuen Testaments, Göttingen 1979 (NTD Erg. 6), 225–247.

ßung-Erfüllung) nach ihrer Intention interpretieren. Das ist jedoch nicht die einzige Funktion des Alten Testaments in der christlichen Kirche. So wäre es, hätte man nur die neutestamentlichen Zitate und Anspielungen auf das Alte Testament kanonisiert und nicht das Alte Testament als Ganzes in seiner relativen Selbständigkeit. Die Entscheidung, einen zweiteiligen Kanon zu bilden, widerspiegelt sowohl die unterschiedliche Stellung einzelner Überlieferungen auf der Zeitachse (s. o. 2.) als auch die relative Diskontinuität zwischen alttestamentlicher und neutestamentlicher Überlieferung. *Die Exegese des Alten Testaments ist also nicht durch die neutestamentliche* (übrigens nicht in allen Schichten des Neuen Testaments gleiche) *Deutung seiner einzelnen Stellen gebunden. Die kritische Exegese kann und soll die relative Selbständigkeit der alttestamentlichen Überlieferung zu Wort bringen.*[41] Die Exegese muß das Phänomen der Kanonizität der beiden Testamente als zusammenhängender, aber nicht verwechselbarer Größen ernst nehmen.[42]

4. Die biblische Theologie und die Kirche

Die Kanonizität des Neuen und des Alten Testaments bezeugt die Kirche als ein Ganzes, als eine Gemeinschaft. Der Grund für die Aufnahme bzw. Beibehaltung des Alten Testaments war nicht die Erfahrung einzelner Christen mit seinen einzelnen Texten. Die Kirche hat sich, von ihrem gemeinsamen Bekenntnis zu Jesus Christus ausgehend, für den Erben des alttestamentlichen Volkes Gottes erklärt. Und die konkrete Form der christlichen Existenz war und ist die Eingliederung in diese Gemeinschaft. Die Weisen, auf welche man das Verhältnis zwischen dem Volk des Gottes des Alten Bundes und der Kirche zum Ausdruck bringt, sind im Neuen Testament sehr verschieden, von der judenchristlichen bis zu der paulinischen, denn | auch für Paulus ist die Kirche der Rest Israels (Röm 9,27). Die Rechtfertigung durch den Glauben bedeutet für ihn praktisch die Aufnahme in die Sohnschaft Abrahams (Gal 3,6.29; Röm 4,3.12; 9,6-13), weil die Geschichte Israels für ihn die Geschichte der Gnade Gottes ist, die aus dem Nicht-Volk sein Volk schaffen kann (Röm 9-11). In diesem Sinne kann an Paulus die gegenwärtige Reflexion dieser Beziehung anknüpfen.

Durch die Entstehung der Kirche wird auf der einen Seite die Krise Israels bestätigt, auf der anderen Seite die Souveränität und Gnade Gottes sozial und geschichtlich bezeugt (Röm 9).[43] Die Kontinuität des Volkes Gottes in der Ge-

---

[41] Das ist das berechtigte Anliegen G. *Fohrers*, Theologische Grundstrukturen des Alten Testaments, Berlin – New York 1972, 29ff; zur Funktion der historisch-kritischen Methode in dem biblisch-theololgischen Rahmen: *F. Lang*, Christuszeugnis und Biblische Theologie, EvTh 29, 1969, 523–534, bes. S.525; vgl. auch *K. H. Miskotte*, Wenn die Götter schweigen, München ²1964, 151.

[42] *G. Ebeling* (Anm. 3) S.88f.

[43] *J. B. Souček* (Anm. 36) S.221ff, vgl. *C. H. Dodd* (Anm. 31) S.88; *G. v. Rad* (Anm. 5) Bd. II, München 1960, 410ff.

schichte ist in der Gnade Gottes verankert und durch die Diskontinuität der Empfänger dieser Gnade wird sie als konkrete Kontinuität der Gnade nur bestätigt. Dies ist die geschichtliche Dimension des Evangeliums, die sich auch in der Gestalt des biblischen Kanons widerspiegelt.

Von der Voraussetzung eines positivistischen Wissenschaftsbegriffs her kann also die biblische Theologie nicht konzipiert werden. Die Kongruenz der kanonischen Texte kann nämlich nur durch das Bekenntnis der Kirche verifiziert werden. *Weil* jedoch *die Kirche* mit ihrer großen Botschaft und in ihrer menschlichen Schwäche *eine reale geschichtliche Größe ist, ist auch die Reflexion über ihre zweiteilige Bibel eine allgemein relevante wissenschaftliche Aufgabe.*[44]

---

[44] Vgl. *G. Siegwalt*, La théologie Biblique, Concept et réalisation, ETR 54, 1979, 397–405.

10. Das theologische Problem der neutestamentlichen Pseudepigraphie[*]

Petr Pokorný

Das Problem der Pseudepigraphie, besonders der neutestamentlichen Pseudepigraphie, ist seit einigen Jahren wieder aktuell geworden.[1] Das hängt mit dem Bemühen um die konsequent literarische Betrachtung des Neuen Testaments zusammen und im römisch-katholischen Bereich mit der Auflockerung der dogmatischen Schranken nach dem Zweiten Vatikanischen Konzil.

Zum Konsensus ist in der Forschung vor allem die Anerkennung der Tatsache der Pseudepigraphie im Neuen Testament überhaupt geworden. Es gibt z. B. mehrere Forscher, die die Authentizität des Kolosser- und des Epheserbriefes verteidigen, aber nur wenige, die bereit sind, demselben Apostel gleichzeitig die Pastoralbriefe zuzuschreiben. Der Stil und die theologischen Tendenzen können sich im Verlauf des Lebens eines Autors ändern, aber er kann nicht zwei verschiedene Positionen einnehmen, auch wenn wir voraussetzen würden, daß seine Gedanken ein Sekretär formuliert hat.[2] Im Kolosser- und Epheserbrief ist die Gegenwärtigkeit des Heils ähnlich wie z. B. in Joh 5,24 hervorgehoben (Kol 2,12f; 3,1; Eph 2,5f – vgl. dazu die andere Akzentuierung in Röm 6,4f), während 2Tim 2,18 eine offensichtlich ähnliche These verurteilt wird. Derselbe Autor würde in etwa derselben Zeit kaum Entgegengesetztes sagen. Es ist eher anzunehmen, daß die beiden Aussagen zwei voneinander unabhängige Interpretationen von Röm 6,4f zweier verschiedener Paulusschüler sind. Auch wenn wir trotzdem alle Episteln des kanonischen Corpus Paulinum für echt halten[3],

---

[*] Dieser Aufsatz ist eine erweiterte Fassung meines Vortrags, den ich bei der Tagung des European Regional Translation Committee (U.B.S.) am 20. 9. 1983 in Larnaca (Zypern) gehalten habe.

[1] Zur Diskussion s. vor allem: *K. Aland*, Das Problem der Anonymität und Pseudonymität in der christlichen Literatur der ersten beiden Jahrhunderte, in: ders., Studien zur Überlieferung des Neuen Testaments und seines Textes (Arb. z. ntl. Textforschung 2), Berlin 1967, 24–34. – *Pseudepigrapha I* (Fondation Hardt: Entretiens sur l'Antiquité classique 18), Vandoeuvres/Genéve 1972, bes. *M. Hengel*, Anonymität, Pseudepigraphie und „Literarische Fälschung" in der jüdisch-hellenistischen Literatur: a.a.O. 229–308. – *N. Brox*, Falsche Verfasserangaben (Stuttg. Bibelstudien 79), Stuttgart 1975. – *Ders.* (Hg.), Pseudepigraphie in der heidnischen und jüdisch-christlichen Antike (WdF 484), Darmstadt 1977.

[2] Nach der sog. Sekretärshypothese wurden einige Briefe aufgrund des Konzepts von den Schreibern oder Sekretären geschrieben: *O. Roller*, Das Formular der paulinischen Briefe (BWANT 58), Stuttgart 1933, 334ff. Für das Neue Testament kann dieser Brauch, der in der amtlichen Korrespondenz üblich war, nicht nachgewiesen werden. Mehr Anhänger findet die These, daß den Stil der Briefe die Mitabsender beeinflußt haben, z. B. im Kol Timotheus (Kol 1,1): *W. H. Ollrog*, Paulus und seine Mitarbeiter (WMANT 50), Neukirchen 1979, 226, Anm. 112. – *E. Schweizer*, Der Brief an die Kolosser (EKK XII), Zürich/Neukirchen 1979, 26. Der zweite Absender hat jedoch in solchen Briefen eher die Funktion eines Zeugen gehabt. Die bedeutenden Abschnitte sind in der 1. Pers. sg. als direkte apostolische Rede formuliert.

[3] Der Hebräerbrief ist ein von der paulinischen Theologie beeinflußter anonymer

können wir dem Problem der Pseudepigraphie in den sog. Katholischen Briefen, bes. im 2. Petrusbrief und im Judasbrief, nicht ausweichen.[4] Dies ist zum Konsensus geworden.[5] Die theologische Auswertung dieser Tatsache stand bisher am Rande des Interesses der Biblisten. Ich versuche jetzt, in sieben Punkten die Ergebnisse der diesbezüglichen Forschung zusammenzufassen und dann die Hauptlinien der theologischen Bewältigung des Problems anzudeuten.

1) Der sichtbarste äußere Anlaß für die Abfassung der Pseudepigraphen war die Verteidigung der Autorität eines Lehrers und meistens auch seiner Lehre gegen Angriffe und Mißdeutung.[6] Im Unterschied zu den pseudonymen Schriften sind die Pseudepigraphen unter dem Namen bekannter und bedeutender Persönlichkeiten geschrieben, die ihnen in gewissen Kreisen Autorität verliehen und deren Lehre in den Pseudepigraphen oft neu appliziert und weitergegeben wird. Von der Sicht der Verfasser der Pseudepigraphen her war also das Verhältnis zwischen dem angeblichen und wirklichen Autor für beide Seiten vorteilhaft. Mit der Berufung auf das Erbe oder mindestens durch die Erwähnung des Namens des angeblichen Verfassers wurde gleichzeitig die Position des wirklichen Autors indirekt gestärkt.

In den echten Paulusbriefen ist die Existenz verschiedener antipaulinischer Strömungen innerhalb der Kirche bezeugt (Gal, 1,2Kor und Phil), und in den strittigen Episteln (Antilegomena) treten solche gegnerischen Strömungen noch deutlicher hervor (2Thess, Kol, 1 und 2Tim).[7] Diese Pseudepigraphen haben also die Autorität des geistigen Patrons verteidigt, subjektiv ähnlich wie auch die nicht kanonisierte (z. B. das Thomasevangelium) bzw. die direkt anti-großkirchliche Pseudepigraphie (z. B. das Apokryphon des Johannes). Der gutgemeinte apologetische Zweck[8] an sich kann jedoch nicht die Abfassung neuer Schriften unter fremden Namen erklären.

Die jüdische und neutestamentliche Pseudepigraphie birgt eine andere Problematik in sich als z. B. die von Platon und Xenophon verfaßten Dialoge des Sokrates, wobei diese ihren Lehrer durch die Brille ihrer eigenen

---

Traktat, und nur die hinzugefügten Grüße (13,22f) wollen als Grüße des Paulus, bzw. als eine apostolische Legitimierung verstanden werden.

[4] Siehe z. B. *J. Zmijewski*, Apostolische Paradosis und Pseudepigraphie im Neuen Testament. „Durch Erinnerung wachhalten" (2Petr 1,13; 3,1), in: BZ 23, 1979, 161–171.

[5] Das Problem der anonymen Schriften des Neuen Testaments, bes. der Evangelien, die nicht aufgrund der Aussage des Textes selbst, sondern aufgrund der Intentionen der späteren Tradition mit den Gestalten aus der apostolischen Generation verbunden worden sind, werden wir jetzt nur in soweit behandeln (Punkt 2), als es mit unserem Thema zusammenhängt; s. Aland, 27.

[6] Vgl. Brox, Verfasserangaben, 5f.

[7] Im Eph und Tit sind die Anspielungen auf die Irrlehren nur vereinzelt zu finden, die Gefahr der Häresie ist jedoch auch dort präsent. 2Petr 3,15f ist ein Beleg für die Spaltungen unter den Paulusanhängern.

[8] Über das apologetische Motiv in den jüdischen Pseudepigraphen s. Hengel, 306–308.

Philosophien interpretierten. Denn ihre Arbeit haben sie unter eigenem Namen geleistet, wenn sie sich auch manchmal zu Unrecht als Ohrenzeugen vorstellen.[9]

2) Die Zuordnung einer Schrift zu einem bewährten Namen war im biblischen Bereich ein gewissermaßen traditionelles Verfahren. Mehrere Psalmen hat man mit dem Namen Davids verbunden[10], die Spruchweisheit schrieb man König Salomo zu, obwohl es deutlich ist, daß sie ein späterer Sammler verfaßt hat, „denn einmal trat das Bewußtsein des individuellen geistigen Eigentums gegenüber der Bindung an die transsubjektive Tradition und den Schulzusammenhang stark zurück".[11] – Auch die Gestalt des Propheten Jesaja ist ein Sammelbecken für mehrere prophetische Schriften geworden. Und Phokylides, dem griechischen Dichter des 6. Jahrhunderts, schrieben die hellenistischen Juden als dem „Weisesten der Männer" (Ps. Phocyl. 1) eine Sammlung ihrer Spruchweisheit zu.[12] Im Grunde verhielt es sich ebenso mit dem Corpus Paulinum, wo der Hebräerbrief erst nachträglich wegen seiner Nähe zur Theologie des Apostels Paulus aufgenommen wurde.[13] Die Authentizität der überlieferten und gesammelten Sprüche wurde nicht nach den modernen kritischen Maßstäben gemessen[14], sondern man nahm Sprüche auch unter dem Gesichtspunkt auf, ob sie bekannt und verbreitet waren.

Die späteren, breiter abgefaßten Schriften, die an die Tradition anknüpften, hat man anonym publiziert.[15] Bald danach hat man jedoch begonnen, weite Bereiche der z. T. schon schriftlich bearbeiteten Tradition den Gestalten aus der apostolischen Zeit (Markus, Matthäus, Lukas) und später direkt den Aposteln (Johannes, Thomas u. a.) zuzuschreiben. Das war in der Zeit, als die apostolischen Persönlichkeiten der ersten Generation bereits nicht mehr lebten und äußere Autorität besonders notwendig war.

Nun hat man in diesen Fällen die Schriften oder Traditionen den mutmaßlichen Autoren meistens *ex post* zugeschrieben (die Synoptiker) oder man hat ihre Zugehörigkeit zu der betreffenden Autorität nur indirekt angedeutet (s. Pred 1,12; Sap Sal 9,7f u. ö.). Der Verfasser des Johannesevangeliums identifiziert sich nur mit dem „geliebten Jünger", die synoptischen Evangelien wurden, wie schon gesagt, anonym verfaßt.

In den paulinischen Antilegomena und in den Katholischen Briefen begegnen wir jedoch einer Pseudepigraphie, die die theologischen Lehrer

---

[9] Z. B. „. . . wie ich es selbst gehört habe" – Xenoph. memor. I, 4, 2.

[10] Siehe zum Problem *L. H. Brockington*, Das Problem der Pseudonymität (1953), zuletzt in: Brox (Hg.), Pseudepigraphie, 185–194, bes. 189f.

[11] Hengel, 284.

[12] Siehe *P. W. van der Horst*, The Sentences of Pseudo-Phocylides (Studia V. T. Pseudepigraphia IV), Leiden 1978.

[13] Vgl. Origenes fragm. Hebr. homil., in: Euseb. hist eccl. VI, 25, 11, 14 u. s. Brox, Verfasserangaben, 75.

[14] Vgl. Hengel, 305.

[15] Zu diesem Problem s. *H. R. Balz*, Anonymität und Pseudepigraphie im Urchristentum, in: ZThK 66, 1969, 403–436. – *K.-M. Fischer*, Anmerkungen zur Pseudepigraphie im Neuen Testament, in: NTS 23, 1976/77, 76–81.

und Autoritäten als direkte Verfasser angibt. Der Eindruck, daß es sich um authentische Schriften handelt, wird durch verschiedene persönliche Angaben verstärkt, die das enge Verhältnis des apostolischen Verfassers zu den Adressaten (bzw. zu ihren Vorgängern bei den vordatierten Briefen) unterstreichen sollen.[16] Die Abfassung solcher pseudepigrapher Schriften war also kein allgemeiner Brauch. Nicht nur nach unseren, sondern auch nach den damaligen Maßstäben bedeutete sie eine Fälschung.

Es ist vielleicht nicht überflüssig, wenn wir hierzu das Zeugnis eines der Pseudepigraphie überführten Christen zitieren, des Priesters Salvianus von Marseille (ca. 400–480)[17], der die „Vier Bücher des Timotheus an die Kirche" geschrieben hat. Er hat sich mit dem Hinweis auf die Nützlichkeit seiner Schrift verteidigt, die unter seinem Namen leider niemand ernst nehmen würde: *„Si quidem tam imbecilla sunt iudicia huius temporis ac pene tam nulla, ut qui legunt non tam considerent quid legant quam cuius legant"* (epist. IX; MPL 53, 172); er meinte also, daß seine Zeitgenossen, wenn sie lesen, eine schwache, ja so gut wie keine Urteilskraft besitzen: sie beachten eher, wer das geschrieben hat, als was da geschrieben ist. Obwohl dies ein spätes Zeugnis ist, verrät es doch ein wichtiges Motiv, das schon einen Teil der Verfasser der neutestamentlichen kanonisierten Pseudepigraphen und in größerem Maße die Verfasser der sog. neutestamentlichen Apokryphen bewegt hat. Es ist ein Motiv, dessen Verwirklichung mit einer *pia fraus* verknüpft ist.

Ein indirektes Zeugnis für die damalige Befürchtung, daß die Authentizität bedroht sein könnte, ist die Stichometrie, die Verszählung, die die Schriften vor Zusätzen schützen sollte. Zum Beispiel schließen die Antiquitates von Josephus Flavius mit der Angabe über die Gesamtzahl von sechzigtausend Zeilen in ihren zwanzig Büchern ab.[18]

Das deutlichste Zeugnis für die Umstrittenheit der Pseudepigraphie in der Zeit der Kanonisierung des Neuen Testaments (2.–4. Jahrhundert) ist die Tatsache, daß mehrere Schriften dieser Art nicht in den Kanon aufgenommen wurden.[19] Wir werden deshalb fragen müssen, nach welchen Maßstäben man damals die Authentizität beurteilt hat.

3) War die Unterstützung der wahren Lehre das hohe innere Motiv für die Einführung der falschen Verfasserangaben, so war die theologische (bzw. dogmatische) Beurteilung der betreffenden Schriften ein bedeutendes äußeres Kriterium für ihre spätere Kanonisierung. Origenes berichtet vom Hebräerbrief, daß er zwar nicht in paulinischer Sprache geschrieben ist,

---

[16] Wenn wir nachweisen könnten, daß man in den deuteropaulinischen Briefen authentische persönliche Notizen benutzt hat (z. B. 2Tim 4,13; zur Diskussion s. *W. G. Kümmel*, Einleitung in das Neue Testament, 18. Aufl., Heidelberg 1973, 339f), würde das die ethische Anstößigkeit nicht mildern, sondern eher steigern.
[17] Auf ihn hat schon N. Brox, Verfasserangaben, 101f aufmerksam gemacht; s. dagegen *K. Aland*, Falsche Verfasserangaben?, in: ThRev 75, 1979, 1–10, bes. 5f.
[18] Vgl. die Angaben über Aristoteles' erhaltene Schriften mit ihren 445 270 Zeilen, bei Diog. Laert. vitae V, 27, über die Ps. Aristot. Schriften s. a.a.O. V, 34.
[19] Vgl. *H. v. Campenhausen*, Die Entstehung der christlichen Bibel, Berlin 1977² (Liz.), 287f.

aber paulinische Theologie enthält. Deshalb hat er ihn als paulinisch anerkannt (nach Euseb, hist. VI, 25, 11–14). Bei anderen Schriften hat die negative Beurteilung ihre Ablehnung zur Folge gehabt. Tertullian berichtet, daß der Presbyter aus Asien, der die Paulusakten *„quasi titulo Pauli"* verfaßt hat, als Fälscher abgesetzt wurde (de bapt. 17, 4)[20], auch wenn er zu seiner Verteidigung erklärte, er habe das *„amore Pauli"* gemacht. Tertullian billigt die negative Entscheidung, weil die Paulusakten seiner Auffassung der Taufe widersprechen (ebd.). – Nach Eusebius (hist. VI, 12, 2–6) hat Bischof Serapion von Antiochien († etwa 212) das ihm nicht näher bekannte Petrusevangelium der Kirche in Kilikien empfohlen, sie aber davor gewarnt, nachdem er dessen Doketismus und häretischen Ursprung entdeckt hatte.

Die Kriterien waren also vornehmlich theologischer Art, aber dort, wo die Theologie einer Schrift strittig war, hat man auch den pseudepigraphen Charakter als eine Fälschung empfunden und bezeichnet. Das Bewußtsein des geistigen Eigentums war also dem Christentum nicht ganz fremd.

Das Problem der theologischen Beurteilung besteht darin, daß es Pseudepigraphen gibt, die inhaltlich wirklich der Lehre des angeblichen Autors nahe stehen. Z. B. können der Kolosser- und der Epheserbrief trotz entgegengesetzter Meinungen[21] paulinisch gedeutet werden.[22] Die Argumente gegen ihre Authentizität werden dadurch relativiert. Ernst Percy hat gesagt, daß, wenn den Epheser- und den Kolosserbrief ein Paulusschüler geschrieben hätte, dieser mit seinem Paulusverständnis „in der ganzen nachpaulinischen Literatur vor Luther ganz allein stehen" müßte.[23] Das ist ein einseitiges Urteil, das durch die neuzeitliche Auffassung der geistigen Individualität beeinflußt ist. Es spiegelt jedoch indirekt die Wirklichkeit des antiken Lehrer-Schüler-Verhältnisses wider, das die hellenistischen philosophischen und theologischen Schulen geprägt hat.[24] Die Tatsache, daß eine Schrift ein Schulprodukt ist, schließt jedoch nicht aus, daß sie gleichzeitig eine unter dem Namen des Lehrers geschriebene Fälschung ist. Sie kann nur die Anstößigkeit solchen Verfahrens unter Umständen ein wenig relativieren. „Unter Umständen ein wenig" – denn innerhalb der Schulen und „Kreise" gab es auch Spannungen, wie wir es mit dem Vergleich des Epheser- und Kolosserbriefes auf der einen und der Pastoralbriefe auf der anderen Seite demonstriert haben.[25] Im johanneischen Kreis ist eine ähnliche Spannung zwischen den ersten beiden und dem dritten Johannesbrief sichtbar.[26] An einen gemeinsamen Lehrer konnten

---

[20] Vgl. Brox, Verfasserangaben, 68ff.

[21] *W. Schenk*, Christus, das Geheimnis der Welt, als dogmatisches und ethisches Grundprinzip des Kolosserbriefes, in: EvTh 43, 1983, 136–155, bes. 139.

[22] Schweizer, 26f.

[23] *E. Percy*, Die Probleme der Kolosser- und Epheserbriefe, Lund 1946, 356, vgl. 136.

[24] *W. Bousset*, Jüdisch-christlicher Schulbetrieb in Alexandrien und Rom (FRLANT 23), Göttingen 1915, 3ff.

[25] Zur Paulusschule *E. Lohse*, Die Briefe an die Kolosser und an Philemon (KEK IX/2), Göttingen 1968, 253f.

[26] Zum Phänomen der philosophischen und theologischen Schulen überhaupt s. *B.*

mehrere Gruppen anknüpfen, deren Lehren, miteinander verglichen, recht unterschiedlich waren.

Darüber hinaus gibt es unter dem Namen einer Person geschriebene Schriften, die zwar die Autorität des angeblichen Verfassers beanspruchen, aber nur mit deren Hilfe ihr eigenes theologisches Zeugnis durchsetzen wollen. So ist es z. B. mit den kanonischen Petrusbriefen, und so beurteilt Wolfgang Trilling in seinem Kommentar den 2. Thessalonicherbrief.[27]

Die Zwischenbilanz unserer bisherigen Überlegungen lautet also, wenn wir sie zugespitzt formulieren: Die Pseudepigraphen des Neuen Testaments haben sich als kanonische Schriften durchgesetzt, A) weil sie in der Beziehung zum Evangelium eine gesunde Theologie vertreten, und B) weil die direkten und indirekten Angaben über die Verfasser gut gefälscht wurden. Diesen zweiten Umstand hat die Kirche, die sie kanonisiert hat, nicht gekannt, oder sie hat ihn nicht kennen wollen. Wir wissen es und müssen uns damit theologisch auseinandersetzen, falls wir den Kanon nicht zu einer bloß historischen Größe degradieren wollen.

4) Ein gewissermaßen legitimer Grund für den Verstoß gegen die Respektierung des geistigen Eigentums, der die Bezeichnung solcher Tätigkeit als Fälschung relativiert, ist ein tiefes inneres Erlebnis, eine Entrückung, in der der Mensch durch eine Vision oder Audition einen besonderen Auftrag empfängt.[28] Das Bewußtsein der Bedeutung der Inspiration ist im 2Petr 1,20f bezeugt, und nach 2Tim 3,16 ist das Alte Testament eine von Gott inspirierte Schriftensammlung.[29] Im Hirten des Hermas lesen wir noch, daß der geisterfüllte Mensch in der Versammlung „was der Herr will" (τὰ πνεύματι τῷ ἁγίῳ ... καθὼς ὁ κύριος βούλεται) redet (Mand. 11,9).[30] Dies Bewußtsein eines besonderen Auftrags steht auch an der Wiege mehrerer Pseudepigraphen.[31] Der Verfasser identifiziert sich im Geiste mit den nor-

A. *Culpepper*, The Johannine School. An Evaluation of the Johannine-School Hypothesis based on an Investigation of the Nature of Ancient Schools (S. B. L. Diss. Ser. 26), Missoula (Mt) 1975.

[27] W. *Trilling*, Der Zweite Thessalonicherbrief (EKK XIV), Zürich/Neukirchen 1980, 27. Vgl. oben Anm. 21. Deswegen kann man die pseudepigraphischen Episteln des N.T. nicht von den „pädagogischen Fiktionen" der damaligen Historiographie ableiten, der die Briefe wie Apg 15,23–29 oder 23,26–30 zuzuschreiben sind (s. dazu E. *Güttgemanns*, In welchem Sinne ist Lukas ‚Historiker'?, in: LB 54, 1983, 9–26, bes. S. 17f.

[28] W. *Speyer*, Religiöse Pseudepigraphie und literarische Fälschung im Altertum, zuletzt in: *N. Brox (Hg.)*, Pseudepigraphie, 197f.

[29] S. W. *Speyer*, Fälschung, pseudepigraphische freie Erfindung und „echte religiöse Pseudepigraphie" in: Pseudepigrapha I, 333–366, bes. 349.

[30] Das betont K. *Aland*, Noch einmal: Das Problem der Anonymität und Pseudonymität in der christlichen Literatur der ersten beiden Jahrhunderte, in: Pietas, FS B. Kötting (Jb. f. Antike und Christentum Ergänzungsband 8), Münster 1980, 121–139, bes. 124–126.

[31] Der schon erwähnte Salvianus hat den Namen Timotheus angeblich im wörtlichen Sinne als „Verehrer Gottes" benutzt. Auf diese Weise habe er auf den wahren Verfasser hinweisen wollen, *„quia recte ipse scripsisse dicitur, per quem factum est, ut scribetur"* (epist. IX; MPL 53, 174).

mativen Persönlichkeiten der Vergangenheit.[32] Der Offenbarungsbegriff ist hier der Vorstellung vom geistigen Eigentum übergeordnet.

Das Bewußtsein eines besonderen Auftrags von Gott mildert zwar die ethische Anstößigkeit einiger Pseudepigraphen, aber beseitigt sie nicht völlig. Schon in der neutestamentlichen Zeit hat es geistbegabte Reden gegeben, die unter dem Namen des wirklichen zeitgenössischen Empfängers verbreitet wurde. Die Johannesoffenbarung ist z. B. kein Pseudepigraphon, der Seher stellt sich vor (Offb 1,1.9f).[33]

5) Der markanteste äußere Anlaß zur Entstehung der heutigen neutestamentlichen Schriften mit falschen Verfasserangaben war die Verwendung der apostolischen Namen durch die Gegner. Die Existenz von falschen Episteln des Apostel Paulus ist schon im 2Thess 2,2 belegt.[34] Solche Briefe erschütterten den Glauben der Adressaten nicht nur durch die falsche Lehre selbst, sondern auch durch ihre angebliche Autorität, denn ein Brief konnte die persönliche Rede des Apostels ersetzen (2Thess 2,15). Wenn in der Abwesenheit oder nach dem Tode des Apostels fingierte und vordatierte gefährliche Briefe oder Aussagen unter seinem Namen umliefen, war es begreiflich, daß die andere Seite[35] dieselbe Praxis zur Verteidigung der nach ihrer Meinung wahren Lehre benutzte. Es war eine Art Gegengift.[36] Man hat es auch in den Fällen benutzt, wo die Bedrohten nicht fähig waren, ihren „apostolischen" Glauben unter neuen geistigen Verhältnissen aufrechtzuerhalten. Im Kol lesen wir von dem schlechten Einfluß einer „Philosophie" (2,8). Kurz vorher wird in einem Abschnitt (2,1–5) zweimal wiederholt, daß der Apostel den Adressaten nicht persönlich bekannt ist, daß er aber im Geiste mit ihnen ist und sieht, wie sie im Glauben fest sind. Damit kontrastiert ein Satz über die mögliche Verführung durch die Überredungskunst (2,4 vgl. 2,8), offensichtlich ein *vaticinium ex eventu*, das den realen Zustand der Adressaten beschreibt, wobei die Aussagen über ihre gegenwärtige Treue eigentlich das Ideal darstellen, das der Brief herbeiführen soll.

Obschon wir die Motive verstehen, bleibt bei solchem Vorgehen die Hervorhebung der Eigenhändigkeit (Kol 4,18; 2Thess 3,17) anstößig und wir müssen uns mit diesem Phänomen noch näher auseinandersetzen.

6) Der erste Eindruck ist, daß die eigenhändigen Unterschriften und andere Mitteilungen nur die Identität des Absenders garantieren sollen. In Wirklichkeit haben sie verschiedene Funktionen. Die Identität konnte der

---

[32] Hengel, Anonymität, 267ff.278.
[33] Brox, Verfasserangaben, 13f.68ff.78ff. – Speyer, Religiöse Pseudepigraphie 250–252. Spätere Autoren, wie z. B. Justin Martyr., stellen sich schon mit ihren vollen Namen vor (Apolog. 1); vgl. Aland, Noch einmal, 126.
[34] Die späteren bekannten außerkanonischen paulinischen Pseudepigrapha sind der Laodizenerbrief, der 3. Korintherbrief und die Korrespondenz Paulus – Seneca.
[35] Welche die „orthodoxe" war, hat sich erst später entschieden.
[36] Zum Ganzen Brox, Verfasserangaben, 98f. – Speyer, Religiöse Pseudepigraphie.

Überbringer bestätigen.[37] Die Unterschrift hat vor allem die persönliche Beziehung des Absenders zu dem Adressaten unterstrichen. Eigenhändig wurde in den säkularen Briefen z. B. das „Leb' wohl" (ἔρρωσο) geschrieben.[38] In den apostolischen Schriften sollte die eigenhändige Unterschrift vor allem die apostolische Autorität des Inhalts unterstreichen.[39] Die anderen Funktionen können wir an einigen Beispielen demonstrieren.

Nach Gal 6,11 soll der eigenhändig geschriebene Abschnitt (6,11–17) die Verkündigung des Evangeliums für die Unbeschnittenen autorisieren. – 1Kor 16,21 leitet die Unterschrift den apostolischen Rechtsspruch (16,22) und den apostolischen Gruß (16,23f) ein, in dem die anderen Grüße gipfeln. – In Phlm 19 bürgt Paulus durch seine Unterschrift für die Geldsumme, die Onesimos Philemon schuldig ist. – Nur in 2Thess 3,17 hat die Unterschrift vornehmlich eine identifizierende Funktion gegenüber den in 2Thess 2,2 erwähnten falschen Briefen. Gerade dies macht die direkte paulinische Herkunft des 2Thess problematisch, denn während des Lebens des Apostels bestätigten die Identität des Apostels, wie wir gesagt haben, die Überbringer. Die Betonung der Identität war ein Mittel zur Autorisierung der fingierten und vordatierten Briefe. Offen bleibt die Funktion der Unterschrift in Kol 4,16, wo sie ähnlich wie im 1Kor den apostolischen Gruß einleitet, aber vielleicht auch schon die Apostolizität der ganzen Epistel bestätigen will. – Im 2Thess und vielleicht auch im Kol hat also die apostolische Unterschrift eine andere Funktion als in den anderen Fällen, eine Funktion, die sich durch ihren guten Zweck geheiligt fühlt.

7) Subjektiv konnte man sich solcher Fiktion (ψεῦδος) nach Platon (res publ. II, 282c)[40] gerade als eines Gegengiftes bedienen (ἀποτροπῆς ἕνεκα ὡς φάρμακον χρήσιμον). Klemens von Alexandrien gibt auch zu, daß man in der Todesgefahr die Fiktion als Heilmittel (ἐν θεραπείας μέρει) benutzen kann (strom. VII, 53, 2f). Der Arzt versteckt vor den Kranken seine Instrumente, die Väter verschweigen ihre Liebe zu den Kindern, wenn sie sie rügen (so auch der Apostel in Gal 6,7). Das alles ist der Betrug der Liebe, der den Betrug des Teufels im Paradies wiedergutmacht. So argumentiert Hieronymus (comment. in Gal; MPL 26, 364).[41] Bei Origenes ist diese Theorie am besten begründet. Er beschäftigt sich mit dem Problem des berechtigten Betrugs bei der Verteidigung der Menschwerdung Gottes gegen den Philosophen Kelsos. Nach Kelsos konnte der Menschgewordene entweder kein Gott sein, oder es mußte sich um einen Betrug handeln. Darauf antwortet Origenes mit mehreren Gegenargumenten: Z. B. verwandelt

---

[37] Gegen Roller, 131–133.190, der seine Schlüsse vor allem aus den amtlichen Briefen zieht.

[38] *A. Deißmann*, Licht vom Osten. Das Neue Testament und die neuentdeckten Texte der hellenistisch-römischen Welt, Tübingen 1923[4], 137f. Belege: *G. Marini*, I papiri diplomatici, Roma 1805, Nr. 73 nach Roller, 75; vgl. Röm 16,22.

[39] *H. Hegermann*, Der geschichtliche Ort der Pastoralbriefe, in: ders., Theologische Versuche II, Berlin 1970, 47–64, bes. 54ff. Er meint, daß es sich um Beglaubigung der theologischen Linie gehandelt hat. Er unterschätzt das Element der Fiktion.

[40] Brox, Verfasserangaben, 82ff.

[41] Vgl. Brox, Verfasserangaben, 87.92f.

sich die Mutter in Milch, um das Kind zu ernähren usw. (c. Cels. IV, 18). Seine Argumente gipfeln in dem Hinweis darauf, daß die Verwandlung besonders dort berechtigt ist, wo sie den Kranken oder den psychisch Kranken hilft und sie rettet. So ist auch Jesus als Mensch gekommen, um die Sünden der Menschen zu versöhnen und sie gerecht zu machen (IV, 19). Auch Hieronymus sagt, daß Gott die Larve des sündigen Menschen angenommen hat, um die Menschen zu retten (ebd.). Hier erreicht die Apologie des Betrugs offensichtlich ihren Höhepunkt. Die Inkarnation war danach das Modell der heilsamen Verwandlung. Gleichzeitig wurde dadurch jeder menschlichen Täuschung eine feste Grenze gesetzt: Sie kann nur als Widerspiegelung der in Jesus Christus geoffenbarten Liebe Gottes gerechtfertigt werden.

Die Verfasser der kanonisierten christlichen Pseudepigraphen fühlten sich in ihrem Vorgehen offensichtlich vor allem durch die Thesen von dem Gegengift gerechtfertigt. Außerdem kann bei ihnen auch die bekannte paulinische Devise eine Rolle gespielt haben: „Den Schwachen bin ich ein Schwacher geworden, damit ich die Schwachen gewinnen kann. Allen bin ich alles geworden, damit ich auf jeden Fall einige rette" (1Kor 9,22).[42] – Es wird durch nichts angedeutet, daß sie auch christologisch, von der Inkarnation her, gedacht haben, wie Origenes oder Hieronymus. Das ändert nichts daran, daß die Überlegungen jener zwei Kirchenväter die Möglichkeit der Relativierung einiger ethischer Prinzipien theologisch im Grunde richtig gezeigt haben.

Durch diese sieben Bemerkungen haben wir viele spitze Kanten des Problems der kanonisierten christlichen Pseudepigraphie abgeschliffen, doch das Problem selbst haben wir nicht beseitigt. Beseitigen kann man es eigentlich überhaupt nicht. Man kann es im Rahmen der christlichen Kirche nur austragen und theologisch bewältigen.

A) Dazu müssen wir vor allem auf die bisher nur nebenbei erwähnte tiefste Ursache aufmerksam machen, die dieses Problem in seiner spezifischen christlichen Gestalt und Tragweite hervorgerufen hat. Der „gute Zweck" war im Fall der christlichen kanonisierten Pseudepigraphen die Vermittlung des Zugangs zu Jesus – dem „für uns" Gekreuzigten und Auferstandenen. Der Zugang wird durch die Apostolizität des Zeugnisses ermöglicht, d. h. u. a. durch seine Zugehörigkeit zu der Zeit Jesu und zu dem Kreis der ersten Zeugen.[43] Die Bindung der Norm an eine historisch faßbare Zeit und an das mit ihr verknüpfte Geschehen hängt mit dem spezifischen Charakter der Offenbarung im biblischen Sinne zusammen. Die aus der griechischen Religion erwachsenen literarischen Formen, wie vor al-

---

[42] In der Auslegung des Galaterbriefes zitiert diese Stelle Hieronymus als Begründung der Adaptation im Dienste des Evangeliums: comment. in Gal (2,11–13); MPL 26,364.
[43] Zur paulinischen Auffassung der Apostolizität s. 1Kor 15, 3–8. Die späteren Offenbarungen konnten das apostolische Zeugnis nicht ersetzen (2 Kor 12,1–10).

lem die Tragödie und das Epos, konnten sich ruhig auf der Ebene der tolerierten Fiktionen ($\psi\epsilon\upsilon\delta\grave{\eta}$ $\iota\sigma\tau\circ\varrho\acute{\iota}\alpha\iota$)[44] bewegen. Hinter ihnen stand die mythische Auffassung der Wirklichkeit. Das eigentlich Entscheidende bringt danach der Mythus zum Ausdruck, der zeitlos ist. Die klassische Definition des Mythus[45] von Salustios dem Philosophen (IV. Jh. nChr.) kann hier als Illustration einer Lebenseinstellung dienen, die fast den Gegenpol zu dem „biblischen" Glauben bildet. Von den Wahrheiten, die durch den Mythus ausgedrückt werden, wird hier gesagt: $\tau\alpha\tilde{\upsilon}\tau\alpha$ $\delta\grave{\epsilon}$ $\dot{\epsilon}\gamma\acute{\epsilon}\nu\epsilon\tau\circ$ $\mu\grave{\epsilon}\nu$ $\circ\dot{\upsilon}\delta\acute{\epsilon}\pi\circ\tau\epsilon$, $\check{\epsilon}\sigma\tau\iota$ $\delta\grave{\epsilon}$ $\dot{\alpha}\epsilon\acute{\iota}$ ... (de diis et mundo 4), d. h. „Es geschah nirgendwann, es ist jedoch immer." In der „biblischen" Tradition geschieht die Offenbarung Gottes innerhalb der Geschichte. Sie ist mit der Geschichte nicht identisch, aber sie bricht in dieses Zeitalter, in diesen Äon ein. Das Entscheidende, das Sinngebende, das Zu-Kommende, kurzum das Eschaton, das im Glauben persönlich angenommen werden kann, ist schon in dieser Geschichte erschienen, und seine persönliche Aufnahme ist auch auf die Erinnerung und auf das Zeugnis der Urzeugen angewiesen.[46] Im Israel der Zeit Jesu war die „normative Vergangenheit" die Zeit, in der Gott sein Volk durch die von ihm inspirierten Männer direkt geführt hat.[47] Diese Zeit ist mit den letzten Propheten zu Ende gegangen (Ps 74,9; bab. Sanh. 11ª u. a.[48]). Deshalb wurden die Offenbarungen im Namen von Esra (4Esra 14,18–26), Henoch oder sogar Adam geschrieben. So weit zurück mußten die Verfasser der christlichen Pseudepigraphen nicht greifen. Die endgültige Offenbarung Gottes erfährt der christliche Glaube in Jesus Christus, dessen Geschichte ihren Anfang und ihre Norm in seiner irdischen Existenz (Inkarnation Gottes) hat. Die „klassische" Periode ist für den Glauben und für die Kirche die Zeit Jesu und der ersten Zeugen des Ostergeschehens. Die normative Verkündigung ist an diese Zeit und an diesen Raum gebunden, und die Verfasser der christlichen Pseudepigraphen haben oft sehnsüchtig gewünscht, ihren Lesern den Zugang zu dem wahren, wirklichen Jesus zu vermitteln, d. h. sie auch in die Nähe seiner irdischen Existenz zu führen. Der Zusammenhang der christlichen Pseudepigraphie mit der auf die konkrete Geschichte bezogenen Offenbarung Gottes unterscheidet sie grundsätzlich von der übrigen Pseudepigraphie, wenn auch die äußeren Mittel ähnlich sein können. Wichtiger als das gewählte Pseudonym selbst war die Zugehörigkeit des angeblichen Verfassers zur apostolischen Zeit, zur Nähe der Offenbarung Gottes in Jesus aus Nazareth. Das subjektiv tiefste Motiv zur Abfassung der Pseudepigraphen war also bei den christlichen Autoren die Überzeugung, daß das aufrichtige

[44] *R. Reitzenstein*, Hellenistische Wundererzählungen, Leipzig 1906, 91; s. auch den Beitrag von Güttgemanns (oben Anm. 27).
[45] Es handelt sich um den Götter- und Transformationsmythus, der mit der Religion am tiefsten verknüpft ist.
[46] Zum Problem *P. Bonnard*, L'anamnèse, structure fondamentale de la théologie du Nouveau Testament (1961), zuletzt in: ders., Anamnesis (Cah. Rev. Th. Prot. 3), Genève 1980, 1–11.
[47] Hengel, Anonymität, 267.
[48] Zum Problem *K. Schubert*, Die Religion des nachbiblischen Judentums, Wien/ Freiburg 1955, 6f.211.

Zeugnis des Glaubens dem irdischen Jesus und dem apostolischen Zeugnis nahe stehen muß und unter dem Namen der entsprechenden Personen geschrieben werden darf. Bei den kanonisierten Schriften hat das die Kirche durch ihre Praxis und durch ihre Lehre in gewisser Hinsicht anerkannt.[49] Aber gerade weil die historische Dimension des Apostolischen eine theologische Rolle spielt, gewinnt unsere neue kritische Erkenntnis auch theologische Tragweite.

B) Bedeutet dies, daß die pseudepigraphen Schriften aus dem Kanon zu entfernen sind? Das wäre die Konsequenz, würden wir den Kanon für direkte Offenbarung Gottes halten, etwa so wie die Moslems den Koran verstehen. Der biblische Kanon ist dagegen ein menschliches Zeugnis von der Offenbarung Gottes. Wenn die Kirche auch pseudepigraphe Schriften als apostolisches Zeugnis aufgenommen und kanonisiert hat, so bedeutet das für uns, und wir sehen es heute deutlicher als früher, daß auch der biblische Kanon durch Gottes Gnade und nicht durch das Werk der Menschen in Geltung ist. *Sola gratia* gilt auch hier. Nur auf diesem Hintergrund können wir sehen, daß die kanonischen Pseudepigraphen als ein apostolisches Zeugnis gewirkt haben. Gott hat sich zu ihnen in seiner Gnade bekannt, wie er sich zu Jakob in Bethel bekannte, zu Jakob, der vorher im Kleid seines älteren Bruders, mit den Fellen des Ziegenböckleins um seine Arme und um seinen glatten Hals, als der Jüngere sich das Recht des Erstgeborenen erschlichen hat (Gen 27.28). Wir wissen jetzt, daß die Abfassung einiger neutestamentlicher Schriften[50] mit zweifelhaften Praktiken verknüpft ist. Aber das Recht der „Erstgeborenen" dürfen wir ihnen deswegen nicht absprechen. Sie wollten die Leser in die zeitliche Nähe Jesu führen, und in unserer heutigen Sicht haben sie sie in die Nähe der von Jesus bezeugten Gnade Gottes geführt, die Sünder nicht ablehnt und die gerade die Sünder bezeugen können.

C) Die Aufstellung des Kanons und seine Abgrenzung bedeuten dann auch, daß das apostolische Zeugnis nicht durch später geschriebene Texte erweitert werden kann. Wenn in den Kanon einige Pseudepigraphen gekommen sind, dann deshalb, weil man sie für authentische apostolische Zeugnisse hielt. Weil der Kanon begrenzt ist, bedeutet ihre Aufnahme nicht die Legitimierung der *pia fraus*. Die Kanonisierung setzt der Pseudepigraphie feste Schranken und mildert ihre ethisch strittigen Momente durch die Hervorhebung der relativen inhaltlichen Kongruenz solcher Schriften mit dem apostolischen Zeugnis und ihrer zeitlichen Nähe zur apostolischen Generation.[51]

---

[49] Es gibt Anzeichen dafür, daß es neben den ersten Zeugen auch andere, von Gott beauftragte Zeugen gab, wie z. B. im Kolosserbrief Epaphras (1,7), Tychikus (4,7) und Onesimus (4,9), die treue und von Gott anerkannte (πιστός vgl. 1Kor. 7,25 u. ö.) Mitarbeiter des Apostels waren. Es ist gut denkbar, daß sie den Apostel nicht nur im mündlichen Zeugnis ersetzt (Kol 1,7 nach p46, Aleph, A, B u. a.), sondern es gewagt haben, unter seinem Namen auch Briefe zu schreiben.

[50] Indirekt gilt das auch für die vordatierten und unter dem Namen von Autoren der „klassischen" Periode verfaßten Schriften des Alten Testaments.

[51] Vgl. v. Campenhausen, 380f. – Aland, Das Problem, 34.

11. Antigone und Jesus (Opfer und Hoffnung)

Petr Pokorný

1. Der Tod als Sühnopfer

1.1 Methode

Es ist immer von Nutzen, das Urchristentum und das Erbe der Antike zu konfrontieren. Allerdings ist beim Nachdenken über diese durch sekundäre Deutungen besonders belasteten Gebiete der Geistesgeschichte methodische Vorsicht geboten.

In unserem Fall ist es nicht möglich, die beiden Persönlichkeiten biographisch oder historisch zu vergleichen, und auch ein Vergleich der entsprechenden Texte wäre methodisch schwer durchführbar, weil es sich um verschiedene Gattungen handelt. Die Geschichte Jesu wird in den Evangelien (Synoptiker, Johannes, Petrusevangelium) als Bearbeitung von relativ kurze Zeit tradierten Stoffen erzählt, deren tiefe Wirkung auch durch die neutestamentlichen Epistel bezeugt wird. Die Geschichte von Antigone haben mehrere Generationen mythisch (μυθέσθαι) überliefert, und Sophokles hat sie dramatisch umgestaltet. Die anderen zwei bekanntesten Versionen aus Aischylos' Hepta (990ff) und Euripides' Phoinissen (1628ff) geben die zweite Variante, wonach Antigone nicht stirbt, wenn sie auch den Tod riskiert (Phoin. 1658), wieder.

Unter dieser Voraussetzung ist die einzige Möglichkeit, die beiden Textgruppen motiv- und ideengeschichtlich zu vergleichen. Da Antigone in das Bewußtsein der abendländischen Kultur in der sophokleischen Fassung getreten ist, werden wir diese Version als Ausgangspunkt für unseren Vergleich benutzen.

1.2 Die Tragweite des Opfers

Auf der Oberfläche, der ersten Ebene, sind beide Geschichten, die von Jesus und die von Antigone, in allen ihren Versionen durch das Problem der Spannung zwischen Gesetz und höherem göttlichen Willen verbunden, dem die Protagonisten gehorchen und infolgedessen ihr Leben opfern. Bei aufmerksamer Lektüre zeigt sich, daß es kein Konflikt zwischen dem positiven Recht und dem göttlichen Willen ist, sondern daß hier zwei Deutungen transzendenter Gerechtigkeit vorliegen. Beide, sowohl Antigone als auch Jesus, berufen sich auf den göttlichen Willen und seine Repräsentanten: auf Zeus, Dike (Antig 450ff) oder die ungeschriebenen, unwandelbaren Gesetze der Götter (ἄγραπτα κἀσφαλῆ θεῶν νόμινα – (454f), auf den Menschensohn, der vom Himmel kommt (Mark 14,62 Par), oder auf das „oben" (ἄνω – Joh 19,11) – auf Gott. Auf den Willen Gottes (der Götter) berufen sich jedoch auch ihre Gegner. Jesus wird durch den Hohenpriester schuldig erklärt und Antigones Tat wird als Übermut (ὕβρις) bezeichnet, welche die Götter beleidigt. Und doch wird in beiden Geschichten dem Leser (Hörer) deutlich gesagt, daß es im Grunde nur eine einzige höchste Instanz gibt[1]: Kreon ändert seine Meinung und fügt sich der Notwendigkeit (Antig 1105f), Jesus wird von Gott selbst durch die Auferstehung bzw. Erhöhung rehabilitiert (Mark 16,6 und die ältesten christlichen Bekenntnisse).

Auch subjektiv, im Bewußtsein der Protagonisten, ist die göttliche Instanz, auf welche sie sich berufen, eindeutig die überlegene. Antigone sagt sogar, daß ihr vorzeitiges Sterben ein Gewinn (κέρδος) ist (Antig 461f), ähnlich wie es ein halbes Jahrtausend später Paulus, der Apostel Jesu Christi, sagen wird (Phil 1,21). Es kann nicht nachgewiesen werden, daß es sich um einen Beleg literarischer Abhängigkeit handelt. Diese auffällige, fast wörtliche Parallele verrät eher die Übereinstimmung im Glauben, wobei wir „Glaube" in diesem Kontext allgemein als Ausdruck der Verankerung und der transzendenten Bezogenheit der ganzen Existenz begreifen. Ein solcher elementarer Glaube ist stärker als die Angst vor dem vorzeitigen Tod. In der griechischen Volksreligion gab es die Vorstellung von den vorzeitig Gestorbenen (βιαιοθάνατοι), die in der Zeit, um welche ihr Leben gewaltsam verkürzt wurde, keinen Eingang in die Unterwelt finden. Sie ist zwar für die Tragiker nicht typisch, aber in Antig 1068 klingt sie in Teiresias' Rede mit[2]. Antigone riskiert trotzdem den Tod, weil sie überzeugt ist, daß sie dem göttlichen Gesetz folgt (450ff). Ihre göttliche, schicksalhafte (transzendente) Bestimmung ist es, zu lieben: „Zur Liebe, nicht zum Haß bin ich geboren" – οὔτοι συνέχθειν, ἀλλα' συμφιλεῖν ἔφυν (Antig 523, Übers. E. Pilch[3]), wobei ἔφυν hier die Urbestimmung des Menschen ausdrückt. Beim Jesus der synoptischen Überlieferung ist diese Bestimmung programmatisch in den Abendmahlsworten und in Mark 10,45 Par ausgedrückt: „Der Menschensohn ist nicht gekommen, daß er sich dienen lasse, sondern daß er diene und gebe sein Leben als Lösegeld für viele" (Mark 10,45 Par).

Wir brauchen nicht im Detail nachzuweisen, daß der Konflikt in beiden

---

[1] Zum Problem des einen moralischen Gesetzes s. P. TILLICH, Sein und Sinn (Ges. Werke XI), Stuttgart 1969, 194f, wo er seine These von dem einen Gesetz der Moral am Beispiel von Antigone illustriert.

[2] J. TER VRUGT-LENTZ, Mors immatura, Groningen 1960. 38f. 42.

[3] E. PILCH, Sophokles Antigone. Griechisch und Deutsch, Berlin 1939.

Fällen durch menschliche Entfremdung – durch Sünde ($\dot{\alpha}\mu\alpha\varrho\tau\dot{\iota}\alpha$) – verursacht ist. Die Tiefe jener Entfremdung ist dem Preis zu entnehmen, der für ihre Überwindung bezahlt werden mußte – dem Opfer des Lebens.

Bei einer Untersuchung der semantischen Funktion urchristlicher Bekenntnisse vom Opfertod Christi hat Martin Hengel auf die Gestalten der antiken Literatur aufmerksam gemacht, welche die Tragweite des Opfergedankens in der hellenistischen Kultur dokumentieren[4]. Außer den Aufforderungen zur Todesbereitschaft im Kampf fürs Vaterland erwählt er Beispiele der apotropäischen Tier- und Menschenopfer, welche das semantische Feld des Begriffs Lebensopfer in der Antike charakterisieren. Eine besondere Rolle spielen hier die Gestalten, welche ihr Leben bewußt opfern: Euripides' Alkestis ist bereit, ihr Leben für ihren Gatten zu opfern, Menoikeus aus Euripides' Phoinissen opfert sein Leben zur Rettung der Stadt und des Landes ($\varepsilon\dot{\iota}\mu\iota$ $\varkappa\alpha\dot{\iota}$ $\sigma\dot{\omega}\sigma\omega$ $\pi\dot{o}\lambda\iota\nu$ $\psi\upsilon\chi\dot{\eta}\nu$ $\tau\varepsilon$ $\delta\dot{\omega}\sigma\omega$ $\tau\tilde{\eta}\sigma\delta'$ $\dot{\upsilon}\pi\varepsilon\varrho\vartheta\alpha\nu\varepsilon\tilde{\iota}\nu$ $\chi\vartheta\text{ov}\dot{o}\varsigma$ – 997f), Ismene ist bereit, ihr Leben zu opfern (Sophocles Oidip col 503f), um tausende von Menschen zu retten (498f), Cato der Jüngere (Uticensis), um den Zorn der Götter gegen die Römer abzuwenden und die Sünden des Bürgerkriegs zu sühnen (Lucanus Phar 2.304ff). Dies ist ein besonders bedeutendes Motiv der Geistesgeschichte, das sowohl das furchtbare menschliche Versagen als auch die Tiefe des unbedingten Anspruchs und der menschlichen Sehnsucht nach dem Sinn des Daseins belegt.

Hengel ist sich dessen bewußt, daß der Tod Jesu als Sühne[5] eine neue Wirklichkeit ist[6], aber die Existenz des von ihm untersuchten Sprachfeldes von „Lebensopfer" bzw. „Sühne" hat ermöglicht, daß die ältesten christlichen Glaubensformeln (Sühne- bzw. Dahingabe-Formeln)[7], welche von dem stellvertretenden Tod Jesu sprechen, auch im hellenistisch-römischen Milieu als Ausdruck der Tragweite der Geschichte Jesu verständlich waren. Antigone gehört ebenfalls in diesen Zusammenhang, wenn sie auch ihr Leben nicht direkt für viele, sondern nur für die Ruhe ihres Bruders und indirekt für ihre ganze Familie opferte.

Bevor wir das Problem der Verankerung des menschlichen Lebens in Gott, dem Unbedingten und Wahren, und das Problem des Wesens und Ertrags des Opfers behandeln[8], müssen wir einen kurzen Blick auf die „Sache" werfen, welche für Antigone mehr wert als ihr eigenes Leben war.

---

[4] HENGEL, Atonement 198ff. 208ff.

[5] Auf die Diskussion über das Verhältnis von Versöhnung und Sühne werde ich hier nicht eingehen, weil seit Paulus beide Begriffe verbunden sind: C. BREYTENBACH, Versöhnung (WMANT 69), Neukirchen 1989, und vgl. die Rez. von O. HOFIUS in ThLz 115 (1990), 741–745, und P. POKORNÝ CV 32 (1989), 287–288.

[6] HENGEL, Atonement 219f.

[7] Weitere Belege aus der Antike s. auch bei WENGST, Formeln 67f, zu den soteriologischen Formeln ebd. 55ff.

[8] Vgl. P. TILLICH, Systematische Theologie I (Übers.), Stuttgart 1956 (2. Aufl.) 280ff, III. Stuttgart 1966, 55ff. 310f.

Es ist, wie schon gesagt, die Bestattung ihres Bruders, die sein jenseitiges Los bessern soll. Dies ist überraschend für heutige Menschen, die mehr pragmatisch denken, und zwar auch im Blick auf die Liebe. Ismene ist in dieser Hinsicht viel sachlicher. Sie sagt, daß sie und Antigone als Frauen geboren sind (ἔθυμεν – 62) und daß eine solche Tat sinnlos ist (οὐκ ἔχει νοῦν οὐδένα – 68). Die spätere, schon erwähnte Erklärung Antigones, wonach sie zum Mitlieben geboren ist (ἔφυν – 523), muß als Gegensatz zu Ismenes pragmatisch liebendem Konzept verstanden werden. Für Antigone gipfelt ihre moralische Verantwortung gerade dort, wo wir uns an der Grenze des menschlich „Nützlichen" befinden, an der Todesgrenze. Ihr Bezug auf das Unbedingte begründet ihre innere Freiheit, die auch angesichts des Todes gilt und außerhalb ihres Ichs begründet ist.

Überzeugend hat dies in einem tschechischen Aufsatz Frau Lenka Votavová (-Karfíková) gezeigt. Sie hat auch die biblische Parallele zu Antigones Handlung hervorgehoben, die wir im Buch Tobias 1,16-2,9 lesen. Tobias hat in der Zeit des Exils in Ninive die von König Sanherib erschlagenen Juden bestattet. Nicht auf eine provozierende Weise hat er dies getan, denn er hat die Leichen verborgen und nachts begraben, aber auch so riskierte er sein Leben (1,19; 2,8). Es war für ihn eine selbstverständliche, von Gott gebotene Tat der Barmherzigkeit[9]. Die Unbeerdigten waren nämlich auch unter den Juden von Gott verflucht (Dt 21,22f; 1 Kön 14,11; 16,4 usw.).

Diese auffällige motiv- und ideengeschichtliche Parallele bestätigt die transzendente Begründung des Opfers bzw. der Opferbereitschaft und lädt uns ein, über den Charakter des Göttlichen nachzudenken, das den Menschen transzendiert und auch im Tode gilt.

2. Das Wesen des Opfers

2.1 Die Krise der Götter

Das Opfer überbrückt also die Kluft zwischen dem göttlichen Willen und den Gesetzen, die ihn falsch deuten. Und gerade hier begegnen wir einem inneren Problem der Antike, das die Frage nach dem Wesen und Sinn des Opfers in der griechischen Tragödie kompliziert. Günther Bornkamm ist in seinem Vortrag „Mensch und Gott in der griechischen Tragödie und in der urchristlichen Botschaft" (1951) diesem Problem nachgegangen. Der griechische Götterglaube befindet sich nämlich schon seit der homerischen Zeit in einer Krise. Bei Euripides gipfelt sie, aber schon bei Sophokles, der auf der Seite der alten Göttervorstellungen steht, hinterläßt sie ihre Spuren, wenn er die Meinung von Iokaste, der Mutter und Gattin des Oidipus' ausdrückt[10]:

---

9 Votavová, Tobit 21f.
10 Bornkamm, Mensch und Gott 173f. 178f.

„Nichts soll man fürchten, glauben soll der Mensch,
daß Zufall nur regiert und Vorsehung
in keinem Falle sich beweisen läßt.
Man lebt, wie's eben geht, von heut' auf morgen."
(Oidip Tyr 977—980 Übers. von W. Schadewaldt)

Oidipus selbst verteidigt zwar die alten Götter unter Hinweis auf seine eigene Furcht vor den Orakelsprüchen, aber auch er muß konstatieren, daß „hin geht das Göttliche" (ebd. 902). Bornkamm hat auch richtig bemerkt, daß für Oidipus, der hier offensichtlich die Meinung von Sophokles wiedergibt, der Götterglaube eher eine tragische Komplikation des Lebens ist, als seine tiefste Verankerung und Geborgenheit[11].

Euripides geht so weit, durch den Mund von Helena zu erklären, daß das Göttliche die Begegnung der Freunde ist ($\dot{\tilde{\omega}}$ θεοί˙ θεός γὰϱ καὶ τὸ γιγνώσκειν φίλους – Hel 560)[12]. Vielleicht will er dadurch den Götterglauben humanisieren, in dem Sinne, daß das Göttliche jetzt zum Prädikat der edelsten menschlichen ethischen Handlung geworden ist. Selbstverständlich ist dieser antike Versuch einer kopernikanischen Wende in der Religion nur angedeutet. Helena bietet diese Lösung, sich nämlich im Ereignis der menschlichen Liebe zu „verwirklichen", gerade den Göttern als ihre Chance an, aber der Durchbruch der sophistischen Götterkritik in die dramatische Dichtung mit ihrem Einfluß auf die breiten Schichten der Bevölkerung und mit ihrem unmittelbaren Zusammenhang mit dem Dionysoskult ist da. Die bekannten Worte Amphitryons, wonach er als Mensch Zeus, den höchsten Gott, durch Tugend besiegt (ἀϱετῆ σε νικῶ θνητὸς ὢν θεὸν μέγαν – Eurip Hercul 342), sprechen zu Gunsten dieser Deutung. Euripides wird dadurch zum Kronzeugen der religionskritischen Dimension der griechischen Tragödie, welche in der Geistes- und Kulturgeschichte eine besondere Rolle spielte.

Wenn wir im Lichte dieser Stellung von Sophokles zwischen Tradition und Religionskritik die Rolle Antigones begreifen wollen, dann scheint der Ausspruch, daß sie zum Mitlieben und nicht zum Hassen geboren ist (523), ein Versuch zu sein, das Göttliche, das Sophokles im Unterschied zu Euripides respektiert, in der Zeit der Krise neu zu interpretieren. Für den Zuschauer war es nicht einfach, sich in den Wertordnungen zu orientieren, auf welche sich die beiden Seiten in dem Spiel berufen. Sophokles zeigt jedoch allmählich klarer und klarer, daß der eigentlich göttliche Wille auf Antigones Seite steht, wenngleich ihre Gegner sich auch auf Götter berufen. Sie ist es, die im Namen der Götter der Väter handelt, sie stirbt für das Rechte und Fromme (τὴν εὐσεβίαν σεβίσασα – 943, vgl. 921). Ihre Liebe zum Bruder entspricht nicht dem Willen einzelner Götter (vgl. die Worte Teiresias' in 1072—73), sondern einer noch

---

[11] Ebd. 178f.
[12] KERÉNYI, Theos und Mythos 32f.

höheren göttlichen Gerechtigkeit (δίκη), ähnlich wie die Liebe Haimons zu ihr durch Eros inspiriert ist, der auch die anderen Götter beherrscht (Antig 781 ff).

Antigone entscheidet sich frei und ist doch gleichzeitig in die eherne Logik des Schicksals verwickelt. Und Sophokles glaubt, ja er will glauben, daß das Wesen dieses tragischen und undurchsichtigen Geschehens doch die Liebe ist. Das ist sein Versuch, die Krise der Religion zu lösen.

Die Stellung von Sophokles wird deutlicher, wenn wir Antigone mit Elektra vergleichen, der zur Seite ihre Schwester Chrysothemis steht und eine ähnliche Rolle spielt, wie Ismene neben Antigone. Auch Elektra leidet, weil ihr gegenwärtiger Herr in die engsten Beziehungen innerhalb der Familie gewaltsam eingegriffen hat. Ihre Lage ist jedoch günstiger als die von Antigone. Sie hat den Bruder, der die Sünde von Aigisthos rächen kann. Auf die Rache ist sie konzentriert und doch wird ihr Handeln als Frömmigkeit bezeichnet (εὐσέβεια), weil sie aus Liebe zum Vater Rache will. Die Unterschiede zwischen diesen zwei Gestalten sind deutlich, und mit Recht wird die positive Rolle Antigones hervorgehoben. Die Unterschiede sind jedoch durch ihre verschiedene Situation bedingt. Gerechtigkeit im Sinne der Dike ist der gemeinsame Charakterzug von Antigone und Elektra, wenn sie sich auch bei Antigone anders, z.B. als schroffe und ironische Ablehnung von Ismenes Mitleid und Solidarität äußert (538 f). Antigone schützt die Einmaligkeit ihres gerechten Opfers mit Stolz und Eifersucht. Die menschliche, liebende Ismene muß die Rolle des Feiglings spielen, ähnlich wie Chrysothemis, wenn sie Elektra vor Häufung des Übels im Namen der Gerechtigkeit warnt (1042).

Recht doppeldeutige Helden sind es also, und nur die beständige Sehnsucht nach einem menschenfreundlichen, „humanen" Gott führt Sophokles zur Überzeugung, daß hinter all den Grausamkeiten die göttliche Liebe als das tiefste Geheimnis des Lebens versteckt ist, das den Sinn des Opfers von Antigone garantiert. Es handelt sich jedoch nur um eine Ahnung, und die Tragödie hebt vor allem die Tragweite der freien Tat Antigones hervor. Die erfolgreiche existentialistische Bearbeitung der Antigone durch Jean Anouilh (1946) bestätigt, daß eine solche Deutung dem sophokleischen Text nicht ganz fremd ist.

Euripides hat den Götterglauben kritisiert und ist später, im Hellenismus, viel populärer als Sophokles geworden. Das war allerdings schon die Zeit, in der die fremden Götter und später die Mysteriengottheiten die Verankerung der Hoffnung angeboten haben, so daß seine Götterkritik damals nur eine Gruppe oder Art der Götter betraf. Für Sophokles war der Weg der radikalen Ablehnung der Götter zu billig und mit seiner großen Ahnung der letzten Harmonie zwischen Liebe und Schicksal gehört er zu den Künstlern, welche die Frage nach dem Grund und nach der Verankerung der Hoffnung einmalig und mit großer Nachwirkung in der ganzen späteren menschlichen Geschichte dargestellt haben. Antigones Opfer sühnt die schicksalhafte Schuld der Labdakiden und ist doch gleichzeitig eine freie Tat, die das Wesen des Opfers als Mit-Lieben ausdrücken will.

2.2 Die jüdisch-christliche Tradition

Auch in Israel hat man die Krise der Gottesvorstellung erlebt, wie es sich im Buch Hiob oder in Psalm 73 widerspiegelt. Und die Geschichte von Jesus als dem gescheiterten und gekreuzigten Messias stellt eigentlich die radikalste Krise des Gottesbildes dar. Der Protagonist verkündigt programmatisch das Reich Gottes, d.h. die sichtbare Offenbarung der Macht des unsichtbaren Gottes Israels über die ganze Erde. Bei dem letzten feierlichen Mahl mit dem engsten Kreis seiner Anhänger äußert er die Überzeugung, daß sein ganzes menschliches Geschick mit dieser „Sache" verbunden ist, die er verkündigt, daß sein Leben in ihrem Dienst steht. In Gethsemane setzt er sich mit der Krise seiner eigenen Vorstellungen vom Kommen des Reiches Gottes auseinander und im Gebet lernt er, Abstand von seinem eigenen Gottesbild zu nehmen. Beim Lesen des Markusevangeliums sehen wir noch, wie am Kreuz diese Krise offenbar geworden ist. „Mein Gott, mein Gott, warum hast du mich verlassen?" (Mark 15,34) – diese Worte vernimmt der Leser (Hörer) als Ausdruck der Gottverlassenheit und nur der eingeweihte, schriftkundige Christ weiß, daß es sich um ein Zitat aus Psalm 22 handelt, der mit dem Lob Gottes endet. Der erste Eindruck entspricht wahrscheinlich der Wirklichkeit des Sterbens Jesu besser als die nachösterliche Formulierung. Der Abstand Jesu zu eigenen Vorstellungen und der Vorsprung, den er dem „Vater" gelassen hat, zeigen sich jetzt von der anderen Seite, d.h. auch als seine eigene persönliche Krise. Nur die Tatsache, daß Gott als sein Gegenüber bleibt, dem er sich mit seinem Zweifel anvertrauen kann, bleibt ein Zeichen der Hoffnung. Wenn sein Tod ein Opfer ist, dann ist es vor allem ein Opfer im Sinne dieser Krise – des einsamen Weges durch das finstere Tal des Todes. Das Opfer und die Krise der Vorstellungen von Gott fallen hier ineins. Jesus nimmt diese Krise auf sich und spitzt sie gleichzeitig zu.

Doch unterscheidet sich diese Krise Jesu von der Krise der Götterwelt in der griechischen Tragödie, weil der Leser des Evangeliums weiß, daß Jesus sich in seiner Gottesbeziehung nicht getäuscht hat, daß Gott sich zu ihm bekannt hat, daß sein finsterer Weg nicht im Nichts endet, und daß die anderen Menschen auf diesem Wege nicht einsam sind. Das ist durch die Auferstehungs- bzw. Erhöhungsverkündigung ausgedrückt.

Die Grenzen der Religion, die noch mehr als andere Gebiete des Lebens durch menschliche Entfremdung und Sünde gezeichnet ist, sind in dieser Tradition noch deutlicher offenbar als in der Antike. Die Geschichte Jesu zeigt, wie sich die Menschen in ihren Vorstellungen über religiöse Selbstbestätigung durch Protektion Gottes, durch frommes Erleben oder durch eigene Leistung täuschen können, und daß der Weg zur wirklichen Hoffnung und authentischer Menschlichkeit durch das Ernstnehmen des Kreuzes Jesu, durch Umkehr, Abstand zu sich selbst und gläubigen Gehorsam führt, der Gott nichts vorschreiben will.

Religionsphänomenologisch gibt es auf der Oberfläche einige Parallelen mit dem sophokleischen Bild. Bei Markus und noch deutlicher bei Lukas wird das Geschick Jesu in Verbindung mit kosmischem Kampf und dem Fall von Satan geschildert (Luk 10,18: Apg 26,18) und wird mit der Vorsehung Gottes – mit dem unentrinnbaren Maß seines Willens harmonisiert (Mark 8,31; Apg 2,23 usw.).

In Wirklichkeit wird jedoch gerade das Andere betont. Die Geschichte Jesu wird nicht als ein tragischer Teil des kosmischen schicksalhaften Geschehens betrachtet, dessen umfassende Bewegung das Sinngebende wäre. So hätte es sich vielleicht Sophokles vorgestellt. Die Geschichte Jesu wird aus umgekehrter Sicht dargestellt: Sie ist die eigentliche Offenbarung des Willens Gottes, sie ist das Zentrum des Geschehens und das umfassende kosmische Geschehen ist ihrem Sinn nach von diesem Ereignis abhängig[13].

Bei Euripides ist das Göttliche zum Prädikat des Menschlichen geworden, in der Geschichte Jesu, wie sie uns im Neuen Testament geboten ist, wird ein Ereignis der menschlichen Geschichte zum Offenbarungsort des Göttlichen: „Das Wort ward Fleisch und wohnte unter uns…" (Joh 1,14).

Karl Kerényi meint, daß die Bindung Gottes an ein Ereignis der Geschichte die wirkliche Entmythologisierung unmöglich macht, weil man den mit konkreter Geschichte verbundenen Mythos auf keine Grundbeziehung, auf kein Wort, Logos, reduzieren kann[14]. In Wirklichkeit führt gerade die Verbindung mit der Geschichte zur authentischen Interpretation. Die gegenständlich greifbare Dimension der Geschichte Jesu ermöglicht nämlich nachträgliche Kontrolle, sie bedeutet eine Rückkoppelung des Glaubensbekenntnisses. Für den tschechischen Alttestamentler Slavomil Daněk, der sich schon in den zwanziger Jahren mit dem Problem des Mythos (im Alten Testament) befaßt hat, bedeutet die „Geschichtlichkeit" biblischer Tradition, daß der Mythus sich da *in statu liquidationis* befindet. Dies bedeutet nicht, daß die Geschichte zur Offenbarung wird. Das „Wort" ist nicht mit der Geschichte identisch, es wird nur in einigen, durch biblische Tradition bezeugten Ereignissen zum Wort Gottes[15]. Diese Art der Annäherung Gottes zum Menschen durch sein Ereignis werdendes Wort gipfelt in Christus.

---

[13] Vgl. J. M. Robinson, Messiasgeheimnis und Geschichtsverständnis (ThB 81), München 1989, 42ff.

[14] Theos und Mythos 37.

[15] S. Daněk, Verbum a fakta Starého zákona (1937), zuletzt in: ders., Vybrané studie (Ausgewählte Studien tschechisch), Praha 1977, 33–49. Eine Einführung in Daněks Theologie s. J. B. Souček, Entmythologisierung in tschechischer Theologie, in: H.-W. Bartsch (Hg.), Kerygma und Mythos IV, Hamburg – Bergstedt 1955, 11–28.

Sophokles' Schilderung von Antigone hat vor allem die Funktion einer großen Frage, des Ausdrucks der Sehnsucht nach dem unbedingten göttlichen Grund ethischer Handlung, nach der transzendenten Verankerung der Liebe. Die Intensität dieser Frage unterstreicht nur die Rolle der Geschichte Jesu im Rahmen des christlichen Glaubenszeugnisses als der Zusage: Antigones Protest war nicht sinnlos, auch ihr gilt die Verheißung.

3. Die Frucht des Opfers

3.1 Das Opfer als stellvertretende Übernahme der Strafe und als Paränese

Antigone

Antigone hat durch ihren Tod die Bestattung ihres Bruders erreicht. Das können wir jedoch nur vermuten und es wird nicht betont.

Deutlichere Folge ist die Umkehr von Kreon. Eine gute neue Etappe der Geschichte der Polis kann mit ihr zwar nicht beginnen, weil Kreon ein gebrochener Mann ist, aber Zuschauer und Leser sehen, daß die Hybris des Tyrannen ein böses Ende nimmt. Der Chor, der zunächst an der Seite Kreons steht, stellt ein Modell des religiösen Lernprozesses dar und proklamiert am Ende Antigones Vergöttlichung (836f). Nach seiner letzten Meinung (853ff und 872ff) fordert der Chormeister selbst Antigones Befreiung und die Erfüllung ihres Wunsches (1100f)[16] – und Kreon tut Buße. Am Ende stehen alle auf Antigones Seite, Kreon ist einsam[17].

Antigones Opfer ist, wie schon gesagt, stellvertretend auch im schicksalhaften Sinne. Ihre freie Tat (αὐτόνομος ζῶσα – 821) ist gleichzeitig schicksalhaft bestimmt. Antigone identifiziert sich mit Niobe (833), dem Chor nach büßt sie väterliche Vergehen (πατρῷον δ᾽ ἐκτίνεις τίν᾽ ἆθλον – 856), weil die Macht des Schicksals furchtbar ist (ἀλλ᾽ ἁ μοιριδία τις δύνασις δεινά – 950). Martin Hengel führt als deutliches Beispiel dieser schicksalhaften Sühne die Geschichte von Cato dem Jüngeren nach Lucanus, dessen stellvertretender Opfertod die grausamen Götter *(inmites... divi)* versöhnen will (Pharsalia, 2,304ff)[18], aus.

Antigone selbst ist bestrebt, ihre Tat auch paränetisch, als moralische Verurteilung der Kompromisse mit der Tyrannei, auszunutzen. Diesem Zweck dient die ironische Ablehnung von Ismenes Solidarität (543. 549), die gleichzeitig zur Rettung der gedemütigten Ismene führen soll (σῶσον σεαυτήν οὐ φθονῶ σ᾽ ὑπερφυγεῖν – 553).

---

16 RÖSLER, Der Chor 122ff.

17 Nach SCHWINGE, Die Rolle 297. 321 u. a., war Kreon von Anfang an einsam und der Chor hat sich von ihm auch am Anfang distanziert, und nur aus Angst wagt er nicht offen zu sagen (502ff).

18 HENGEL, Atonement 211f. 276.

Jesus

Die sog. Einsetzungsworte beim letzten Mahl Jesu mit seinen Jüngern (1 Kor 11,24 Par. vgl. 15,3b) drücken den Sinn des bevorstehenden Todes Jesu als seiner freien Tat aus, die stellvertretend ist, in dem Sinne, daß sie anderen Menschen, bzw. „den Vielen" (Mark 14,24) zugute kommt[19]. In der paulinischen Theologie ist das Opfer Jesu ausdrücklich als Sühnopfer charakterisiert (2 Kor 5,21 vgl. Gal. 3,13) – als Ausgleich des überindividuellen tödlichen Bruchs innerhalb der Schöpfung, der durch die menschliche Sünde verursacht ist.

Die Vorstellung selbst ist dem kultischen Leben Israels entnommen, wo das Sühnopfer einen neuen Anfang aus Gottes Gnade bedeutet (Lev 16). Der Unterschied zwischen dieser Rolle des Sühnopfers und der üblichen heidnischen Auffassung des Opfers als eines (Rechts-)Handels zwischen dem Menschen und der Gottheit hat die Aussagen über den stellvertretenden Tod Jesu als Sühne im hellenistischen heidnischen Milieu durch viele Mißverständnisse belastet: Wie kann Gott sich selbst Sühnopfer bringen? Wie verhält sich das Todesopfer Jesu zu seiner Auferstehung? Wie kann das Sühnopfer den Menschen beeinflussen, dem es zugute kommt? usw. Rudolf Bultmann hat in seinem bekannten Aufsatz zur Entmythologisierung diese Inkonsequenzen kritisch analysiert[20]. Er konnte noch nicht die neueren Studien über die Funktion der analogen (metaphorischen) Rede verwenden, wonach die Funktion der Texteinheiten und die logische Stringenz des Diskurses voneinander zu unterscheiden sind. Die Aussagen über den Tod Jesu als Opfer dienen vor allem als Bekenntnis der Abhängigkeit menschlicher Hoffnung von dem als Opfer bezeichneten Geschehen.

Die paränetische Deutung des Opfertodes Jesu ist in der christlichen Tradition eindeutiger und einflußreicher als in der griechischen Tragödie. Zu den bekanntesten Stellen dieser Art gehört der Aufruf zur Heiligung des Lebens mit dem Hinweis auf die Erlösung durch das Blut Jesu als des Opferlammes in 1 Petr 1,18-20.

Das Risiko der Mißverständnisse war jedoch im heidnischen Milieu (und ist es noch in unserer heidnisch-säkularisierten Welt) so groß, daß Lukas, wie wir traditionell den Verfasser des dritten Evangeliums und der kanonischen Apostelgeschichte nennen, einen anderen Weg zur Deutung der Geschichte Jesu wählte. Statt vom Opfer (Mark 10,45) spricht er vom Dienst Jesu (Luk 22,27),

---

[19] Es handelt sich wahrscheinlich um einen authentischen Zug der Geschichte Jesu. Auch wären die Ausdrücke der Stellvertretung durch Jes 53,4-6.10.12 beeinflußt, kann man den Gesten Jesu entnehmen, daß er seinen Tod in den Dienst der Reich-Gottes-Verkündigung stellt: H. SCHÜRMANN, Jesu ureigener Tod, Freiburg (Br.) 1975 (Lizausg.), 45. 60; HENGEL, Atonement 235 ff. 259 f.

[20] R. BULTMANN, Neues Testament und Mythologie, zuletzt in: H.-W. BARTSCH (Hg.), Kerygma und Mythos I (ThF 1), Hamburg – Bergstedt 1967 (5. Aufl.), 15–48, hier 20.

und den Sinn seines ganzen Auftretens faßt er als das Suchen und Retten des Verlorenen zusammen (Luk 19,10)[21]. Der Tod Jesu ist dann die Folge seiner konsequenten Verkündigung des Reiches Gottes als des „Hauses" des barmherzigen himmlischen Vaters (Luk 15,11-32) und die Auferstehung seine Rehabilisierung durch Gott (Apg 2,22-24). Lukas hat diese alternative Christologie offensichtlich nicht als Polemik gegen die Christologie des stellvertretenden Opfertodes verstanden, sondern als ihre Interpretation.

Die Möglichkeit anderer Interpretationen der Geschichte Jesu kann an alte Glaubensaussagen anknüpfen, die zwar schon vor Paulus als kompatible Elemente der Auferstehungs-Christologie in umfassendere Glaubensformeln aufgenommen wurden, die jedoch grundsätzlich autosemantisch sind und als alternative Äußerungen des Glaubens betrachtet werden können. So war es schon vor Paulus mit den kurzen Formeln über die Auferweckung Jesu (durch Gottvater – z. B. 1 Kor 15,12), aber auch mit den Bekenntnisliedern wie Phil 2,6-11 oder 1 Tim 3,16 bis zu dem Apostolischen Bekenntnis mit seinen Vorgängern. Das alles sind Äußerungen des christlichen Glaubens, die von dem Sühnopfer Jesu nicht sprechen. Solche alternative Aussagen bezeugen, daß der mit Jesus verbundene Osterglaube keine Ideologie ist, sondern sich auf ein Ereignis bezieht, dessen Bedeutung auf verschiedene Weisen ausgedrückt werden kann.

Martin Hengel hat drei grundlegende Unterschiede zwischen den christlichen Aussagen vom Sühnetod Jesu und der Sühne in der Antike betont, die mich zu dieser Überlegung inspiriert haben[22]: (a) Der Tod Jesu ist eine universale Sühne der Sünde(n) aller Menschen, (b) jene Sühne geschah aus der Initiative Gottes und (c) hat eschatologischen Charakter (gilt angesichts des in Kürze erwarteten Gerichtes Gottes). Alle diese drei Unterschiede sind so radikal, daß sie die Situation grundsätzlich ändern: Die fatale Umklammerung menschlicher Existenz ist durchbrochen, die Aussagen über Sühne bringen im christlichen Kontext durch Analogie eine neue Wirklichkeit zu Wort. Das Opfer Jesu bedeutet in ihrer eschatologischen Universalität und Einmaligkeit (ἐφάπαξ – Hebr 7,27) in christlicher Sicht die Aufhebung der Sühnopfer überhaupt. Das semantische Feld von Opfer bzw. Sühne wird innoviert, um als Metapher das Neue signalisieren zu können.

---

[21] Siehe P. Pokorný, Lukas 15,11-32 und die lukanische Soteriologie, in: K. Kertelge – T. Holtz – K. P. März, Christus bezeugen (FS W. Trilling) (EThSt 59), Leipzig 1989, 179–192, 189f.

[22] Hengel, Atonement 219f.

3.2 Das Opfer als Öffnung des Weges zu neuer Wirklichkeit

Aus dem Gesagten folgt schon, was das Neue ist. Antigone war in eine Kette der Schuld und der schicksalhaften Strafen verstrickt. Ihre Welt kannte keine andere Abschaffung des Bösen als durch Erleiden der schicksalhaften Strafe. Dies gilt im Grunde für die ganze griechische Tragödie. Daß das Wesen der δίϰη Liebe ist, gilt nur in Sophokles' Glauben. Seine Antigone hat gehofft, daß sie zur Liebe geboren sei, aber er muß von ihrem grausamen Schicksal erzählen. Die späte Umkehr Kreons und die Explosion der Selbstmorde am Ende des Dramas stellen ihre Hoffnung und die Überzeugung von Sophokles in Frage. Selbst Antigones Liebestat – die Bestattung des toten Bruders – bestätigt die endgültige Macht der Unterwelt über den Menschen.

In der Geschichte Jesu spitzt sich das Problem zu. Jesus bringt ein neues Paradigma mit: er erklärt die Liebe, ja sogar die Feindesliebe, für die Grundordnung des Reiches Gottes, das er als die eschatologische Perspektive der Menschheit proklamiert – und durch seinen Kreuzestod wird das alles in Frage gestellt. Die christliche Tradition sieht jedoch die ganze Geschichte in einem neuen umfassenden Rahmen, nämlich als die Geschichte des „Herrn" (ϰύϱιος), zu dem sich Gott selbst bekannt hat. Strafe und das Büßen sind schon nicht mehr die einzige Antwort auf menschliche Sünde und Versagen, wie es in der Tragödie der Fall war. Vergebung und Gemeinschaft mit dem barmherzigen Gott werden als Perspektive und Inspiration zur Gestaltung des Lebens bevorzugt. Die Jetzt-Gestalt jener Perspektive ist nur der Glaube der Kirche und die Ansätze zur Neugestaltung menschlicher Beziehungen. Es ist keine faßbar erfolgreiche Alternative, und die Kirche hat oft furchtbar gesündigt. Es ist jedoch eine Alternative, die die Menschheit schon zweitausend Jahre nicht loswerden kann, die trotz dem Versagen ihrer Träger eine durch ihre Quelle garantierte Kontinuität behält und zur Achse der Geschichte werden kann. Jesus stirbt, weil seine Botschaft vom Reiche Gottes, das auch den Sündern offen ist, auf Widerstand stößt. Er wurde gekreuzigt, weil er verkündigt hat, daß Gott den Tod des Menschen als Sühne für seine Sünden nicht fordert. Sein Tod ist Sühne im spezifischen Sinne, nämlich als Aufhebung des Sühnetodes und der stellvertretenden Strafe für die Sünden.

Die sophokleische Sehnsucht nach einer transzendenten Verankerung der Liebe ist mit dieser christlichen Antwort nicht überholt. Antigone ist so provozierend, daß dort, wo sie ernst genommen wird, der Mensch das Erbarmen Gottes zu schätzen lernt. Ihretwegen wird die sophokleische Tragödie zur *praeparatio evangelica*.

Der entscheidende Unterschied des Paradigmas, nach dem der göttliche Wille identifiziert wird, muß jedoch beachtet werden. Antigones Liebe ist durch Blutsverwandtschaft motiviert. Für die Bestattung des Gatten oder der Kinder, die nur die Hälfte ihres Blutes haben, hätte sie den Tod nicht riskiert

(905 ff)[23]. Die Lieben sind in ihrer Deutung nur die Blutsverwandten (10. 73), besonders die Geschwister (81). Sie identifiziert das göttliche Gesetz mit dem Gesetz der Blutsverwandtschaft[24]. Das ist aus der Sicht der damaligen Moral keine Sünde, auch wenn es sich um eine Moral handelt, die in der Zeit vor dem 5. Jahrhundert v. Chr. verankert ist. Eine ähnliche Moral enthält die Erzählung von Intaphren's Frau bei Herodot (3,119). Nach Aristoteles kann das zwar als positives Beispiel der Geschwisterliebe beurteilt werden (Eth Nic 1161), aber auch nach den von göttlichen Gesetzen abgeleiteten ethischen Normen der sophokleischen Zeit durfte eine solche Pflicht nicht absolut gesetzt werden. Auch Antigones Verhalten kann sündig sein, denn nach Platons „Gesetzen" (Leges 873 b) soll der Mensch, der ein Mitglied seiner Familie getötet hat, außerhalb des Bezirks der Stadt gebracht werden und dort unbegraben bleiben[25]. Antigone verstößt gegen dieses Gesetz, das ähnlich, nämlich durch das Recht des Blutes, motiviert ist, und das Kreon offensichtlich auch vom göttlichen Willen ableitet (199–210).

So steht in dem Drama eigentlich ein göttliches Gesetz gegen ein anderes, und die Aufforderung zum mäßigen Denken (φρονεῖν) in göttlichen Sachen im Schlußvers des Dramas kontrastiert sowohl mit dem Handeln von Kreon als auch mit dem der Antigone. Antigone wagt, die Deutung der göttlichen Gesetze in ihre Hände zu nehmen, und auch Kreon ist kein bloßer Rationalist, der nur im Namen der Staatsraison handelt. Wohl hat er selbst den unbegrabenen Toten nicht außer Landes gebracht. Beide, Kreon und Antigone, sind der ὕβρις schuldig[26]. Es stehen sich hier zwei Menschen, ein Mann und eine Frau, gegenüber, die das den Menschen gebührende Gesetz der Mäßigkeit überschritten haben, beide ihr tragisches Schicksal erleidend[27]. Ähnlich wie Kreon erlebt auch Antigone eine innere Krise, und ihre letzten Reden widerspiegeln schon nicht mehr das Bewußtsein, daß der Tod für sie ein Gewinn ist (890 ff).

Und doch ist die Sympathie des Autors auf der Seite Antigones, offensichtlich, weil ihre Deutung der göttlichen Gesetze mit Liebe rechnet, und obgleich es sich auch um eine recht archaisch und chthonisch aufgefaßte Liebe handelt, hofft er, daß die Liebe der Urgrund aller authentischen Gesetze ist, wenn auch die Götter Antigone im Stich gelassen haben. Antigone sehnt sich nach der Gemeinschaft, nach dem Mit-Sein (523)[28]. Ihren Tod versteht Sophokles als Sühne (942 f) der tragischen Sünde ihrer Familie (855. 890 ff). Ihre Liebe muß der Dike dienen. Der Tod Jesu wird als die Bestätigung der Vergebung aufge-

---

[23] Dies haben viele Autoren betont: ROBERT, Oidipus II, 333 ff; PATZER, Hauptperson 362 f u. a.

[24] PATZER, Hauptperson 362; BOWRA, Sophoclean Tragedy 95 ff.

[25] S. D. A. HESTER, Sophocles the Unphilosophical, Mnemosyne IV, 24, Leiden 1971, 55; SCHMITT, Bemerkungen 7.

[26] SCHMITT, Bemerkungen 8 f.

[27] REINHARDT, Sophokles 73.

[28] ROHDICH, Antigone 93 f.

faßt, er stirbt, weil er den vergebenden Gott repräsentiert und dadurch eine neue Perspektive und auch ein neues ethisches Paradigma schafft.

Eine kurze Probe kann den tiefen Paradigmenwechsel illustrieren, der mit Jesus im Unterschied zu Antigone geschieht. Antigone stirbt, weil sie ihren Bruder bestatten will. Die Bestattung des Toten ist für sie, ähnlich wie aus etwas anderen Gründen für Tobias, die äußerste Äußerung der Liebe, welche schon jenseits der Grenze des irdischen Lebens steht. Jesus hat seinem Jünger gesagt: „Folge mir nach und laß die Toten ihre Toten begraben!" (Matth 8,22: Luk 9,60/Q). Das ist keine Herabsetzung des Dienstes an den Toten, sondern eine neue Perspektive, die mit der Geschichte Jesu verbunden ist. Der Jubilar hat gerade dies ausgezeichnet nachgewiesen[29].

Bibliographie

BORNKAMM, G., Mensch und Gott in der griechischen Tragödie und in der christlichen Botschaft (1951), zuletzt in: DERS., Das Ende des Gesetzes, Gesammelte Aufsätze 1 (BETH 16), München 1958, 2. Ausl., 173−195.

BOWRA, C. M., Sophoclean Tragedy, Oxford (1944), Nachdruck 1952.

HENGEL, M., The Atonement (1980), zuletzt in: DERS., The Cross of the Son of God, London 1986, 187−292.

KERÉNYI, K., Theos und Mythos, in: Kerygma und Mythos VI/1 (ThF 30), Hamburg − Bergstedt 1963, 27−37.

PATZER, H., Hauptperson und tragischer Held in Sophocles' „Antigone", zuletzt in: DERS., Gesammelte Schriften, Stuttgart 1985, 318−387.

REINHARDT, K., Sophokles, Frankfurt/M. 1976 (4. Aufl.).

ROBERT, C., Oidipus. Geschichte eines poetischen Stoffs im griechischen Altertum I, Berlin 1915.

ROHDICH, H., Antigone. Beitrag zu einer Theologie der sophokleischen Helden, Heidelberg 1980.

RÖSLER, W., Der Chor als Mitspieler. Beobachtungen zur „Antigone", AuA 29 (1983), 107−124.

SCHMITT, A., Bemerkungen zum Charakter und Schicksal der tragischen Hauptpersonen in der „Antigone", AuA 34 (1988), 1−16.

SCHWINGE, E.-R., Die Rolle des Schicksals in der sophokleischen „Antigone", Gym 78 (1971), 294−321.

TOVAR, A.-C. GINER, Sófokles. Antígone, Madrid 1972 (Textausgabe).

VOTAVOVÁ(-KARFÍKOVÁ), L., Tóbit a Antigoné, Reflexe Nr. 7−8 (1992), 11: 21−24.

WENGST, K., Christologische Formeln und Lieder des Urchristentums (StNT 7), Gütersloh 1972.

---

[29] HENGEL, Nachfolge 3 ff, bes. 9 ff.

12. Griechische Sprichwörter im Neuen Testament

Petr Pokorný

Ich möchte auf einen Bereich der Arbeit am *Corpus Hellenisticum Novi Testamenti* aufmerksam machen[1], der bisher wenig beachtet wurde — auf die Untersuchung der Beziehungen zwischen dem Neuen Testament und den griechischen Sprichwörtern. Es handelt sich zwar um kein grundlegendes Problem, aber aus mindestens zwei Gründen ist eine solche Untersuchung nützlich. Erstens ist es lehrreich zu sehen, auf welche Weise das werdende Christentum die stabilisierte Weisheit der Sprichwörter[2] in ihr Koordinatennetz eingeordnet hat, zweitens ist es interessant, die Inhalte zu vergleichen.

Wir konzentrieren uns auf griechische Sprichwörter (gr. παροιμία). Sie könnem zwar den hebräischen *meschalim* ähnlich sein, aber müssen vor allem als griechische Sprichwörter existiert haben, so daß man voraussetzen kann, daß sie aus dem griechischen Milieu in das Neue Testament eindringen konnten. Wenn wir Sprichwörter suchen, dann suchen wir nicht die Aphorismen, Apophthegmen, gnomischen Sprüche oder Maximen, die manchmal auch als παροιμία bezeichnet werden. Sie sind jedoch grundsätzlich als Sprüche konkreter Personen entstanden, während die Sprichwörter durch mündliche Tradition als *sine auctore sententiae* im Umlauf waren, bevor sie schriftlich fixiert wurden. Praktisch kann die Grenze zwischen einem Aphorismus und Sprichwort wohl fließend sein[3]. Ein Aphorismus kann anonym umlaufen und zum Sprichwort werden, und ein Sprichwort, wenn es z.B. in einem Drama zitiert wird, kann in das Bewußtsein späterer Generationen und anderer Kulturen als literarisches Zitat eingehen. So kann

---

[Ein Verzeichnis der Quellensammlungen nebst Abkürzungen findet sich am Schluß des Aufsatzes. Anm. d. Hg.]

1 Zu dem Projekt einer neuen Sammlung des Materials aus der griechischen Umwelt zur Deutung des Neuen Testaments s. G. Strecker, Das Göttinger Projekt „Neuer Wettstein", ZNW 83, 1992, 245-252.

2 Den Einfluß der alttestamentlichen und intertestamentaren sapientialen Tradition auf das Neue Testament hat H. v. Lips, Weisheitliche Traditionen im Neuen Testament, WMANT 64, 1990, untersucht.

3 Zum Problem Strömberg 9; J.D. Crossan, In Fragments. The Aphoristic Tradition of Jesus, New York 1983, 37ff. und V.K. Robbins, Plucking up the Fragments, Forum 1, 1985/1, 31-64.

es mit dem Wort aus 1Kor 15,33 „φθείρουσιν ἤθη χρεστὰ ὁμιλίαι κακαί"
der Fall sein. Henry Alford, der in seinem Kommentar zahlreiche
außerbiblische Belege dieses Spruchs bringt, meint, daß der Apostel
diesen Spruch nur als ein *commonplace* zitiert haben kann (z. St.). Auf
der anderen Seite kann es im Neuen Testament einige Zitate aus verlorenen und uns unbekannten Schriften geben.

Wie jede Materialsammlung zum *Corpus Hellenisticum Novi
Testamenti*, so muß auch die Untersuchung der Sprichwörter sowohl
direkte Belege, als auch nur indirekt verwandte oder aber gegensätzli-
che Aussagen beachten. So ist es z.B. bei der Auslegung der Antithese
vom Vergelten (Mt 5,38-42, vgl. Lk 6,29f.) gut zu wissen, daß es ein
griechisches Sprichwort „Feuer gegen Feuer" gab, das schon bei Plato
belegt ist[4]. Es klingt ähnlich wie „Auge um Auge" (Mt 5,38), nämlich
als Ausdruck der notwendigen harten Wiedervergeltung, wenn auch
die biblische Fassung als Begrenzung der unkontrollierten
Wiedervergeltung entstand (Ex 21,24). Anderes Beispiel dieser Art ist
z. B. das Sprichwort, wonach man die Könige und Götter durch
Geschenke überreden kann[5]. Es ist das Gegenüber den biblischen
Aussagen von der Unparteilichkeit Gottes, wie Röm 2,11; Act 10,14b;
Eph 6,9b oder 2Chr 19,7 („Vor Gott ist kein Ansehen der Person noch
Annehmen von Geschenken"). Auch das in mehreren Kulturen übliche
Motiv des „Wasser-in-Wein-Gießens", das als Metapher des Verfalls
oder der Fälschung benutzt wird, ist als griechisches Sprichwort
belegt[6] und kann die Wirkung der Erzählung über das Wunder bei der
Hochzeit zu Kana (Joh 2,10) auf die griechischen Hörer (Leser)
illustrieren.

Mit den griechischen Sprichwörtern hat sich schon Aristoteles beschäftigt (Diog. Laert. V,26)[7] und die meisten älteren Sammlungen
(vor allem der Peripatetiker) hat im 1. Jh. v. Chr. der griechische
Grammatiker Didymos exzerpiert. Weitere Sammlungen und Exzerp-
ten wurden bis in die byzantinische Zeit gemacht. Ihr Grundmaterial
ist jedoch im Ganzen viel älter, und die wenigen durch das Neue
Testament beeinflußten späteren Sprichwörter sind einfach zu erkennen. Darüber hinaus sind die meisten angeführten Sprichwörter bei den
antiken Autoren belegt. Die größte neuzeitliche Ausgabe haben im vo-

---

[4]   L-Sch I, 148.
[5]   A. a. O., I, 235.
[6]   A. a. O., I, 200.
[7]   Im hebräischen Bereich spricht 1Kön 4,32 von den 3000 Sprüchen (MT *maschal*; LXX
παραβολή), die Salomo verfaßt hat. Offensichtlich waren es auch kommentierte
Sprichwörter etwa der Art wie Spr 6,6-8 u. a.

rigen Jahrhundert E. L. von Leutsch und F. G. Schneidewin vorbereitet[8]. Es handelt sich um eine in der Methode schon überholte Sammlung, aber als Fundgrube, welche eine erste Übersicht über das Material bietet, ist dies *opus magnum* immer noch nützlich. Eine besser belegte, aber dem Umfang nach begrenzte Sammlung hat R. Strömberg herausgegeben[9]. Es ist nicht ausgeschlossen, daß noch einige byzantinische Sammlungen irgendwo in den alten Bibliotheken unbeachtet stehen, und ohne Zweifel wird man noch einige antike Sprichwörter finden, die mehrmals in den Schriften antiker Autoren vorkommen. Wenn z. B. Antigone in der gleichnamigen Tragödie von Sophokles sagt:

„... εἰ δὲ τοῦ χρόνου
πρόσθεν θανοῦμαι, κέρδος αὔτ' ἐγὼ λέγω" (461f.),

dann kann diese merkwürdige Parallele zu Phil 1,21 ('Εμοὶ γὰρ τὸ ζῆν Χριστὸς καὶ τὸ ἀποθανεῖν κέρδος) Anspielung auf einen Spruch sein, wonach der Tod in einer verkehrten Welt Gewinn sein kann. Sonst würde man bei Paulus nach der Gleichung „Leben = Christus" nach „Sterben" eine Steigerung erwarten. Nachweisen läßt es sich jedoch nicht. Parallelen, die Wettstein zu dieser Stelle anführt, sprechen im Gegenteil davon, daß der Tod amoralischer Menschen ein Gewinn sein kann.

Jedenfalls können wir nach erstem Lesen von Leutsch - Schneidewin ungefähr den Umfang der Berührungen bestimmen. Ich führe die meisten an, die mir bei der ersten Lesung auffällig waren.

(1) Mt 5,33: Die Warnung vor einer Relativierung des Schwurs durch verschiedene Umschreibungen hat eine Analogie in dem Sprichwort „Der Schwur für (von?) Rhadamanthys (R. war der Unterweltsrichter)" ('Ραδαμάνθυος ὅρκος — L-Sch I, 152), womit man das Schwören bei Hund, bei Gans usw. bezeichnet hat. Das Sprichwort selbst ist hier schon ironisch gemeint, das Phänomen des Ausweichens bestätigt jedoch die Bedeutung, die man dem Schwur beigemessen hat.

(2) Mt 10,16b: „... ohne Falsch wie eine Taube" war eine verbreitete Metapher, siehe das verwandte Wort Πραότερος περιστερᾶς (L-Sch I, 297) oder *mitior columbis* (W 14,953a).

(3) Mt 13,5: Das Bild vom Säen auf einen felsigen Boden ist auch als Sprichwort (Πέτρας σπείρειν — L-Sch II, 48) belegt.

(4) Mt 15,20: „Mit ungewaschenen Händen (ἀνίπτοις χερσίν) zu essen, macht den Menschen nicht unrein" ist ein Wort, das die kultischen

---

[8] S. u. (Quellensammlungen).
[9] S. u. (Quellensammlungen).

Vorschriften der Tannaiten[10] relativiert. Im griechischen Milieu hat man es als Relativierung der allgemeinen Weisheit verstehen müssen, denn die Phrase ἀνίστοις χερσίν (L-Sch I, 187.383) hat jede Übertretung der traditionellen Grenzen (als ὕβρις) kritisiert.

(5) Mt 18,20: „Wo zwei oder drei versammelt sind in meinem Namen, da bin ich auch unter ihnen" — im Kontext des Matthäusevangeliums eine Bestätigung der Forderung mindestens zweier Schiedsrichter bei Behandlung der Streitigkeiten innerhalb der christlichen Gemeinde, ursprünglich eher eine Verheißung für kleine christliche Gruppen in der Diaspora, daß ihr Gottesdienst (vgl. Ex 20,24b) und besonders das Feiern des Herrenmahles authentisch sind. Das Prinzip der Sammlung, zu dessen Verwirklichung mindestens zwei nötig sind, gilt auch im Kampf (und z. T. auch bei der Arbeit), wie es im griechischen Sprichwort „Ein Mann — kein Mann" (L-Sch I, 69) ausgedrückt ist. — Im Thomasevangelium ist dagegen im Einklang mit der gnostischen Einstellung der erhaltenen Redaktion eine individualisierte Fassung belegt: „Wo zwei oder einer ist — bin ich mit ihm" (Log 30b vgl. CorpHerm I,2)[11].

(6) Mt 21,19; Mk 11,13: Die Geschichte vom Feigenbaum, auf dem Jesus nur Blätter gefunden hat (nach Mk 11,13c war es jedoch nicht die Zeit der Feigen) kann auch auf dem Hintergrund der sprichwörtlichen Metapher Ἀκαρπότερος ἀγρίππου / (ὁ ἄγριππος — wilder Olivenbaum) (L-Sch I, 206) verstanden werden.

(7) Lk 22,44b (nach ℵ, D, K u. mehreren Zeugnissen der Kirchenväter): „... sein Schweiß war wie Blut" ist als sprichwörtliche Metapher für tiefes Leiden (Αἵματι κλαίειν) belegt (L-Sch I, 13)[12].

(8) Joh 4,37: „Der eine sät, der andere erntet" — ein als bekannter Spruch (λόγος) im neutestamentlichen Kontext (V. 37a) bezeichnetes Sprichwort; s. das Sprichwort Ἄλλοι μὲν σπείρουσιν, ἄλλοι δὲ ἀμήσονται (L-Sch I, 205.354).

(9) Zur Jesustradition gehört auch Thomasevangelium, Log. 102 — ein Wehruf gegen die Pharisäer: „... denn sie gleichen einem Hund, welcher liegt auf der Krippe von Rindern. Denn weder frißt er, noch läßt er die Rinder essen". Schon Robert Haardt hat darauf aufmerk-

---

10 S. Bill. zu Mt 15,2.
11 Zur Auslegung W. Schrage, Das Verhältnis des Thomas-Evangeliums zur synoptischen Tradition und zu den koptischen Evangelienübersetzungen, BZNW 29, 1964, z. St.
12 Wettstein führt nur Parallelen aus dem medizinischen Bereich an.

sam gemacht[13], daß dies als griechisches (und später auch als englisches und russisches) Sprichwort ('Η κύων ἐν τῇ φάτνῃ, bzw. κύων ἐπὶ σῖτον) belegt ist (L-Sch I, 363; Strömberg 49 aus Hesychios [2]). Die Gnostiker haben es offensichtlich auf die Repräsentanten der Großkirche bezogen.

(10) Act 4,32: Der (zweite) idealisierte Bericht über die Gütergemeinschaft (... ἦν αὐτοῖς ἅπαντα κοινά) widerspiegelt die verbreitete Vorstellung über eine ideale Gesellschaft, die indirekt von Platos Staat abgeleitet ist. Sie hat eine auffällige literarische Parallele bei Iamblichos in *De vita Pythagorica* XXX,167-168: „Κοινὰ τὰ τῶν φίλων" (L-Sch II, 76 vgl. Ἰσότης φιλότης, ebd. S. 35). [14]

(11) Act 19,19: In Ephesus wurden die (aus christlicher Sicht verwerflichen) Zauberbücher unter dem Einfluß von Paulus öffentlich verbrannt. Wie sich dazu das Sprichwort Ἐφέσια γράμματα (L-Sch I, 244) verhält, ist schwer zu bestimmen. Es hat angeblich Sprüche bezeichnet, die Erfolg bringen (L-Sch, ebd.), d. h. vielleicht doch magische Formeln. Wettstein (z. St.)[15] bezeichnet es als Sprichwort (παροιμία), meint jedoch, es beziehe sich auf undeutliche Sprüche.

(12) Act 26,14: Paulus hört eine himmlische Stimme sagen: „... warum verfolgst du mich? Es wird dir schwer sein, gegen den Stachel auszuschlagen" (πρὸς κέντρα λακτίζειν), was als Sprichwort und in der klassischen Literatur öfter zitierter Satz belegt ist (L-Sch I, 148. 301. 371; vgl. z. B. Eur. IphTaur 1396; Bakch 794; lat. *Adversum stimulum calces* — Terentius, Formio 78). Daß es sich um ein Sprichwort handelt, war allgemein bekannt, in der Neuzeit hat schon Wettstein (z. St.) einige Belege gesammelt.

(13) 1Kor 9,26: Paulus vergleicht seinen geistigen Kampf mit dem Boxen, das kein ungeschicktes Kämpfen sein kann — kein Schlagen in die Luft. Die sprichwörtliche Wendung Ἀνέμους γεωργεῖν (L-Sch I, 194. 353 vgl. S. 14) illustriert die Wirkung desselben semantischen Feldes[16].

(14) Kol 2,17: Die kultischen Vorschriften sind als Schatten (σκιά), d. h. als abgeleitete Wirklichkeit im Vergleich mit dem Leib (σῶμα, d. h. Urbild) bezeichnet, der Christus gehört — durch ihn repräsen-

---

13 R. Haardt, Das koptische Thomasevangelium und die außerbiblischen Herrenworte, in: Der historische Jesus und der Christus unseres Glaubens, hg. v. K. Schubert, Wien u. a. 1962, 257-287, z. St.

14 Zum Problem P. Pokorný, Strategies of Social Formation in the Gospel of Luke, in: Gospel Origins and Christian Beginnings, FS J.M. Robinson, Sonoma, CA 1990, 106-118.

15 S. u. (Quellensammlungen).

16 Wettstein z. St. bezeichnet es ausdrücklich als παροιμία und führt analoge Belege aus der Literatur an, z.B. aus Eustathius (XII. Jh. n. Chr.): τὰ ἀέρα δαίρειν.

tiert ist. Es handelt sich um eine Metapher, die durch den Popularplatonismus beeinflußt ist (vgl. Philo Conf. 190). Das Sprichwort σκιὰ ἀντὶ τοῦ σώματος (L-Sch II, 642) ist die elementare Gestalt dieser Metapher, die ihre kritische Funktion unterstreicht, weil es sich offenbar auf die Menschen bezieht, die viel versprechen, aber wenig tun.

(15) Kol 3,22: „Ihr Sklaven gehorcht in allem ihren irdischen (κατὰ σάρκα) Herren" (vgl. Eph 6,5; 1Tim 6,1f.; Tit 2,9) ist eine paränetische Weisung, welche das christliche Leben den ethischen Normen der Umwelt anpaßt, was das Sprichwort Δοῦλε, δεσποτῶν ἄκουε καὶ δίκαια κἄδικα (L-Sch I, 394) bestätigt. Das Sprichwort dient auch zur besseren Bestimmung der spezifischen Züge der christlicher Paränese, in welcher der absolute Anspruch der (sarkischen) Herren durch ihre Unterordnung dem (himmlischen) Herrn (Kol 3,22) relativiert wird und wo die Sklaven als gleichwertige Adressaten angeredet sind (3,22ff.).

(16) 1Tim 6,7: „Denn wir haben nichts in die Welt mitgebracht und wir können auch nichts aus ihr mitnehmen" — ein Satz, der im stoischen Sinne die Berechtigung der αὐταρκεία begründet, hat eine Analogie in Hi 1,21f. (LXX: „... Αὐτὸς γυμνὸς ἐξῆλθον ἐκ κοιλίας μητρός μου, γυμνὸς καὶ ἀπελεούσομαι ἐκεῖ"). Das Sprichwort Γυμνὸς ὡς ἐκ μέτρας (L-Sch I, 101) war jedoch eher als eine höhnische Charakteristik der Armen und Erfolglosen gemeint.

(17) Tit 1,12: „Die Kreter sind immer Lügner, gefährliche Tiere und faule Bäuche" ist ein Zitat aus Epimenides (vgl. Clem. str. I,59,2), dessen Widerhall bei Kallimachos (*In Iovem* 8f. — nach Athenagoras Suppl. 30) zu finden ist. Das Wort entspricht der Volkstradition, die in „Suidas" richtig als Sprichwort (παροιμία) erkannt ist[17]. Κρητίζειν ist nämlich als Synekdoche für „lügen" belegt (L-Sch I, 101).

(18) Jak 3,6ff.: Eine Warnung vor dem Mißbrauch menschlicher Zunge als ein Topos aller menschlicher Kulturen, der auch in griechischen Sprichwörtern seinen Niederschlag gefunden hat (L-Sch I, 57)

(19) 2Petr 2,22: „Κύων ἐπιστρέψας ἐπὶ τὸ ἴδιον ἐξέραμα" ist eine Anspielung auf Spr 26,11 und öfter belegtes Bild. Als PAROIMIA bezeichnet es auch Wettstein; s. Κύων ἐπὶ τὸν ἴδιον ἔμετον als Sprichwort bei L-Sch II, 119 registriert[18].

Die eben gesammelten Sprichwörter dokumentieren auf der einen Seite, daß das Neue Testament der „stabilisierten Weisheit" der griechischen Umwelt nur am Rande begegnet. Sie wird jedoch manchmal

---

17 S. Wettstein z. St.
18 Für jüdische Analogien s. Bill. III, 773.

bewußt vorausgesetzt und manchmal kann sie nur unbewußt beim Verstehen des Textes mitgewirkt haben. Die Berührungen bedeuten nicht immer die Anpassung, sondern manchmal auch Polemik und Umdeutung. Schon die Auswahl der Sprichwörter und sprichwörtlich benutzten Metaphern, nämlich vor allem solcher, welche die Grenzen menschlicher Möglichkeiten dokumentieren (besonders, wenn es sich um den Einzelnen handelt), ist interessant.

Die sprichwörtliche Wahrheit, die ihrem Wesen nach in einzelnen Einsichten und sich wiederholenden Erfahrungen zersplittert ist, wird im Neuen Testament jedenfalls in ein neues Ganzes gesetzt. Die in der Geschichte Jesu verwirklichte Parabel Gottes, welche in Kreuz und Auferstehung gipfelt, geht quer sowohl durch die optimistische (Verdienst — Erfolg) als auch durch die skeptische (Erfahrung der Grenzen und der Absurdität) Wahrheit. Und doch haben wir auch die Tendenz zum Ausnützen der sprichwörtlichen Wahrheit beobachten können, denn in den neuen semantischen Strukturen innerhalb der christlichen Sprache können die Sprichwörter als Mittel der Kommunikation mit der Umwelt funktionieren, fast als ein integraler Teil der Sprachkompetenz, die durch neue Performanzen auch das noch nicht Dagewesene und bisher Ungesagte repräsentieren (signalisieren) kann[19].

---

[19] S. R. Bultmann, Allgemeine Wahrheiten und christliche Verkündigung, ZThK 54, 1957, 244-254. Wie lohnend und hinreißend die Untersuchung der Transformationen der allgemeinen Wahrheiten im christlichen Zusammenhang sein kann, hat z.B. W.A. Beardslee an dem Wege des Spruchs „Wer sein Leben retten will, der wird es verlieren; und wer sein Leben verliert, wird es erhalten" von der militärischen Regel bis zum Neuen Testament (Lk 9,33 vgl. Mk 8,35 par.; Mt 10,39; Joh 12,25) illustriert: Saving One's Life By Losing It, zuletzt in: Ders., Margins of Belonging. Essays on the New Testament and Theology, Atlanta, GA 1991, 25-42.

Quellensammlungen
(in Klammern die Abkürzungen):

Alford, H., Hg., The Greek Testament I-IV, Cambridge I, ^{7}1874; II, ^{7}1877; III, ^{5}1871; IV, ^{4}1871 und spätere Ausgaben, die mir z. Zt. nicht zur Verfügung stehen.

(Strack, H.L. -) Billerbeck, P., Kommentar zum Neuen Testament aus Talmud und Midrasch I-VI, München 1922-1966 u. Nachdrucke (Bill.).

Leutsch, E.L. v./F.G. Schneidewin, Hg., Corpus paroemigraphorum graecorum I-II, Göttingen 1839; Nachdruck Hildesheim 1965 (L-Sch).

Strömberg, R., Greek Proverbs, GVSH.H 4/8, Göteborg 1954.

Walther, H., Proverbia sententiaeque Latinitatis medii aevi I-VI, Göttingen 1963-1969 = Carmina medii aevi posterioris Latina 2/1-6 (W).

Wetstenius, J.J. [Wettstein, J.J.], H KAINH ΔIAΘHKH. Novum Testamentum Graecum I-II, Amsterdam 1751-1752; Nachdr. Graz 1962.

13. Der Ursprung der Gnosis

Petr Pokorný

*Vortrag, gehalten im Orientalischen Institut der Universität Wien
am 6. Juni 1966*[1]

1. Die Gnosis ist eine der bedeutendsten geistigen Bewegungen der Antike. Sie bemühte sich in der synkretistischen spätantiken Zeit um eine religiöse Synthese auf höherer Ebene und hat in ihren komplizierten mythischen Spekulationen die antike Religion aufgehoben. Die spätere europäische Geistesgeschichte kann man ohne die Auseinandersetzung mit der Gnosis kaum begreifen. Die Frage nach der Bedeutung der Gnosis ist jedoch mit dem Problem ihres Ursprungs verbunden. Am Ende des vorigen Jahrhunderts hat sich die Debatte über den Ursprung auf die entscheidende Alternative konzentriert: Christlich oder außerchristlich? A. v. Harnack hat z. B. gesagt, daß die Gnosis als solche das Ergebnis einer akuten Hellenisierung des Christentums ist. Diese sozusagen kirchengeschichtliche Betrachtung der Gnosis hat sich jedoch als nicht überzeugend erwiesen. Nur z. B. E. Percy oder S. Pétrement vertreten sie in einer modifizierten Weise.

An dieser Stelle muß man vorausschicken: Die Frage nach dem Ursprung der Gnosis ist eng mit der Frage nach ihrem Wesen verknüpft. Percy orientiert sich z. B. an einer christlich geprägten Erlösergestalt, die er in den außerchristlichen Dokumenten selbstverständlich nicht finden kann.

Was uns heute zur Voraussetzung einer außerchristlichen Gnosis führt, ist vor allem die Tatsache, daß in den meisten christlich gnostischen Texten der gnostische Erlöser nur selten und am Rande mit Jesus Christus identifiziert wird. Das ist besonders in den Texten mit einer männlichen zentralen Gestalt scheinbar unverständlich. Warum ein anderer Erlöser, wenn es einfacher wäre, Christus gnostisch zu interpretieren? Dies geschieht nur z. B. im Evangelium der Wahrheit und in den mit ihm verbundenen Oden Salomos, wo es sich offensichtlich schon um eine christlich beeinflußte Polemik gegen die entwickelten gnostischen Spekulationen mit mehreren göttlichen Gestalten handelt[2].

Dagegen gibt es eine Reihe gnostischer Texte, in denen man die christlichen Motive als Einschübe entdecken kann. Das gilt z. B. für die simonianische Große Apophasis[3], für das Apokryfon des Johannes[4], für die Epistel des Eugnostos

---

[1] Vgl. die Nachrichten in KAIROS 1966, 264.

[2] *H.-M. Schenke:* Die Herkunft des sog. Evangelium Veritatis, Berlin 1958, 26f.; besprochen in KAIROS 1965, 167–168.

[3] Belege bei *L. Varcl:* Simon Magus, Praha 1949, 93f.; *E. Haenchen:* „Gab es eine vorchristliche Gnosis?" *ZThK* 49/1952, 316ff.; *J. Frickel:* „Die Apophasis Megale", Referat aus der internationalen Konferenz über die Gnosis in Messina 1966; s. den Bericht in KAIROS 1966, 130–133.

[4] *J. Doresse:* The Secret Books of the Egyptian Gnostics, London 1960, 311.

(Cair. gnost. III u. $V^5)^6$, für die Apokalypse des Adam (Cair. gnost. V)^7, für eine Quelle | des Evangeliums der Maria (Berol. gnost. 7,1-8.11)^8 und besonders für die sogenannte Naassenerpredigt (Hipp. Phil. V, 7,3-9,9), die in ihrer ursprünglichen Gestalt eigentlich eine vornaasseische Schrift ist^9. Die mit der Naassenerpredigt eng verwandten „dualistischen" Traktate der hermetischen Gnosis (Corp. herm. I, XIII u. a.) sind ausgesprochen außerchristlich^{10}. Trotz aller offenen Fragen kann man also eine verhältnismäßig breite Schicht der außerchristlichen Gnosis finden, die mindestens parallel zu den christlich gnostischen Systemen existieren mußte. Diese Texte sind innerhalb aller großen gnostischen Gruppen zu finden^{11}.

Diese Tatsache sowie die Entdeckung, daß die Gnosis in den älteren Schichten nichtchristliches jüdisches Gut verarbeitet, halte ich für die wichtigsten Belege des außerchristlichen Ursprungs der Gnosis. In den letzten Jahren wird es fast allgemein zum Ausgangspunkt der Gnosisforschung. Die Gnosis ist also unabhängig vom Christentum entstanden.

2. Mit dieser Feststellung sind neue Probleme verknüpft. Allgemein muß man der religionsgeschichtlichen Schule recht geben, die die Gnosis aus der Kirchengeschichte in die Religionsgeschichte herausgerückt hat^{12}. Die neuere Forschung hat jedoch gezeigt, daß die von der religionsgeschichtlichen Schule vorausgesetzten protognostischen Mythen aus Ägypten, Babylonien und besonders aus Iran für die Gnosis nicht konstitutiv und deshalb nicht protognostisch sind, und vor allem daß es keinen kompakten alten orientalischen Urmensch-Mythus gab^{13}. C. Colpe hat bewiesen, daß der gnostische Anthropos keine direkte Fortsetzung eines alten Mythus darstellt und auch keine ausgeprägten soteriologischen Zügen trägt^{14}. Von der Hypothese einer orientalischen Protognosis muß man also Abschied nehmen. Das bedeutet jedoch nicht, daß es keine außerordentliche Gnosis gab. Auch G. Quispel, der die weibliche Sophia für

---

^{5} Ich benutze die neue Zählung nach *M. Krause:* Mitteilungen des Deutschen Archäologischen Instituts, Abteilung Kairo 18/1962, 121–132.

^{6} *J. Doresse*, a. a. O., 195ff.; *M. Krause:* „Das literarische Verhältnis des Eugnostosbriefes zur Sophia Jesu Christi", in Mullus, *Festschr. f. Th. Klausner*, Münster 1964, 215ff.

^{7} *A. Böhlig/P. Labib:* Koptisch-gnostische Apokalypsen aus Cod. V von Nag Hammadi, Halle/Wittenberg 1963, 95; *G. W. Mc Rae:* „The Coptic Gnostic Apocalypse of Adam", *The Heythrop Journal* 6/1965, 27–35.

^{8} *R. McL. Wilson:* „The N. T. in the Gnostic Gospel of Mary", NTS 3/1956–57, 236ff.

^{9} Belege *P. Pokorný:* Der Epheserbrief und die Gnosis, Berlin 1955, 50ff.

^{10} *E. Haenchen:* „Aufbau und Theologie des ‚Poimandres'", *ZThK* 53/1956, 191; vgl. *M. Nilsson:* Geschichte der griechischen Religion II, München ^{2}1961, 584.

^{11} Wie sie z. B. *H.-M. Schenke* ausführt: „Hauptprobleme der Gnosis", KAIROS 1965, 116.

^{12} *R. Reitzenstein:* Die hellenistischen Mysterienreligionen, Darmstadt ^{4}1956, 69.

^{13} *G. Quispel:* „Der spanische Anthropos und die jüdische Tradition", in *Eranos Jahrbuch* 22/1953, Zürich 1954, 195ff., u. bes. *C. Colpe:* Die religionsgeschichtliche Schule, Göttingen 1961, 96ff., 186ff.

^{14} *Colpe*, a. a. O., 69ff., 97, 140ff.

die ursprünglichere Gestalt der gnostischen Systeme hält[15], bestreitet nicht, daß die Gnosis unabhängig vom Christentum entstanden ist und prägt die These: Gnosis minus Christentum ist Gnosis[16].

Oft wird in der letzten Zeit eingewandt, daß die gnostischen Erlösergestalten (Anthropos, Sophia) keine Erlöser seien, weil sie teilweise in der Materie eingekerkert sind. Colpe sagt, der gnostische Anthropos sei auch kein „Erlöster Erlöser", sondern höchstens ein erlösungsbedürftiger Erlöser – *salvator salvandus*[17]. Trotzdem – das möchte ich unterstreichen – ist er gerade als solcher Vorbild und Zeuge der inneren Wesensgleichheit des Gnostikers mit der höchsten Gottheit und auf diese Weise wird er zum Inbegriff seiner Hoffnung. Die gnostischen Erlösergestalten bringen keine Erlösung im christlichen Sinne dieses Wortes, aber sie bieten doch eine Lösung der | sonst als aussichtslos betrachteten Lage des Menschen in der Welt. In dieser Hinsicht kann man sie mit dem inhaltlich völlig anders geprägten christlichen Erlöser vergleichen. Sie haben die Hoffnung des Gnostikers zu Wort gebracht und den Bau der späteren gnostischen Systeme gestützt. Man kann sie also als außerordentliche Erlösergestalten im breiteren Sinne des Wortes bezeichnen. In diesem Sinne möchte ich auch den umstrittenen Satz von K. Rudolph verstehen: Eine Gnosis ohne Erlösermythos bzw. Gesandtenvorstellung gibt es nicht[18].

Die Schlußfolgerung: Die Gnosis ist nicht in dem Sinne außerchristlich, daß sie die Entfaltung eines alten Mythus wäre. Sie ist ungefähr parallel zu dem Christentum entstanden und stellte in den religiösen Ambitionen seinen Konkurrenten dar.

3. Trotz der fehlerhaften „orientalischen" Hypothese war es jedoch gut, daß sich R. Reitzenstein und andere Forscher der religionsgeschichtlichen Schule an dem gnostischen Anthropos statt an der Sophia orientierten, d. h. daß sie die Systeme mit männlicher Erlösergestalt für ursprünglicher hielten. Den außerchristlichen Ursprung der Anthropos-Lehre kann man nämlich beweisen, was bei der Sophia, Dynamis oder Ennoia als einer zentralen Gestalt nicht der Fall ist. Die weibliche Gestalt dominiert nur in den entfalteten christlich-gnostischen Systemen.

Außerdem kommt auch in den meisten Sophia-Systemen der Anthropos vor[19]. So ist es auch in der valentinianischen Gnosis (Iren. adv. haer. I, 5,5), wo man sogar eine alte Version voraussetzen darf, in welcher der Anthropos in der Mitte stand (Clem. Al. strom. II, 36,2-4). Ähnlich ist es z. B. mit der Schrift „Das Wesen der Archonten", wo nebenbei der „vollkommene Mensch" als eine bedeutende Gestalt erwähnt ist (Cair. gnost. II – Lab. I, 139,2). Rein „weiblich"

---

[15] *Quispel*, a. a. O.; vgl. *E. Schweizer:* Neotestamentica, Zürich/Stuttgart 1963, 275 u. a.

[16] *G. Quispel:* Gnosis als Weltreligion, Zürich 1951, 29.

[17] A. a. O., 189.

[18] *Die Mandäer I*, Göttingen 1960, 101, Anm. 4; besprochen in KAIROS 1963, 88–90.

[19] *H.-M. Schenke:* Der Gott „Mensch" in der Gnosis, Berlin 1962, 33; besprochen in KAIROS 1965, 167–268, u. *J. Jervell:* Imago Dei, Göttingen 1960, 134, 136f., Anm. 63.

könnte man höchstens die Satornils-Lehre (Iren. adv. haer. I, 34,1) und die simonianische Gnosis nennen, aber auch hier tritt ein göttliches Paar auf, das später durch Simon und Helena repräsentiert wird.

In der „männlichen" Gnosis kann man dagegen einen geprägten außerchristlichen Strom finden: Corp. herm. I, Naassenerpredigt. In der anderen Gruppe (z.B. Apokr. Joh.)[20], die, wie Schenke gezeigt hat, einen etwas modifizierten Urmensch-Mythus enthält, sind die christlichen Motive offensichtlich später aufgenommen. Die Naassenerpredigt in ihrer uns erhaltenen Version, d.h. mit den christlich-gnostischen Ergänzungen[21], wäre dann ein Zwischenglied zwischen den außerchristlichen und den schon tiefer christlich bearbeiteten Dokumenten der Anthropos-Spekulation.

Weil die Naassener, die die Naassenerpredigt tradierten, einen gnostischen Lehrtypus darstellten, der älter als die ophitische Gnosis ist, muß man sie spätestens in der Hälfte des 2.Jh. voraussetzen. Diese Naassener haben die sogenannte Naassenerpredigt in ihrer ursprünglichen Fassung übernommen. Und die Naassenerpredigt ist | wieder offensichtlich nicht der erste Ausdruck der mythischen Spekulation über den Urmenschen, die also ungefähr am Beginn des 1.Jh. n.Chr. entstehen könnte[22].

Sie stellt, wie ich eben angedeutet habe, denjenigen Typus der gnostischen mythischen Spekulation dar, von dem wir bei der Rekonstruktion der Anfänge der Gnosis ausgehen müssen.

4. H.-M. Schenke hat überzeugend nachgewiesen, daß diese Spekulation aus einer allegorischen Auslegung von Gen. 1,26f. entstanden ist[23]. Der Plural, in dem hier Jahwe im Namen seines himmlischen Hofes spricht, die zweifach ausgedrückte Zielsetzung der menschlichen Existenz – *b'ṣalmenū kidmūtēnū* – und: „so schuf Gott den Menschen nach seinem Bilde; nach Gottes Bild schuf er ihn; männlich und weiblich schuf er sie" –, das alles wurde in den heterodoxen Strömungen mittels der allegorischen Methode zugunsten einer spezifischen Lösung der Gegensätze benutzt, die der Synkretismus des späteren Hellenismus hervorgerufen hat.

In der Anthropos-Spekulation haben also geistige Tendenzen, die der Hellenismus gebar, ihren Ausdruck gefunden. Diese Tendenzen haben schon früher in das heterodoxe Diasporajudentum besonders in die verschiedenen Adam-Spekulationen Eingang gefunden. Adam wurde als unschuldige und fast göttli-

---

[20] A.a.O., 64ff.

[21] Vgl. die Rekonstruktion des vorchristlichen Textes bei *R. Reitzenstein/H. Schaeder:* Studien zum antiken Synkretismus, Leipzig/Berlin 1926, 161ff. Ähnliche Rekonstruktion legt auch *G. R. S. Mead:* Thrice Greatest Hermes, London [4]1964, 10ff. vor. Er hat jedoch die jüdisch-außerchristliche Schicht von der vermeintlich heidnischen Quelle getrennt. Eine neue Rekonstruktion lege ich in meiner Studie *Počátky gnose – The Gnostic Origins,* Kap. 8, vor, die im Jahre 1968 in Prag erscheinen soll.

[22] Kap.7 meiner Studie.

[23] A.a.O., 71.

che Gestalt geschildert (2. Hen. A 31,6; Test. patr. Levi 18; 4. Ezr. 8,24 u. a.), die eine kosmische Autorität besitzt (2. Hen. A 30,6-14). In der Sektenrolle von Qumrān wird wieder den Erwählten der Anteil an der Herrlichkeit Adams versprochen. Der Fall Adams ist mehr Unglück als Schuld (Vita Adae 30-44)[24]. Das von E. Peterson publizierte Bittgebet um die Befreiung von Adam aus der Anagkē[25] ist ein Symptom dieser Mentalität. Wenn wir erwägen, wie oft der gnostische göttliche Mensch mit dem semitischen Äquivalent Adam bezeichnet wird (z. B. Cair. gnost. II – Lab. I., 156, 20ff. – titell. Schrift), ist es deutlich, welche Tendenzen in der auf Gen. 1,26f. gegründeten gnostischen Spekulation gipfeln.

Es handelt sich jedoch nicht nur um eine große Gipfelung. Die genannten jüdischen Parallelen unterscheiden sich von der Gnosis grundsätzlich dadurch, daß der Schöpfer noch nicht eindeutig als Demiurg – zu einer niederen begrenzten und gefährlichen Gottheit – degradiert ist. Diese „revolutionäre" Umdeutung[26] hat den jüdischen Gedanken eines unsichtbaren und höchsten Gottes von jeder geschichtlichen Beziehung frei gemacht und die Bindung auf Israel zerrissen. Die neue religiöse Ideologie hat dadurch ihren jüdischen Mutterboden in einer polemischen Interpretation verlassen und eine spiritualistische Lösung der geistigen Krisis ihrer Zeit entworfen.

Selbstverständlich nicht alle allegorischen Auslegungen von Gen. 1 und nicht alle heterodox-jüdischen Störungen haben zu diesem Ergebnis geführt. Es waren nur diejenigen, in welchen der jüdische Monotheismus und Messianismus in den Dienst der akosmischen Tendenz gestellt wurde.

Der Urmensch-Zyklus ist also aus der allegorischen Auslegung von Gen. 1 entstanden und ist kein Produkt einer langen Entwicklung. Er ist aber nicht zufällig | entstanden, sondern er war gerade in seiner spezifischen Form dazu geeignet, die „geistigen Bedürfnisse" des spätantiken Menschen zum Ausdruck zu bringen.

5. Was ist in dem Anthropos-Mythus zu Wort gekommen? In der synkretistischen Gärung des Späthellenismus haben fast alle geistigen Traditionen eine Umdeutung durchgemacht. In den kulturellen Zentren hat man damals versucht, „barbarische" Religionen aufzunehmen und gleichzeitig ihr tiefstes Geheimnis durch eine neue Interpretation zu entdecken. Das Entscheidende war jedoch immer die Tendenz, mit welcher dies getan wurde.

Die zoroastrischen Züge, die man in einigen gnostischen Schriften findet, sind trotz ihres tiefen Einflusses offensichtlich nicht das Entscheidende. Auch wenn das Licht-Dunkelheit-Schema besonders in der sethianischen Gnosis übernommen wird, tritt in der Gnosis der Demiurg nicht als aktiver Gegner der guten Gottheit auf, sondern wird als niedere und nur wegen der Unwissenheit gefährliche Gottheit geschildert.

---

[24] Weitere Belege *E. Brandenburger:* Adam und Christus, Neukirchen 1962, 77.
[25] „La libération d'Adam de l'ANAGKE", *Rev. bibl.* 55/1948, 199ff.
[26] *H. Jonas:* Gnosis und spätantiker Geist 1, Göttingen ³1964, 25ff., 384.

Mit einem entscheidenden ägyptischen Einfluß kann man kaum rechnen. Es gibt zwar überraschende Analogien zwischen der ägyptischen Vorstellung über die göttliche Einsicht, die in den Totenbüchern und in den Spekulationen über Toth belegt sind, und einigen Elementen der Gnosis. Es ist sehr wahrscheinlich, daß die für den Synkretismus offene Atmosphäre des hellenistischen Ägyptens und die allegorische Exegese der alexandrinischen Schule geeignete Bedingungen für die Entstehung der gnostischen Anthropos-Spekulation bilden konnten. Der grundsätzliche Unterschied besteht jedoch darin, daß die ägyptische Religion in allen ihren Gestalten im Grunde optimistisch und dem natürlichen Leben nahe ist[27], während die Gnosis Weltflucht verkündet.

Wichtige Rollen haben bei der Entstehung der Gnosis einige griechische Elemente gespielt. Erstens, weil in der eleatisch-platonischen Tradition das gemeinsame Anliegen fast aller antiken Religionen reflektiert wurde, zweitens, weil die griechische Bildung ein allgemein verbreitetes Spektrum war, durch welches man alle anderen Traditionen einheitlich interpretieren konnte.

Das alte religiöse Erbe, das bis in die Prähistorie reicht, war die Vorstellung der Wesensgleichheit des Gottes und des Menschen. Wesensgleichheit bedeutet nicht Identität. Die Gottheit ist dem Menschen übergeordnet, aber gleichzeitig an die Gemeinschaft ihrer Verehrer gebunden. Die Grenze zwischen Menschen und Göttern war deshalb fließend. Die einzelnen Stämme haben göttliche Vorahnen, und die Heroen bilden eine Zwischenstufe zwischen Menschen und Göttern. Eng ist das Leben der Natur, der Götter und der Gesellschaft in den Mysterien verbunden. Auch die später sehr „geistigen" Mysterien deuteten ursprünglich die Phasen der vegetativen Bewegung der Natur. An der Weihe nahmen wahrscheinlich alle erwachsenen Glieder des Stammes teil, und sie war für die tiefere Begründung der Jagd, der landwirtschaftlichen Praxis, aber auch für die Auseinandersetzung mit dem persönlichen Leid und mit dem Tode von Bedeutung[28]. Das menschliche Leid war wie alle menschliche Tätigkeit ein Abbild des göttlichen Geschehens, und der Tod war nur ein Rückfall in die ursprüngliche Einheit mit der Gottheit. |

Der mythische Ausdruck hat jedoch die Gesellschaft nicht nur konsolidiert, sondern auch ihre Entwicklung verlangsamt, so daß zeitweise die Spannung zwischen Mythus und Wirklichkeit peinlich empfunden wurde. Diese Spannung löste man üblicherweise durch einen immer geistigeren Kommentar zu den beharrenden Riten. Dieses geistige Geheimnis wurde zuletzt nur den über den Alltag Erhobenen mitgeteilt.

Ein zugespitztes Ergebnis dieser spiritualistischen Interpretation war z. B. der Orphismus. In der späthellenistischen Zeit ist der orphische Gedanke des Körpers, der das Gefängnis der Seele ist, wieder aktuell geworden. Im Späthel-

---

[27] *C. J. Bleeker*, „The Egyptian Background of Gnosticism", Vortrag in Messina 1966.
[28] *M. Eliade:* Der Mythos der ewigen Wiederkehr, Düsseldorf 1953, 146ff.; *P. Pokorný:* „Das Magische in den Attismysterien", *Listy filologické* 85/1962, 51ff.

lenismus mündete nämlich die Spannung zwischen Mythus und Wirklichkeit in eine breite geistige Krise aus, die zum Kennzeichen der Zeit geworden ist.

Diese Krise wurde u. a. durch die politische Vereinigung des Mittelmeerraumes durch die römische Macht herbeigeführt, die die Überreste der älteren lokalen, politischen und ideologischen Strukturen beseitigt hat[29].

Die kommunikatorische Integrierung und die Entwicklung des Handels haben wieder zur Differenzierung der Gesellschaft und zur Bewegung der Bevölkerung geführt. Die lokalen Kulte, die ursprünglich eng mit dem Leben der Verehrer verbunden waren, verloren ihre konkrete Tragweite.

Die Menschen versuchten zuerst, die überholten Kultmythen durch parallele Einweihungen in mehrere Mysterien mit ihrem Leben zu versöhnen, gleichzeitig aber verehrte man einige Götter als höhere Substanzen lokaler Gottheiten[30].

Diese Lösung war jedoch unwirksam, weil die Riten und teilweise auch die Mythen, die mit dem Namen der Gottheit verbunden waren, größere Beharrlichkeit besaßen.

Die Gnosis hat diese synkretistische Krise durch Einführung einer neuen und durch die Vergangenheit nicht belasteten Gottheit gelöst. Aufgrund der allegorischen Exegese von Gen. 1,27 ist der gnostische Anthropos als das höchste Wesen entstanden: Wenn der Mensch nach dem Bilde Gottes geschaffen wurde, mußte Gott, dem der Mensch unterliegt, ein himmlischer Mensch sein. Es war dann leicht, diesen Gott für die höchste Substanz aller lokalen und gegenständlich verehrten Gottheiten zu erklären. Er war an keinen Kult gebunden, er war den anderen Göttern gegenüber tolerant, weil sie seine zeitgebundenen Metamorphosen waren, und gleichzeitig fähig, alles Religiöse zu seinem Nutzen in Beschlag zu nehmen. Weil jedoch die Eigenschaften verschiedener Gottheiten und die Interessen ihrer Verehrer tief divergierten, war es nur um einen Preis möglich, sie auf einen gemeinsamen Nenner zu bringen: Durch eine folgerichtige Spiritualisierung jeder Hoffnung, durch ihre Trennung von den konkreten Beziehungen und durch die Flucht aus der Welt. Auf diese Weise hat die Gnosis die Voraussetzung für die Bildung einer universalen Religion in der differenzierten Gesellschaft geschaffen. Es war, wie wir z.B. an der Naassenerpredigt sehen, nicht nur eine universale, sondern auch eine anziehende Ideologie. Sie war nicht nur wegen ihrer Toleranz anziehend, sondern vor allem deshalb, weil sie in den tiefen Wandlungen der Zeit das Bewußtsein der Wesensgleichheit mit Gott bewahrt und auf eine neue Ebene gehoben hat.

Äußerlich scheint zwischen den Mysterien und zwischen der gnostischen Erlösung | durch die Entdeckung eigener Göttlichkeit ein tiefer Unterschied zu sein, der in der Diskussion der letzten Zeit mehrere Male hervorgehoben wurde. Die gnostische Selbsterkenntnis ist jedoch mit der Idee der Erneuerung des

---

[29] Vgl. *K. Rudolph*: „Stand und Aufgaben in der Erforschung des Gnostizismus", in: Tagung f. allgem. Religionsgesch. in Jena 1963, *Sonderh. der Wiss. Zeitschr. der F.-Schiller-Univ. Jena*, 89ff., bes. 98f.

[30] Siehe z.B. *Stoic. fragm.* (Arnim), Nr. 537, oder den „Text" der Naassenerpredigt *Hipp. Phil.* V, 9,8.

Lebens durch Annäherung an die Gottheit, die für die Mysterien bezeichnend war, durch die gemeinsame Idee des Eintauchens in ein Grundprinzip verbunden. Von dem primitiven Glauben, daß man im Tode mit der chthonischen Urgottheit eins werde, ergab sich in der gewandelten Lage ein konsequenter Schritt zum Unsterblichkeitsglauben[31].

Zum Wesen der Gnosis gehört also in erster Linie nicht der Spiritualismus oder Dualismus, sondern vor allem der alte Gedanke der Wesensgleichheit mit der Gottheit, die den Archetyp des Lebens darstellt. In den Mysterien wurde diese potentielle Vereinigung durch den Ritus, in der Gnosis durch die mystische Erkenntnis verwirklicht. Der auffallende Spiritualismus war nur ein Mittel zur Bewahrung dieser Idee.

Die spiritualistische Bewahrung dieses Gedankens war in der Gnosis nur mittels der Denktraditionen der entwickelten griechischen Gesellschaft durchführbar, d.h. des Orphismus und besonders der im Platonismus gipfelnden philosophischen Tradition, der auch die allegorische Methode ihre Verbreitung verdankt. In dieser philosophischen Strömung hat auch die geschichtslose Einstellung des Mythus ihren Ausdruck gefunden.

Deshalb halte ich die durch das ganze gnostische Schrifttum durchziehenden Anspielungen auf die griechische Mythologie und Philosophie nicht für einen Zufall, ähnlich wie die Versuche der Kirchenväter, die Gnosis von der griechischen Philosophie abzuleiten.

Die Gnosis ist in der kritischen Zeit entstanden, als die Menschen in den römischen Kolonien unter fremdem Druck standen, aus der ursprünglichen Einheit der Gesellschaft herausgelöst, und als ihnen ihre Gottheiten, mit denen sie sich auf Tod und Leben verbunden fühlten, die Antwort auf ihre Frage schuldig blieben. Die Gnosis hat zwar diese Fragen nicht beantwortet, jedoch mit höchster Autorität für unbedeutend erklärt und den Gnostikern die Hoffnung auf die Einheit mit Gott in einer spiritualistischen Gestalt angeboten. Deshalb hat sie so schnell Fuß gefaßt.

6. Dies ist der erste charakteristische Zug der Gnosis. Sie unterscheidet sich jedoch von anderen Strömungen, die etwas Ähnliches zum Ausdruck brachten, z.B. vom Neuplatonismus.

Das Unterschiedliche liegt in der Auseinandersetzung mit dem gefährlichen niederen Weltschöpfer und dem Messianismus der Gnosis. Beides entstammt einer Begegnung mit dem Judentum, in dem die Gnosis geschichtlich entstanden ist.

Die Gnosis wollte keine Versöhnung mit dem die Welt regierenden Schicksal, sondern hat die Möglichkeit der Flucht aus dem Bereich der Mächte der Welt verkündigt. Angesichts dieser Möglichkeit erscheint der Schöpfergott als ein Widersacher der höchsten Gottheit. Auf diese Weise entsteht ein scheinbar dualistisches Schema[32], das sich jedoch ebenso von dem kämpferischen Dualis-

---

[31] *Pokorný*, a.a.O., 85ff.

mus von Iran wie auch von dem Dualismus der Gemeinde vom Toten Meer unterscheidet, wo Gott den zwei | streitenden Geistern übergeordnet ist[33] und wo der Geist der Verderbtheit zwar Herrscher, aber kein Schöpfer der Welt ist. Die Gestalt des Demiurgen in der Gnosis entsteht dagegen aus der Überzeugung, daß die materielle Welt der geistigen Sphäre gegenüber minderwertig ist, und daß man das Leben nur durch Flucht aus dieser Welt gewinnt. Die Helden der gnostischen Spekulation revoltieren oft gegen den Schöpfer wie Prometheus gegen die olympischen Götter. Das gilt auch für Kain oder für die Schlange *(nāḥāš, ofis)*, die im Interesse der unterdrückten Menschen handeln.

In den außergnostischen heterodoxen jüdischen Strömungen gibt es keinen diabolisierten Weltschöpfer. Der Glaube an einen Gott, der zugleich Schöpfer ist, hat sich auch in der sog. jüdischen Gnosis gegen die äußersten Folgen des Spiritualismus gestemmt[34]. Es gibt also keine jüdische Gnosis im vollen Sinne dieses Wortes[35].

Erst die allegorische Methode hat die Anwendung der in der synkretistischen Zeit so anziehenden biblischen Texte in neuem Zusammenhang ermöglicht, wie es bei der Anthropos-Spekulation der Fall war.

Die Gnosis hat den Schöpferglauben abgelehnt. Das jüdische messianische Pathos hat sie jedoch in ihren Dienst gestellt. Während z.B. die Menschensohnvorstellung mit der Hoffnung auf eine neue zukünftige Welt und der Fesselung der unbotmäßigen niederen Engel dieser Welt verbunden war, wird in der Gnosis die Weltflucht mit messianischem Enthusiasmus als die Erlösung verkündigt. Durch die Begegnung mit dem Judentum hat sich die Gnosis von einem bloßen Spiritualismus geschieden. Der Spiritualismus ist dadurch zu einem messianischen Weg geworden.

Gleichzeitig hat die Gnosis die anspruchsvolle jüdische Ausschließlichkeit des Glaubens abgelehnt und sich völlig der synkretistischen Welt geöffnet. Sie hat ein universales und doch religiöses Programm entfaltet, das den Volksglauben nicht ausgeschlossen hat, einfach war und doch über alles andere erhaben.

Die Gnosis entstand also in einer stark polemischen Begegnung der spiritualistischen synkretistischen Strömung mit dem Judentum.

7. Wo ist dies geschehen? Ganz allgemein kann man sagen, daß es im Bereich der jüdischen Diaspora war. In diesem Zusammenhang wird die Entstehung der Gnosis mit der Philosophie von Philo aus Alexandrien in Verbindung gebracht, sondern mit seiner Sophia- und Logos-Lehre. Sie deckt sich in gewissen

---

[32] Vgl. *U. Bianchi:* Il dualismo religioso, Roma 1958, 20 u. 200.

[33] IQS III, 13-26.

[34] *G. Scholem:* Die jüdische Mystik in ihren Hauptströmungen, Zürich 1957, 54; vgl. *E. K. Pohl:* „Der Sondercharakter jüdischer Mystik", KAIROS 1961, 16–19.

[35] *K. Schubert:* „Jüdischer Hellenismus und jüdische Gnosis", *Wort und Wahrheit* 18/1963, 455ff.; die Belege für die späteren dualistischen Elemente innerhalb der jüdischen Gnosis siehe *K. Schubert:* Die Religion des nachbiblischen Judentums, Wien/Freiburg 1955, 95.

Aspekten mit der gnostischen und ist auch auf einer allegorischen Exegese aufgebaut. Philo spricht auch von zwei Menschen, einem konkreten und einem idealen Menschen, der die Gattung Mensch darstellt und mit dem göttlichen Logos identisch ist (Opif. mundi 134.139; conf. ling. 146). Die philonische Lehre unterscheidet sich jedoch von der gnostischen darin, daß zwischen Gott und der Welt, trotz der Unterschätzung der gegenständlichen Wirklichkeit, ein positives Verhältnis besteht, und Gott bleibt (auch wenn teilweise mittelbarer) Schöpfer aller Dinge (De spec. leg. I, 30). Philo | ist Jude geblieben. Deshalb hat er auch den Synkretismus abgelehnt und diejenigen Juden verurteilt, die sich in die Mysterien einweihen ließen (De spec. leg. I, 131 u. a.).

Diese Bemerkung führt uns auf die Spur einer anderen Lösung. Es gab jüdische und jüdisch gefärbte synkretistische Gruppen, die für das Diasporajudentum gefährlich waren.

In Kleinasien vereinigten sich bekanntlich einige hellenisierte Juden mit den Verehrern des Zeus Hypsistos, derwegen seines Attributs mit Jahwe verbunden wurde[36]. Unter einigen kleinasiatischen Reliefen zur Ehre des Hypsistos finden wir Szenen aus gemeinsamen Mahlen mit Weintrinken. Unter einem lesen wir sogar das Lob einer Priesterin der Kybele und des Apollon[37]. Wenn wir dies mit den bekannten Bildern aus dem Kult der anderen synkretistischen Gottheit, die von einigen Diasporajuden verehrt wurde – des Sabazios –, vergleichen[38], und mit der Warnung gegen die Ausschweifungen, die wir im Pap. Lond. 2710 in der Verfassung einer ägyptischen Sabazios-Gruppe lesen, in Verbindung bringen, ist es sehr wahrscheinlich anzunehmen, daß die gemeinsamen Mahle zum Kult dieser Gruppe gehörten, und daß das Weintrinken zur Erreichung des religiösen ekstatischen Zustandes diente. Der anakreontische Aufruf in der Naassenerpredigt (Hipp. Phil. V, 8,6), die zahlreichen Berichte über die gnostischen Mahle und besonders die synkretistische Einstellung der Sabazios- und Hypsistosverehrer berechtigen zum Schluß, daß wir es da mit einer Vorstufe der Gnosis zu tun haben. Selbstverständlich entwickelte sich die Gnosis nur aus einigen dieser Gruppen und hat auch ihre Frömmigkeit umgedeutet.

Diese Gruppen haben eine alte Tradition. Nach 3. Mac. 2,30 (vgl. 2. Mac. 6,7) hat der Ptolemäer Philopator (IV.) den Juden, die sich dem Kult von Dionysos Sabazios anschlossen, das Bürgerrecht in Alexandrien angeboten. Wahrscheinlich ist die Popularität dieser Gruppen nach dem Fall des Makkabäerstaates gestiegen. Die Gnostiker organisierten sich also faktisch in den Mysteriengemeinden[39].

Geographisch ist die Anthropos-Spekulation wahrscheinlich in Ägypten entstanden. Wenn nicht unter dem Einfluß von Philo, dann unter dem Einfluß

---

[36] *Greg. Naz. Orat.* XVIII, 5; vgl. *Orig. c. Celsum* I, 24; *G. Bornkamm:* Das Ende des Gesetzes, München ²1958, 153ff.

[37] *Nilsson,* a. a. O., 666 und Tab. 14, 3 u. 4; vg. *A. B. Cook:* „Zeus Hypsistos", *Harward Theol. Rev.* 29/1936, 39ff. Vgl. den Bericht bei *Valer, Maxim.* I, 33.

[38] *Pokorný,* a. a. O., 109ff.

[39] *R. Bultmann:* Das Urchristentum, Zürich/Stuttgart 1954, 189.

von Gruppen, die die ältere, mehr synkretistische alexandrinische Lehrtradition verkörpern, an welche Philo angeknüpft hat[40] und die er gleichzeitig als Häresie bekämpft hat (De Abrah. 213). Die hermetische Gnosis wäre dann eine spätere Fortsetzung dieser Linie. Die Gnosis ist also in einer jüdisch beeinflußten synkretistischen Gruppe in Ägypten entstanden, die sich der allegorischen Auslegungsmethode bediente. Sie hat sich jedoch, wie es übrigens bei den großen Bewegungen oft vorkommt, vorwiegend außerhalb ihres Entstehungsortes verbreitet, nämlich in Kleinasien und in Syrien.

8. Die weitere Entwicklung kann man nur kurz entwerfen. Die Gnosis, die sich schnell verbreitet hat, brauchte eine Organisation, die sie aber wegen ihres Spiri|tualismus nicht imstande war zu schaffen. Sie war überhaupt nicht fähig, die elementarsten menschlichen Beziehungen, wie z.B. die Familie, zu stärken. Ihr Spiritualismus führte entweder zu Askese und Einsiedlertum oder zum Libertinismus. Der XIII. Traktat des Corp. herm. ist ein Zeugnis der Auflösung jedes Kultus im individuellen, literarisch vermittelten Erlebnis.

Es gibt zwar Belege des Weiterlebens des Urmensch-Mythus bis tief in die christliche Zeit: in Mart. Petri 9 oder in dem Bericht über die Lehre des Arabers Monoimos (Hipp. Phil. VIII, 12-15). Die entwickelte Fassung dieser Lehre wird unter den Naassenern, Ophiten und Sethianern tradiert. Die Sethianer kombinieren die Urmensch-Spekulation mit dem zoroastrischen Dualismus, aber auch bei ihnen findet man einen bedeutenden Hinweis, wonach die Schlange eigentlich die Larve des vollkommenen Menschen ist (Hipp. Phil. V, 19,21).

Gleichzeitig tauchen jedoch schon Systeme auf, in welchen ein weiblicher Erlöser hervortritt und der männliche verdrängt wird. Grundsätzlich ist es verständlich. Ursprünglich hat das männliche Prinzip besser den Abstand gegenüber allem Organischen zum Ausdruck gebracht, das vom weiblichen Prinzip repräsentiert wird. Bald hat sich jedoch gezeigt, daß eine konsequente Ablehnung der Welt undurchführbar ist. Damals wurde die weibliche Gestalt als ein wirklicher Mittler eingeführt, eine geistige Macht, die durch ihre Mangelhaftigkeit doch mit dieser Welt verbunden ist, wie wir es entwickelt z.B. im Valentinismus sehen.

Diese Tendenz zum Ausgleich begleitet übrigens als eine dritte Phase jeden geistigen Aufbruch und jede innere Antithese. Eine gewisse phänomenologische Analogie kann man in der Verbreitung des marianischen Kultes im Christentum sehen. Der äußere Anknüpfungspunkt für diese Entwicklung war mit dem Charakter des gnostischen Anthropos selbst verbunden. Er war laut einer allegorischen Erklärung des Gen. 1,27 als ein vollkommenes Wesen mann-

---

[40] Belege bei *W. Bousset:* Jüdisch-christlicher Schulbetrieb in Alexandrien und Rom, Göttingen 1915, 8ff.; vgl. *M. Friedländer:* Der vorchristliche jüdische Gnostizismus, Göttingen 1898, 22f.

weiblich, wie Adam in den jüdischen Randströmungen[41] und wie die orphische Gottheit (Orph. fragm. 21 u. 81 – Kern). Die Einführung der weiblichen Gestalt bedeutete also nur eine Hervorhebung des schon früher bekannten Aspektes des höchsten Wesens.

Diese Entwicklung hat auch an die jüdische Tradition der weiblichen Hypostasen *(rūaḥ, škīnā, ḥokmā)* angeknüpft[42].

Es gibt Texte, in denen wir die Ausgliederung der weiblichen Gestalt in Anfängen beobachten können. In Apokr. Joh. lesen wir z. B., daß Barbelo (sie!) der erste himmlische Mensch und gleichzeitig androgyner Äon und jungfräulicher Geist war (Berol. gnost. 17,18ff.). Im Eugnostosbrief ist der mann-weibliche Mensch erwähnt, dessen männlicher Name verlorengegangen sei, dessen weiblicher Name aber Sophia Pansofos ist (Cair. gnost. III, 77).

Der Weg einer konsequenten Spiritualisierung war also für längere Zeit nicht gangbar. Die Gnosis hat sich schnell erschöpft, weil Spiritualisierung allmählich zur Auflösung führt. Außer der Einschaltung des weiblichen Prinzips hat sich die Tendenz auch zu Kompromissen in den Versuchen um eine Konkretisierung geltend gemacht. |

Der Ausdruck dieser Tendenz war die Bildung gnostischer Gruppen um die starken Persönlichkeiten, die sich für Träger vollkommener Erkenntnis hielten. Diesen Zug können wir vor allem bei Simon Magus sehen, der sich nach Apg. 8,9-24 und Just. Dial. c. Tryph. 120,6 für eine Inkarnation der höchsten Gottheit hielt. Er war wahrscheinlich ein messianischer Konkurrent von Jesus (Iren. adv. haer. I, 23,1). Auch dieser Weg mußte jedoch scheitern. Jesus wurde nämlich gerade dadurch als Gottes Sohn erkannt, weil er dem Vater gehorsam war. Simon hat die Gefahr eines Kultus der Persönlichkeit nicht vermieden. Das ist ihm zum Verhängnis geworden.

Der zweite Versuch einer Konkretisierung war die Anknüpfung an die sich schon bildende Organisation der christlichen Kirche. Selbstverständlich ist die Gnosis nicht gleich eine christliche Sekte geworden. Zuvor haben die Gnostiker das Christentum unter die anderen Religionen eingegliedert, deren wahre Interpretation sie zu bieten glaubten, und Jesus wurde in die Galerie der geschichtlichen Boten der höchsten Gottheit eingereiht. Die erste Auseinandersetzung war also eine mittelbare, und die älteste Schicht der Polemik gegen die Gnosis besteht innerhalb des N. T. in der Betonung der Souveränität Gottes, der Tragweite des Werkes von Jesus Christus und in den ethischen Ermahnungen. Erst später wurde die Gnosis auch theologisch bekämpft und angesichts der Devise: Nur der Geist kommt von Gott, der bekennt, daß Jesus Christus im Fleisch erschienen ist (1. Joh. 4,2f.) und der antignostischen Polemik in den späteren deuteropaulinischen Briefen, wurde sie als eine Häresie ausgegliedert. Sie

---

[41] Belege *P. Winter*: „Sadoquite Fragments VI, 20,21 and the Exegesis of Genesis 1,27 in Late Judaism", *Z. A. W.* 68/1956, 71ff.

[42] Belege *J. Schubert*: „Der Sektenkanon von En Feshcha und die Anfänge der jüdischen Gnosis", *Th. Litzg.* 78/1953, Sp. 495ff.

konnte sich dann schon nicht mehr für eine „höhere" Interpretation aller Religionen halten, sondern faktisch nur des Christentums. Aus einer werdenden Weltreligion ist sie in ihrem Hauptstrom zur christlichen Häresie geworden. Dies hat zum Verwischen der lebensunfähigen, anfänglich außerchristlichen Etappe geführt.

Der Urmensch-Mythus war im Grunde eine so konsequente Antwort auf den Ruf nach Weltflucht, daß es bald klar wurde, daß diese Lösung nicht die innerste Sehnsucht der Rufenden erfüllen kann.

9. Die Gnosis als Bewegung ist gescheitert. Unmittelbar lebten nur einige gnostische Tendenzen in verschiedenen Gruppen innerhalb jüdisch, christlich oder mohammedanisch geprägten Milieus weiter. Die Tendenzen der Weltflucht tauchen jedoch an verschiedenen Orten in der Geschichte immer erneut auf. Manchmal handelt es sich sogar um eine ganz auffällige Analogie. Besonders die christliche Frömmigkeit hat unglücklicherweise einige Elemente gnostischer Denkweise aufgenommen. Weil jedoch die christliche Glaubenslehre – also die klassische Reflexion des Glaubens – in einer Auseinandersetzung mit der Gnosis formuliert wurde, gibt es innerhalb des Christentums geistige Voraussetzungen zur Entdeckung gnostischer Gefahr. Leider werden sie immer wieder vergessen.

Die Gnostiker sind in vielen Teilproblemen sehr weit gekommen. Sie haben die Bedeutung der Anthropologie entdeckt, und beispielsweise ist die Mannigfaltigkeit ihrer Systeme ein Zeugnis dafür, daß sie den alten Typ kultischer Mythen, die in ihrer wörtlichen Fassung für die Ätiologie einzelner Religionen grundlegend waren, überwunden haben und die verschiedenen parallel gelehrten mythischen Spekulatio|nen nur für einen unvollkommenen Ausdruck tieferer philosophischer Wahrheit hielten.

Sie haben versucht, den Menschen aus dem Banne der Schicksalsmächte zu befreien. Sie haben es jedoch um einen allzu hohen Preis der Loslösung von der Geschichte getan. Die Gnosis hat die Vorstellung eines archetypischen Kreislaufes des Lebens, der im Mythus verkörpert war, dadurch überwunden, daß sie die aktive Einstellung zur Geschichte vollkommen abgelehnt hat und sich dadurch den Weg in die wirkliche Zukunft völlig verbaut hat. Sie hat den Mythus zugunsten einer Spekulation aufgelöst. Seine Tendenz hat sie jedoch dadurch nur unterstrichen. Sie hat den Mythus aufgehoben.

Sie hat auch die älteren metaphysischen Denktraditionen popularisiert und durch ihre eigene Geschichte ihren illusorischen Charakter bewiesen.

Wir können die Gnosis als einen wirklichen Antipoden des Christentums ansehen, in dem der eschatologisch eingestellte Inkarnationsglaube den Schicksalsmythus überwindet und eine konkrete, jede Erwartung übertreffende Hoffnung eröffnet.

IV.
Paulus, seine Schüler und Gegner

14. Israel und die Kirche im Denken des Apostel Paulus

Josef B. Souček

Prof. Jan Patočka in aufrichtiger Freundschaft gewidmet

1

Israel und die Kirche: mit diesen Worten kann man das vielleicht umfassendste und schwierigste Problem umschreiben, mit dem sich die Urchristenheit in den ersten Jahrzehnten ihres Bestehens auseinanderzusetzen hatte. Dieses Problem wurde dadurch gestellt, daß die erste Gemeinde der an Jesus als den Messias, den Erlöser Israels, Gläubigen in der Mitte der jüdischen Gemeinschaft entstanden ist und darin verankert war, aber dann bald in mehreren Schritten zur Mission in der außerjüdischen Welt der Völker (ethne, „Heiden") übergegangen ist. Die in der neutestamentlichen Apostelgeschichte[1] festgehaltenen Überlieferungen wurden wohl im Sinne der späteren Gesichtspunkte und Vorstellungen umgestaltet, ohne miteinander völlig ausgeglichen zu sein. Sie verraten aber, daß jener Weg zur Völkermission in der Gestalt von verschiedenartigen parallel nebeneinander gehenden Versuche besonders deraus dem hellenistischen Diasporajudentum stammenden Bekenner des Messias Jesus angetreten wurde[2] und daß die erste in großzügiger Weise unternommene Missionsaktion von der christlichen Gemeinde in der hellenistischen Großstadt Antiochien ausgegangen ist[3]. Daß es nicht ein selbstverständliches Unternehmen war, kommt auch in der relativ späten Berichterstattung der Apostelgeschichte darin zum Vorschein, daß einige dieser Versuche als von besonderen Visionen oder Eingebungen des Geistes eingeleitete oder gutgeheißene dargestellt werden. Besonders bezeichnend ist der Bericht, nach welchem Simon Petrus, der maßgebende Vertreter der Jerusalemer Urgemeinde, durch eine Vision von der Legitimität der Heidenmission überzeugt werden mußte[4].

Daß diese Ausweitung des Horizonts jenseits des in der Gestalt des Judentums bestehenden Volkes Israel gar keine Selbstverständlichkeit war, ist auch aus den von den synoptischen Evangelien festgehaltenen Jesustraditionen ersichtlich. Jesus wird da als ein sehr unkonventioneller jüdischer Lehrer dargestellt. In überlegener Weise überschreitet er die | von den pharisäischen Hütern der Reinheit Israels festgesetzten Grenzen. Er nimmt die notorischen Sünder sowie die ihrem Volk durch den Dienst an der heidnischen römischen Macht untreuen Zöllner in seine Tischgemeinschaft auf[5]; ja er wagt sogar das unerhört

[1] Apg 2,6-7; 8; 10-11; 13.
[2] Stephanus Apg. 6-7, Philippus Apg. 8.
[3] Apg. 13,1ff.
[4] Apg. 10-11.
[5] Mark. 2,16-17; Luk. 15,2.

anstößige Wort: „Die Zöllner und Dirnen kommen vor euch in das Reich Gottes"[6]. Er distanziert sich von dem zelotischen Programm der mit Waffen zu erkämpfenden Befreiung Israels von römischer Fremdherrschaft; diesen Sinn hat nämlich nicht nur seine Antwort auf die Frage, ob man dem Kaiser Steuer zahlen darf[7], sondern auch das bekannte Gebot, dem Bösen nicht zu widerstehen[8]. Das alttestamentliche Gebot der Nächstenliebe, welches ursprünglich nur die Volksgenossen in Sicht hatte[9], entschränkt er in der Erzählung vom barmherzigen Samariter[10] und verschärft es zum Gebot der Feindesliebe[11]. Ein noch radikalerer Abstand von den damals allgemeinen jüdischen Anschauungen kommt in seiner überlegenen, kritischen, ja fast negativen Haltung gegenüber dem Rituellen zum Vorschein; darin liegt auch ein grundsätzlicher Unterschied gegenüber den Anschauungen der zeitgenössischen Qumrangemeinschaft. Auch die für das Judentum so zentrale Sabbatobservanz wird relativiert, oder vielleicht besser gesagt: funktionalisiert: Der Sabbat ist um des Menschen willen geschaffen worden, nicht der Mensch um des Sabbath willen[12]. Dadurch geriet ein Hauptpfeiler im Zaun des Gesetzes ins Wanken, mit dem die Israel von den Heiden trennende Grenze hergestellt und vor aller Welt kenntlich gemacht wurde. So sind in der Haltung und Verkündigung Jesu, wie wir sie aus der synoptischen Überlieferung erkennen, die Voraussetzungen zur Überschreitung jener Grenze gegeben. Trotzdem aber berichtet diese Überlieferung, daß Jesus sich willentlich innerhalb jener Grenze bewegte, die Verkündigung des kommenden Reiches Gottes den verlorenen Schafen Israels adressiert werden wollte und das Hingehen seiner Jünger in die Städte der Samariter und auf die Straßen der Heiden verbot[13]. Nur wenn er von heidnischer Seite gebeten, ja bedrängt wurde, ließ er in Ausnahmefällen seine Hilfe auch den Nichtisraeliten zugute kommen[14]. Die zuletzt erwähnten Berichte sind wohl späterer Herkunft und könnten als Versuche verstanden werden, die später in der christlichen Gemeinde selbstverständliche Heidenmission als in den Worten und Taten Jesu verankert darzustellen. Gerade bei dieser Annahme ist es aber merkwürdig, mit welcher Zurückhaltung es geschieht: die Zustimmung zur Hilfe für die Heiden wird Jesus sozusagen abgerungen. Das ausdrückliche Gebot, allen Völkern ohne Unterschied das Evangelium zu verkündigen, wird aber erst dem auferstandenen Herrn Jesus zugemutet[15]. Jene Zurückhaltung ist übrigens ein Hinweis darauf, daß die synoptische Überlieferung zwar nicht an der histori-

---

[6] Matth. 21,31.
[7] Mark. 12,13-17.
[8] Matth. 5,39.
[9] Leviticus 19,17-18.
[10] Luk. 10,25-37.
[11] Matth. 5,43-48; Luk. 6,27-36.
[12] Mark. 2,27.
[13] Matth. 10,5-15.
[14] Mark. 7,24-30; Matth. 8,5-13; Luk. 7,2-9.
[15] Matth. 28,19-20; Luk. 24,47; Apg. 8,26ff.

schen Wirklichkeit im heutigen Sinn interessiert ist, sondern die Erinnerungen an Jesus unter kerygmatischen und kontroverstheologischen Gesichtspunkten auswählt, umgestaltet und auch legendarisch weiterbildet, daß sie aber in der Schöpfung ganz neuer | Motive nicht so hemmungslos vorgeht, wie es in der neueren kritischen theologischen Forschung weithin als selbstverständlich angenommen wird. Alle Angaben der ältesten uns erreichbaren christlichen Quellen weisen darauf hin, daß die Legitimität der Verkündigung des Evangeliums an die außerjüdischen Völker in der urchristlichen Gemeinschaft recht früh allgemein anerkannt wurde, auch wenn sie nicht auf ausdrücklichen Weisungen des historischen Jesus gegründet werden konnte. Dies bestätigt eben, daß die Urchristenheit dem Geist des erhöhten Herrn zutraute, daß er ihr neue Wege zeigen kann; gerade deshalb war sie imstande, die auf der historischen Erinnerung fußenden Jesustraditionen im großen und ganzen auf sich beruhen zu lassen, ohne die neuen geistlichen Einsichten um jeden Preis in diese Traditionen hineinbringen zu wollen. Dies trifft übrigens auch für andere der christlichen Gemeinde von allem Anfang an wichtige Themen zu: die christologischen Titel, die Ekklesiologie, die Taufe als christlichen Initiationsritus und anderes mehr.

2

Die Entscheidung für die Heidenmission war aber nicht das Ende, sondern eher der Anfang der Auseinandersetzungen. Gerade als jene Mission beträchtliche Erfolge erreichte und als in Antiochien eine lebendige Christengemeinde entstand[16], tauchten neue schwierige Probleme und Kontroversen auf. Die für den Glauben an Jesus Christus gewonnenen Nichtjuden in Antiochien und in dem von dort aus missionarisch erreichten Gebiete wurden unbefangen aufgrund des in der Taufe vollzogenen Bekenntnisses zu Christus in die christliche Gemeinde als Vollglieder aufgenommen. Damit waren aber einige führende Persönlichkeiten der Jerusalemer Urgemeinde, besonders Jakobus, ein leiblicher Bruder Jesu, nicht einverstanden[17]. Sie verlangten, daß diese Neophyten sich auch dem isarelitischen Initiationsritus der Beschneidung unterwerfen. Vielleicht waren sie sogar der Meinung, daß die Beschneidung eigentlich der Taufe vorangehen sollte, jedenfalls aber forderten sie, daß sie wenigstens nachträglich durchgeführt werde. Bevor das geschah, sollten die Christen jüdischer Herkunft ihren unbeschnittenen Glaubensbrüdern nicht die Tischgemeinschaft gewähren. Wie auch immer diese Forderung motiviert worden mag – darüber gibt es verschiedene Deutungsmöglichkeiten –, ist es klar, daß ihre Durchsetzung nicht nur die Gemeinschaft der Christengemeinde bedrohen, sondern auch die Neubekehrten vor die Zumutung stellen müßte, sich dem Judentum anzuschließen – einer Gemeinschaft, die nicht nur religiösen, sondern

---

[16] Apg. 11,19-26; 13,1-3.
[17] Apg. 15,1; Gal. 2,11-13.

auch völkischen Sondercharakter hatte. Beides müßte die jungen Missionsgemeinden schwer belasten und die weitere Entfaltung der Mission empfindlich hemmen. |

Mit diesen konkreten Problemen von unmittelbarer praktischer Tragweite setzt sich Paulus in seiner theologischen Reflexion aus, wie sie in seinen unzweifelhaft echten Briefen[18] zum Ausdruck kommt. Seine geistliche Überlegenheit und denkerische Stärke kommt nämlich darin zum Vorschein, daß er jene konkreten Fragen nicht bloß praktisch und opportunistisch, sondern grundsätzlich, d. h. theologisch, stellt und zu beantworten versucht. Er versucht es auch nicht, das Problem durch einen Kompromiß zu schlichten: er begnügt sich nicht damit, die Beschneidung für die Christen nichtjüdischer Herkunft als eine zwar nicht verbindliche, aber zulässige Möglichkeit zu erklären. Er sagt mit eindeutiger Schärfe: „Ich, Paulus, sage auch: wenn ihr euch beschneiden laßt, dann hat Christus für euch keine Bedeutung mehr ... Ihr habt nichts mit Christus zu tun, die ihr durch das Gesetz gerecht werden wollt; ihr seid aus der Gnade herausgefallen"[19]. Aus diesem Anlaß und in diesem Zusammenhang wurde seine Lehre von der Rechtfertigung aus Gnade und Glauben ohne die vom Gesetz vorgeschriebenen Werke entfaltet. Der tiefste Grund dieses Gedankens wird durch ein wichtiges persönliches Zeugnis des Paulus beleuchtet[20]. Seine Begegnung mit Christus als dem souveränen Herrn hat ihn dazu bewogen, auf alle vererbten Privilegien und erworbenen Werte eines treuen und eifrigen Israeliten zu verzichten und sich ausschließlich der Gerechtigkeit anzuvertrauen, die er nicht durch sein Bemühen erworben hat, sondern durch den Glauben an Christus empfängt, indem er sich dem Tode Christi gleichschaltet und nach der zukünftigen Auferstehung ausschaut. Deshalb kann er nicht in dem schon Ergriffenen und Erlebten ruhen, sondern muß sich zu dem vor ihm Liegenden strecken, zu dem Ziel, zu welchem er von dem Herrn berufen ist. In diesem Lichte kann er die Forderung der Beschneidung als Bedingung der Zugehörigkeit zu Christus nur als Verneinung seiner Hoheit und als Unglauben betrachten.

Darin ist aber die Einsicht einbegriffen, daß mit dem Kommen und dem Tod und der Auferstehung Jesu Christi eine alte, mit Mose beginnende, Periode zu Ende und eine neue eröffnet ist. Anstatt des Gesetzes ist Gottes gnadenvolles Herablassen der Ausgangspunkt, statt der Gesetzeswerke ist der Glaube das Herzstück des Lebens des Volkes Gottes, an die Stelle der Beschneidung tritt die Taufe, welche als der Akt persönlicher Hingabe an Jesus Christus verstanden ist. Das heißt aber: die Gemeinde Jesu Christi ist nicht eine Verengung Israels, eine jüdische Sekte, auch nicht bloß ein geläutertes und erneuertes Israel, sondern das neue Volk Gottes. Nicht nur Fortsetzung, sondern Neuansatz und

---

[18] Der Römerbrief, zwei Korintherbriefe, Galaterbrief, Philipperbrief, erster Thessalonicherbrief. Auch der Philemonbrief ist gewiß paulinisch, aber wegen seiner Kürze und besonderen Thematik für unsere Fragestellung nicht ergiebig.

[19] Gal. 5,2-4.

[20] Phil. 3,4-15.

auch Gegensatz ist für das Verhältnis der Kirche zu Israel charakteristisch. Diesen Gegensatz kann Paulus mit überraschender Schärfe zum Ausdruck bringen. Im Galaterbrief[21] erscheint das mosaische Gesetz, auf welches Israel gegründet ist, als ein Zwischenspiel, ja sozusagen eine Improvisation, die nicht direkt vom Gott selbst, sondern durch eine zwiefache Vermittlung | – durch die Engel und durch Mose – zustande kam. Im zweiten Korintherbrief[22] werden der alte und der neue Bund als steinerne und fleischerne Tafeln, als Buchstabe und Geist, als Dienst des Todes und der des Lebens, als Sklaventum und Freiheit, als das Vergängliche und das Bleibende gegenübergestellt.

Das könnte in dem Sinne verstanden werden, daß Israel einfach erledigt ist, daß es für die an Jesus Christus Gläubigen jede Bedeutung verloren hat. Es gibt besonders im Römerbrief 4 und Galaterbrief 3 Aussagen, die in diese Richtung zeigen. Unlängst wurde die Auffassung vertreten, nach welcher Paulus allen Israeliten zwischen Abraham und Christus die Sohnschaft Abrahams glatt abgesprochen hat[23]. Und die Worte wie: „Wir sind die Beschneidung, die wir im Geiste Gottes ihm dienen und uns in Christus Jesus rühmen und nicht aufs Fleisch unser Vertrauen setzen"[24] scheinen die Bedeutung zu haben, daß für Paulus das wahre Israel jetzt restlos in der Kirche Christi aufgegangen ist. Das würde bedeuten, daß das an Christus nicht gläubige Judentum für Paulus mit der übrigen Menschheit völlig nivellisiert, „paganisiert" wurde und aus dem Horizont des christlichen Glaubens verschwunden ist.

3

Stimmt dies aber mit den Aussagen des Paulus in ihrer wohl höchst komplexen und dialektischen Ganzheit? Eines ist jedenfalls merkwürdig: wenn immer Paulus ähnlichen aus seinen Worten gezogenen Konsequenzen begegnete, hat er sie mit Entschiedenheit, ja mit Entrüstung abgewiesen; diese Abweisung wird oft durch sein *me genoito*, „das sei ferne!" eingeschärft. Die Beschneidung – das heißt hier die ganze jüdische Gemeinschaft – hat viel Nutzen, weil ihnen, den Juden, die Worte Gottes anvertraut wurden und die Treue Gottes durch die Untreue einiger Menschen nicht aufgehoben werden kann[25]. In drei langen Kapiteln[26] führt Paulus den Nachweis, daß auch das Jesus Christus verwerfende Israel eine bleibende Bedeutung behält. Es ist Träger der Verheißungen und Gegenstand der Liebe Gottes, es hat einen zentralen Platz in seinen Plänen, die Wege Gottes und sein Erbarmen mit aller Menschheit sollen darin vollendet

---

[21] Besonders Gal. 3.
[22] 2. Kor. 3.
[23] *G. Klein*, Römer IV. und die Idee der Heilsgeschichte, Evang. Theologie XXIII., 424ff.; *ders.*, Heil und Geschichte nach Röm. IV., New Testament Studies XIII., S. 43ff.
[24] Phil. 3,3.
[25] Röm. 3,1-4.
[26] Röm. 9-11.

werden, daß ganz Israel sich zu Jesus Christus bekennt, und andererseits soll die missionarische Tätigkeit des Paulus ein Weg – oder vielleicht ein Umweg – gerade zu diesem Ziel sein[27].

Ist dies bloß als ein Mangel an Konsequenz zu verstehen, als eine Folge davon, daß sich Paulus nicht aus dem mythisch-apokalyptischen Verständnis der Geschichte frei zu machen vermochte? Es ist allerdings klar, daß sich Paulus hier in Vorstellungen bewegt, die sich in die uns unumgänglichen Kategorien nicht einreihen lassen. Trotzdem aber sollten wir jene Aussagen des Apostels nicht einfach abschreiben. Sie sind nämlich mit den Ausführungen darüber eng verbunden, worauf Israel ge|gründet und was das wesentliche Merkmal und die besondere Art und Weise seiner Existenz ist. Diese Erwägungen findet man besonders im Römerbrief 9, aber auch Römerbrief 4 und Galaterbrief 3. Paulus gründet dort seine These, daß ein nichtisraelitischer Christ die Beschneidung nicht annehmen darf, auf eine besondere Auffassung Israels. Zum Urvater Israels ist Abraham dadurch geworden, daß er der Verheißung Gottes glaubte; dieser Glaube wurde ihm als Gerechtigkeit angerechnet[28]. Die Beschneidung war nur ein nachträgliches Zeichen dieser Glaubensgerechtigkeit[29]. Die Verheißung und Erwählung ist aber nicht nur seinen leiblichen Nachkommen bestimmt, sondern gilt allen Völkern[30]. Abraham ist also unser aller Urvater, die Heiden einbegriffen[31]. Dies kommt schon in der Geschichte Israels zum Vorschein. Seine Kontinuität mit Abraham war nie selbstverständlich, sie wurde weder durch bloßen genealogischen Zusammenhang noch durch äußere Zugehörigkeit zur Gesamtheit der Beschnittenen vermittelt, sondern immer wieder durch die freie Wahl Gottes geschaffen. So war es schon bei der ersten Nachfolge Abrahams: nicht der ältere, im normalen Lauf des Geschehens geborene Ismael, sondern der später gegen alle Wahrscheinlichkeit aufgrund besonderen Eingreifens Gottes geborene Isaak war der wahre Samen Abrahams. Für Paulus ist es Beweis dafür, daß die Abrahamssohnschaft nicht auf leibliche Herkunft, sondern auf das Wort der Verheißung gegründet ist[32]. So war es auch bei den Söhnen Isaaks: der ältere Esau wurde zum Diener des jüngeren Jakob bestimmt[33]. Dieselbe Ordnung gilt auch zur Zeit Moses: Immer wieder wird der Grund der Existenz Israels durch das freie Erbarmen Gottes neu gelegt[34]. Das heißt aber: immer wieder geschah inmitten Israels eine Sichtung, eine Auslese Gottes. Nicht alle, die von Israel stammen, sind Israel[35]. Das wahre Israel war von allem

---

[27] Röm. 11,13-14.25-36.
[28] Röm. 4,3.
[29] Röm. 4,11.
[30] Gen. 12,3, zitiert in Gal. 3,9.
[31] Röm. 4,1.17.
[32] Röm. 9,7-8.
[33] Röm. 9,10-13.
[34] Röm. 9,15-18.
[35] Röm. 9,6.

Anfang an ein Rest nach der Gnadenwahl[36]. Gott der Herr hatte immer die Vollmacht, in sein Volk das Nicht-Volk zu berufen, diejenigen, die nach äußeren Merkmalen gar nicht hineingehören[37].

Alles weist darauf hin, daß Paulus schon Israel, nämlich das wahre, inmitten viel Untreue verborgene Israel als eine auf den Glauben gegründete Gemeinschaft versteht. Er verwendet aber in jenen Ausführungen das Wort Glaube nicht, so daß hier Vorsicht geboten ist. Andererseits aber ist zu bedenken, daß Paulus über die Rechtfertigung reden kann[38], ohne von Glauben zu sprechen, obgleich für ihn die Rechtfertigung so wesentlich mit dem Glauben verbunden ist. Offenbar hat er die Möglichkeit, denselben Gehalt durch verschiedene Begriffsreihen zum Ausdruck zu bringen. Besonders die Begriffe Erwählung und Glaube gehören für ihn so eng zusammen, daß sie sich unter Umständen gegenseitig vertreten können.

Es kann also zusammenfassend gesagt werden, daß Paulus schon das vorchristliche Israel im Lichte der Rechtfertigungsbotschaft gesehen und so als Urbild der Kirche Christi verstanden hat. Das Kommen Jesu | und die Verkündigung des Evangeliums bedeutet dann den Höhepunkt des Sichtens, der Auslese Israels. Die Mehrzahl stoß sich am Stein des Anstoßes, dem gekreuzigten Messias[39]. Zugleich aber bedeutet der Tod und die Auferstehung Jesu Christi die Erweiterung Israels, da die ihm zugesprochenen Verheißungen und Gaben jetzt allen Völkern angeboten werden. Israel, das durch die Wahl Gottes immer wieder neu geschaffene und ausgelesene Volk, ist deshalb für den Glauben an Jesus Christus alles anders als gleichgültig. Dies macht es verständlich, warum Paulus Israel aus seiner letzten Hoffnung nicht nur nicht ausschließt, sondern diese Hoffnung um Israel konzentriert[40].

4

Ist aber diese Auslegung Israels aus dem Gesichtswinkel der Glaubensgerechtigkeit sachlich berechtigt? Wird dadurch nicht die Verkündigung des Alten Testaments verzeichnet und die historische Wirklichkeit Israels vergewaltigt?

Es ist unbestreitbar, daß Paulus die alttestamentlichen Texte in der rabbinischen Weise auslegt. Er hält sich oft an zufällige Ähnlichkeiten und Assoziationen, zieht den Zusammenhang eines Zitats nur selten in Betracht und ist überhaupt vom neuzeitlichen historischen Erkennen und Denken weit entfernt. Um so bemerkenswerter ist es aber, mit welcher Treffsicherheit er eine Reihe alttestamentlicher Texte herausgegriffen hat, in denen die universale Sendung Israels und die Erkenntnis zum Ausdruck kam, daß die Existenz dieses Volkes

---

[36] Röm. 11,4-5; vgl. Röm. 9,27-29.
[37] Röm. 9,25 f. nach Hosea 2,25.
[38] Röm. 8,10, 8,29ff., vgl. Röm. 5,12-21.
[39] 1. Kor. 1,23; Röm. 9,33 nach Jesaja 28,16.
[40] Röm. 11.

ständig von Gottes Wahl, von seinem Gericht und seiner Barmherzigkeit und seinem Vergehen abhängig ist[41].

Zu der Frage der historischen Wirklichkeit muß in Betracht gezogen werden, daß die neuere alttestamentliche Forschung immer deutlicher zu der Erkenntnis führt, daß die Besonderheit des Volkes Israel historisch davon abgeleitet war, daß es sich ursprünglich nicht um eine völlig durchgebildete Nation handelte, sondern um einen sakralen Verband, eine Amphiktyonie von zwar verwandten, aber zur Einheit eben erst durch die gemeinsame Verehrung Jahwes verbundenen Stämmen[42]. Abkürzend kann man sagen, daß das auf dieser Grundlage gebildete Volk Israel das Volk Jahwes, aber Jahwe nicht ein Volks- oder Nationalgott Israels war. So verstanden es wenigstens die maßgeblichen Träger und Gestalter des Selbstverständnisses dieses Volkes. Das Zusammenleben und die innere Ordnung Israels wurde dadurch bedeutsam gestaltet. Wahrscheinlich hat diese Ordnung an einige Traditionen der nomadischen Lebensweise der das Israel bildenden Stämme angeknüpft, aber es war eben der Jahweglaube, der diese Traditionen auch in einer veränderten gesellschaftlichen Lage in sinnvoller Umgestaltung erhalten und fruchtbar gemacht hat. Darauf waren die beharrlichen Merkmale israelitischer | Gemeinschaft gegründet: das Bewußtsein wesentlicher Gleichheit aller Glieder des Volkes, gesetzliche Bestimmungen zum Schutz der Witwen, Waisen, Schuldner, Armen und Bedrückten, Vorschriften über Freilassung von Sklaven nach bestimmter Frist, und die kritische Einstellung gegenüber der Institution des Königtums, die in manchen geschichtlichen Erzählungen des Alten Testaments zum Ausdruck kommt und in dem sogenannten Königsgesetz des Deuteronomiums[43] festgehalten ist. Dieses Selbstverständnis Israels wurde besonders von den Propheten getragen, die in ihrem Kampf um konkrete Konsequenzen der Souveränität Jahwes gegen Willkür der Mächtigen sowie gegen den Wahn des Volkes protestierten, daß kultische Korrektheit den göttlichen Schutz garantiert[44]. Diese kritische Einstellung gegenüber dem vorhandenen Zustand Israels, gegenüber seinen Ansprüchen und Vorstellungen vom Handeln Jahwes, die immer vom magischen Verfügenwollen bedroht waren, war aber bei den Propheten mit der Treue gegenüber der Sendung Israels und mit der Hoffnung auf seine Läuterung, Erneuerung, ja Neuschöpfung aus unverdienter Barmherzigkeit Gottes verbunden[45].

Paulus – wie vor ihm schon Jesus – lebte in diesen Traditionen. Deshalb wollte und konnte er Israel – auch das untreue, das Evangelium ablehnende Israel – nicht aus seiner Hoffnung entlassen. Dies ist der tiefste Grund, warum er seine

---

[41] Jes. 1,9; 10,22; 1. Kön. 10,10-18 zitiert Röm 9,27.29; Deut. 29,2; Jesaja 29,10 zit. Röm. 11,8; Psalm 69,23f. zit. Röm. 11,9; Ps. 32,1f. zit. Röm. 4,7f.; Deut. 32,43; Ps. 117; Jes. 11,1.10 zit. Röm. 15,9-12.

[42] Vgl. z. B. *G. v. Rad*, Theologie des Alten Testaments I., S. 13–76.

[43] Deut. 17,5ff.

[44] Vgl. z. B. Am. 2,6-8; 5,4-7.20-27; 6,1-10; Jes. 1,10-17; 10,1-4; Jer. 7,23.

[45] Vgl. z. B. Am. 9,11-15; Jes. 4,2-6; 9,1-7; 10,20-27; 11,1-16; 31,23-34.

Botschaft von der Rechtfertigung aus Gnade und Glauben in einer Weise entfaltet, die zugleich eine Auslegung vom Grund, Sinn und Ziel der Existenz Israels darbietet.

5

Diese Auslegung Israels hat aber eine rückwärtige Bedeutung für das Verständnis der Gemeinde Jesu Christi und des Evangeliums. Zunächst geht es schlicht darum, daß für Paulus zum Glauben an Jesus Christus sein Volk, die Kirche, die eng verbundene Gemeinschaft des Glaubens und Lebens, als etwas Wesentliches und Unabtrennbares gehört. Das Evangelium redet freilich jeden Einzelnen an und appelliert an seine persönliche Entscheidung. Dieses Moment persönlicher Verantwortung ist für das Christentum wesentlich und unabkömmlich. In Hervorhebung dieses Momentes besteht auch zweifellos eine bedeutende Differenz gegenüber dem Judentum und auch gegenüber alttestamentlichem Israel, wo dieses personale Moment zwar auch nicht fehlte, aber nicht eine so hervorgehobene Bedeutung hatte. Ebenso wesentlich und unabkömmlich ist es aber, daß derjenige, der in persönlicher Entscheidung zum Glauben kommt, nicht allein gelassen wird, sondern in eine solidarische Gemeinschaft mit gemeinsamer Sendung eingegliedert wird. Dies ist im neutestamentlichen Verständnis der Taufe besonders deutlich, die zugleich persönliche Entscheidung des Einzelnen und Eingliederung in den Leib | Christi, Empfang der Gnade Gottes und Verpflichtung zum Wandel in der Neuheit des Lebens ist.

Der Empfang in diese Gemeinschaft ist an keine vorläufigen Bedingungen gebunden. Juden und Griechen, Barbaren und Skythen und alle Völker, Männer und Frauen, freie Bürger und Sklaven, Gebildete und Primitive, Vornehme und Plebeier werden eingelassen[46]. Ja – der Gipfel des Anstößigen! – nicht nur die Anständigen, Guten, sittlich Disziplinierten, sondern auch die Unzüchtigen, Götzendiener, Ehebrecher, Habsüchtigen, Trunkenbolde, Lästerer ... – „so sind manche von euch gewesen, doch ihr seid abgewaschen, ihr seid geheiligt, seid gerechtigt gemacht durch den Namen des Herrn Jesus Christus und durch den Geist unseres Gottes"[47]. Dies ist freilich die in Jesus Christus abgeschworene und abgetane Vergangenheit, von der ein jeder nur fliehen kann und soll – aber es handelt sich eben nicht um eine vorläufige Bedingung, sondern um die unumgängliche und nicht zu vergessende und abzuleugnende Folge der Eingliederung in den Leib Christi. Gerade dies ist die konkrete Gestalt der paulinischen Rechtfertigungsbotschaft.

So ist die Rechtfertigung aus Gnade und Glauben der Grund und die Existenzweise der Kirche Christi, wie die freie Wahl der Grund und die Kontinuität Israels war. Zur Existenz der wahren Kirche gehört die Unbedingtheit der

---

[46] Vgl. Gal. 3,28; 1. Kor. 12,13; Kol. 3,11; 1. Kor. 1,26-29.
[47] 1. Kor. 6,9–11.

Einladung sowie der Verpflichtung. Die Verpflichtung wird aber in ihrer konkreten Gestaltung in der lebendigen Gemeinschaft der Brüder erkannt, erlebt und zur Geltung gebracht. Sie ist unbedingt, aber nicht in einem unabänderlichen System von Vorschriften fixiert, in denen jeder Fall zum Voraus geregelt wäre. Dies ist der Sinn der neutestamentlichen Aussage, daß die Liebe der Inhalt des einzigen absoluten Gebotes ist[48]. Das Gesetz wird durch die Liebe zugleich erfüllt und überwunden, die Liebe ist zugleich der Grund und die Grenze der Freiheit. Paulus – und das ganze Neue Testament – versteht freilich die Liebe nicht im Sinne des wählerischen Sympathiegefühls, sondern im Sinne der Solidarität, die auf die Glaubensgewißheit gegründet ist, daß wir nur aus der Barmherzigkeit Gottes leben und deshalb einer der anderen Lasten tragen sollen und können. Die ermahnenden Partien der paulinischen Briefe bringen erklärende Beispiele, wie sich diese Solidarität in der Praxis auswirken kann. Alles wird von der Freiheit getragen, die nicht Willkür, sondern Offenheit gegenüber dem Gebot Gottes ist, welches vor dem Menschen in den besonderen Bedürfnissen der Brüder und Nächsten aufsteht, mit denen er lebt und denen er begegnet. Dies wird im konkreten Leben der Gemeinde eingeübt und praktiziert. Das kann, ja muß in recht verschiedener Weise geschehen, wenn das erkannte Gebot der jeweiligen Stunde entsprechen soll. Brüderlicher Rat, Lehre, Ermutigung gehört dazu so gut wie Ermahnung, Warnung, Züchtigung – bis zum Grenzfall der Unterbrechung brüderlicher Gemeinschaft mit einem unbußfertigen Sünder, ohne ihn aber der endgültigen Verdammung preis|zugeben[49]. Immer aber bewährt sich diese Liebe im Tragen der innerlichen und äußerlichen Lasten – die Schlichtung der Vermögensstreitigkeiten einbegriffen[50]. Auch das Verhältnis zur äußeren Welt ist durch diese konkrete Auswirkung der Rechtfertigungsbotschaft bestimmt. Der Pneumatiker, der geistliche Mensch, soll zuerst auf sich selbst acht geben und erst dann den anderen zurechtzubringen versuchen[51]. So soll auch die christliche Gemeinschaft zuerst diejenigen, die drinnen sind, richten, d. h. sich selbst kritisch beurteilen, und das Gericht über die Draußen Gott überlassen[52]. Dies ist auch der tiefste Grund jenes friedlichen und hoffnungsvollen Verhältnisses gegenüber Vertretern der außerchristlichen Welt und ihrer Machtstrukturen, wie es in dem bekannten Wort von den Obrigkeiten[53] ausgesprochen und in einigen Stellen späterer neutestamentlicher Briefe[54] weitergeführt wird.

---

[48] Mark. 12,28-31; Röm. 13,8-10; Gal. 5,13-14; Kol. 3,14.
[49] 1. Kor. 5,1-5; vgl. Matth. 18,15-17.
[50] 1. Kor. 6,1-8.
[51] Gal. 6,1.
[52] 1. Kor. 5,12-13; vgl. Röm. 12,18-19.
[53] Röm. 13,1-7.
[54] 1. Petr. 2,13ff.; 3,13-17; 1. Tim. 2,1-4.

6

In diesem gemeinschaftlichen Horizont und der gemeinschaftlichen Auswirkung des Evangeliums von der Gerechtigkeit aus Gnade und Glauben ist in einer neuen Gestalt und auf einer neuen Ebene das Erbe Israels sichtbar. In derzeitgenössischen Religiosität der hellenistisch-römischen Welt, besonders in der Mysterienfrömmigkeit und im Gnostizismus, fehlt diese „Sozialität des Glaubens"[55]. Die moderne Forschung hat manche Ähnlichkeiten des Urchristentums mit jenen religiösen Erscheinungen überzeugend gezeigt. Die Analogie mit den Mythen von der sterbenden und auferstehenden Gottheit ist ohne weiteres deutlich. Es gibt aber noch eine andere Analogie. Die Mysterien waren universalisierende, kosmopolitische Umgestaltungen altorientalischer nationaler Kulte. Auch das Urchristentum kann als die Universalisierung des israelitischen Erbes verstanden werden. Es besteht kein Grund, sich gegen diese Analogien zu wehren, wenn wir einige wichtige Unterschiede nicht aus den Augen verlieren. In der christlichen Universalisierung Israels hat die geschichtliche Konkretheit des israelitischen Glaubens darin eine Entsprechung gefunden, daß im Zentrum des christlichen Mysteriums nicht eine Gestalt der mythischen Urzeit oder der außermenschlichen Himmelswelt steht, sondern ein Mensch der damaligen Gegenwart, dessen spezifische Züge trotz allen Umwandlungen im Traditionsprozeß gut erkennbar sind. Damit ist auch der gemeinschaftliche Bezug christlichen Glaubens und der Lebenspraxis wesentlich verbunden. Die durch Jesus Christus getragene Gerechtigkeit ist nicht bloß eine persönlich empfangene oder gar in Besitz ergriffene Gabe, sondern auch und zuerst eine Macht, die den Menschen ergreift und dadurch eine neue Gemeinschaft zwischen den Menschen schafft[56]: die solidarische, aber offene Gemeinschaft des Glaubens, der Liebe und der Hoffnung.

In diesem Licht können wir vielleicht am besten auch die schwieri|gen Aussagen des Paulus verstehen, daß die „Fülle Israels" zum überschwenglichen Reichtum der Völker bestimmt ist[57] und umgekehrt, daß das Eingehen der Fülle der Völker in die Kirche Christi das Ende der Verstockung Israels sein soll[58]. Es ist schwierig, diese Vorstellung voll zu entziffern, um so mehr ihren Sinn in einen für uns einigermaßen einsichtigen Gedankengang zu übersetzen. So viel aber können wir vielleicht doch verstehen und aufnehmen, daß Paulus meinen könnte: Israel wird die Erfüllung seiner Berufung und Sendung nicht erreichen, wenn es nicht die Grenzen seiner engeren Existenz überschreitet und so aus sich selbst ausgeht. Und umgekehrt: die Kirche Christi wird ihr Ziel und ihre

---

[55] Vgl. *Petr Pokorný*, Die Sozialität des Glaubens in der entstehenden Kirche, Communio viatorum V. (1952), S. 130ff.

[56] Vgl. *E. Käsemann*, Gottesgerechtigkeit bei Paulus, Exegetische Versuche und Besinnungen II., S. 181ff.

[57] Röm. 11,12.

[58] Röm. 11,25.

Lebensberechtigung verfehlen, wenn es ihr nicht gelingt, das Erbe Israels in seiner gemeinschaftsbildenden Konkretheit den Völkern zu vermitteln.

Das letztere ist eine Aufgabe, welche die christlichen Kirchen in ihrer langen Geschichte sehr oft nicht gesehen haben – nicht ohne Zusammenhang mit ihrer oft so blinden Feindschaft gegenüber dem Judentum, die von der heißen Liebe des Paulus zu seinem Volk völlig unberührt erscheint – und auch im besten Fall haben sie jene Aufgabe nur sehr bruchstückig angefaßt und sehr lahm durchzuführen versucht. Deshalb sollen die Ausführungen des Paulus über die Existenz und die Bestimmung des Volkes Israel im Verhältnis zu dem Auftrag der Kirche Jesu Christi ein Stachel in unserem christlichen Gewissen und ein Ansporn zu beständiger Revision unseres Weges bleiben.

15. Wir kennen Christus nicht mehr nach dem Fleisch

Josef B. Souček

1.

Die umstrittenen Worte 2. Kor 5, 16 werden in der Zürcher Bibel, die sich im Neuen Testament um besonnene, nicht experimentierende Treue bemüht, folgendermaßen wiedergegeben:

„Somit kennen wir von jetzt an niemand nach dem Fleisch; wenn wir Christus nach dem Fleisch auch gekannt haben, kennen wir ihn doch jetzt nicht mehr (so)."

Was ist der Sinn dieser merkwürdigen Aussage? In der reformatorischen Exegese scheint ziemlich unreflektiert die Meinung vorgeherrscht zu haben, daß sie von der verschiedenen Art und Weise redet, in welcher ein und derselbe Gegenstand — Christus selbst, seine Apostel oder auch seine Gemeindeglieder — betrachtet werden kann[1], wenn auch dabei die dogmatische Frage des Verhältnisses der zwei Naturen Christi oft mitbedacht wurde. In der neueren Exegese wurde aber der Blickpunkt mehr auf die theoretischen Fragen gerichtet, besonders auf die Frage des Verhältnisses des Christus des Glaubens zum geschichtlichen Jesus. Der Vers wurde nämlich weit-

---

[1] C a l v i n zur Stelle: „Nosse hic accipitur pro censere... sub carne nomine comprehendit externas omnes dotes, quas homines solent in pretio habere: et in summa, quicquid absque regeneratione censetur laude dignum... Etiamsi Christus ad tempus versatus fuerit in hoc mundo, et agnitus hominibus in iis quae spectant ad conditionem praesentis vitae: nunc alio modo cognoscendus est, nempe spiritualiter, ut nihil mundanum de ipso cogitemus... neque dicit, non amplius cognosci a nobis carnem in Christo, sed inde Christum censeri negat..." („Das Wort ‚kennen' wird hier im Sinne von ‚beurteilen' benutzt... Unter ‚Fleisch' faßt er alle diejenigen äußeren Eigenschaften zusammen, welche die Menschen zu schätzen pflegen: und in einem Wort, alles, was ohne die Wiedergeburt als lobenswert betrachtet wird... Wenn auch Christus eine Zeitlang in dieser Welt verkehrt hat, den Menschen nach den auf die Bedingungen des gegenwärtigen Lebens gerichteten Dingen bekannt: jetzt ist er in einer anderen Weise zu erkennen, nämlich geistlich, so daß wir nichts Weltliches von ihm denken mögen... und er sagt nicht, daß das Fleisch in Christus von uns nicht mehr erkannt wird, sondern er verneint, daß er ihn von dort aus beurteilt..."). Die exegetische Anmerkung in der K r a - l i t z e r B i b e l (der von der Unitas Fratrum besorgten tschechischen Bibelübersetzung, 1593): „Jemanden nach dem Fleische erkennen heißt dasjenige, was das verdorbene Fleisch bei jemandem verherrlicht, auch verherrlichen, und was es verurteilt, auch verurteilen. Als ob er sagten wollte: Wir beurteilen niemanden nach den dem Fleische wohlgefälligen oder widerwärtigen Sachen... Obgleich wir Apostel Christus

hin als Polemik gegen die Jerusalemischen Urapostel, bzw. gegen
ihre Anhänger aufgefaßt, die ihre höhere Autorität auf der persönlichen Bekanntschaft mit dem irdischen Jesus zu gründen bestrebt
gewesen sein sollen. Demgegenüber hätte Paulus behaupten wollen,
daß solcher persönlichen Bekanntschaft keinerlei Bedeutung zu-
komme, ja vielleicht sogar, daß selbst die Tatsache des irdischen
Lebens Jesu keine wahre Bedeutung für den Glauben habe. In diesem Sinn wird der Satz 2. Kor 5, 16 manchmal in das Gespräch über
die Bedeutung des „historischen Jesus" und überhaupt über die Bedeutung der Geschichte für den Glauben eingespannt und so zum
Träger grundsätzlicher theologischer Entscheidungen gemacht. Die
Worte „Christus nach dem Fleisch" werden manchmal für so etwas
wie ein apostolisches Äquivalent des modernen Begriffes „der historische Jesus" gehalten[2]. Eine andere Auslegung meint, daß in dieser
paulinischen Aussage $X\varrho\iota\sigma\tau\acute{o}\varsigma$ nicht als ein Eigenname aufgefaßt
und übersetzt werden solle, sondern in dem ursprünglichen Sinn:

nach dem Fleisch gekannt haben, d. h. für einen großen Mann hielten und
beurteilten, jetzt nehmen wir selbst bei Christus keine Rücksicht auf die
dem Auge angenehmen Sachen, sondern weiter schauend nehmen wir ihn
nicht nur als wahren Menschen, sondern auch als Gott und unseren Hei-
land an, ohne auf seiner fleischlichen Gegenwart hier etwas begründen
zu wollen..."

[2] Z. B. W. B o u s s e t in: „Die Schriften des NT neu übersetzt und für
die Gegenwart erklärt, 3. Aufl. 1917, S. 194 f.: „Die Gegner des Paulus
„...taten, was hier abgelehnt wird, beriefen sich etwa auf persönliche
Bekanntschaft und auf rein äußerliche Vertrautheit mit den Autoritäten
des christlichen Glaubens. Sie wiesen darauf hin, daß sie ja selbst, wie
die Apostel und Führer in Jerusalem, mit dem einst auf Erden weilenden
Herrn in enger Beziehung zusammen gelebt hätten. Sie fragten nach dem
Recht des Paulus, ein besonderes, eigenes Evangelium zu verkünden, und
was für persönliche Beziehungen Paulus mit dem irdischen Herrn aufzuweisen habe. Und wenn er darauf hinwies, daß er ihn vor Damaskus gesehen habe, so nannten sie das vielleicht eine Phantasie, Paulus verkündige nur sich selbst (4, 5). Damit konnten sie ihn an der empfindlichsten
Stelle treffen, sie konnten darauf hinweisen, daß Paulus' gesetzesfreies
Heiden-Evangelium vom Herrn gar nicht gewollt sei, daß Jesus zeit seines Lebens, wie die Augenzeugen bestätigen konnten, sich in den Grenzen des jüdischen Volkes und in den Schranken des Gesetzes gehalten
habe (Matth 5, 17; 10, 5 f.; 15, 24). Gegenüber diesen Einwänden sagt Paulus hier nun mit erstaunlicher Kühnheit, daß ihm dies ganze Sich-Zurück-
beziehen auf irdische Autoritäten keinen Eindruck mache. Ja, er lehnt
grundsätzlich die Berufung auf den irdischen Jesus ab. Denn dieser ganzen Welt irdischer Zusammenhänge ist er entnommen. Die Gewißheit
seines Evangeliums beruht ihm darauf, daß er den erhöhten Herrn in
seiner himmlischen Herrlichkeit geschaut hat... Wenn man aber nun den
irdischen Jesus gegen sein Evangelium ausspielt, dann will er... von
jenem nichts mehr wissen. Es genügt ihm, wenn er überzeugt ist, im
Sinne des erhöhten Herrn sein Evangelium zu verkünden. Das sind allerdings Sätze von erstaunlicher Kühnheit. Das ganze schwere Problem,
w i e s i c h, geschichtlich betrachtet, d i e F r ö m m i g k e i t d e s P a u-
l u s z u m E v a n g e l i u m J e s u v e r h a l t e, tritt uns in diesen we-

„der Messias", und daß Paulus hier demgemäß die „fleischliche", d. h. national begrenzte jüdische Vorstellung vom Messias ablehne[3]. Kann man eine von diesen Auslegungen für befriedigend halten? Wird hier wirklich das Problem des „historischen Jesus" behandelt, redet hier Paulus darüber, ob er seine irdische Person gekannt oder nicht gekannt hat? Oder will er vielleicht eine Korrektur der jüdischen Messiasdogmatik darbieten? Entspricht dem ganzen Sinn des zweiten Korintherbriefes nicht eine andere Auffassung?

2.

Bei dem Versuch, diese Fragen zu beantworten[4], kann man am besten von einer sprachlichen Analyse der Aussage 2. Kor 5, 16 ausgehen.

Nicht sehr belangreich ist die Feststellung, daß das von den meisten Übersetzungen benutzte Wort „kennen" zwei verschiedene griechische Zeitwörter wiedergibt, $\varepsilon i\delta \acute{\varepsilon}\nu \alpha \iota$ und $\gamma \iota \nu \acute{\omega}\sigma \varkappa \varepsilon \iota \nu$, bzw. $\dot{\varepsilon}\gamma \nu \omega \varkappa \acute{\varepsilon}\nu \alpha \iota$. Wenn auch in dem zweiten die ingressive Bedeutung (e r kennen oder ähnl.) ursprünglich vielleicht klarer enthalten war als in dem ersten, ist dieser Unterschied in dem hellenistischen Griechisch weitgehend verschwunden, zuerst bei dem Perfektum $\dot{\varepsilon}\gamma \nu \omega \varkappa \acute{\varepsilon}\nu \alpha \iota$, später auch in andenigen Sätzen vor Augen. Zerreißt Paulus hier nicht selbst den Zusammenhang zwischen sich und dem irdischen — wir würden sagen: dem historischen Jesus? Wir werden hier zwischen Form und letztem Inhalt der Ausführungen zu unterscheiden haben. Ihre Form ist gewiß radikal, und es ist fast ein Verzweiflungsakt des Paulus zu nennen, daß er in dieser Weise die Autorität des irdischen Jesus ablehnt; der erhöhte Herr, auf den er sich beruft, und der irdische Jesus müssen doch in einem erkennbaren Zusammenhang stehen..." — Ähnlich H. L i e t z m a n n im Handbuch zum NT, 1. Aufl., III, S. 191, wo der nach dem Fleische gekannte Jesus auch mit dem Begriff „der historische Jesus" interpretiert wird. — In den tschechischen theologischen Auseinandersetzungen wurden ähnliche Gedanken gelegentlich noch bedeutend radikaler formuliert; vgl. M. Bohatec in Křestanská revue XVI, 1949, S. 274: „Der historische Jesus ist für uns unbrauchbar und vollkommen gleichgültig... wie gleichgültig die Historie für die Theologie ist, wird bereits von Paulus gezeigt: 2. Kor 5, 16."

[3] So vielleicht zuerst M. B r ü c k n e r , Entstehung der paulinischen Christologie, 1903, S. 25.

[4] Bei diesen Bemühungen habe ich manches im positiven wie negativen Sinn aus der neueren Literatur gelernt; folgende Schriften oder Aufsätze sollen angeführt werden: H.-D. W e n d l a n d : Erklärung des 2. Korintherbriefes in: Das Neue Testament Deutsch, 1933. — J.-L. L e u b a : L'institution er l'événement. Neuchâtel u. Paris 1950, S. 79 f. — J. D u p o n t , Gnosis. La connaissance religieuse dans les epîtres de Saint Paul. Paris 1949, S. 181 ff. — R. B u l t m a n n : Theologie des Neuen Testaments. 1948, S. 232 ff. — A. O e p k e : Irrwege in der neueren Paulusforschung. ThLZ 77 (1952), Sp. 453 ff. — O. M i c h e l : Erkennen dem Fleische nach. Ev. Theol. 14 (1954), S. 22 ff. — W. S c h m i t h a l s , Die Gnosis in Korinth. 1956, S. 69 f.; den Artikel von W. Schmithals, Ev. Theol. 18, 1958, 552 ff., konnte ich nicht mehr berücksichtigen.

ren Tempora[5]. Demnach kann man auch in unserer Aussage keine anderen Gründe für den Wortwechsel mit Sicherheit annehmen als vielleicht das Streben nach stilistischer Abwechslung. Beide praktisch schon synonymen Wörter brauchen aber nicht bloß „wissen", „kennen", „Bekanntschaft haben", sondern können auch „verstehen", „begreifen", „beurteilen" bedeuten. Danach erscheint Calvins Interpretation als „censere", aber auch die moderne englische Übersetzung von James Moffatt mit „to estimate" (schätzen, beurteilen) als voll berechtigt. Es dürfte weiter klar werden, daß diese Feststellung ihre Bedeutung auch für die eigentliche sachliche Exegese hat.

Die Wendung $\varkappa\alpha\tau\dot{\alpha}$ $\sigma\dot{\alpha}\varrho\varkappa\alpha$ (nach dem Fleisch) ist bei Paulus häufig. Das Wort $\sigma\dot{\alpha}\varrho\xi$, Fleisch, bezeichnet zunächst den die Knochen umhüllenden Stoff des menschlichen oder tierischen Körpers, dann den Leib hinsichtlich seiner Substanz, abgeleitet das menschliche Wesen als irdisches, bedingtes, natürliches. Für Paulus ist die enge Verbindung der $\sigma\dot{\alpha}\varrho\xi$ mit der Sündhaftigkeit bezeichnend. Die $\sigma\dot{\alpha}\varrho\xi$ ist ein williges Instrument der Sünde, sie ist der Sünde unbedingt unterworfen, so daß sich, wo Fleisch ist, auch alle Erscheinungsformen der Sünde finden müssen[6]. Es ist wenigstens fraglich, ob dieser spezifisch paulinische Gebrauch ($\sigma\dot{\alpha}\varrho\xi$ als das s ü n d i g e Fleisch) an unserer Stelle ganz so zurücktritt, wie es derjenige voraussetzen muß, der darin eine Aussage über den „historischen Christus" sieht.

Damit hängt die weitere Frage zusammen, ob die Wendung $\varkappa\alpha\tau\dot{\alpha}$ $\sigma\dot{\alpha}\varrho\varkappa\alpha$ mit den Verben ($o\ddot{\iota}\delta\alpha\mu\varepsilon\nu$, $\dot{\varepsilon}\gamma\nu\dot{\omega}\varkappa\alpha\mu\varepsilon\nu$) oder mit den Nomina ($o\dot{\upsilon}\delta\dot{\varepsilon}\nu\alpha$, $X\varrho\iota\sigma\tau\dot{o}\nu$) zu verbinden ist. Wenn wir andere ähnliche paulinische Wendungen betrachten, finden wir auf den ersten Blick keine Hilfe für die Beantwortung unserer Frage. Das $\varkappa\alpha\tau\dot{\alpha}$ $\sigma\dot{\alpha}\varrho\varkappa\alpha$ wird nämlich nur ein wenig öfter mit den Verben[7] als mit den Nomina[8] verbunden. Bei näherem Zusehen kann man dennoch einige Hinweise finden. Zunächst muß man bedenken, daß die Wendung $\varkappa\alpha\tau\dot{\alpha}$ $\sigma\dot{\alpha}\varrho\varkappa\alpha$ durch die Verbindung mit einem Nomen nicht notwendig die Bedeutung eines Adjektivums erhält, sondern oft die Geltung eines Adverbiums behält; im Hintergrund kann hier die Vorstellung eines Geschehens stehen, d. h. der ganze Gedanke kann den verbalen Charakter haben. Bei der Erwähnung der Väter oder der Verwandten soll betont werden, daß wir mit ihnen durch fleischliche Geburt verbunden werden: die Worte $\varkappa\alpha\tau\dot{\alpha}$ $\sigma\dot{\alpha}\varrho\varkappa\alpha$ weisen also auf das Geschehen der Geburt hin. Auch Röm 9, 5 soll gesagt werden,

---

[5] Vgl. ThWbNT I, S. 689, V, S. 120. O. M i c h e l a. a. O. S. 25 behauptet freilich, daß $\varepsilon\dot{\iota}\delta\dot{\varepsilon}\nu\alpha\iota$ ein stärkerer Ausdruck sei als $\gamma\iota\nu\dot{\omega}\sigma\varkappa\varepsilon\iota\nu$.

[6] Vgl. W. B a u e r : Griechisch-deutsches Wörterbuch zum NT, 4. Aufl., Sp. 1354.

[7] „Nach dem Fleische" wandeln Röm 8, 4, 2. Kor 10, 2, sein Röm 8, 5, leben Röm 8, 12, etwas vornehmen 2. Kor 1, 17, den Kampf führen 2. Kor 10, 3, sich rühmen 2. Kor 11, 18.

[8] Der Stammvater Röm 4, 1, die Verwandten Röm 9, 3, die Weisen 1. Kor 1, 26, Israel 1. Kor 10, 18, ja sogar Christus Röm 9, 5 (vielleicht auch Röm 1, 3) „dem Fleische nach".

daß Christus von Israel dem Fleische nach stammt. Übrigens ist diese Wendung hier mit dem Artikel versehen worden ($\tau\grave{o}$ $\varkappa\alpha\tau\grave{\alpha}$ $\sigma\acute{\alpha}\varrho\varkappa\alpha$): dadurch wird der adverbiale Charakter hervorgehoben. In Röm 1, 3 gehört das $\varkappa\alpha\tau\grave{\alpha}$ $\sigma\acute{\alpha}\varrho\varkappa\alpha$ eher zu $\gamma\varepsilon\nu\upsilon\mu\acute{\varepsilon}\nu\upsilon\upsilon$ als zu $\upsilon\acute{\iota}\upsilon\tilde{\upsilon}$ $\alpha\dot{\upsilon}\tau\upsilon\tilde{\upsilon}$[9]. Ferner ist zu beachten, daß die Wendung $\varkappa\alpha\tau\grave{\alpha}$ $\sigma\acute{\alpha}\varrho\varkappa\alpha$, falls sie mit einem Nomen verbunden ist, immer entweder hinter diesem Nomen steht (Röm 4, 1; 9, 3; 1. Kor 1, 26; 10, 18) oder ihm zwar vorangeht, aber dann mit einem Artikel versehen ist (Röm 8, 5, vgl. Gal 4, 29). In unserer Aussage aber folgt das $\varkappa\alpha\tau\grave{\alpha}$ $\sigma\acute{\alpha}\varrho\varkappa\alpha$ in beiden Fällen auf die Verben, in dem zweiten Fall geht es zwar dem Nomen $X\varrho\iota\sigma\tau\acute{o}\varsigma$ voran, aber ohne Artikel. Das alles zwingt uns zu der vorbehaltlosen Feststellung, daß das $\varkappa\alpha\tau\grave{\alpha}$ $\sigma\acute{\alpha}\varrho\varkappa\alpha$ 2. Kor 5, 16 zu den Verben, nicht zu den Nomina gehört[10]. Es ist also nicht richtig von einem „Christus nach dem Fleische" zu reden[11].

Damit hängt auch die Frage des Sinnes des Wortes $X\varrho\iota\sigma\tau\acute{o}\varsigma$ zusammen. Die ursprüngliche Titelfunktion und also auch die Möglichkeit, ja weiterhin Notwendigkeit, es als der Messias = der Gesalbte wiederzugeben, ist in manchen Abschnitten der Evangelien, aber auch der Apostelgeschichte vorhanden[12], aber in den übrigen Schriften des Neuen Testaments, bereits bei Paulus, ist $X\varrho\iota\sigma\tau\acute{o}\varsigma$ ein Bestandteil

---

[9] Vielleicht ist der adjektivische Sinn nur 1. Kor 10, 18 anzunehmen: Israel nach dem Fleisch = das fleischliche Israel. Paulus denkt hier an zweierlei Israel, zweierlei Volk Gottes: neben dem alten Israel, dem jüdischen Volk, steht das neue wahre Israel, die Kirche Christi.

[10] Die Zurückhaltung z. B. von H. W i n d i s c h in dem Kommentar z. St. ist also überflüssig und unrichtig. So auch A. O e p k e und besonders O. M i c h e l a. a. O.

[11] So z. B. W. B a u e r in dem Griechisch-deutschen Wörterbuch Sp. 1354 s. v. $\sigma\acute{\alpha}\varrho\xi$ 6): „Christus nach seiner natürlichen Seite" und Sp. 739 s. v. $\varkappa\alpha\tau\acute{\alpha}$ 7) sogar: „niemanden Fleischliches" (?!) Aber auch R. B u l t m a n n kann über den „Christus $\varkappa\alpha\tau\grave{\alpha}$ $\sigma\acute{\alpha}\varrho\varkappa\alpha$" reden: vgl. Das Urchristentum im Rahmen der antiken Religionen, S. 220 und Theologie des Neuen Testaments, S. 234, wo er um die sprachlich richtige Verbindung zwar weiß, aber sie für sachlich bedeutungslos erklärt, weil angeblich „ein $\varkappa\alpha\tau\grave{\alpha}$ $\sigma\acute{\alpha}\varrho\varkappa\alpha$ gekannter Christus eben ein Christus $\varkappa\alpha\tau\grave{\alpha}$ $\sigma\acute{\alpha}\varrho\varkappa\alpha$ ist". Dieser Meinung wird man sich kaum anschließen können, wenn man bedenkt, daß durch solche Unbekümmertheit die Möglichkeit offen gelassen wird, den Glaubenschristus dem geschichtlichen Christus entgegenzustellen und in dieser Weise die Aufmerksamkeit auf eine — in dieser Form ganz moderne — Frage der abstrakten Christologie zu lenken. Die grammatikalisch einzig richtige Verbindung mit den Verben macht es demgegenüber schon an sich klar, daß es sich keineswegs weder um zweierlei Christi, den historischen und den verherrlichten, noch um zweierlei dogmatische Auffassung des Messiasdogmas handelt, sondern um zweierlei Zugang zu derselben Wirklichkeit, um zwei Arten, denselben Jesus Christus zu erkennen und zu beurteilen.

[12] Z. B. Mk 8, 29; 12, 35; 13, 21; 14, 61; 15, 32 und Parallelen; Matth 2, 4; 11, 2; 26, 68; 27, 17; Luk 2, 11. 26; 3, 15. 28; 4, 41; 23, 2; 24, 26. 46; Joh 1, 20. 25. 41; 3, 28; 4, 25. 29; 7, 26. 27. 31. 41 f.; 9, 22; 10, 24; 11, 27; 12, 34; 20, 31; Apg 2, 36; 3, 18. 20; 4, 26; 5, 42; 9, 22; 17, 3; 18, 5. 28; 26, 23.

des Personennamens Jesu geworden. Nicht daß das Bewußtsein von dem ursprünglichen Inhalt dieses Wortes spurlos verschwunden wäre, aber die Gewißheit, daß Jesus und kein anderer der wahre Messias ist, ist schon so selbstverständlich, daß $X\varrho\iota\sigma\tau\acute{o}\varsigma$ hier nicht mehr eine allgemeine messianologische Kategorie, sondern eine Benennung der konkreten Person Jesu darstellt. An einigen Stellen kann man zwar eine erhöhte Betonung des titelhaften Inhaltes des Wortes vermuten (z. B. Röm 9, 3; 10, 4), aber man kann keine einzige paulinische Aussage anführen, bei der es wahrscheinlich wäre, daß die Personalunion des Titels mit der Person Jesu verletzt oder gelockert wäre. Wenn 2. Kor 5, 16 den Sinn haben sollte, daß Paulus sein Verständnis der allgemeinen messianologischen Vorstellungen und Kategorien geändert hat, wäre das ein bei Paulus völlig vereinzelter Gebrauch des Wortes $X\varrho\iota\sigma\tau\acute{o}\varsigma$. Das macht die Auffassung von M. Brückner schon an sich höchst unwahrscheinlich. Der Apostel denkt hier an die konkrete Person Jesu Christi, den er mit dem verkürzten, seine Funktion andeutenden Namen Christus nennt.

Die Frage, was die Worte „von jetzt an", bzw. „jetzt" bedeuten, ist nicht sprachlicher, sondern allgemein exegetischer, inhaltlicher Natur. Es könnte aber hilfreich sein zu beachten, daß das $\nu\tilde{v}\nu$ ($\nu\nu\nu\acute{\iota}$) bei Paulus oft die eschatologisch bestimmte Gegenwart bezeichnet, d. h. die Gegenwart, die entweder von der Vergangenheit „vor Christus"[13] oder von der zukünftigen Vollendung[14] durch das Sein in Christus wesentlich abgesondert ist. „Von jetzt an" bezeichnet also den eschatologischen Umbruch, der mit dem Tod und der Auferstehung Jesu Christi eingetreten ist (2. Kor 5, 14—15) und für jeden einzelnen dadurch zur aktuellen Wirklichkeit wird, daß er zum Glauben kommt und dadurch ein Teilhaber Christi, ja eine neue Schöpfung wird (V. 17).

Sprachlicher Natur ist die Frage, ob der Satz $\varepsilon\iota$ $\varkappa\alpha\iota$ $\varepsilon\gamma\nu\acute{\omega}\varkappa\alpha\mu\varepsilon\nu$ als ein realer oder irrealer Bedingungssatz zu betrachten ist. Im ersten Fall müßte man übersetzen: „auch wenn wir erkannt haben" (bzw. „obgleich wir erkannt haben"), im zweiten: „auch wenn wir erkannt hätten". Die sachliche Bedeutung dieser formalen Frage ist dadurch gegeben, daß Paulus im ersten Fall wenigstens zugeben würde, daß auch er Christus einmal in fleischlicher Weise gekannt hat, während er im zweiten Fall durch diesen Satz erklärt hätte, daß er Christus in dieser Weise in Wirklichkeit nicht gekannt hat, daß dies aber keine Bedeutung hat. Eine Schwierigkeit ist dadurch gegeben, daß man diese Frage durch rein grammatikalische Erwägungen kaum entscheiden kann. Die Gestalt dieses paulinischen Satzes entspricht nämlich genau keinem grammatischen Schema, und darüber hinaus sind die Regeln der klassischen Grammatik gerade hinsichtlich der Konditionalsätze im hellenistischen Griechisch schon beträchtlich locker geworden. Besonders ist es für eine irreale Periode nicht mehr unbe-

---

[13] So z. B. Röm 3, 21. 26; 5, 9. 11; 8, 1; 13, 11; 2. Kor 6, 2; Eph 3, 5; 5, 8.
[14] So z. B. Röm 8, 18; Gal 4, 25; vgl. $\check{\alpha}\varrho\tau\iota$ 1. Kor 13, 12.

dingt erforderlich, daß im Nachsatz die Partikel $\check{\alpha}\nu$ steht. Infolgedessen stellt der Umstand, daß diese Partikel 2. Kor 5, 16 fehlt und daß der Nachsatz überhaupt nicht nach dem Schulschema formuliert ist, nicht einen exakten Beweis dar, daß eine reale Bedingung vorliegt. Trotzdem weist die Wahrscheinlichkeit stark in diese Richtung[15], d. h. Paulus gibt hier zu, daß auch er einmal Christus in fleischlicher Weise gekannt hat.

Bei einem Versuch, die bisherigen exegetischen Ergebnisse, die größtenteils sprachlicher Natur sind, vorläufig zusammenzufassen, können wir feststellen, daß alles mit mehr oder weniger großer Deutlichkeit auf eine negative Beantwortung der Frage weist, ob Paulus hier in irgendeiner Weise das behandelt, was wir das Problem des historischen Jesus nennen. Fassen wir diese Ergebnisse kurz zusammen. Die adverbiale Wendung $\varkappa\alpha\tau\grave{\alpha}$ $\sigma\acute{\alpha}\varrho\varkappa\alpha$ ist bestimmt mit den Verben zu verbinden, und infolgedessen ist es unzulässig, hier von dem „Christus nach dem Fleisch" zu reden. Darüber hinaus verliert der Begriff $\sigma\acute{\alpha}\varrho\xi$ bei Paulus nur selten die spezifische Beziehung zu menschlicher Sündhaftigkeit; infolgedessen ist es wahrscheinlich, daß der Apostel hier die sündhafte Qualität desjenigen Verhältnisses charakterisieren will, in dem er zu Christus stand, bevor er „neue Schöpfung" geworden ist. Damit stehen die Bedeutungsmöglichkeiten der Wörter $\varepsilon\grave{\iota}\delta\acute{\varepsilon}\nu\alpha\iota$ und $\grave{\varepsilon}\gamma\nu\omega\varkappa\acute{\varepsilon}\nu\alpha\iota$ im Einklang (nicht nur „um etwas wissen", etwas im äußerlichen Sinn „kennen", sondern auch „verstehen", „begreifen", „beurteilen") sowie auch die Wahrscheinlichkeit, daß der Konditionalsatz V. 16 b ein realer ist. Nach allen diesen Hinweisen will Paulus keineswegs sagen, daß er den irdischen Jesus nicht als ein Augenzeuge gekannt hat, noch daß er die Überlieferung von ihm nicht kennt oder nicht für bedeutend hält, daß er sich auf den irdischen Jesus nicht berufen will, wie Bousset meinte.

Man kann dieses Ergebnis durch weitere Gründe stützen. Der Apostel erinnert in wichtigen Stellen an die grundlegenden Punkte des Kerygmas, d. h. der verkündigungsgemäß formulierten kirchlichen Überlieferung von der Geschichte Jesu Christi (1. Kor 11, 23 ff.; 15, 3 ff.). Er führt sie mit den technischen Termini für Tradieren ein ($\pi\alpha\varrho\alpha\delta\iota\delta\acute{o}\nu\alpha\iota$, $\pi\alpha\varrho\alpha\lambda\alpha\mu\beta\acute{\alpha}\nu\varepsilon\iota\nu$) und verwendet sie als Ausgangspunkt und grundlegendes Argument seiner theologischen Ausführungen. Dies ist mit der Behauptung, daß er 2. Kor 5, 16 jedwede Bedeutung des irdischen Jesus und der Kenntnis von ihm verneint, nur um den Preis in Einklang zu bringen, daß man auf Grund der Worte „ich habe von dem Herrn empfangen" (1. Kor 11, 23) jene Stellen so auslegt, daß Paulus auch den Inhalt der kerygmatischen Aussagen als durch eine direkte Offenbarung des erhöhten Herrn (vielleicht durch eine Vision), nicht durch die kirchliche Überlieferung empfangen zu haben behauptet[16]. Dieser Auslegung widerspricht aber nicht

---

15 So z. B. H. L i e t z m a n n im Handbuch zum NT zur Stelle; vgl. J. D u p o n t, a. a. O. S. 182.

16 So von den älteren Auslegern J. A. B e n g e l, der im Gnomon zur Stelle auch F a b e r S t a p u l e n s i s zitiert, aus den neueren F. G o d e t,

nur die Verwendung der erwähnten technischen Termini für Tradieren, sondern auch der Umstand, daß jene kerygmatischen Aussagen inhaltlich mit der in den Evangelien festgehaltenen Tradition deutlich übereinstimmen. Wahrscheinlich aus diesem Grunde wurde diese Auslegung meistens auch von denjenigen Exegeten (z. B. Bousset) verlassen, die darauf bestehen, daß 2. Kor 5, 16 tatsächlich die Bedeutungslosigkeit der Überlieferung vom irdischen Jesus behauptet wird[17].

Für die Ablehnung der Ansicht, daß 2. Kor 5, 16 von der Kenntnis des irdischen Jesus die Rede ist, spricht zuletzt und entscheidend auch die logische Struktur dieses Verses. In der ersten Vershälfte sagt Paulus nämlich, daß er von jetzt ab n i e m a n d e n nach dem Fleische kennt. Damit kann er unmöglich meinen, daß er mit keinem irdischen Menschen Bekanntschaft hat, sondern nur, daß er keinen in fleischlicher Weise versteht und beurteilt, d. h. so, als ob es nichts anderes gäbe als irdisches Leben und irdische Beziehungen, als ob die Menschen aus Fleisch und Blut, die dem Apostel fraglos im äußerlichen Sinn gut bekannt sind, nicht in die gnadenvolle Handlung Gottes einbezogen wären, an seinem neuen Leben keinen Anteil hätten und deshalb kein neues Geschöpf wären (vgl. V. 17). Derselbe Sinn ist auch für die zweite Vershälfte vorauszusetzen: auch Christus — vielmehr: besonders Christus, der die Mitte und Offenbarung jenes gnadenvollen Handelns Gottes darstellt — kann in fleischlicher Weise nicht verstanden werden, d. h. so, als ob er nicht der gekreuzigte und auferstandene Herr wäre. Es wird hier also nicht behauptet, daß seine irdische Existenz oder die Überlieferung darüber bedeutungslos ist, sondern es wird erinnert, daß der Apostel daran nicht haften bleibt, daß er Jesus Christus in der Einheit von Kreuz und Verherrlichung sieht und auf dieser Grundlage in einer ganz neuen Weise versteht[18]. Freilich nicht in dem Sinne, daß er seine Auffassung der Messiaskategorie aus der jüdisch begrenzten zu der universalistischen abstrakt abgeändert hätte: diese Meinung hat sich uns bei näherem Zusehen als unhaltbar erwiesen.

3.

Die Bedeutung unserer bisherigen Ergebnisse wird erst dann voll klar werden, wenn wir unseren Vers überzeugend in den breiteren Zusammenhang des Briefes versetzen können[19].

W. H e i t m ü l l e r , A. L o i s y und seine Schule in Frankreich: P. L. C o u c h o u d , P. A l f a r i c. Vgl. dazu den in der nächsten Anmerkung erwähnten Aufsatz von O. C u l l m a n n.

[17] Zu dieser Frage vgl.: O. Cu l l m a n n : Paradosis et Kyrios. Revue d'histoire et de philosophie religieuses 30 (1950), S. 12 ff.

[18] Ähnlich J.-L. L e u b a , a. a. O. S. 80: ce n'est pas le Christ historique qui est dépassé, c'est le mode de connaissance qu'on en peut avoir.

[19] Dabei können wir die Frage der mutmaßlichen Zusammensetzung des kanonischen Briefes aus Fragmenten einer ausgedehnten Korrespondenz

Konkreter Anlaß und stetiger Hintergrund des zweiten Korinther-briefes besteht in einer Störung des gegenseitigen Vertrauens des Apostels und der Gemeinde und in der darauf folgenden Erschütte-rung seiner Autorität in dieser Gemeinde. Das kam in einem pein-lichen Inzident zum Vorschein (2, 5—10), war aber tiefer begründet, besonders auch im Wirken gewisser außergemeindlichen Persönlich-keiten, die dem Paulus die apostolische Autorität absprachen, ihn scharf und oft böswillig kritisierten und dadurch auf viele Gemeinde-glieder beträchtlichen Eindruck ausübten. In dem für uns in Betracht kommenden Teil des kanonischen Briefes setzt der Apostel voraus, daß auf seiten der meisten Gemeindeglieder nicht böser Wille, son-dern Verwirrung durch jene verleumderischen Stimmen vorliegt. Dementsprechend bemüht er sich, die Mißverständnisse zu beseitigen und das volle Vertrauen der Gemeinde wieder zu gewinnen. Dies tut er durch inniges Ringen um gegenseitiges Verstehen auf der höchsten Ebene des Glaubens. Er will sich auf keine Nebengründe noch auf äußere Beweise stützen, sondern nur auf die innere Überzeugungs-kraft der von ihm getragenen Botschaft. Große Bedeutung kommt hier dem Worte $\sigma\upsilon\nu\iota\sigma\tau\acute{\alpha}\nu\alpha\iota$ ($\sigma\upsilon\sigma\tau\alpha\tau\iota\varkappa\acute{o}\varsigma$) in der abgeleiteten Bedeu-tung „empfehlen" zu[20]. Der Apostel will nicht sich selbst empfehlen; fast muß man sagen: er will für sich selbst keine Reklame machen. Er will das nicht, weil er dessen nicht bedürftig ist (3, 1; vgl. auch 10, 12. 18). Andere mögen mit menschlichen Autoritäten und ihren Emp-fehlungsbriefen Eindruck machen wollen — Paulus läßt sich an einem

des Apostels mit der Gemeinde (vorgetragen zuletzt von W. S c h m i t - h a l s , a. a. O. S. 9—22) auf sich beruhen lassen, da für unseren Zweck der unbezweifelt einheitliche Teil 2, 14—6, 13; 7, 2—4 völlig ausreicht. — Die mangelnde Berücksichtigung der Bedeutung des Zusammenhanges für das Erfassen des Sinnes unseres Verses ist m. M. n. der schwache Punkt der meisten bisherigen Auslegungen. Einige Ausleger meinen so-gar, daß Paulus mit diesem Vers wieder einmal zu einem neuen Gedanken überspringt (B o u s s e t), daß diese Worte einen Zwischengedanken (W e n d l a n d) oder einen der charakteristischen paulinischen Zwischen-sätze (L i e t z m a n n) darstellen. Energischer als die meisten anderen geht O. M i c h e l der Funktion unseres Verses im Rahmen des literari-schen und gedanklichen Zusammenhanges nach, aber auch er gibt sich mit der Feststellung zufrieden, daß „zwischen die lehrhaften Stücke sich persönliche Beteuerungen (z. B. 5, 11—13) und selbständige theologische Thesen (z. B. 5, 16—17) einschieben, in denen Paulus sich selbst zu ver-teidigen sucht" (a. a. O. S. 22). Dies ist zunächst gewiß richtig. Aber es darf und soll gefragt werden, ob der Zusammenhang nicht noch tiefer be-gründet ist, ob die „lehrhaften Stücke" und „theologischen Thesen" mit den „persönlichen Beteuerungen" und mit der apologetischen Abzweckung des Ganzen nicht eine viel innigere und organischere Einheit bilden.

[20] Die grundlegende Bedeutung ist: „zusammenstellen, zusammenbrin-gen, vereinigen, sammeln". Davon abgeleitet: „einen mit einem anderen zusammenbringen, ihn ihm vorstellen", in weiterer Ableitung davon: „empfehlen". In anderer Richtung ist die Bedeutung „erweisen, dar-stellen" entwickelt worden (vgl. Bauers Wörterbuch). Im 2. Kor kommt diese Wurzel mehrmals vor: 3, 1; 4, 2; 5, 12; 6, 4; 7, 11; 10, 12. 18; 12, 11.

anderen, überaus überzeugenden Brief genügen. Dieser besteht in der durch seine apostolische Verkündigung entstandenen korinthischen Gemeinde selbst (3, 1—3). Er wurde von Christus selbst dadurch geschrieben, daß sich der Herr zu der missionarischen Tätigkeit des Paulus bekannt hat, indem er durch seinen Geist in den Herzen der Hörer den Glauben weckte. Damit erinnert Paulus daran, daß sein gegenseitiges Verhältnis zu der Gemeinde in einer anderen Ebene als in den menschlichen Gedanken und Möglichkeiten begründet ist. Zugleich ist es ein Appell an die Korinther, sie mögen auf dieser Ebene verbleiben und ihn, ihren Apostel, wie auch sich selbst nicht auf das Niveau der Verdächtigungen und Verleumdungen erniedrigen und dadurch die Wirklichkeit der die Gemeinde zusammenhaltenden Hoheit des Herrn verleugnen. Derselbe Gedanke taucht 4, 2 wieder auf, wo Paulus betont, daß er ohne Nebenabsichten, allein durch die Verkündigung der Wahrheit wirkt, im Vertrauen darauf, daß diese Wahrheit sich durch ihr Eigengewicht bei jedem menschlichen Gewissen durchsetzen kann. Der ganze Inhalt des 3. und 4. Kapitels ist mit diesen Gedankengängen organisch verwachsen. Die christologischen, eschatologischen und ekklesiologischen Einsichten werden hier nicht aus einem abstrakt dogmatischen Bedürfnis erörtert, sondern weil der wahre Grund und die ganze Tiefe der gegenseitigen Beziehung der Brüder in Christo aufgezeigt werden soll. So betrifft z. B. das Aufdecken der auf den Herzen liegenden Verhüllung ($\kappa\dot{\alpha}\lambda\upsilon\mu\mu\alpha$ 3, 13—17) nicht nur das Lesen des Alten Testaments, sondern auch das ganze Verhältnis der Glaubenden zu Christus. Dieses Aufdecken bewirkt sogar die Verwandlung des ganzen Wesens des Menschen (3, 18). Dieser Wirklichkeit vertrauend, übt der Apostel seinen Dienst aus, in der Gewißheit, daß durch das verkündigte und im Glauben angenommene Evangelium das wahre Ebenbild Gottes im Menschen erneuert wird, wodurch eben auch neue gegenseitige Beziehung der Menschen ermöglicht wird (4, 1—6).

Der Glaubende hört dadurch nicht auf, ein irdischer, allen menschlichen Begrenzungen und Gebrechlichkeiten unterworfener Mensch zu sein. Dadurch ist er auch verschiedentlicher menschlicher Beurteilung ausgesetzt. Wer aber um die Wirklichkeit Jesu Christi weiß, wird bei dieser Außenseite der tönernen Gefäße nicht verbleiben, sondern er wird zu dem darin verborgenen Schatz durchschauen, d. h. zu dem wahren, inneren Menschen, der aller menschlichen Gebrechlichkeit zum Trotz von Tag zu Tag erneuert wird (4, 7—16). Anders gesagt: wir dürfen und sollen unser Leben im Lichte der eschatologischen Wirklichkeit der ewigen Dinge leben, die für uns vorbereitet sind. Wir dürfen und sollen im Glauben wandeln, nicht im Schauen, wissend, daß wir mit alledem einmal vor dem Richterstuhl Christi stehen werden (4, 17—5, 10).

Damit haben wir den Punkt erreicht, wo der unmittelbare Kontext unseres Verses anfängt, den der Absatz 5, 11—17 darstellt: „Im Wissen um diese Furcht des Herrn suchen wir die Menschen zu überzeugen, vor Gott aber sind wir durchsichtig" (5, 11): mit diesen Wor-

ten stellt Paulus seine Verkündigung, seine ganze Tätigkeit und sein
Sein unter die eben eröffnete Perspektive des eschatologischen Gerichts. Gleichzeitig aber weist er darauf hin, daß sein Dienst des Wortes (vgl. 3, 6 ff.; 4, 1; 5, 18) an der Zwiespältigkeit und Zweideutig-
keit des Schatzes in den tönernen Gefäßen teil hat. Von außen her
betrachtet ist bei ihm vielleicht nichts anderes als ein Beispiel der
menschlichen Überredungskunst zu sehen: $\pi\varepsilon\ell\vartheta o\mu\varepsilon\nu$ (wir suchen zu
überzeugen, wörtlich eigentlich: wir überreden; vgl. die $\pi\varepsilon\iota\vartheta\dot\omega$, die
Überredungskunst, bzw. die $\pi\varepsilon\iota\vartheta o\ell$ $\lambda\dot o\gamma o\iota$, überredende Worte, 1. Kor
2, 4). Der Apostel handelt aber in der inneren Gewißheit, daß er vor
Gott ganz offenbar, ihm ganz durchsichtig ist. Darin hat er die Gewißheit der von den Menschen angezweifelten Lauterkeit seiner Motive. Insofern stellen diese Worte eine Variante seiner öfters vorkommenden Berufung auf das Zeugnis Gottes dar[21]. — Die folgenden
Worte aber: „Wir hoffen aber, auch vor euerem Gewissen durchsichtig zu sein" (oder: zu werden — V. 11 b), führen einen neuen Gesichtspunkt ein. Dieses Offenbar- oder Durchsichtigwerden ist nicht
bloß eine intime Angelegenheit des Verhältnisses der individuellen
Seele zu Gott. In der neuen eschatologischen Existenz wird vielmehr
die Möglichkeit gegeben, daß die an Christus Glaubenden und in ihm
Lebenden in ähnlicher, wenn auch abgeleiteten Weise auch gegeneinander offenbar und durchsichtig werden. Auf die Verwirklichung
eben dieser Möglichkeit wartet und hofft der Apostel, wenn er um
das Vertrauen der Gemeinde ringt. Dies ist der Sinn von V. 12:
„Wir empfehlen uns nicht wiederum selbst bei euch, sondern geben
euch Gelegenheit für euer Rühmen an uns . . ." D. h.: wir setzen
unser Vertrauen auf keine äußerlichen Autoritäten oder menschlichen Überredungskünste, sondern wir warten hoffnungsvoll darauf,
daß es euch gegeben werden kann, in uns die Brüder in Christus zu
entdecken, daraufhin uns euer volles Vertrauen zu schenken und
für alle gegen uns vorgebrachten Verdächtigungen und Verleumdungen unzugänglich zu werden.

Diese Hoffnung auf die gemeinschaftsschaffende Macht des verkündigten, allgemein verständlichen Wortes wird im V. 13 gegen ein
Argumentieren mit ekstatischen Erfahrungen abgegrenzt: „Sind wir
von Sinnen, so gilt es Gott, sind wir vernünftig, so gilt es euch".
Solche Erfahrungen können nämlich nicht direkt mitgeteilt werden
und tragen demgemäß nichts zur Gemeinschaftsbildung bei, sondern
verbleiben in der Sphäre der intim-individuellen Beziehung zu Gott.
Wenn der Apostel solche Erfahrungen trotzdem einmal in das Ge-
spräch einführt, kann er das nur uneigentlich, nur $\dot\omega\varsigma$ $\dot\varepsilon\nu$ $\dot\alpha\varphi\varrho o\sigma\dot\upsilon\nu\eta$
(wie in Torheit, 2. Kor 11, 17. 21) tun.

In dem gleich darauffolgenden Abschnitt 5, 14—17 gibt Paulus
besonders ausführlich und explizit an, was der letzte Hintergrund
seines Ringens um das Vertrauen der Gemeinde ist. Die Glieder der
Gemeinde dürfen und sollen einander sehen und miteinander ver-

---

[21] Vgl. Röm 1, 9; 2. Kor 1, 23; Phil 1, 8; 1. Thes 2, 5 u. a.

kehren als diejenigen, die durch die Liebe Christi verbunden sind (V. 14). In dem Wort συνέχειν darf hier nämlich die Grundbedeutung „zusammenhalten" oder „verbinden" nicht ganz so verschwinden, wie es dann geschieht, wenn es einfach mit „antreiben", „in Schranken halten" oder ähnlich wiedergegeben wird. Es handelt sich freilich um eine sehr aktive und gewaltig verbindende Tätigkeit der Liebe Christi — einer Liebe, die keineswegs nur ein Gefühl ist, sondern in der Tat seines Todes und Auferstehung für uns besteht. Aus dieser Wirklichkeit sollen die Glaubenden alle Folgerungen ziehen. Dies ist in dem Wort κρίναντας einbegriffen: „als diejenigen, die den Schluß gemacht haben ...". Darin ist es auch enthalten, daß die Glaubenden sich selbst und einer den anderen nicht als für sich selbst lebend, d. h. als isoliert und in sich abgeschlossen, sondern als für Christus lebend verstehen.

Im V. 16 wird dann geschlossen, daß darin auch eine ganz neue Weise des gegenseitigen Beurteilens impliziert ist. Dies ist nämlich auf dem Hintergrund des gezeichneten Zusammenhanges der Sinn der Worte: „So kennen wir von jetzt an niemanden mehr nach dem Fleisch ...". So, ὥστε: die folgende Aussage wird dadurch als die zusammenfassende Folgerung aus dem vorhergehenden dargestellt; „... von jetzt an", ἀπὸ τοῦ νῦν: seitdem Christus die grundlegende Tat seiner Liebe am Kreuz vollbracht hat — und wohl auch: seitdem wir an der Gemeinschaft seiner Liebe teilhaben; das „objektive" und „subjektive" Moment dürfen hier nicht voneinander gerissen werden. Im Hintergrund steht die Wirklichkeit der Gemeinde als Leib Christi. „Niemanden nach dem Fleisch kennen" heißt auch: einer den anderen nicht nur als tönerne Gefäße, als bloß irdisch bedingte und gegeneinander isolierte Wesen ansehen, sondern als diejenigen, die aus der Macht und Liebe Christi leben und darin neue Geschöpfe sind. Damit sind wir schon zum V. 17 übergegangen: „Ist jemand in Christus, so ist er ein neues Geschöpf". Hier ist die letzte Verankerung der ganzen Argumentation sichtbar. An dieser Stelle müssen wir noch wenigstens einen flüchtigen Blick auf den Schlußabschnitt 5, 18—21 werfen, wo alles vorangehende auf die Macht des konkret verkündigten Wortes gegründet wird. Die neue Schöpfung ereignet sich in der jetzigen eschatologischen Zwischenzeit durch die innere im Glauben angenommene Macht des Wahrheitswortes des Evangeliums. Das bedeutet, daß die vom Apostel erhoffte gegenseitige Durchsichtigkeit der Gemeindeglieder als auf der Solidarität des Glaubens und nicht z. B. auf einer okkulten Kraft beruhend zu denken ist.

Auch die Verbindungslinie vom V. 11b zum V. 16a ist klar: Paulus behauptet im V. 16, daß bei ihm dasjenige zur Wirklichkeit wurde, worauf er bei den Korinthern hofft, daß er nämlich alle Menschen in der neuen Perspektive des Seins vor Gott sieht und daß sie ihm infolgedessen in ihren wahren Dimensionen verständlich werden. In dieser Behauptung ist auch eine Aufforderung an die Korinther verborgen, auch ihn selbst in der gleichen Perspektive, d. h. als einen vertrauenswürdigen Bruder in Christus, ja als den wahren Apostel Christi sehen zu wollen. Es handelt sich darum, im gegenseitigen Verhältnis davon praktisch Gebrauch zu machen, was den Gliedern der Gemeinde angeboten ist, d. h. von dem in Christus gegebenen neuen Sein. In diesem Zusammenhang sind diese Erklärungen und Beteuerungen des Apostels im Sinne der für ihn so bezeichnenden Verbindung von Indikativ und Imperativ zu verstehen.

Wie wird aber durch diesen Zusammenhang die christologische Aussage beleuchtet: „Wenn wir auch Christus in fleischlicher Weise gekannt haben, kennen wir ihn nicht mehr so?" Die Beziehung zu Christus wird als das wichtigste Beispiel der neuen Perspektive angeführt. „Beispiel" heißt hier aber mehr als nur Illustration. Die Beziehung zu Christus ist vielmehr das Paradigma, Vorbild, ja der Grund des neuen Verhältnisses zu den Mitmenschen. Christus hat sich selbst dem Glaubenden durch die Macht des Geistes in seinem wahren Wesen als der Herr offenbart (vgl. Phil 2, 11), als der erstgeborene Sohn (vgl. Röm 8,15—17. 29). Dadurch hat er uns die Möglichkeit gegeben, einander als wahre Brüder zu verstehen und zu behandeln. So ist Christus der Urheber derjenigen Beziehung des gegenseitigen Vertrauens, die Paulus auch gerade durch seinen Korintherbrief wahrzumachen sucht.

Einst gab es freilich eine Zeit, in der Paulus Christus nicht in dieser Weise verstanden hat. Das war die Zeit „vor Damaskus". Damals hat er Jesus in fleischlicher Weise beurteilt. Das $\varkappa\alpha\tau\grave{\alpha}$ $\sigma\acute{\alpha}\varrho\varkappa\alpha$ bezieht sich zunächst auf die $\sigma\acute{\alpha}\varrho\xi$ des erkennenden bzw. beurteilenden Menschen, nicht auf die $\sigma\acute{\alpha}\varrho\xi$ Christi[22]! Deshalb hat er ihn als Ketzer, Gesetzesverächter, vielleicht auch als falschen messianischen Prätendenten betrachtet und verfolgt. Als aber Gott ihm seinen Sohn offenbarte (vgl. Gal 1, 16), ist alles verändert worden. Seitdem kennt er Christus von innen, im Lichte seines Kreuzes und seiner Auferstehung, er weiß mit voller Gewißheit, daß er der Herr ist, und so begreift er seine Person, seinen Weg, sein Werk mit einem neuen Verständnis, mit der vom Geist gelehrten Weisheit (vgl. 1. Kor 2, 13), und in seinem Lichte sieht er auch andere Menschen, für die Jesus Christus auch gestorben und auferstanden ist.

4.

Die von uns befürwortete Auslegung dürfte den Vorteil haben, daß sie die Funktion des Verses 5, 16 im Rahmen des engeren und weiteren Zusammenhangs hervorhebt. Erst dieser Gesichtspunkt beleuchtet befriedigend die innere Einheit und den Gedankengang des Briefes, der sonst in eine Aneinanderreihung wenig zusammenhängender Aufklärungen der persönlichen Differenzen und wenig durchsichtiger theologischer, wenn nicht sogar spekulativer Exkurse leicht zerfallen könnte. Die Übereinstimmung der vorgeschlagenen Auslegung mit

---

[22] So auch A. O e p k e a. a. O.

dem weiten Kontext dürfte schon an sich eine gewichtige Bekräfti-
gung ihrer Richtigkeit sein. Man kann sie vielleicht als eine Probe
dessen vorlegen, wie fruchtbar für eine rechte Exegese besonders der
paulinischen Briefe es ist, wenn wir aufmerksam und mit möglichst
weitem und tiefem Griff den Gesamtkontext der auszulegenden Aussage berücksichtigen. Bei der Evangelienexegese sind die Dinge freilich komplizierter, weil man dort wenigstens zweierlei Kontext berücksichtigen muß: einerseits den Kontext des vorliegenden Evangeliums, andererseits den ursprünglichen Kontext der Verkündigung
Jesu, aber wohl auch die Abwandlungen, die der betreffende Spruch
oder das Erzählungsstück in dem Stadium der fragmentarischen
Überlieferung durchgegangen ist. Auch bei den paulinischen Briefen
muß man die Frage im Sinn haben, ob die betreffende Aussage nicht
auch durch einen anderen Zusammenhang als die aktuelle Absicht
des Apostels und die logische Struktur des Briefes wenigstens mit-
bestimmt ist, z. B. durch das bereits fest kristallisierte urchristliche
Kerygma oder durch einen anderen älteren liturgischen oder kate-
chetischen, von dem Apostel übernommenen Text. Sehr oft handelt
es sich auch um alttestamentliche Zitate oder Anspielungen. Solche
übernommene Stoffe pflegen ihre eigene Dynamik zu behalten, die
mit dem Anliegen des Apostels zusammenstoßen kann. Es gehört
deswegen zu den Aufgaben des Exegeten, aufmerksam und fein-
fühlig abzuschätzen, wieviel Gewicht solchen verschiedenen Zusammenhängen jeweils zukommt. Gerade bei den paulinischen Briefen
steht aber an der ersten Stelle die Aufgabe, das eigentliche Anliegen
und die Absicht des einzelnen Schriftstückes sachgemäß und möglichst
erschöpfend zu begreifen. Seltsamerweise kann man nicht sagen, daß
diese Aufgabe in der ganzen ungeheueren Bemühung um die Auslegung der paulinischen Briefe in befriedigender Weise bewältigt
worden wäre. Oft scheint es, daß sie nicht einmal klar gesehen und
energisch angepackt wurde, weil die Aufmerksamkeit zu viel auf die
Einzelheiten gerichtet oder zum voraus durch Interessen wenn nicht
Vorurteile dogmatischer (wenn auch manchmal recht nichttraditio-
neller!) Art bestimmt war.

Eine rechte Auslegung könnte und sollte auch dazu helfen, den
eigentlichen geistlichen und lebensbezogenen Sinn unseres Verses
besser zu ergreifen. Dieser Sinn entgeht uns leicht, wenn unsere
Aufmerksamkeit zu sehr auf die abstrakt christologische (in dieser
Gestalt ganz moderne!) Frage der Bedeutung der Geschichtlichkeit
Christi gerichtet ist. Es handelt sich hier nicht um solche abstrakte
Fragen, sondern um die Möglichkeit und Wirklichkeit der persönlichen Nähe und geistlichen Durchsichtigkeit der Brüder in der Gemeinschaft des Leibes Christi. Diese Möglichkeit und Wirklichkeit
wurde uns dadurch gegeben, daß Jesus Christus sich in dem Heiligen
Geist selbst uns eröffnet hat, und jetzt öffnet er durch denselben
Geist Fenster auch in den Mauern, die wir als Befestigungen gegeneinander aufgestellt haben. Zur Verkündigung und zum Lobpreis
dieses Tuns Jesu Christi muß man christologische, pneumatologische,

ekklesiologische und andere theologische Sätze aufstellen und durchdenken, aber man darf sie von jenem zu bezeugenden Tun nicht abstrakt loslösen. Daß bei Paulus diese abstrahierende Loslösung nicht durchdringt, daß bei ihm paränetische Abzielung und theologische Besinnung eine lebendige und durchgehaltene Einheit bilden, dürfte auch durch unseren exegetischen Versuch erneut bestätigt sein.

16. Das Gegenüber von Gemeinde und Welt nach dem ersten Petrusbrief

Josef B. Souček

Bekanntlich kommt das Wort für Gemeinde oder Kirche, *ekklēsia*, im ersten Petrusbrief überhaupt nicht vor, und auch das Wort *kosmos* finden wir dort nicht in dem theologisch gefüllten Vollsinn, mit dem es besonders im Johannesevangelium, aber auch in den paulinischen Briefen, die Gesamtheit der Gott unbotmäßigen Wirklichkeit bezeichnet.[1] Trotzdem aber hat der Brief ein sehr ausgeprägtes Verständnis von dem Wesen, der Besonderheit, der Eigenständigkeit der Glaubensbruderschaft (*adelfotēs* 2,17; 5,9), des Volkes Christi, inmitten der Welt. Von der ersten Zeile an werden diejenigen angeredet, die aufgrund ihrer Erwählung (*eklektoi parepidēmoi*, d. h. auserwählte Fremdlinge 1,1, *genos eklekton*, auserwähltes Geschlecht 2,9) geheiligt (*hierateuma hagion*, heilige Priesterschaft 2,5, vgl. 1,15 f), d. h. ausgesondert sind, die durch Annahme der in Jesus Christus geschehenen Erlösung mit ihrer von Unwissenheit und fleischlichen Begierden gekennzeichneten Wahrheitsgehorsam und ungeheuchelter und beharrlicher gegenseitiger Liebe als wahre Bruderschaft leben (1,22; 4,8).

Das darin enthaltene Bewußtsein einer Besonderheit eigener Existenz, eines tiefen Abstandes der christlichen Bruderschaft von der Umwelt, wird auf verschiedentliche Weise expliziert. Einmal durch Ermahnungen, in das grundsätzlich überwundene Stadium nicht zurückzukehren, sich den Begierden der Zeit der Unwissenheit nicht gleichzuschalten (*mē syschēmatizomenoi tais proteron en tē agnoia hymōn epithymiais* 1,14), sondern der unwilligen Verwunderung der Umwelt über ihren ungewöhnten Lebenswandel standzuhalten (*en hō xenizontai mē syntrechontōn hymōn eis tēn autēn tēs asōtias anachysin*, hierin befremdet es sie, daß ihr nicht mitlauft zu demselben heillosen Treiben, 4,4).

Theologisch wird diese qualitative Absonderung des Christenvolkes durch die Übernahme alttestamentlicher Prädikate des Volkes Gottes zum Ausdruck gebracht: das auserwählte Geschlecht, die königliche Priesterschaft, der heilige Stamm *(ethnos)*, das Volk des (besonderen) Eigentums *(laos eis peripoiēsin)*, wie wir es in dem bekannten ekklesiologischen Zentralstück des Briefes lesen (2,9). Dasselbe kommt in der Vorliebe zum Vorschein, welche gerade unsere Schrift für die die Anderheit und Fremdheit des Gottesvolkes gegenüber der gesamten übrigen Menschheit ausdrückenden Begriffe zeigt: *diaspora* (Zerstreuung, 1.1), *parepidēmoi* (Beisaßen oder Fremdlinge, 1,1; 2,11), *paroikoi* (Beiwohner, Fremde, Pilger, 2,11), *paroikia* (Aufenthalt in der Fremde, vielleicht auch mit

---

[1] Der Termin *kosmos* kommt in 1. Petr. nur zweimal vor. Einmal (5,9) bezeichnet er wahrscheinlich ganz neutral die *oikoumenē*, bewohnte Erde, zum andermal (3,3) sogar den Schmuck in dem ursprünglichen, im Neuen Testament sonst nicht vorkommenden Sinn.

„Pilgerschaft" wiederzugeben, 1,17). Alle diese Wörter gehen auf das hebräische *gēr* oder *tōšāb* zurück. Diese Begriffe, die in der Septuaginta gelegentlich auch mit *xenos* wiedergegeben werden können, hatten ursprünglich eine soziologische Bedeutung, indem sie die antike Erscheinung des Metökentums bezeichneten, bekanntlich aber wurden sie schon im Alten Testament mehr|mals zur theologischen Bezeichnung des grundsätzlich anspruchslosen Standes des Volkes und dann auch des einzelnen Israeliten Gott gegenüber abgewandelt (Lev. 25,23; 1. Chr. 29,15; Ps. 39,4.12; 119,19). In Anknüpfung daran gebrauchen einige neutestamentlichen Schriften – besonders auch Eph. und Hebr. – jene Begriffe, um die wesentliche Fremdheit der Gemeinde gegenüber der Welt zum Ausdruck zu bringen. Um in der heute üblichen theologischen Sprache zu reden: mit diesen Terminen wird die eschatologische Existenz der Gemeinde bezeichnet. In keiner anderen Schrift geschieht es mit größerem innerem Gewicht als gerade in dem ersten Petrusbrief.

Warum, aus welchen Gründen wird der Abstand von der Welt gerade in dieser Epistel mit einem solchen Nachdruck betont? Zur Antwort auf diese Frage kann man bekanntlich besonders auf zwei Umstände aufmerksam machen. Schon längst hat man die Beobachtung gemacht, daß im ersten Petrusbrief manche umgewandelte Taufmotive wiederkehren: *annagenān*, wiedergebären 1,3.23; *artigennētos*, neugeboren 2,2; *hypakoē*, Gehorsam, Gehorsamkeit 1,2.14.22; *apothemenoi*, ablegen 2,1; *baptisma*, Taufe 3,21. Wenn wir annehmen, daß diese Schrift zwar nicht notwendigerweise eine Taufansprache im technischen Sinn des Wortes sein muß, daß sie aber Taufmotive bewußt aufnimmt, um an die in der Taufe übernommene Verpflichtung zu erinnern, ist es sogleich verständlich, warum der Gegensatz zur Welt einen breiten Raum nimmt. Die urchristliche Taufe war nämlich der Augenblick der Absage an das vergangene nichtige Leben und Wesen, der Verpflichtung zum Wandel in der Neuheit des Lebens und zugleich auch das Ereignis der Konstituierung der Gemeinde als einer neuen, von der Umwelt klar geschiedenen, aus der Gnade und dem eschatologisch ausgerichteten Glauben lebenden konkreten Gemeinschaft.

Dazu kommt der zweite Umstand hinzu. Die in dem Brief angeredete Gemeinde ist deutlich eine in unmittelbarer Nähe des äußeren Druckes, Feindschaft, ja Bedrückung stehende Gemeinde. Man kann darüber verschiedener Meinung sein, ob diese *poikiloi peirasmoi* (verschiedentliche Prüfungen, 1,6) in dem ersten Briefteil nur als eine in der Zukunft drohende Möglichkeit, in dem zweiten aber als die bereits stattgefundene Wirklichkeit der *pyrōsis* (Feuersflut 4,12) gesehen werden. Daß das ganze Schriftstück im Angesicht einer unmittelbaren Leidensprobe verfaßt und dadurch im Denken und Empfinden wesentlich bestimmt wurde, ist jedenfalls unbestritten.

In einer solchen Lage hat auch die Erinnerung an die Taufe ihren organischen Ort. In der Taufe hat sich der Mensch undwiderruflich an Christus gebunden. Konkret geschah es in dem wohl als Antwort auf die entsprechende Frage ausgesprochenen Bekenntnis: die nicht ganz geklärte Wendung *syneidēseōs aga-*

thēs eperōtēma, („Befragung des guten Gewissens", 3,21) dürfte als ein Hinweis auf diesen liturgischen Brauch am besten verstanden sein.[2] Angesichts einer Bedrohung zurückzuweichen und so der in der Taufe eingegangenen Bindung an Christus untreu zu werden, müßte den Weg ins Leben endgültig versperren – so wird Hebr. 6,4-6 gewarnt. Daß die Taufe besonders auch die Verpflichtung zum Ertragen der Leiden bedeutet, ist ein wesentlicher und verbreiteter urchristlicher Gedanke, wie z. B. auch aus der Perikope von den Zebedäussohnen Mk. 10,38 f. hervorgeht. In unserem Brief wird dieses Motiv in folgender Weise angewandt: da der Christ sich in der Taufe zur Fremdlingschaft in der Welt bekannt hat, soll ihm die Feuerprobe des Leidens nichts wirklich Fremdes | sein (4,12), er kann und soll sie ohne Furcht bestehen (3,14). So erscheint die Welt auch im ersten Petrusbrief in erster Linie als ein fremder, ja wenigstens potentiell unfreundlicher Bereich, dem der Christ in der Taufe abgesagt hat und dessen Gegnerschaft und Drohung er mutig und fest standzuhalten hat.

Sofern folgt unser Brief lediglich einer in dem Neuen Testament allgemein bezeugten Haltung. Schon in der wahrscheinlich ältesten neutestamentlichen Schrift werden die Leser erinnert, daß sie das Wort unter viel Trübsal annahmen und daß dies nichts Unerwartetes sei, weil „wir dazu bestimmt sind" (1. Thess. 1,6 vgl. 3,3). Obwohl ähnliche Gedanken in anderen paulinischen Briefen nur merkwürdig selten vorkommen (aber vgl. doch Phil. 1,22; 2. Thess. 1,4 f.), finden wir in allen Hauptgruppen des Neuen Testaments Warnungen vor kommenden Prüfungen und Mahnungen zur Ausdauer und Furchtlosigkeit – von der Seligpreisung der um der Gerechtigkeit willen Leidenden (Matth. 5,10 f.) über das Jesuslogion „und fürchtet euch nicht vor denen, die den Leib töten" (Matth. 10,28) und das johanneische Wort „in der Welt habt ihr Drangsal; aber seid getrost, ich habe die Welt überwunden" (Joh. 16,33) bis zu der Mahnung der Johannesoffenbarung: „Sei getreu bis in den Tod, und ich will dir den Kranz des Lebens geben" (Offb. 2,10).

Das Besondere und Beachtenswerte des ersten Petrusbriefes besteht aber darin, daß er sich nicht auf die Warnungen vor den bevorstehenden Trübsalen oder auf die Mahnung zum Widerstand beschränkt. Mit der Feindseligkeit der Umwelt rechnet er nicht als mit einer Gewißheit oder sogar Schicksalsnotwendigkeit. An der wichtigen Stelle 3,14 deutet er schon mit dem Optativ *ei kai paschoite* (wenn ihr auch leiden solltet) an, daß er das Leiden der Christen seitens der heidnischen Umwelt bloß als eine – vielleicht sogar nicht überaus wahrscheinliche – Möglichkeit betrachtet. Er hegt die Hoffnung, daß ein guter, tadelloser Wandel der Christen die gegen sie vorgebrachten Verdächtigungen und Beschuldigungen vor den Augen aller Welt der Lüge strafen und in dieser Weise die drohende Bedrängnis abwenden kann (3,14).[3] Mit dem ganzen Neu-

---

[2] So z. B. *F. W. Beare*, The First Epistle of Peter. Oxford 1947, S. 149.

[3] Dies scheint mir der eindeutige Sinn der Worte *kai tis ho kakōsōn hymas ean tou agathou zēlōtai genēsthe*, „wer ist, der euch etwas Böses zufügt, wenn ihr dem Guten nachei-

en Testament ist der Verfasser von jeder Märtyrersucht noch weit entfernt. Der *peirasmos*, die Leidensprobe ist ihm etwas, was im Gehorsam und Glauben bestanden werden soll, aber auch etwas so Ernstes und Schweres, daß es nicht nur nicht künstlich gesucht werden darf, sondern daß man auch um Abwendung der letzten Probe beten darf und soll, wie schon im Gebet des Herrn.

In 3,14 wird es aber auch impliziert, daß nur ein ganz eifriges und energisches Befolgen des Guten jene die Vorurteile der Umwelt entkräftigende und ihre Feindschaft abwendende Wirkung haben kann. Diese Aktivität im Guten wird mit dem Zitat Ps. 34,14 ff. veranschaulicht und durch den Gesamtzusammenhang (von 2,11 angefangen) inhaltlich erklärt. Es handelt sich um entschiedene Nachfolge Jesu Christi in seinem Kreuz und insbesondere in seiner vergebenden, keinen Feind ausschließenden und das Böse mit Gutem beantwortenden Liebe. Nur die Aktivität in diesem Guten kann Verleumdungen zuschanden machen (V.16, vgl. 2,12) – und darüber hinaus auch den Christen das gute Gewissen geben, in dem sie dann einer auch dann wohl möglichen Verfolgung ohne Furcht, mit Bekennermut, aber auch und gerade dann *meta praytētos kai fobou* (mit Sanftmut und Ehrfurcht, 3,16) begegnen können.

Die Sorge darum, ob die Christen wirklich dieses gute Gewissen (*syneidēsis agathē*, 3,16) haben, ob sie keinerlei berechtigten Anlaß zur Verdächtigung und | zum Widerwillen bieten, ob sie die Herausforderung einer fremden und unfremdlichen Welt nicht in weltlicher Weise, d.h. mit verhärtetem Trotz oder sogar Haß erwidern, ist ein Hauptanliegen unseres Briefes. Es handelt sich um die unumgängliche Bedingung des Bestehens in der Verfolgungsprobe, wenn sie notwendig sein sollte (vgl. *ei deon*, wenn es so sein muß, 1,6). Dieses Anliegen wird noch 2,12 und 4,15-16 ausdrücklich zum Ausdruck gebracht, aber auch sonst bestimmt es weitgehend die Struktur und den Inhalt des Briefes.

Man kann es an der Gestalt veranschaulichen, in welcher hier die Mahnungen an verschiedene Stände erscheinen (2,18-3,7). Es handelt sich um Material, das wir z.B. auch aus den paulinischen oder deuteropaulinischen Haustafeln (Kol. 3,18 – 4,1; Eph. 5,22 – 6,9) kennen, und wenigstens ein Anknüpfen an dasselbe Traditionsgut ist anzunehmen. Da aber der erste Petrusbrief nach meiner Überzeugung eine relativ späte Schrift ist, kann man auch direkte Abhängigkeit von den paulinischen Briefen für möglich oder sogar wahrscheinlich halten. Jedenfalls ist ein Vergleich geboten. Bei diesem Vergleich kommt die Struktur der „petrinischen" Haustafel merkwürdig unausgewogen vor. Der sehr ausführlichen und christologisch breit untermauerten Mahnung an die Hausklaven (*oi-*

---

fert?" Bisweilen wird zwar die Meinung vertreten, daß diese Worte rein innerlich zu verstehen sind, etwa im Sinne der platonischen Apologie des Sokrates 41 d): *ouk estin andri agathō kakon ouden oute zōnti oute teleutēsanti* (für einen guten Mann gibt es nichts Böses, weder im Leben noch im Tod). Diese Meinung verkennt aber den Zusammenhang von 1.Petr. 3,13, wo im V.14 die entgegengesetzte konkrete Möglichkeit in Erwägung gezogen wird (wenn ihr auch leiden solltet), und verfehlt überhaupt den konkret ausgerichteten Gedankengang der Stelle.

ketai, 2,18-25) entspricht kein einziges Wort an die Adresse der Herren, die Mahnung an Ehefrauen ist viel ausführlicher als die an Männer, das Verhältnis von Eltern und Kindern wird überhaupt nicht erwähnt und das Ganze bleibt nicht auf Familien- bzw. Haushaltsbeziehungen beschränkt, sondern wird einerseits mit einer Mahnung zur Unterordnung unter die Herrscher, anderseits mit Mahnungen für inneres Zusammenleben der Gemeinde umrahmt. Wie ist es zu erklären? Etwa mit einer zunehmenden Anpassung an Ansprüche der herrschenden Schichten, die kein Wort einer Mahnung an die Herren und Herrscher als opportun erscheinen ließ? Es wäre nicht leicht, eine solche Verdächtigung ganz überzeugend zurückzuweisen, wenn wir keinen verständlichen Grund für jene Verkürzung angeben könnten. Es gibt aber einen solchen Grund. Er besteht in dem Umstand, daß der Verfasser den tradierten paränetischen Stoff der „Haustafeln" nicht nur um seiner selbst willen, sondern auch als ein Beispiel desjenigen Verhaltens übernimmt, das ein Christ einer fremden und unfreundlichen Welt entgegenbringen soll. Da er nicht die Welt, sondern die Gemeinde anredet, ist er weit mehr an den Mahnungen interessiert, die an den schwächeren Teil, an Sklaven und Frauen, gerichtet sind. Ihre Geduld und Freudigkeit unter ungerechter Behandlung ist ein Gleichnis, ja noch mehr: ein wichtiger Bestandteil jener Haltung, die ein Christ der äußeren Welt gegenüber einnehmen soll. Das Verhältnis der Kinder zu den Eltern aber war in diesem Zusammenhang für den Verfasser vielleicht deswegen nicht sehr interessant, weil es sich in einer viel zu intimen Sphäre abspielt. Demgegenüber ist die Vorschaltung der Mahnung zur Unterordnung unter staatliche Amtsträger gut verständlich: in ihnen steht die Welt in handgreiflichster Gestalt vor der Gemeinde.

Zusammenfassend kann man sagen, daß unser Brief das traditionelle paränetische Material so umgestaltet hat, daß daraus nicht mehr eine übliche Haustafel, sondern eine Sammlung von Beispielen der richtigen Haltung der Gemeinde gegenüber der Umwelt geworden ist. In keinem Widerspruch dazu steht der Umstand, daß zum Ende des Abschnittes (von 3,8 an) Mahnungen über das innere Leben der Gemeinde dargeboten werden. Die rechte Haltung nach außen muß vom rechten inneren Zusammenleben der Gemeinde getragen und darin sozusagen eingeübt werden. In dieser Weise wird der Übergang zu dem Abschnitt 3,13 ff. hergestellt, wo das konkrete Ziel der Paränese, ja vielleicht der ganzen Epistel zum Vorschein kommt. Es handelt sich um eine Anweisung, in welcher inneren Verfassung und äußeren Weise die Gemeinde und alle ihre Glieder den sie untersuchenden und richtenden staatlichen Amtsträgern begegnen sollen: mit Festigkeit und Mut, aber ohne provozierende Verkämpfung, mit Hoffnung auf das Beste, aber vorbereitet auf das Ärgste, immer von dem Anliegen bestimmt, gerade bei dieser Gelegenehit ein echtes, positives, innerlich überzeugendes Zeugnis von der in Jesus Christus geschehenen lebendigen Hoffnung auch den heidnischen Widersachern vermitteln zu können.

Wie ist aber jenes Anliegen und hoffnungsvolles Vertrauen an die Möglichkeit eines Gelingens auch in jener Grenzsituation des vor dem Gericht Stehens zu erklären und zu würdigen? Ist es bloß „ein schönes kindliches Vertrauen", das dem Verfasser selbst nicht ganz sicher war, wie Herrmann Gunkel vor mehr als vierzig Jahren schrieb?[4] oder eine gewisse Naivität, wie der kanadische Ausleger F. W. Beare neulich meinte?[5] (Beide übrigens in sehr wertvollen Auslegungen des Briefes!) Sollten wir nicht versuchen, ein wenig tiefer zu graben?

Es ist nicht von vornherein abzuweisen, wenn einige Ausleger auf die Möglichkeit hinweisen, daß das hoffnungsvolle Erwarten einer am Ende freundlichen oder wenigstens toleranten Einstellung der Umwelt zu den Christen auch durch eine bestimmte Zeitlage bedingt sein könnte. So meint der anglikanische Forscher E. G. Selwyn, daß die in der Epistel vorausgesetzten Schwierigkeiten nur schwer in Einklang zu bringen ist, da dort behördliches Verhör klar geregelten Charakter hatten.[6] Das würde die Hoffnung auf Überwindung dieser Schwierigkeiten durch einen offenbar guten Wandel der Christen befriedigend erklären. Nur daß diese Meinung, die allerdings zu dem von Selwyn behaupteten Frühansatz der Epistel gut paßt, mit der Terminologie und dem Ton von 3,13 ff. nur schwer in Einklang zu bringen ist, da dort ein behördliches Verhör klar vorausgesetzt ist. Andere Forscher, so F. W. Beare, aber auch John Knox,[7] machen auf die merkwürdigen Parallelen der im ersten Petrusbrief vorausgesetzten Lage und der in ihr enthaltenen Möglichkeiten mit der im bekannten Pliniusbrief und in der Antwort Trajans bezeugten Haltung aufmerksam. Und wirklich möchte man fast annehmen, daß in beiden Schriftstücken die gleiche allgemeine Lage gesehen wird, nur einmal „von unten", in der Perspektive der Gemeinde, andermal „von oben", in der Perspektive der römischen Behörde. Wenn es so sein sollte, dann würde jener amtliche Briefwechsel einerseits die Hoffnungen des Petrusbriefes als nicht außerhalb der denkbaren konkreten Möglichkeiten liegende rechtfertigen, anderseits aber auch die Grenzen ihrer Erfüllbarkeit kennzeichnen. Trajan wie Plinius haben die Unbegründetheit der landläufigen Anschuldigungen der Christen eingesehen und dementsprechend Verfolgungen aus amtlicher Initiative gebremst. Andererseits aber hat der Kaiser angeordnet, daß die nicht anonym angegeben und beim Glauben verharrenden Christen trotzdem zu bestrafen sind. Offenbar stimmte er mit der Meinung des Plinius überein, daß ungeachtet dessen, was sie sonst getan oder nicht getan haben möchten, ihre Ausdauer und ihre unbiegsame Hartnäckigkeit schon an sich strafwürdig ist. Fast sieht es so aus, als ob in Bithynien unter Plinius derjenige Fall eingetreten sei, den 1. Petr. 4,15 als eine Möglichkeit voraussieht: die Christen haben auch in den Augen der römischen Obrigkeit nicht wegen irgendwelcher Übeltaten (flagitia), sondern wegen des Namens Christi selbst (nomen ipsum) gelitten. Man darf solche Parallelen nicht zuviel pressen und besonders daraus keine allzu raschen Schlüsse zur Frage der Datierung des | Pe-

---

[4] In seiner Auslegung der Stelle in: Die Schriften des Neuen Testaments neu übersetzt und für die Gegenwart erklärt, 3. Aufl. 1917, Band III., S. 279.

[5] a. a. O., S. 137.

[6] *E. G. Selwyn*, The First Epistle of St. Peter, London 1919, S. 52 ff.

[7] *Beare* a. a. O., S. 14 f., Knox in Journal of Biblical Literature LXXII., S. 187 f.

trusbriefes ziehen. Solche Parallelen sind aber trotzdem lehrreich, da sie uns zeigen, wie der Verfasser seine hoffnungsvollen Ausführungen keineswegs „kindisch naiv" sozusagen im luftleeren Raum ausspinnen mußte, sondern auch sehr differenzierte und uns jetzt nur in Bruchteilen bekannte Möglichkeiten der römischen Amtsstellen in ihrer Einstellung zu den Christen im Auge haben konnte.

Damit haben wir allerdings den tiefsten Grund jener positiven und hoffnungsvollen Grundhaltung des ersten Petrusbriefes gegenüber der Umwelt keineswegs erreicht. Diese Haltung gründet sich letztlich in keinen Kalkulationen der sichtbaren Wahrscheinlichkeiten, sondern in der zentralen Glaubensgewißheit, daß der von Jesus Christus errungene Sieg die gesamte Welt umfaßt und an erster Stelle nicht Verurteilung und Vernichtung, sondern Hoffnung auch für diese Welt bedeutet. Die lebendige Hoffnung *(elpis zōsa)*, von welcher bereits 1,3 die Rede ist und aufgrund welcher der ganze Brief von der Atmosphäre einer unbesiegbarten Freudigkeit und Glaubensmut druchdrungen ist, schließt niemanden von vornherein aus, sondern will auch die heidnischen Gegner einschließen.

Daß dies keine Überinterpretation oder von außen her hergebrachte Konstruktion ist, ist nach meiner Meinung aus dem Abschnitt über die „Höllenfahrt" (3,18ff.) einsichtig, welcher auf die uns beschäftigende Stelle 3,13ff. folgt. Diese berühmte crux interpretum kann hier nicht ausführlich behandelt werden. Wir können hier aber wenigstens unsere Meinung andeuten, daß die meisten Erörterungen darunter leiden, daß sie jene Stelle als ein isoliertes Theologumenon oder Mythologumenon behandeln, meistens ohne nach ihrer möglichen Funktion in dem weiteren Zusammenhang auch nur zu fragen. Der Weg zur Beantwortung dieser Frage wurde nach meiner Meinung durch den Vorschlag Bo Reickes und Werner Bieders[8] eröffnet, die Abzweckung jener Stelle in der Proklamation des Sieges des Gekreuzigten auch an die hinter den irdischen Machthabern stehenden angelologisch-dämonischen Mächte zu sehen. Auch in diesem Verständnis bleibt es ein Stück einer sehr massiven Mythologie, die uns in dieser Gestalt kaum nachvollziehbar ist. Dieses Stück bleibt aber nicht im leeren Raum hängen, sondern erhält in dem Zusammenhang einen klaren kerygmatischen Sinn. Die Christen brauchen sich vor den heidnischen Obrigkeiten nicht allzuviel zu fürchten, sie haben auch von ihnen und für sie nicht nur allerlei Böses zu erwarten, sondern sie dürfen und sollen auch in Beziehung auf sie gute Hoffnung haben. Dies aufgrund dessen, daß der Gekreuzigte seinen Sieg allen Mächten verkündet hat, und zwar nicht nur um ihnen mit dem Gericht zu drohen, sondern auch und an erster Stelle um ihnen Erlösung anzubieten. Ich meine freilich nicht, daß man bei den *pneumata* (Geister) 3,19 lediglich an die Engel oder Dämonen zu denken und die verstorbenen Menschen der noahitischen Zeit auszuschließen hätte, wie es Reicke und Bieder vorschlagen.

---

[8] *Bo Reicke,* The Disobedient Spirits and Christian Baptisma, Köbenhavn 1946. – *Werner Bieder,* Die Vorstellung von der Höllenfahrt Jesu Christi, Zürich 1949.

Das würde nämlich den Zusammenhang mit 4,6 unverständlich machen. Der Vorschlag Bieders,[9] die *nekroi* 4,6 von den geistlich Toten zu verstehen, ist wenig überzeugend. Vielmehr dürfte die Auslegung Eduard Schweizers richtig sein[10]: „Mehr als einmal werden darin (d. h. in der jüdischen Tradition über die Bedeutung von Gen. 6,1-4) auch die gefallenen Engel zusammengeschlossen mit ihren Nachkommen, den zur Zeit der Sintflut lebenden Menschen ... Das tut, wie 4,6 zeigt, auch dieser Brief. Hier aber (3,20) sind ihm wahrscheinlich diese bösen Engel selbst am wichtigsten. Denn nach den jüdischen Vorstellungen sind die Dämonen ... vor allem mächtig in den heidnischen Herrschern ... der Verfasser ... will seiner Gemeinde Mut machen, ohne Furcht allen Heiden und ihren Fürsten entgegenzutreten ... Christus hat sich nicht gebeugt vor ihnen (den bösen Gewalten), sondern ist ihnen gegenübergetreten, indem er ihnen seine Herrlichkeit, aber zugleich auch die | Möglichkeit der Buße und der Rettung verkündigte – also so, wie die Gemeinde ihren Verfolgern gegenübertreten soll."

In dieser Haltung ist auch die missionarische Verantwortung begründet, die im ersten Petrusbrief mehrmals zum Vorschein kommt. Die Ablegung der Rechenschaft vor den Richtern und der Tatbeweis über die Grundlosigkeit aller Verleumdungen haben ja nicht eine lediglich apologetische Bedeutung, sondern sind auf Gewinnung des Gehörs und letztlich des Glaubens der heidnischen Partner abgezielt. Ausdrücklich wird es in der Mahnung an die Frauen ausgesprochen, sie sollen durch ihren wortlosen Wandel in Scheu und Zucht ihre heidnischen Männer für die Offenheit gegenüber dem Wort gewinnen (3,1 f.). Das an dieser Stelle vorkommende Wort *epopteuein* meint bei seiner andren Verwendung 2,12 vielleicht nicht bloß gewöhnliches Zusehen, sondern inneres Durchblicken zur Wahrheit des Evangeliums, das Gläubigwerden, das ja allein zum Preisen Gottes am Tage der eschatologischen Heimsuchung befähigen kann. Diese Verantwortung für das der Gemeinde zur Weitergabe anvertraute Evangelium ist es auch, was ein sich in eine feindliche oder sogar haßerfüllte Front gegen die Heiden Hineindrängenlassen so undenkbar macht. Dieselbe Veranwortung führte auch dazu, daß der kritische Blick des Verfassers in erster Linie in die eigenen Reihen und in das eigene Gewissen der Christen gerichtet ist, weshalb es ihm so wichtig und einleuchtend erscheint, daß das Gericht Gottes beim Hause Gottes anzufangen hat (4,17).

In allen diesen Gedanken kann der erste Petrusbrief an gewisse Motive anderer neutestamentlicher Zeugen, aber auch schon an das Alte Testament anknüpfen. Es ist ein Hauptanliegen der Bergpredigt, die überschwengliche und unbegreifliche Güte des himmlischen Vaters hervorzuheben, der seine Sonne über Böse und Gute scheinen läßt (Matth. 5,45). Diese Vollkommenheit des Vaters verpflichtet uns zur Nachfolge, die gerade darin bestehen soll, daß wir nicht für

---

[9] a. a. O. S. 120 ff.
[10] *E. Schweizer,* Der erste Petrusbrief, 2. Aufl. Zürich 1949, S. 80 f.

uns selber, sondern für unseren Nächsten da sein und dadurch von allem Haß und aller Rachsucht befreit werden sollen. Werner Schmauch hat sehr schön gezeigt[11], wie diese in der Bergpredigt verkündete „Proexistenz" jede feindliche Absonderung und Abkapselung der Gemeinde unmöglich macht. Dasselbe kommt in den antipharisäischen Worten des Evangeliums zum Vorschein, z. B. in dem Logion: „Ich bin nicht gekommen, die Gerechten zu berufen, sondern die Sünder" (Mk. 2,17). Es ist beachtenswert, daß viele Worte, die die Unstatthaftigkeit jeder haßerfüllten Gegenfront gegen Feinde aussprechen, gerade im Lukasevangelium zu finden sind. So das Verbot, an das unfreundliche Dorf der Samariter Feuer vom Himmel zu erbitten (9,51-56), so das (textkritisch allerdings nicht ganz gesicherte) lukanische Kreuzeswort „Vater, vergib ihnen, denn sie wissen nicht, was sie tun" (23,34). Dieselbe Haltung ist aber auch z. B. in den johanneischen Worten von dem nicht zum Richten, sondern zur Errettung gesandten Sohn ausgesprochen (Joh. 3,17; 12,47), sowie in dem bekannten Abschnitt des Römerbriefes von dem Verbot der Rache und von der Überwindung des Bösen durch das Gute (Röm. 12,17-21).

Eine ähnliche Inklusivität der Hoffnung und ein positives Interesse auch für die Heiden ist auch an manchen Stellen des Alten Testaments vorgezeichnet, z. B. in Jer. 29, wo der Prophet zum Suchen des Friedens des babylonischen Landes und zum Gebet für dieses Land mahnt. Auch die verwandten Motive, die wir im ersten Petrusbrief fanden, haben manche Entsprechungen im Alten sowie | im Neuen Testament. Von dem bei dem Volke Gottes einsetzenden Gericht spricht schon Amos 3,2: „Euch allein habe ich erwählt vor allen Geschlechtern der Erde: darum suche ich an euch heim alle eure Schuld". Daß die missionarische Verantwortung Israels die haßerfüllte Abneigung gegen die Heiden unerlaubt macht, ist das Hauptthema des Jonasbuches. Und daß man bei den Heiden die das Gute anerkennende sittliche Urteilskraft erwarten kann und soll, ist die unausgesprochene Voraussetzung, mancher biblischer Mahnung, den Namen und das Wort Gottes durch die Verschuldung des Volkes Gottes nicht vor den Augen der Heiden zu entweihen (Ezech. 26,20 ff., vgl. Röm. 2,24; Tit. 2,5). Hierher gehören auch die paulinischen Mahnungen, anständig gegenüber denen zu wandeln, die draußen sind (1. Thess. 4,12; Kol. 4,5, vgl. 1. Kor. 10,32; Phil. 4,8). Diese Beispiele dürften zum Erweis genügen, daß jene merkwürdig positive und hoffnungsvolle Erwartung, die der erste Petrusbrief gerade im Blick auf die außerchristliche Welt ausspricht, in dem biblischen Zeugnis keineswegs isoliert, sondern im Gegenteil in der Tiefe der Botschaft von dem Erbarmen und Sieg Gottes begründet ist.

In biblischen Schriften findet man allerdings auch andere Töne. In den Psalmen lesen wir viele Hilferufe der schwer bedrängten Glieder des Volkes Israel, die

---

[11] In dem Vortrag: Reich Gottes und menschliche Existenz nach der Bergpredigt, veröffentlicht in Theol. Existenz heute, N. F. 64 (*Schmauch–Wolf*, Königsherrschaft Christi, München 1959.) Vgl. bes. die Zusammenfassung S. 18 f.

sich einerseits zum massiven Bewußtsein einer festen Scheidelinie zwischen Gerechten und Ungerechten (z. B. Ps. 1), andererseits zu nicht minder massiven Bitten um Bestrafung und Rache (z. B. Ps. 140) verdichten können. Ähnliches kann man in manchen Partien der prophetischen Bücher, z. B. im Buche Nahum, aber auch in den letzten Kapiteln des Jeremiabuches (46-51), im 63. Kapitel des Jesajabuches, in Sach. 9-14 u. a. finden. Auch im Neuen Testament findet man einigen Widerhall dieser anderen Linie. So z. B. in 2. Thess., wo die Bedrängten durch den Gedanken an die in der eschatologischen Zukunft stattzufindende Rache getröstet werden (2. Thess. 1,6 ff.), oder in einigen Aussagen der Johannesoffenbarung, wo der Herr um baldige Rache gebeten (6,10) oder der eschatologische Christus als ein die Heiden mit dem Schwert seines Mundes schlagender Reiter (19,15) vorgestellt wird. Man sollte dieser anderen Linie nicht jeglichen Wahrheitsgehalt absprechen. Sie will, ähnlich wie der Lohngedanke, die Realität der Herrschaft Gottes und die Gewißheit seines alles Böse überwindenden Endsieges anschaulich verkündigen. Ebensowenig ist es aber zu leugnen, daß diese andere Linie in großer Gefahr steht, das herrliche Licht des Evangeliums von der Liebe Gottes und von der nicht ängstlich zu begrenzenden Hoffnung zu verdunkeln.

Auch im ersten Petrusbrief findet man einiges, was an jene andere Linie erinnern könnte. So die Warnung, daß die Verachtung gegenüber Jesus Christus, dem Eckstein des Neubaues Gottes, ihn für den Verwerfenden zum Stein des Anstoßes und zum Fels des Ärgernisses machen müßte (2,7 f.). Dies ist aber eher als eine Beschreibung des Entscheidungscharakters des Glaubens zu begreifen, nicht so sehr als ein nach außen, in die Reihen der Gottlosen gesandter Pfeil. In dieselbe Reihe gehört auch die Bemerkung, daß Christus in seiner Erniedrigung nicht drohte, sondern alles dem, der gerecht richtet, übergab (2,23). Da hier alles Schelten, d. h. Verfluchen, ausdrücklich ausgeschlossen wird, kann man diese Worte nicht im Sinne einer auf dem transzendenten Umweg über eine von Gott erbetene Vergeltung zu verwirklichenden Rachsucht verstehen, sondern im Sinne des Verzichtes auf alles Rechthaben.[12] Ähnlich ist es mit dem Gedanken, daß das beim Hause Gottes anfangende Gericht keineswegs den Gottlosen und | Sündern Immunität gewährt, sondern im Gegenteil ihr böses Ende noch gewisser macht (4,18). Im Zusammenhang bilden diese Worte lediglich einen notwendigen Riegel gegen einen alles auf dieselbe Ebene bringenden und alles vergleichgültigenden Apokatastasisgedanken. So werden die Motive jener anderen biblischen Linie in dem ersten Petrusbrief nicht einfach ausgeschaltet oder beiseitegeschoben, wohl aber der Hauptlinie, der lobpreisenden Verkündigung der Macht und des Sieges des Evangeliums der Hoffnung, energisch unterworfen und dienstbar gemacht. Man kann deshalb gerade auch unseren Brief als ein wichtiges Beispiel dafür begreifen, daß das Evangelium selbst in dem neutestamentlichen Kanon mit der ganzen Ausdehnung der kanonischen Schriften und der darin enthaltenen Gedanken nicht einfach identisch ist,

---

[12] So auch *E. Schweizer*, a. a. O., S. 64.

sondern auch innerhalb dieser Schriften sich mit anderen, wenigstens teilweise abweichenden und seine innere Reinheit wenigstens potentiell bedrohenden Linien auseinanderzusetzen hat. Gerade der erste Petrusbrief ist aber auch ein Beispiel dafür, wie energisch und erfolgreich diese Auseinandersetzung sein kann. Daß es gerade bei einer relativ späten Schrift des Neuen Testaments der Fall ist, dürfte ein besonders wertvoller Erweis der inneren Macht des Evangeliums sein.

17. Zu den Problemen des Jakobusbriefes

Josef B. Souček

Die von Martin Luther aufgerollte Frage nach dem Verhältnis der von dem Jakobusbrief vertretenen Auffassung von Glauben und Werken zu der paulinischen ist immer noch nicht zur Ruhe gekommen. Im Gegenteil, im Zusammenhang mit dem neuen Fragen nach der möglichen Bedeutung des Kanons angesichts der in der neueren Forschung klar erarbeiteten Mannigfaltigkeit der im Neuen Testament enthaltenen kerygmatischen Formulierungen und theologischen Entwürfe beschäftigt jene Frage die heutige theologische Besinnung mit neuer Intensität[1]. Als Illustration kann einerseits der Versuch Max Lackmanns dienen, vom Jakobusbrief aus die lutherische Auffassung von der Rechtfertigung einer grundsätzlichen Revision zu unterziehen, andererseits die theologisch wohl anders ausgerichtete, aber in der sachlichen Feststellung weithin übereinstimmende Behauptung Ernst Käsemanns[2], daß die paulinische Rechtfertigungslehre mit der des Jakobusbriefes unvereinbar ist. Diese Fragen sind besonders auch für dasjenige theologische Denken wichtig, das nicht von der eigentlichen ausgeprägt lutherischen Auffassung bestimmt ist, sondern von einer Tradition herkommt, für die das besondere Anliegen des Jakobusbriefes nicht eine Verlegenheit, sondern eine wenn auch nicht konstitutive, so dennoch regulative Richtlinie dar-

---

[1] Von der neueren Literatur zum Jakobusbrief wurden in diesem Aufsatz folgende Arbeiten berücksichtigt: M. Dibelius: Der Brief des Jakobus (Meyers Kommentarwerk), 8. Aufl., 1956; G. Eichholz: Jakobus und Paulus. Ein Beitrag zum Problem des Kanons. 1953; E. Käsemann: Begründet der neutestamentliche Kanon die Einheit der Kirche? Ev. Th. 11, 1951, 13 ff.; M. Lackmann: Sola fide. Eine exegetische Studie. 1949; H. Preisker: Die Eigenart des Jakobusbriefes in der Geschichte des Urchristentums. Theol. Bl. 13, 229 ff.; H. Schammberger: Die Einheitlichkeit des Jakobusbriefes im antignostischen Kampf. 1936; H.-J. Schoeps: Theologie und Geschichte des Judenchristentums. 1949 (Exkurs „Die Stellung des Jakobusbriefes", S. 343 ff.); H. Weinel: Biblische Theologie des N. T., 3. Aufl., 1921; H. Windisch: Die katholischen Briefe (Handbuch zum N. T.). 1911.

[2] A. a. O. S. 18.

stellte. Das trifft bekanntlich für die calvinische Tradition zu, aber auch für die Theologie der Brüderunität, in der in Anlehnung an den Jakobusbrief der Begriff des „lebendigen Glaubens" gebildet und als Prüfstein der Sachgemäßheit und Richtigkeit der Lehre und Predigt verwendet wurde. Muß man im Lichte der heutigen Erschließung des Neuen Testamentes wirklich der Meinung sein, daß das in der paulinischen Theologie klar bezeugte Evangelium durch jenes Vertreten des „jakobäischen" Anliegens notwendig verdunkelt wird? Ist darin vielleicht eine verhängnisvolle Nachwirkung der äußerlichen Autorität des überlieferten Kanons zu entdecken?

Es dürfte sich lohnen, diese Fragen einmal nicht direkt, sondern in Verbindung mit einigen scheinbar mehr äußerlichen und formalen literarischen Problemen anzupacken. Ich denke dabei nicht in erster Reihe an die Frage der Datierung und des Verfassers. In dieser Hinsicht möchte ich mich auf die Mitteilung beschränken, daß ich mich durch keine Argumente für den sogenannten Frühansatz und für den Herrnbruder Jakobus als Verfasser des Briefes[3] überzeugen lassen konnte. Das Schriftstück ist meiner Meinung nach für ein relativ spätes Erzeugnis der nachapostolischen Zeit zu halten.

Man kann aber bei einer anderen formalen Frage ansetzen, nämlich bei der Frage nach dem literarischen Charakter und in Verbindung damit nach dem inhaltlichen Zusammenhang dieses Schriftstückes. Ist es, wenn auch nicht ein wirklicher Brief, so wenigstens eine Epistel, die eine bestimmte Lage im Auge hat und einen erkennbaren Gedankengang verrät — oder aber nur ein Enchiridion der religiös-sittlichen Mahnungen, das an alte jüdische paränetische Tradition anknüpft und sie nur stellenweise leicht verchristlicht? Diese Fragen wurden von Martin Dibelius scharf gestellt, umsichtig behandelt und auch deutlich im Sinne der zweiten Möglichkeit beantwortet. Bei dieser Auffassung schwebt das Schriftstück sozusagen außerhalb von Raum und Zeit, da es keine klar faßbaren konkreten Verhältnisse voraussetzt. Auch eine große Zurückhaltung in der Frage des inhaltlichen Zusammenhangs wird dadurch geboten. Wesentlich handle es sich um isolierte Fragmente verschiedener paränetischer Traditionen, die nur lose aneinander gehängt wurden, so daß das Suchen nach gedanklichen Verbindungen schon von vornherein als wenig aussichtsvoll erscheinen muß. Auch in dieser formalen Hinsicht sei der Jakobusbrief den synoptischen Evangelien mit ihren Zusammenstellungen der in mündlicher Tradition ursprünglich fragmentarischen Einzelstücke merkwürdig parallel, ähnlich wie er in sachlicher Hinsicht manche „synoptische" Motive aufweist und mehrmals auch wörtlich besonders an die Bergpredigt erinnert.

Diese Feststellungen sind zweifellos weitgehend richtig; man kann die sorgfältigen Analysen von Dibelius nicht umgehen und ignorieren. Der Jakobusbrief hat nicht den klar erkennbaren und auf

---

[3] Wie sie z. B. von G. Kittel a. a. O. vorgetragen wurden.

lange Strecken durchgehaltenen Zusammenhang eines paulinischen Hauptbriefes. Ist aber dieser Unterschied ein absoluter Gegensatz? Auch in den Paulusbriefen finden wir doch paränetische Traditionsstücke (z. B. die Laster- und Tugendkataloge und „Haustafeln"), übernommene kerygmatische Formeln (z. B. 1. Kor. 15, 3 ff.), hymnisches Gut (z. B. Phil. 2, 5—11) und dergleichen. Solche Stücke behalten ihr Eigengewicht und weitgehend auch etwas von ihrer ursprünglichen Bedeutung, trotzdem aber wurden sie von Paulus in einer seiner eigenen Absicht entsprechenden Funktion übernommen. Man kann wohl auch in dem gewiß viel loser gebauten Jakobusbrief nach einer analogen Absicht des Übernehmers wenigstens fragen. In diese Richtung weist auch die Analogie zu dem Aufbau der synoptischen Evangelien: für die neueste Entwicklung der Forschung an diesen Evangelien ist es nämlich bezeichnend, daß man der Intention und Funktion des in dem heutigen Kontext vorhandenen Zusammenhangs der ursprünglich fragmentarisch überlieferten Stücke nachgeht und dadurch das kerygmatische und theologische Profil der einzelnen Evangelien zu erfassen versucht.

Die Frage, ob auch im Jakobusbrief ein solcher Zusammenhang vorliegt und was seine Bedeutung für das Erfassen des eigentlichen Anliegens und Sinnes dieses Striftstückes sein könnte, wurde neuerdings von verschiedenen Seiten verhandelt, oft in einer Auseinandersetzung mit M. Dibelius. Fast vor einem Vierteljahrhundert schon hat dies H. Preisker in seinem heute vielleicht halb vergessenen Beitrag in den „Theologischen Blättern" getan. H. Schammberger hat nicht viel später in einer scharfsinnigen wenn auch überschärften und deshalb in der Hauptthese kaum überzeugenden Arbeit die Einheitlichkeit des Jakobusbriefes im antignostischen Kampf aufzuweisen versucht. Vor einigen Jahren hat G. Eichholz in einer sorgfältigen und anregenden Analyse die „eigene Kontur" und so auch den inneren Zusammenhang des Jakobusbriefes nachgezeichnet. Es bleibt aber noch Raum für einen Versuch offen, einige in solchen Arbeiten angedeutete Linien etwas kräftiger auszuziehen und einige weitere Verbindungen aufzuzeigen. Wenn es sich dabei auch um zum Teil ungeschützt erscheinende Hypothesen handeln sollte, dürfte das einen solchen Versuch nicht überflüssig und nutzlos machen.

In dem Jakobusbrief kehren bekanntlich gewisse sachliche Motive mehrmals wieder, und zwar mit einer Beharrlichkeit, die schon an sich nicht bedeutungslos sein dürfte.

An erster Stelle ist an die wiederholten Ermahnungen und Warnungen an die Reichen und die Ermutigungen und Trostworte an die Armen zu denken: die Aufforderung, die Reichen sollen demütig sein, aber die Armen sich rühmen (1, 9 ff.), die Mahnung gegen Ansehen der reichen Person, verbunden mit Protest gegen Gewalttätigkeit der Reichen und mit Erinnerung an die Erwählung der Armen (2, 1 ff.), der scharfe Aufruf gegen den Hochmut und die

Ungerechtigkeit der reichen Arbeitgeber (5, 1 ff.). Dazu sollten aber auch die Mahnung zur tätigen Hilfe für die Bedürftigen (2, 15 f.) und die Warnung vor dem hochmütigen Planen der Geschäftsleute (4, 13—16) hinzugefügt werden. Es ist allgemein anerkannt, daß wenigstens die an erster Stelle angeführten Aussprüche ein wichtiges Anliegen des Jakobusbriefes darstellen und auch, daß sie irgendwie eine konkrete kirchliche und gesellschaftliche Situation wiederspiegeln. Hans Windisch vermutet darin — im Jahre 1911! — die Absicht, den Lesern „einen religiös motivierten Klassengeist" einzuflößen[4], während M. Dibelius — vielleicht in bewußter Distanzierung von jener Vermutung — feststellt, daß der Verfasser des Jakobusbriefes wohl pauperistisch, aber nicht proletarisch denkt[5]; er dürfte mit dieser Distanzierung recht haben. Was uns aber in unserem Zusammengang angeht, ist vor allem die Feststellung, daß die Wichtigkeit und damit auch ein gewisser innerer Zusammenhang dieser Worte über reich und arm im Jakobusbrief allgemein bekannt und anerkannt sind.

Ein zweites wiederkehrendes Motiv ist das Problem der Bewährung des Glaubens im Leben. Dies ist das Thema des Abschnittes von Glauben und Werken (2, 14—26), von dem man allgemein anzuerkennen bereit ist, daß er das am besten durchdachte, innerlich am meisten zusammenhängende und theologisch ergiebigste Stück des ganzen Briefes darstellt. Dieses Stück aber steht nicht allein. Es wird in dem Abschnitt vom Hören und Tun des Wortes und von dem in der werktätigen Liebe bestehenden wahren Gottesdienst (1, 22—27) vorbereitet, ja bereits in dem Eröffnungsabschnitt von der Erprobung des Glaubens in Versuchungen, anders gesagt, von der Echtheit und Ganzheit des Glaubens, die in dem „vollkommenen Werk" zum Vorschein kommt (1, 2—4). Vielleicht sind dabei auch die Worte über die Zunge mitzuhören (1, 19 ff., 3, 2 ff.): es hilft nichts, das Wort des göttlichen Auftrages nur zu hören, aber auch nicht, dasselbe nur mündlich zu wiederholen, sondern die Echtheit des Hörens muß durch verantwortliches Reden, und die des Redens durch das Tun bestätigt werden; auch in diesem Zusammenhang kommt die Stelle 2, 15 f. zur Geltung.

Das Vorhandensein und die Bedeutung der beiden Gedankenreihen — über reich und arm und über die Bewährung des Glaubens — dürften also als erwiesen betrachtet werden. Schon an sich bedeutet das, daß der Jakobusbrief gewisse eigene zusammenhängende innere Linien aufweist, daß er nicht bloß eine ganz lose Auslese paränetischer Stücke darstellt. Man kann und soll aber weiter fragen: stehen jene zwei Linien vielleicht nicht in einem inneren Zusammenhang miteinander? Und kann man die Worte über Glauben und Werke von diesem Zusammenhang aus nicht konkreter verstehen und gegen Mißverständnisse besser schützen? Auch dieser

[4] A. a. O. S. 13.
[5] A. a. O. S. 43 f.

Gedanke eines inneren Zusammenhanges beider Reihen wurde bereits von G. Eichholz durch den Rat wenigstens angedeutet, man
sollte bei der Auslegung der zweiten Hälfte des 2. Kapitels an
dessen erste Hälfte denken, wo der „so säkulare Respekt vor dem
Geld" bloßgestellt wird[6]. Man kann aber versuchen, diesen inneren
Zusammenhang beider Motivreihen noch etwas breiter auszuführen
und dadurch einsichtiger zu machen.

Zu der Aussagenreihe von den Reichen möchte ich — im bewußten Unterschied von M. Dibelius und anderen — vorschlagen,
diese Worte nicht als nur gegen die außerhalb der Gemeinde stehenden Reichen gerichtet zu verstehen. Auch in der üblichen Auslegung
läßt man es bei 1, 9 ff. meistens noch offen, ob diese Mahnung, der
Reiche solle sich seiner Niedrigkeit rühmen, vielleicht dennoch nicht
einen reichen Christen im Auge hat. Aber die Anklage gegen die
„euch" vergewaltigenden Reichen (2, 6) und natürlich um so mehr
der scharfe Klageruf 5, 1 ff. werden meistens eindeutig nur als gegen
die außenstehenden, heidnischen Reichen gerichtet verstanden. Hier
möchte ich ein Fragezeichen setzen und demgegenüber die These
aufstellen, daß zumindest in dem 2. Kapitel auch die Reichen innerhalb der Gemeinde wenigstens mitzudenken sind. Gewiß wird an
allen diesen Stellen an das alte Gedankengut der frommen Armen
('anāwīm) angeknüpft, die die Gleichung fromm = arm und reich =
gottlos zu setzen gewöhnt waren. Aber es scheint mir sehr schwierig,
die erste Hälfte des 2. Kapitels so zu lesen, als ob darin das Verhältnis zu den Reichen für die Gemeinde bloß ein äußerliches Problem wäre. Die Worte über den in die Versammlung kommenden
und von der Gemeinde bevorzugten Mann in prächtiger Kleidung
sind gewiß kein Bericht über einen unlängst erlebten und dem Verfasser berichteten Einzelfall, sondern ein konstruierter „Idealfall".
Ebenso gewiß aber wurde er nicht, abgesehen von der wirklichen
Lage und von den in den Gemeinden vorhandenen konkreten Fragen, konstruiert. Es erscheint auch unwahrscheinlich, daß dieser
„Idealfall" bloß die Möglichkeit im Auge hat, daß ein reicher Heide
den Weg in die Gemeindeversammlung nur zufälligerweise, vielleicht aus Neugier findet. Die Breite, mit der dieser Fall behandelt
wird, gibt der Sache ein Gewicht, das nur unter der Voraussetzung
verständlich erscheint, daß es sich um eine wesentliche Frage des
Verhaltens innerhalb der Gemeinde handelt, daß also der Reiche,
wenn nicht gerade als ein volles Mitglied, so wenigstens als ein
Gegenstand des missionarischen — oder propagandistischen? — Bemühens zu denken ist. Dem Verfasser liegt nicht daran, den Reichen
von vornherein von der Gemeinde fernzuhalten, sondern daran,
daß man sich ihm gegenüber so verhalte, daß er in der Gemeinde
seinen richtigen, d. h. nach 1, 10 einen bescheidenen, ja niedrigen
Ort finden kann. Darüber hinaus soll dem reichen Christen die Verpflichtung wirksam vermittelt werden, dem armen Mitchristen in

[6] A. a. O. S. 46.

helfender Solidarität zu begegnen. Dies kann durch das getadelte Ansehen der reichen Person nur vereitelt werden. Es muß nämlich den Reichen in der so üblichen Gleichgültigkeit, ja Rücksichtslosigkeit gegenüber den Armen bekräftigen.

In diesem Zusammenhang möchte ich eine freilich besonders ungeschützte exegetische Hypothese vorlegen. Auch die über die Gemeindeglieder Gewalt ausübenden und sie vor Gericht schleppenden Reichen (2, 6) brauchen keineswegs bloß die reichen Heiden zu sein. Es ist kein ungebührliches Anschwärzen der Verhältnisse in der ältesten Christenheit, wenn man die Vermutung ausspricht, daß ein reiches Gemeindeglied im Laufe seiner geschäftlichen Tätigkeit auch von seinen Glaubensbrüdern die Geldschulden mit Hilfe der weltlichen Gerichte eintreiben könnte. Eine solche Situation wird doch bereits in der urchristlichen Gemeinde in Korinth vorausgesetzt, wenn Paulus den Gemeindegliedern das Recht-Suchen vor den ungerechten, d. h. vor den heidnischen Tribunalen vorwirft und verbietet (1. Kor. 6, 1 ff.). Das Lästern des schönen Namens (Jak. 2, 7) kann in diesem Lichte den Sinn einer Verächtlichmachung der zum Schutze der bedrohten armen Brüder geschehenen Berufung auf die in der Taufe eingegangene Verpflichtung haben. Auch der Vers 2, 11 paßt gut in diesen gedanklichen Zusammenhang: „Denn der, welcher gesagt hat: Du sollst nicht ehebrechen, hat auch gesagt: Du sollst nicht töten. Wenn du nun zwar nicht die Ehe brichst, aber tötest, so bist du Übertreter des Gesetzes." Hier braucht es sich nicht um eine ganz abstrakt konstruierte Möglichkeit oder um einen moralischen locus communis handeln, sondern um eine Erinnerung, daß das rücksichtslose Vorgehen gegen einen armen Schuldner eine Kundgebung des Nichtlebens, ja des Hasses ist, und daher im Sinne nicht nur von 1. Joh. 3, 15, sondern schon auch von Matth. 5, 22 f., einer Mordtat gleichzusetzen ist. Darüber hinaus dürfte im Hintergrund die Wirklichkeit der bodenlosen Not der Armen im Altertum stehen, die das Eintreiben von Schulden im gegebenen Fall im buchstäblichen Sinn zum Mord machen könnte. Die Mahnung aber, daß es nicht genug ist, nicht die Ehe zu brechen, wenn man in jenem Sinn mordet, kann gegen diejenigen reichen Gemeindeglieder gerichtet sein, die der Meinung waren, daß das Christsein in innerlicher Frömmigkeit und in der Tadellosigkeit der persönlichen Lebensweise sich erschöpft, daß aber die Spielregeln des täglichen geschäftlichen Lebens dadurch kaum berührt werden. Dieses Verständnis stellt keine unangebrachte Modernisierung der urchristlichen Verhältnisse und Denkweisen dar. Ähnliche, sehr reale, auch sozial konkrete Verhältnisse, dürften im Hintergrund mancher neutestamentlicher Äußerung stehen, und sie sollten mit größerer Aufmerksamkeit verfolgt werden, als es in der zu stark von der lehrbegrifflichen Tradition bestimmten Auslegung meist geschieht[7].

---

[7] Auf die Notwendigkeit, diesen Hintergrund mehr zu bedenken, hat

Das Anliegen des Jakobusbriefes kann man nachdem ungefähr wie folgt verstehen. In einer Zeit, da die landläufigen Vorstellungen vom Christsein von einer fortschreitenden Verinnerlichung, Individualisierung und auch Theoretisierung bestimmt wurden, versuchte dieser Brief die Lebenssolidarität der Gemeinde festzuhalten, in der kein Notleidender allein dastehen müßte. Einen ähnlichen Zweck verfolgt ja auch die Apostelgeschichte mit ihrem Idealbild von der Gütergemeinschaft in der Urgemeinde. In der Betonung dieser Frontstellung gegen die bloße Verinnerlichung und den Individualismus, der sich auch in dem Pochen auf persönliche Moralität auswirken konnte, dürfte auch das Wahrheitsmoment der Hypothese über die antignostische Front des Jakobus bestehen (H. Schammberger, aber auch schon H. Weinel[8], später H.-J. Schoeps). Freilich nur in dem Sinn, daß als Hintergrund des Briefes wohl spiritualistische und insofern gnostisierende Tendenzen, nicht aber die Gnosis in dem vollen, technischen, d. h. mythologischen Sinn zu vermuten ist. In dieser Frontstellung und in der Betonung der Wichtigkeit des konkret manifestierten Abstandes gegenüber dem Trug des Reichtums vertritt der Jakobusbrief legitim ein zentrales Anliegen der urchristlichen Botschaft, das besonders in der synoptischen Tradition klar zum Vorschein kommt.

Von dort her ist die Verbindungslinie zu der zweiten Gedankenreihe leicht zu finden, besonders zu dem Abschnitt 2, 14—26. Die Verse 2, 15 f., in denen die Menschen, die die Bedürftigen mit Worten statt mit tätiger Hilfe sättigen, uns vor Augen geführt werden, sind meiner Meinung nach nicht nur ein Gleichnis, sondern sie zeigen auch, was der Verfasser konkret im Auge hat, wenn er über Glauben und Werke redet[9]. Auch in diesem Abschnitt dürfen wir die konkrete Wirklichkeit der Gemeinde nicht aus dem Sinn verlieren. Bei dem Glauben ohne Werke handelt es sich nicht bloß um einen Glauben ohne Wirkung, wie Eichholz sehr richtig sagt[10], sondern auch um einen Glauben ohne Wirklichkeit, d. h. ohne einen konkreten Bezug auf die Gemeinde und auf den Bruder. Gewiß werden hier die Mahnungen auf die Fläche des individuellen Handelns projiziert, aber diese Projektion darf nicht isoliert wer-

unlängst A. Ehrhardt in seinem Beitrag über das Sendschreiben nach Laodizea (Ev. Th. 17, 1957, 434 f.) aufmerksam gemacht. Er legt dar, wie mit dem Wort „der Reiche" im Altertum, auch in der Urchristenheit, weithin ein Ressentiment verbunden war, das durch die bodenlose Not der Armut erklärlich ist und das man besonders auch bei der Auslegung von Jak. 2, 1 ff. im Sinn behalten muß. Er meint, daß es sich bei der dort vorausgesetzten Versammlung konkret um das eucharistische Mahl gehandelt hat, was in unserem Zusammenhang nicht weiter verfolgt werden braucht.

[8] A. a. O. S. 510.

[9] Dies ist eine bewußte Abweichung von der üblichen, durch M. Dibelius besonders nachdrücklich vertretenen Exegese.

[10] A. a. O. S. 46.

den. Der Abschnitt ist ohne Zusammenhang mit der ekklesiologischen, ja soziologischen Wirklichkeit nicht voll und richtig zu
verstehen. Wenn man es trotzdem versucht, wenn man z. B. diese
Worte so liest, als ob sie nur von den rein individuell orientierten
verdienstlichen moralischen Leistungen handelten, geht man an dem
entscheidenden Punkt vorbei. Martin Luther, der diese Worte im
Lichte einer langen Tradition der mönchischen Verdienstlichkeit las,
konnte jener Verengung des Verständnisses kaum entgehen. Das ist
ein Hauptgrund für die Unlösbarkeit seiner Schwierigkeiten mit
dem Jakobusbrief. Unser viel umfassenderes, konkreteres und
schärferes geschichtliches Wissen sollte uns aber einen Weg aus der
Sackgasse zeigen, nämlich eben den ekklesiologischen und soziologischen Bezug der ganzen Fragestellung.

Dieser exegetische Vorschlag wird nicht von dem Wunsch geleitet,
die Differenzen im Neuen Testament um jeden Preis zu harmonisieren, um dadurch den Kanon zu retten. Auch der Kanon kann
theologisch nur so richtig verstanden werden, wenn er in erster
Linie als Evangelium, nicht als Gesetz, d. h. als ein zum voraus ge-
gebenes Postulat aufgenommen wird. Es gibt keinen Grund zu verwischen, daß die Sätze Jak. 2, 14 ff. sichtlich in einem gewollten Gegensatz gegen die paulinischen Sätze geschrieben wurden. Gewiß
handelt es sich dabei um einen alterierten, vulgarisierten, ja degene-
rierten Paulinismus, in dem besonders der Glaube als Zustimmung
zu bestimmten Sätzen verstanden wurde. Aber als Sätze sind die
Ausführungen des Jakobusbriefes auch mit denen des echten Paulus
wirklich nicht in Einklang zu bringen; auch sachlich liegt hier nicht
nur eine Spannung, sondern auch ein Gegensatz vor. Nur daß daraus
nicht gefolgert werden sollte, daß wir dadurch vor eine wesentliche
Entscheidung, ein „entweder — oder" gestellt sind, und daß diese Entscheidung eindeutig für Paulus und gegen „Jakobus" zu fallen hat.
Daß Paulus nicht nur der klarere und durchgreifendere, sondern
auch der in jeder Hinsicht größere[11] ist, daß in seinem Zeugnis das
Licht des Evangeliums einzigartig leuchtet, darüber kann kein
Zweifel bestehen. Aber auch sein Zeugnis ist gegen Verirrungen
und Verdunkelungen des Evangeliums nicht geschützt. Es ist nicht
von ungefähr, daß die Perioden und Strömungen, in denen Paulus
eine überragende, alle anderen neutestamentlichen Linien über-
schattende Wirkung ausübte, wiederholt zu einem dualistischen
und individualistischen Spiritualismus neigten. Nicht daß Paulus
selbst die Gefahr solcher Tendenzen nicht gesehen und sich dagegen
kräftig gewehrt hätte. Sein Denken und Wirken kann ja weitgehend unter dem Vorzeichen des antignostischen Kampfes verstanden werden, und der Glaube ist bei ihm eine dynamische, in der
Liebe sich auswirkende Wirklichkeit. Aber es scheint, daß es ihm
nicht gegeben wurde, in seinen Briefen solche Gegenkräfte zu entfalten, die voll und besonders auch für die Zukunft ausreichen

---

[11] So auch H. Preisker, a. a. O. Sp. 232.

könnten. Wir dürfen deshalb dafür dankbar sein, daß wir im Neuen Testament nicht Paulus allein, sondern auch andere Stimmen, besonders das synoptische Zeugnis über Jesus hören können. Dieses Zeugnis ist bekanntlich mit dem des Paulus lehrbegrifflich auch nicht in einen vollen Einklang zu bringen. Als Evangelium, nicht als Gesetz aber können wir den Kanon dann empfangen, wenn es uns gegeben ist, wenigstens in einigen Fällen solche Differenzen nicht als sinnlose Widersprüche, sondern als sinnvolles Gespräch zu vernehmen. In einem solchen Gespräch kann auch der Jakobusbrief mit seinem Anliegen einen Ort finden. Einen gewiß bescheideneren Ort als das synoptische Jesuszeugnis. Aber sein Anliegen ist mit dem der Synoptiker in vielem parallel, und er hat den besonderen Vorzug, daß er im Angesicht einer späteren Zeit entstand, da die Gefahr einer mit geheiligten paulinischen Sätzen sich deckenden Verweltlichung drohte. „Jakobus" hat es gewagt, gegen diese Sätze seine eigenen Gedanken zu formulieren, um der Gefahr der Zersetzung der brüderlichen Gemeinschaft durch eine abstrakt theoretisch ausgerichtete und individualistisch verengte Frömmigkeit entgegenzutreten. Das Vorhandensein dieses Schriftstücks im Kanon kann und soll es uns klar machen, daß das Wort Gottes selbst mit den Wörtern seiner größten Zeugen nicht einfach identisch ist, und daß die Treue ihrem Zeugnis gegenüber auch für uns bedeuten kann, daß wir im gegebenen Fall neue Fragen mit neuen Entscheidungen beantworten dürfen und sollen, die in ihrem Wortlaut vielleicht sachlich abweichend oder sogar entgegengesetzt erscheinen können. Diese gewiß nicht ganz unbekannten Gedanken sollten in unseren Ausführungen von einem etwas neuen Gesichtswinkel her wieder beleuchtet und so eindringlicher dargelegt werden.

V.
Evangelium und Evangelien

18. Christologie et baptême à l'époque du christianisme primitif*

Petr Pokorný

(1) Dans le domaine des recherches concernant le Nouveau Testament au cours des deux dernières décennies, un grand rôle a été joué par la thèse de la diversification de la christologie primitive. Contrairement à l'affirmation plus ancienne de Wilhelm Bousset sur l'origine pagano-chrétienne du titre Kyrios-Seigneur[1] et aux théories plus anciennes sur l'évolution dialectique du jeune christianisme soutenues par l'Ecole de Tübingen, il est symptomatique pour la situation actuelle qu'on suppose une origine indépendante des divers motifs, titres et idées[2] qui ont influencé la façon de penser de l'Eglise primitive.[3] En résumant les résultants de ce travail, il faut compter au moins avec les types suivants de la réfléxion christologique: Dans un domaine, Jésus été attendu comme un personnage apocalyptique (le plus souvent comme le Fils de l'homme) qui viendra pour juger à la fin du monde prévue pour bientôt (Lc. 12,8 s, Mc. 14,62, 1 Th. 4,16, cf. 1 Co. 16,22, etc.); dans un autre milieu rassemblant les sentences de Jésus, il a été conçu comme la sagesse incorporée qui survit dans ses paroles (Mt. 11,19; 12,42; Jn. 8,51; Ev. de Thom. log. 19), ailleurs il a été fêté comme thaumaturge et l'on collectionnait les histoires de ses actions puissantes (strate littéraire dont le sommaire est représenté par Jean 20,30 s) et enfin il y avait une christologie qui exprimait l'importance de Jésus principalement par les paroles concernant sa résurrection; ses images et termes ont été pris de l'apocalyptique juive. Des sentences courtes originelles concernant la résurrection (p. ex. Rm. 10,9) on a vu naître dans le milieu nonjuif des formules dans lesquelles la résurrection est expliquée comme une élévation lors de laquelle Jésus assume la fonction du Fils de Dieu (Rm 1,3 s; 2 Tm. 2,8). Un autre développement du message fondamental ont été des formules de la foi telles que 1 Co. 15,3 b-5.

Ce tableau d'une christologie désunie ressort de plusieurs notions correctes. Il est sûr que pour exprimer l'importance de Jésus, on a accepté des idées et termes de différents milieux idéologiques (bible juive – tenach, apocalyptique, littérature de la sagesse, gnosticisme) et sociaux (depuis la docte spéculation sur

---

* Texte de la conférence donné aux Universités de Neuchâtel et de Lausanne, 6–7 décembre 1979.

[1] *W. Bousset, Kyrios Christos* (Göttingen, 1913), 1965⁵, 84 ss.

[2] De la méthodologie: *F. Hahn,* »Methodenprobleme einer Christologie des Neuen Testaments«, in *Verkündigung und Forschung* 2 (1970) (*Beih. Ev. Th.* 15), 3–41.

[3] Commencements concrets de cette recherche: *H. E. Tödt, Der Menschensohn in der snyoptischen Überlieferung* (Gütersloh, 1959) et *K. Wengst, Christiologische Formeln und Lieder des Urchristentums* (Gütersloh, 1972) (comme dissertation 1967). Un résumé de cette tendance des recherches est le livre; *H. Köster, J. M. Robinson, Trajectories Through Early Christianity* (Philadelphia, 1971), particulièrement chap. 6 par *H. Köster.*

le Logos jusqu'aux idées populaires sur le thaumaturge). Ces termes et idées ne pouvaient pas être réunis sans un effort de pensée demandant un certain temps. Certaines titres christologiques | disparaissent assex tôt (l'apôtre Paul n'emploie plus le titre de Fils de l'homme) ou assument une autre signification (pour la majorité des Pères de l'Eglise, le Fils de l'homme est un signe de l'humanité de Jésus). En principe, on ne peut pas même exclure la possibilité que le christianisme soit issu de plusieurs groupements indépendants,[4] bien que cela soit moins vraisemblable.

Si l'on admet cette différenciation, cela ne signifie pas que l'on veuille relativiser par là le dogme christologique et expliquer l'origine du christianisme comme le résultat des influences de differents facteurs historiques.[5] Nous savons qu'à une impulsion nouvelle, comme les événements de Pâques, les gens ne peuvent pas réagir en la nommant toute de suite et en exprimant son importance en des termes précis. La première réaction à une impulsion nouvelle est généralement la surprise. Il n'en a pas été autrement après l'événement marqué plus tard comme la résurrection de Jésus. Ceux qui les premiers ont reconnu que Jésus leur est présent d'une façon nouvelle, se sont trouvés d'abord dans une espèce d'extase dont les manifestations ont pu survivre dans la glossolalie.[6]

Thèse 1: On ne peut pas exclure que les premiers chrétiens aient exprimé l'importance de Jésus de différentes manières. Ce stade peut être appelé la période de communication expérimentale. La marque commune des chrétiens a été une extase joyeuse.

(2) Toutefois on ne peut pas en rester à la première réaction spontanée. La joie d'une rencontre nouvelle se combine, au premier stade déjà, avec une vérification subconsciante ou expresse de l'identité de celui qui est revenu (identification), avec un rassemblement de ceux que cette rencontre concerne (socialisation), et la communication d'abord précipitée de cette nouvelle à d'autres gens (communication expérimentale) doit être remplacée par un effort de trouver une expression commune adéquate (stabilisation). Je ne vais pas m'occuper maintenant des autres aspects de ce processus ni du caractère unique de l'impulsion qui l'avait provoqué et qui, par son caractère, échappe aux catégories de

---

[4] G. *Schille*, »Erwägungen zur urchristlichen Kirchenbildung«, in *Theol. Versuche* 1 (Berlin, 1966), 66–83, part. p. 83; *le même, Anfänge der Kirche*, München 1966, 26 n. 36 nn. G. *Schille* renoue critiquement à E. Lohmeyer, qui, dans le livre *Galiläa und Jerusalem* (Göttingen, 1936), 47 ss. 93 ss, parle de deux centres indépendants du christianisme primitif. *Schille* résume ses considerations ainsi: »Wenn die judenchristliche Theologie zunächst von Erweckungsglauben nicht berührt war, sollte man annehmen, dass der Erweckungsglaube nur *eine* urtümliche Bekenntnisform neben anderen gewesen ist«. (Osterglaube, Berlin 1972 = A. V. Th. R. – 56, p. 31). L'arrière plan social des différents types du christianisme primitif est esquissé par G. *Theissen, Soziologie der Jesusbewegung* (München, 1977) (*Theol. Ex. heute* – 194).

[5] Comme p. ex. M. *Goguel, Jésus et les origines du christianisme* II (Paris, 1946), 82 ss. 921 ss.

[6] E. *Käsemann*, »Die Anfänge christlicher Theologie«, dernièrement in le même, *Exegetische Versuche und Besinnungen* II (Göttingen, 1965²), 82–104.

notre façon de penser suivant l'idée de la causalité. Je me concentrerai sur la tendance vers l'expression commune que l'on peut supposer d'autant plus puissante que l'impulsion originelle avait été forte. On voit alors que la christologie de la résurrection (mentionnée au §1) a acquis une situation privilégiée, a intégré d'autres motifs, traditions et titres christologiques et a influencé d'une façon décisive la théologie chrétienne précoce. Elle a déjà constitué le noyau de cristallisation de la réflexion théologique à l'époque dont nous possédons les écrits chrétiens les plus anciens. Les deux formules conservées (1 Co. 15,3 b-5; Rm. 1,3 s) que Paul appelle évangile ont été connues au moins déjà lors de son séjour en Antioche aux environs de l'an quarante cinq. Paul luimême affirme que la formule de la foi de 1 Co. 15[7]répond à la doctrine des premiers chefs de Jérusalem de l'Eglise chrétienne (15,5.7.11). |

Dans 1 Th. 1,9 de l'an 50 environ, l'apôtre Paul combine déjà la christologie apocalyptique, suivant laquelle le Christ peut être attendu comme juge, avec la christologie de la résurrection. Wilhelm Thüsing a attiré l'attention sur le fait que l'appel araméen »maranatha« (1 Co. 16,22, Didache 10,6; Ap. 22,20) qui est une prière pour la venue du Christ comme Seigneur, n'a de sens qu'en supposant que le Seigneur attendu entend une telle prière maintenant déjà en vivant d'une vie nouvelle.[8] Dans Ac. 2,22 s d'autre part, nous voyons comment la christologie de la résurrection a englobé la tradition de Jésus comme thaumaturge. Le résultat de la vaste intégration des éléments christologiques plus anciens groupés autour de l'annonce de la résurrection sont les évangiles canoniques dont le genre littéraire a été crée par Marc. Mais c'est déjà une étape postérieure, d'où un chemin directe mène vers la constitution du canon chrétien. En ce moment, nous nous concentrerons sur les débuts seulement de ce processus spirituel. Martin Hengel a souligné récemment que ces débuts remontent bien loin dans le passé et en proximité des événements de Pâques. Le temps de la réflexion expérimentale a donc dû être très court et historiquement on ne peut pas le séparer de l'époque de la stabilisation et de l'intégration. Cela témoigne d'une impulsion dynamique tout-a-fait extraordinaire.[9]

Thèse 2: La confession de foi d'après laquelle Jésus Christ a été ressuscité est devenue – avec une vitesse surprenante, au cours de quelques années – un élément intégrant de la doctrine chrétienne sur le Christ.

(3) On a déjà beaucoup écrit sur la structure intérieure des formules de confession qui parlent de la résurrection du Christ. Je m'efforcerai de ne rappeler que le plus important. On s'y sert, pour l'événement fondamental, du verbe ἐγείρειν et parfois du verbe ἀνίσταναι (p. ex. Ac. 2,24). Pour la plupart, on parle

---

[7] Du mode de sa transmission: O. *Cullmann*, »Kyrios et Paradosis«, *Rev. d'hist. et de phil. relig.* 30 (1950), 12–30.

[8] W. *Thüsing, Erhöhungsvorstellung und Parusieerwartung in der ältesten nachösterlichen Christologie* (Stuttgart, 1970) (*St. B. St.* 42), 47. 102 nn.

[9] M. *Hengel*, »Christologie und neutestamentliche Chronologie« (1972), dernièrement in *Theol. Jahrbuch* (Leipzig, 1973), 164–86, particulièrement p. 185 s. *Hengel* estime même que la thèse d'une différentiation primitive de la christologie est intenable – 179.

de la résurrection de telle façon que l'impulsion exprimée ou tacite de cette action vient de Dieu même, aux termes de la dogmatique développée de Dieu-Père. Ces sentences doivent affirmer que dans la vie humaine Jésus a manifesté une fidélité filiale à Dieu, qu'il n'a pas été un surhomme qui aurait conquis l'immortalité par un effort héroïque de ses forces et qu'il n'a pas été non plus une incorporation des forces cycliquement renaissantes de la nature comme des divinités de mystères. Les sentences ou le verbe ἀνίσταναι est employé comme intransitif (p. ex. 1 Th. 4,14) ne sont qu'une autre expression des constructions du premier type (cf. p. ex. Mc. 8,31 avec Mc. 16,6) d'où nous partirons dans nos considérations.

La christologie de la résurrection a pris pour point de départ les idées juives sur la résurrection de tous les hommes à la fin des âges. Dans ces idées, la notion de résurrection a commencé à désigner, au lieu de l'éveil du sommeil our ressuscitation, l'entrée dans une nouvelle vie, une nouvelle création dans laquelle l'identité de l'homme est conservée. La société des ressuscités est ce qui, après le jugement dernier, passe de cet âge à l'âge | nouveau. La résurrection est une notion grave de l'apocalyptique juive (p. ex. Dn. 12,2).[10] L'apôtre Paul dit dans cette connexion que »Dieu donne la vie aux morts et appelle à être ce qui n'est pas« (Rm. 4,17).[11]

Lorsqu'à l'aide de ces idées les premiers chrétiens ont formulé l'impulsion de Pâques, ils ont dû les transformer:

(a) De la marque collective »les hommes« ou »les justes« désignant ceux que concernait l'espoir de résurrection dans l'apocalyptique et le judaisme phariséen (pluriel), l'attention passe et se concentre sur un seul homme (singulier). C'est dans son histoire que se trouve la clef de l'espoir des autres. C'est pourquoi, avant Paul déjà, la sentence »Dieu l'a élevé« a pu remplacer, dans les formules christologiques, le mot de résurrection (Ph. 2,9).[12] C'est à cet élément qu'a pu s'accrocher la considération de l'importance substitutive de sa mort (déjà 1 Co. 15,3).

(b) Le futur (ils seront ressuscités) se trouve converti au passé (il a été ressuscité). L'espoir n'est pas fondé là sur une promesse seulement mais sur un témoignage et se réfère à un événement qui est déjà intervenu dans l'histoire. Dans l'histoire de Jésus se trouvent déjà anticipés le but de l'histoire et l'espoir personnel. Ce trait de la christologie de la résurrection a contribué à sa force de pénétration missionnaire.[13]

---

[10] Un traité continue de cette question: *H. C. C. Cavalin, Life after Death* I (Lund, 1974), 33 ss. 197 ss.

[11] Par le tout voir *H. Schwantes, Schöpfung der Endzeit* (Berlin, 1963) (*A. V. Th. R.* 25), part. 56 ss. 92 ss. et *P. Stuhlmacher*, »Das Bekenntnis zur Auferweckung Jesu von den Toten und die Biblische Theologie«, in le même, *Schriftauslegung* (Göttingen, 1975), 128–66, part p. 146 ss; cf. *E. Schillebeeckx, Christus und die Christen* (Freiburg i. Br., 1977), 507 ss.

[12] *E. Schillebeeckx, Jesus* (Freiburg i. Br., 1975¹²), 472 ss.

[13] *O. Cullmann, Christologie des Neuen Testaments* (Tübingen, 1958¹¹), 330 ss; *Hengel* (Note 9) 173. Il est trop exclusif d'expliquer la rencontre avec le Réssuscité seulement com-

(c) Une autre transformation est celle de la marque générale »les hommes« ou »les justes« (appellativum) en nom popre (proprium) Jésus. Cet événement a permis plus tard »la distinction des esprits« (1 Jn. 4,2; 1 Co. 12,3; Eph 4,20 s) c'est à dire la direction de l'enthousiasme à l'aide des critères déduits de l'histoire de Jésus.

La christologie de la résurrection comme élément intégrant de la dogmatique chrétienne ne s'est donc point fait valoir par hasard.

Thèse 3: Malgré ses insuffisances, toujours propres à l'expression d'une réalité nouvelle,[14] la christologie de la résurrection avait toutes les conditions pour devenir l'expression la plus adéquate et la plus efficace, au point de vue hermeneutique, de la foir chrétienne.[15]

(4) L'extension de la christologie de la résurrection n'était qu'une partie composante d'un mouvement intérieur plus large du christianisme primitif, mouvement provoqué par l'impulsion initiale – la résurrection du Christ. Bientôt, le christianisme a créé aussi une structure sociale. Par là je ne pense pas seulement à la socialisation originelle de la foi manifestée par la célebration commune de la Cène dans la certitude que le hôte y est le Christ élevé et glorifié lui-même. Je pense ici à la conscience de communauté de tous les chrétiens qui a trouvé son expression dans l'appelation commune »les saints« (ἅγιοι), »les frères« ou – d'après les épîtres aux Ephésiens et aux Colossiens – dans l'expression »le corps du Christ« (notamment Eph. 4,12 s) englobant ici déjà tous les chrétiens. Leur marque commune visible est le baptême (Eph. 4,5). L'Eglise n'est jamais arrivée à une unité dans le sens de l'uniformité, mais la confession commune et le baptême | commun au nom (εἰς τὸ ὄνομα) de Jésus Christ deviennent des facteurs qui mènent vers une conversation et un effort communs dans le monde. Nous pourrions parler d'une »oecuménisation« de l'impulsion originelle. Dans ma contribution, j'aimerais attirer l'attention sur certaines connexions entre le baptême et la confession de foi en Jésus Christ ressuscité. Ce faisant, je pars d'une réalité frappante: Le baptême est devenue bientôt un rite chrétien bien que Jésus n'ait pas baptisé lui-même.

Le fait que, d'une façon inattendue, le baptême soit devenu une marque commune des chrétiens est difficile à expliquer par la supposition qu'en réalité Jésus ait baptisé etque ce n'est que la connexion du baptême avec les événements de Pâques qui ait abouti à la suppression de ce souvenir qui ne subsiste que dans Jn.

---

me une accréditation de témoigner du Christ Crucifié: *W. Marxsen,* »Die Auferstehung Jesu als historisches und theologisches Problem«, in *Die Bedeutung der Auferstehungsbotschaft für den Glauben an Jesus Christus* (Berlin, 1967) (lic.) 6–38, part. p. 28.

[14] Un manque consistait en ce que l'annonce de la résurrection a correboré l'attente d'une fin proche de cet âge, parce que dans l'idée juive utilisée la résurrection n'était qu'un événement collectif et cosmique, cf. § 10 b.

[15] Ici cf. *X. Léon-Dufour, Résurrection de Jésus et message pascal* (Paris, 1971), 32 ss. 53 et *P. Pokorný, Die Hoffnung auf das ewige Leben im Spätjudentum und Urchristentum* (Berlin, 1978) (*A. V. Th. R.* 70), 32 ss.

3,22 et 4, 1 même si, bientôt après, il est nié par l'auteur (4,2).[16] Il est vrai que Jésus et quelques-uns de ses disciples sont issus du milieu de Jean-Baptiste et que Jésus rencontrait ces hommes même durant son activité publique: Mt. 11,2-19 par.; Lc. 7,29 s; Mc. 6,14-29; Jn. 3,22 s; 4,1 s. On ne peut même pas exclure la possibilité que Jésus ait au début baptisé lui-même pendant une brève période.[17] Cependant, il est sûr qu'il ne confirmait pas par le baptême son message ni sees faits. La caractéristique sommaire de son acitivité dans Mc. 1,14-15 ne mentionne pas le baptême. S'il avait baptisé lui-même, cela aurait dû paraître d'une façon frappante dans la littéerature chrétienne précoce. En effet, dans l'Eglise chrétienne, il y avait une tendance à ancrer les traits caractéristiques de sa vie dans la vie de Jésus lui-même. Là où l'on en trouvait des conditions historiques, comme pour l'institution de la Cène, de tels souvenirs ont été soulignés. Dans l'Evangile de Matthieu on trouve transféré dans la vie de Jésus – même si sous forme de promesse seulement – même la constitution de l'Eglise (16,18 s), mais là aussi l'institution du baptême n'est attribuée qu'a Jésus ressuscité (28,18 b-20). La nouvelle que Jésus a été baptisé par Jean Baptiste (Mc. 1,9-11) n'est pas une institution du baptême chrétien »au nom de Jésus Christ«.[18] C'est pourquoi la tradition chrétienne n'acceptait cette nouvelle qu'avec un certain embarras, et l'Evangile de Jean l'a déjà entièrement supprimée (Jn. 1,19-28).

Thèse 4: Dans l'activité publique de Jésus, le baptême d'autres hommes n'était pas symptomatique et ne constituait pas une confirmation de son message ni de ses faits.

(5) A ce que nous avons dit du caractère de l'impulsion originelle (§ 1) il faut associer le fait que ni dans l'appel à la mission ni dans l'institution du baptême selon Mt. 28,18 b-20 on ne trouve d'enregistrement littéral de l'ordre donné aux disciples par Jésus ressuscité. De cette institution on ne parle, on outre, que dans le supplément a l'Evangile de Marc (16,15) qui part, sur ce point, de la même tradition que l'institution du baptême selon Matthieu.[19] Dans les autres évangiles, l'appel de Jésus ressuscité aux disciples est énoncé autrement (Lc. 24,46-49; Jn. 20,22 b-23) et n'a | donc été formulé qu'après un certain intervalle dans les milieux particuliers de la tradition et de la rédaction, sous l'influence des formes littéraires et orales de la tradition concernant les révélations divines.[20] Le contenu original de la »rencontre avec Jésus« après sa ressuscitation a été la connaissance de son identité, du fait qu'il vivait d'une nouvelle manière, que Dieu l'a accrédité, ainsi que la conscience de la mission qui en résultait.

Nous ne serons donc pas surpris de trouver dans le Nouveau Testament des vestiges d'une courte période où la foi en Jésus n'a pas été jointe avec le bap-

---

[16] *G. R. Beasley-Murray, Baptism in the New Testament* (London, 1962), 67–72.

[17] *Beasly-Murray* (note 16) 70.

[18] *J. Schneider, Die Taufe im Neuen Testament* (Stuttgart, 1952), 29.

[19] *R. Pesch, Das Markusevangelium II* (Freiburg i. Br., 1978) (*Gerders Komm.* II/2), 544 s.

[20] *J. E. Alsup, The Post-Resurrection Appearance Stories of the Gospel Tradition* (Stuttgart, 1975) (*Calwer Th. Mon.* 5), 273 s.

tême. La tradition notée dans Mc. 1,8 présume que la place du baptême de Jean-Baptiste est prise dans l'Eglise par le don du Saint-Esprit.[21] D'autre part selon Ac. 18,25 et 19,1-8, il y avait à l'époque de l'apôtre Paul des chrétiens qui ne connaissaient que le baptême de Jean et ont dû accepter par addition le don de l'Esprit. Cette nouvelle peut être une composition de Luc,[22] mais manifestement n'est pas contruite fortuitement et exprime la réalité que le baptême au nom de Jésus Christ n'a pas été automatiquement lié aux manifestations d'après-Pâques les plus anciennes de la foi.

Thèse 5: L'institution du baptême dans l'Eglise chrétienne n'a pas pu être provoquée par aucun commandement formel communiqué par voie surnaturelle.

(6) Les difficultés d'une explication incommode de la propagation rapide du baptême ne peuvent être évitées en attribuant cette dernière a l'influence qu'araient pu avoir les disciples de Jean devenus chrétiens sur les communautés chrétiennes galiléennes,[23] car aucun phénomène historique important ne peut être expliquè par des influences fortuites.[24] Il est vraisemblable que les disciples de Jean passés à Jésus faisaient valoir le baptême, mais le motif décisif de l'adoption du baptême dans l'Eglise a été sa motivation nouvelle que l'on ne peut pas déduire des prédications de Jean-Baptiste. L'importance du baptême dans l'Eglise primitive ne peut être relativisée non plus en plaçant son extension générale dans une époque postérieure.[25] Déjà dans 1 Co. 12,13 Paul suppose le baptême comme une marque evidente des chrétiens.

Thèse 6: Le baptême chrétien s'est répandu dans un laps de temps extraordinairement bref après les événements de Pâques.

(7) Au point de vue extérieur, rituel, le baptême chrétien a pour point de départ celui de Jean et non les bains purifiants connus dans certains cultes juifs ou voisins (Qumran, Mandéens, mystères). On ne peut pas le déduire non plus du baptême juif des prosélytes.[26] Ce dernier a pu exister à l'époque de Jésus, mais les documents chrétiens ne le mentionnent point.

Un trait caractéristique du baptême de Jean, comme celui des prosélytes, a été la passivité du baptisé (Mc. 1,5)[27] et ce baptême s'opérait par immersion, non par ablution (Mc. 1,9). Contrairement au baptême des prosélytes, ce baptême

---

[21] *G. Haufe, Taufe und Heiliger Geist im Urchristentum, Th. Lz.* 101/1976, 561–566.

[22] Ainsi *E. Käsemann*, »Die Johannesjünger im Ephesus« (1952), dernièrement in le même, *Exegetische Versuche und Besinnungen* I (Göttingen, 1960²), 158–68, une vue contraire *K. Aland, Taufe und Kindertaufe* (Gütersloh, 1971), 17 s.

[23] *Schille, Anfänge* (note 4) 170 s. 191 s.

[24] *H. Thyen, Studien zur Sündenvergebung* (Göttingen, 1970) (*F. R. L. A. N. T.* 76), 146 s.

[25] *E. Barnikol*, »Das Fehlen der Taufe in den Quellenschriften der Apostelgeschichte«, *Wiss. Zeitschr. d. M. Luther Univ. Halle* (1956/57), 593–610.

[26] Pour le baptême des prosélytes voir *J. Leipold, Die urchristliche Taufe im Lichte der Religionsgeschichte* (Leipzig, 1928), 2 ss.

[27] *G. Barth*, »Zwei vernachlässigte Gesichtspunkte zum Verständnis der Taufe im Neuen Testament«, *Z. Th. K.* 70 (1973), 137–61.

était opéré dans l'eau courante. Il en a été ainsi dans l'Eglise primitive également (Didache 7,1). |

Lai raison pour emprunter le rite de Jean par les chrétiens a été non seulement une pénétration de certains groupements de ses adhérents dans l'Eglise mais au moins un trait commun de la »légende de culte« du baptême de Jean et de la confession chrétienne. Ce trait commun a été la question: Comment un pécheur peut-il tenir au jugement divin.[28] Cette connexion eschatologique réunit le baptême de Jean avec d'une part la confession chrétienne et, d'autre part, avec la doctrine de Jésus.[29] Il suffit de rappeler la notion »royaume de Dieu« dans le message de Jésus.

Les chrétiens ont emprunté le rite de Jean avec une justification nouvelle qui se répercute dans la locution de baptiser »au nom de Jésus-Christ« (Ga. 3,27; 1 Co. 1,10.17; Ac. 19,5 etc.). Cela signifie que les chrétiens ont vu dans le message et dans l'histoire de Jésus Christ, tel qu'il leur apparaissait anprès les événements de Pâques, une autre solution, nouvelle et finale, du problème qui les unissasit, comme thème et comme question, avec Jean-Baptiste.

Thèse 7: Le baptême chrétien se trouve uni avec celui de Jean par la ressemblance rituelle et l'arrière-plan eschatologique commun. Mais la motivation (la légende cultuelle) est nouvelle et elle est unie avec la personne et l'histoire du Jésus Christ.

(8) Pour comprendre le baptême chrétien, récapitulons ce que nous savons du baptême de Jean. Jean s'est présenté comme un prophète des jours derniers qui s'attendait à un jugement divin proche et mettait en garde les hommes. Le »plus fort« qui devait venir après lui (Mc. 1,7) était évidemment Dieu lui-même venant juger le monde (Ml. 3,23 s). Jean a vu que ses contemporains ne pourraient pas tenir alors. Le jour du jugement est le jour de colère (Mt. 3,5) et de feu infernal (3,11).[30] Comme au baptême des prosélytes, le rite de l'immersion devait exprimer la fin de la vie passée et le commencement d'une vie nouvelle. Du pardon des péchés il n'y allait qu'à peu près pour autant que l'homme a été délivré du fardeau de ses fautes passées. Mais la vie nouvelle, face au jugement dernier, devait être vécue dans une stricte obéissance de la loi (Jos. Flav. antiquit. XVIII, 116 s.). C'est pourquoi la vie des baptisés devait être une vie dans l'abnégation, comme l'a exprimé Jean Baptiste lui-même par toute la manière ascétique de sa vie (Mc. 1,6; Mt. 11,18). La pénitence et l'ablution du corps (IV, 165) sont unies, dans les oracles Sibyllins juifs (fin du premier siècle après Jésus Christ), avec la prière de rémission des péchés passés et de réforme de la vie (IV, 162–167), ainsi qu'avec la menace du feu éternel (171–180), du jugement et de la mort finale des pécheurs (181–192). C'est là manifestement un écho de la doc-

---

[28] Pour Jean: Mc. 1,5.8; Mt. 3,7.10 par. Dans l'Eglise chrétienne: 1 Co. 6,10 s; Rm. 6,4 s; 1 P. 3,20 s.

[29] *L. Hartman*, »Into the Name of Jesus«, *N. T. St.* 20 (1973–4), 432–40.

[30] Pour le tout voir *Thyen* (note 24) 131 ss.

trine d'une secte juive baptiste.[31] Jean a rapporté ces appels aux juifs également. Ce lieu nous approche l'atmosphère de son entrée en scene.

Il est vraisemblable qu'il concevait le baptême non seulement comme une purification mais aussi comme un approchement, une anticipation du | jugement divin. Dans l'Ancien Testament, le feu et l'eau sont des moyens de la punition divine (Es. 30,27 s) et selon les évangiles synoptiques Jésus lui-même parle de sa passion imminente comme d'un baptême (Mc. 12,38; Lc. 12,50). Chez Jésus, ce mot est déjà placé dans un contexte nouveau (§ 9), mais chez Jean le baptême a pu être même un rapprochement direct du jugement. Le jugement, l'enfer et la mort finale ont été pour Jean un avertissement et un motif de réforme des moeurs. Le motif de la réforme de la vie a donc été la négation d'une négation – la condamnation du péché.

Thèse 8: Jean Baptiste concevait le baptême comme une dernière occasion de réforme avant le jugement eschatologique imminent.

(9) La doctrine de Jésus aussi était orientée eschatologiquement. Mais l'accent principal reposait sur l'annonce positive du royaume de Dieu. Le motif du changement de l'orientation de la vie était la grâce de Dieu que Jésus rapprochait par sa manière d'agir avec les pécheurs. La perspective qu'il montrait était le repas commun au royaume de Dieu. Par là on peut expoliquer aussi l'appréciation populaire de sa personne qui le différencie de la vie ascétique de Jean Baptiste (Mt. 11,19). Nous laisserons de côté la question si Jésus lui-même comptait avec la valeur expiatoire de sa mort et soulignerons seulement que l'impulsion nouvelle venue après sa mort a été comprise comme une justification divine de la vie et du message de Jésus avant même que des codes linguistiques correspondants (§ 3) n'aient été créés. Dans le milieu chrétien, les invitations à la vie nouvelle partent donc de l'assurance de la grâce divine, rendue présente par le baptême »au nom de Jésus Christ«. Ce déplacement est frappant dans les sentences où, comme dans les groupements baptistes (p. ex. Orac. Sib. IV), on parle du baptême comme d'une ablution (1 Co. 6,11; He. 10,22; Tt. 3,5). Les baptisés sont scellés (σφραγίς, σφραγίζεσθαι) de l'appel à Jésus crucifié qui est vif d'une vie nouvelle et présent dans l'Esprit (2 Co. 1,22; Eph. 1,3). Ils sont confiés à sa protection. Selon Ex. 9,4 s, la marque divine constituait une protection contre pa punition au jugement dernier.[32] L'accent sur ce que l'on baptise »au nom de Jésus Christ« doit différencier le baptême chrétien de celui de Jean Baptiste.[33] Le renvoi à la personne de Jésus englobe la différence dans toute la motivation, dans le sens. Le baptême chrétien est une assurance que Dieu en Jé-

---

[31] *Thyen* (note 24) 135 s. – La conception du baptême comme le dernière chance avant le jugement final survit encore dans He. 6,2 ss.

[32] Cf. *Thyen* (note 24) 148. G. *Wagner, Das religionsgeschichtliche Problem von Röm. 6,1-11* /Zürich, 1962) (*A. Th. A. N. T.* 39), 284 doute de ce que l'idée du sceau signifiait le baptême. Mais vu que, au Nouveau Testament, on parle du sceau de l'Esprit, l'idée de sceau se rattache au baptême pour autant que celui-ci est lié avec le don de l'Esprit.

[33] Allégué par *Hartman* (note 29), qui vérifie aussi les autres explications de cette liaison.

sus Christ ouvre au pécheur une vie nouvelle. Le point de départ est l'événement de Pâques. Le motif décisif de surmonter la négation est positif.[34]

Thèse 9: Les premiers chrétiens concevaient le baptême au nom de Jésus
Christ comme un signe de l'élévation du Christ et comme une assurance de
pouvoir vivre dans l'espoir de son épiphanie finale.

(10) Nous n'avons pas de témoignages directes concernant la conception la
plus ancienne du baptême chrétien. Nous ne pouvons même pas prouver que
les premiers apôtres de Jérusalem aient reçu le baptême. Avec certitude, nous ne
pouvons qu'affirmer qu'il a été une cérémonie eschatologique | de certains
groupes de confesseurs de Jésus (§ 5). Il avait manifestement aussi la fonction
d'une marque prophétique. Comme le baptême de Jean a été une marque eschatologique du jugement, le baptême dans les premiers groupements chrétiens a
été une marque de la victoire de Jésus (§ 9). Une marque extérieure plus élémen-
taire des premiers chrétiens a été l'enthousiasme charismatique (§ 1). Celui-ci
était compris comme une obsession eschatologique par l'Esprit de Dieu (1 Co.
1,22; Ac. 2,14-21). L'Esprit était cette empreinte eschatologique dont nous
avons parlé au par. 9. L'Esprit a été considéré comme le remplissage de la prophétie de Jean (Mc. 1,8). On ne peut pas exclure la conjecture que le baptême et
le don de l'Esprit se soient concurrencés pendant un certain-temps comme manifestations de l'appartenance au nouveau peuple de Dieu.[35] Ces premiers commencements hâtifs ont été toutefois bientôt surmontés sciemment. Le baptême
s'est répandu et est devenu réellement chrétien lorsqu'il a été conçu comme une
marque du don de l'Esprit-Saint. Pour l'apôtre Paul et son milieu, le baptême
était directement uni avec l'acceptation de l'Esprit-Saint (1 Co. 6,11; 1 Co.
12,13; Eph. 4,5).[36] Il était donc pratiquement identique avec le sceau de l'Esprit
(2 Co. 1,21 s; Eph. 1,13). Dans les Actes des apôtres, le baptême est soit presque
identique avec l'acceptation de l'Esprit (2,28), soit il constitue une occasion
d'une acceptation ultérieure de l'Esprit (8,16 s), ou une confirmation de ce que
le baptisé a reçu l'Esprit-Saint déjà avant. L'Evangile de Jean parle du baptême
comme d'une naissance de l'eau et de l'Esprit (3,5); dans l'Evangile de Matthieu
28,19, la connexion du baptême et de l'Esprit est déjà comprise dans la formule
de Trinité.

Entretemps, les chrétiens s'accommodaient théologiquement avec la tradition du baptême de Jésus (voir § 4). Déjà dans la version d'avant-les-évangiles
de cet événement, Jésus apparaît comme Serviteur de Dieu et Fils de Dieu (Mc.
1,11 cf. Es. 42,1; Ps. 2,7) qui sert de médiateur du don divin de l'Esprit, don de
l'âge nouveau (Es. 42,1). Le baptême de Jésus n'est pas ici une motivation du
baptême chrétien (§ 4), mais en devient le modèle.[37] Le baptême est une occa-

---

[34] Cf. *F. Hahn*, »Die Taufe im Neuen Testament«, in *Taufe* (Stuttgart, 1978) *(Calw. Pre-
digthilfen)*, 1–20, part. p. 14 s. 17 s.

[35] *Haufe* (note 21) 566.

[36] Une liaison similiaire peut être supposée aussi dans la Ière ep. de Pierre 1,12 + 2,2.5.

[37] Cf. *Aland* (note 22), 10; cf. *F.-J. Leenhardt, Le baptême chrétien, son origine, sa signifi-*

sion de l'acceptation de l'Esprit. C'est non seulement l'immersion, comme chez Jean-Baptiste, mais aussi la sortie de l'eau qui forme la structure du rite entier. La vie nouvelle commence sous le signe de l'Esprit. Tout n'est présenté que comme une vision de Jésus, le contenu de laquelle, d'après Marc, n'a pas été saisi par les assistants, pas même par Jean-Baptiste lui-même. Dans l'ancienne présentation de l'Evangile de la résurrection (formule du Fils), nous entendons que lors de la résurrection seulement Jésus a été intronisé, par l'Esprit-Saint s'empare de ceux quile professent et lui rendent un hommage royal réel, l'acclament comme leur maître (1 Co. 12,3). Le baptême par l'eau a été compris comme une occasion de cette acceptation de l'Esprit. La tradition du baptême de Jésus après lequel Jésus reçoit l'Esprit-Saint est manifestement | d'origine palestinienne, anterieur à Marc.[38] Alors ont été formulés les arguments pour reutiliser le baptême, de Jean, bien que Jésus n'ait pas baptisé lui-même.

Si la ressemblance rituelle et le point de mire eschatologique unissent le baptême chrétien avec celui de Jean, ils se trouvent, d'autre part, différenciés par la structure de la perspective eschatologique qui est en premier lieu positive dans le baptême chrétien (§ 7–9). Le baptême est une anticipation de la victoire du Christ, sa confirmation personnelle. Un témoignage fondamental de la nouvelle expérience de la foi ont été les manifestations de l'Esprit. Celles-ci ont dû sous peu tellement influencer la pratique baptismale jeaniste pénétrée dans l'Eglise que l'attention s'est concentrée sur la sortie de l'eau, le salut lors du jugement et sur la vie nouvelle (cf. 1 P. 3, 20 s). La forme extérieure du baptême – l'immersion et la sortie de l'eau – a facilité cette nouvelle interprétation chrétienne.

Thèse 10 a: Le baptême devient chrétien et se répand dans l'Eglise lorsque comme rite, il est transformé de telle façon que sa légende cultuelle rend présent le salut en Jésus Christ et les dons de l'âge nouveau.[39]

La motivation théologique propre du baptême n'a cependant pas pu partir de la seule considération de l'Esprit-Saint. Au contraire, les manifestations de l'Esprit devraient être mesurées par une confession nette (§ 2). La christologie apocalyptique du Fils de l'homme n'a pas pu servir de base à la nouvelle motivation. Par cette christologie il n'a pas été possible d'exprimer que la victoire de Jésus se manifeste dès maintenant. L'impulsion originelle de la foi n'a pu être exprimée ainsi que dans un temps où l'épiphanie était attendue dans un avenir immédiatement proche. D'autant moins ont pu servir de motivation du baptême les christologies de Jésus comme thaumaturge ou de la sagesse (§ 1). C'est la christologie de la résurrection qui a permis une nouvelle interprétation du rite du baptême en concentrant sur Jésus l'attention eschatologique (§ 3). Il est vrai que ce faisant elle a favorisé l'attente apocalyptique, mais par sa structure

---

cation (1944), dern. dans le même, *Parole – Ecriture – Sacrements* (Neuchâtel, 1968), 69–121, part. p. 87 s.

[38] *R. Pesch, Das Markusevangelium I* (Freiburg i. Br., 1976) (*H. K.* II/1), ad loc.

[39] Ce genre de baptême a été visé par nos thèses 7 et 9.

propre elle a permis de la maîtriser théologiquement, car elle a exprimé la »polarisation« de l'eschatologie chrétienne. C'est la résurrection du Christ que est la clé du vrai espoir dont la réalisation est l'avènement de l'âge nouveau.[40] C'est de cette condition que part l'argumentation du Paul dans Rm. 6. Dans le baptême qui nous rapproche la mort du Christ est la garantie de la future résurrection avec le Christ (Rm. 6,5.8) et le motif de la réforme de la vie (v. 4).[41] Plus tard l'accent sur le salut présent s'accroît: Col. 2,12; Eph. 2,5 s. C'est de la christologie de la résurrection que partent aussi d'autres explications importantes concernant le baptême comme 1 P. 3,18-22, et un témoignage de la réunion pré-paulinien du baptême avec la résurrection se trouve aussi dans 1 Co. 15,29.[42, 43]

A mon avis, il est impossible de décider du bien-fondé de la thèse de Gerhard Delling selon laquelle baptiser »au nom de Jésus Christ« signifiait | dès le début insérer le baptisé dans l'action de salut du nom de Jésus Christ.[44] Le nom de Jésus peut-être ne devait primitivement que différencier ce baptême de celui de Jean (§ 9). Mais le baptême a englobé cet élément d'annonce suggestive et s'est répandu dans l'Eglise sous cette forme. Non seulement l'immersion a été une marque de la mort, mais avant tout la sortie de l'eau est devenu une marque prophètique de l'espoir de la vie nouvelle en Christ.[45] L'élément de substitution y

---

[40] Cf. l'argumentation dans 1 Th. 4,14.

[41] Pour la relation de Rm. 6 à la christologie de résurrection voir *H. Frankemölle, Das Taufverständnis des Paulus* (Stuttgart, 1970) (*St. B. St.* 47), 26–30. Le baptême n'est pas uni dans le Nouveau Testament avec aucune formule fixée concernant la résurrection. Jésus a été invoqué comme le Seigneur ou Fils de Dieu élevé l'acte du baptême (homologie). Le »Sitz im Leben« des formules de la résurrection a été la catechèse baptismale. La foi, que Jésus est ressuscité et élevé a été une prémisse du baptême chrétien dans cette periode. Voir par ex. les verbs ἀγνοεῖτε (v. 3), γινώσκοντες (v. 6), πιστεύομεν (v. 8), εἰδότες (v. 9) concernant la mort et la résurrection en connexion avec la parenése baptismale en Ro. 6. Voir aussi: *I. Havener, The Credal Formulae of The New Testament* (Diss. München, 1976), 451 ss. 539 ss.

[42] Nous laisserons de côté la question si la mise au présent effective du salut constitue une magie et si l'on peut attribuer cet élément à l'influence des mystères, comme l'affirmaient certains savants plus anciens ou s'il s'agit ici d'autre chose, comme le dêmontre Wagner (note 32) 296 ss. La significantion magique du baptême ne peut pas être prouvée à l'aide de 1 Co. 15,29. Le baptême en remplacement n'est pas un baptême magique. Le problème a été formulé par *M. Barth, Die Taufe ein Sakrament?* (Zürich, 1951).

[43] Le messager en blanc (L'ange) annonçant la résurrection du Christ (Mc. 16,6) peut également être l'image du néophyte habillée en blanc et servir d'un exemple supplémentaire de la liaison du baptême et de la résurrection; *J. D. Crossan*, »Empty tomb and absent Lord«, in *W. H. Kelber* (ed.), *The Passion in Mark* (Philadelphia, 1976), 135–152 part. p. 147 s.; *R. Scroggs, K. J. Groff*, »Baptism in Mark: Dyning and rising with Christ«, *J. B. L.* 92 (1973), 531–48.

[44] *G. Delling, Die Zueignung des Heils in der Taufe* (Berlin, 1961), part. p. 97, par contre, Barth (note 42) souligne le caractére kérygmatique du baptême.

[45] C'est un élément actuel de la conception classique du baptême: *H. Schlier*, »Die Taufe nach dem 6. Kapitel des Römerbriefs« (1938), dernièrement in le même, *Aufsätze zur biblischen Theologie* (Leipzig, 1968), 157–66, part. p. 165; *R. Schnackenburg*, »Die Taufe in biblischer Sicht« (1971), dernièrement dans le même, *Aufsätze und Studien zum Neuen Testament* (Leipzig, 1973), 192–209, part. 198. *Wagner* (note 32) 303; *J. A. T. Robinson* com-

était déjà englobé: Lorsque le baptême est devenu un élément oecuménique d'union de l'Eglise, le danger d'une concurrence mutuelle des différents types christologiques a décru.

Thèse 10 b: Le baptême est devenu un rite chrétien d'entrée parcequ'il a pu être utilisé au service de la christologie de la résurrection. C'est pourquoi il s'est répandu dans l'Eglise même si Jésus n'a pas baptisé pas luimême (§ 4). Sa motivation s'appuie sur les événements de Pâques et son extension est en connexion avec celle de la christologie de la résurrection. Cette dernière est donc devenue un élément intégrant de la théologie déjà dans le temps où le baptême s'est répandu comme une marque commune des chrétiens. Nous ne saurions pas expliquer autrement, d'une manière responsable, cette extension du baptême. La thèse sur la divergeance de la christologie primitive (§ 1) n'a donc qu'une validité limitée.

---

prend le baptême individuel comme un renvoi au baptême commun dans la mort de Jésus-Christ: »The One Baptism« (1953), dernièrement in le même, *Twelve New Testament Studies* (London, 1962) (*Stud. in Bibl. Th.* 34), 158–75. On peut se demander si les lieux qu'il invoque ne sont pas une reflexion additionel du baptême. Cf. O. *Cullman, Die Tauflehre des Neuen Testaments* (Zürich, 1948) (*A. Th. A. N. T.* 12); *L. Fazekaš*, »Taufe als Tod in Röm. 6,3 ff.«, *Th. Z.* 22 (1966), 305–18, en part p. 315 (avec renvoi à *J. B. Souček*).

19. „Anfang des Evangeliums"

Zum Problem des Anfangs und des Schlusses des Markusevangeliums[1]

Petr Pokorný

1 Der absichtliche Schluß des Markusevangeliums im 8. Vers des 16. Kapitels[2] hängt mit der Theologie des Evangelisten und mit der Funktion seines Werkes innerhalb der Kirche zusammen. Diese Funktion des ältesten Evangeliums möchte ich mindestens in einem ihrer Aspekte untersuchen. Zuerst muß ich jedoch die Ausgangsposition, die ich soeben formuliert habe, durch Erwähnung einiger z. T. schon bekannter Argumente stützen.

1.1 Ich setze die Zweiquellentheorie voraus, die sich in der Forschung bewährt hat. Die anderen Lösungsversuche rufen größere Schwierigkeiten hervor als sie fähig sind zu lösen.[3] Das gilt auch für die neueren Versuche D. L. Dungans, das Markusevangelium als einen Auszug aus Mattäus und Lukas zu begreifen (modifizierte Griesbachsche Hypothese).[4] Die Schwierigkeiten, die die Begründung der Reduktion, die notwendige Spätdatierung und die Erklärung der Unterschiede zwischen Mattäus und Lukas bereiten,[5] erlauben uns nicht, den abrupten Markusschluß als eine Kürzung des Mattäus- und Lukasevangeliums zu erklären, die der Evangelist vorgenommen habe, um die Abweichungen zu vermeiden.

1.2 Öfter hat man die Vermutung geäußert, der ursprüngliche Markusschluß sei verlorengegangen. Der unerwartete Schluß wäre dann für die theologische Einstellung des Evangeliums belanglos. Man müßte versuchen, den ursprünglichen Schluß zu finden oder zu rekonstruieren. Zuletzt hat E. Linnemann Mk 16,15–20 als den ursprünglichen Schluß bezeichnet. Den Verlust erklärt sie durch einen Blattabbruch.[6] Er muß dann jedoch schon das Original

---

[1] Der vorliegende Beitrag zieht einige Linien meines tschechischen Markuskommentars weiter.

[2] Gegen die Authentizität der späteren Schlüsse spricht ihr Fehlen im Codex Sinaiticus und das Zeugnis des Hieronymus. Eine zusammenfassende Behandlung der Belege bietet *B. M. Metzger,* Commentary 122–126. Zur Kritik des Versuchs von *W. R. Farmer,* die Ursprünglichkeit des längeren Markusschlusses nachzuweisen, vgl. die Besprechung von *W. Schenk.*

[3] Eine Übersicht der Debatte bietet *W. G. Kümmel,* Einleitung 26–53.

[4] Vgl. *D. L. Dungan,* Mark, bes. 90–97; *ders.,* Trends 88–91. Er knüpft an die Arbeiten *W. R. Farmers* an.

[5] *D. L. Dungan,* Mark 90, hat dieses Problem nur angedeutet.

[6] Vgl. *E. Linnemann,* Markusschluß 261.

betreffen,[7] sonst hätte man Belege der verlorenen Form. Und, weshalb hätte man später den wiedergefundenen Schluß mit der Erweiterung (16,9–14) niedergeschrieben?[8]

1.3 Einseitig ist es, über die Schwierigkeiten mit dem abrupten Schluß mit Hilfe der Annahme hinwegzukommen, der Evangelist habe die beabsichtigte Fortsetzung nicht schreiben können, weil sich die Umstände geändert hätten oder weil er gestorben sei.[9] Die Mitchristen und Schüler hätten nicht ein Torso zirkulieren lassen.[10] Entscheidend war für sie die Sache.

1.4 Nach W. Schmithals endet das Markusevangelium zwar absichtlich schon mit 16,8, aber das sei schon eine Umstellung einer älteren Vorlage, die mit der Ostererscheinung und mit der Aussendung zur Mission endete. Markus habe diese Abschnitte in 9,2–8 und 3,13–19 untergebracht,[11] und zwar aus theologischen Gründen. Er wollte das Leben Jesu um Epiphanien bereichern.[12] Man kann nicht ausschließen, daß Markus auch einige ausführlichere Erzählungen über die Ostererscheinungen gekannt hat, aber eine zusammenhängende Quelle mit der Passionsgeschichte und mit breiter erzählten Osterberichten kann man nicht beweisen. Schmithals setzt jedoch sogar voraus, daß Mattäus und Lukas jene Quelle gekannt haben und nach ihr ihre Passions- und Osterberichte gestaltet haben.[13] Weshalb haben sie dann die Erzählung über die Erscheinungen des Auferstandenen nicht aus jener Vorlage exzerpiert? Es ist auch wenig wahrscheinlich, daß der markinische Eingriff in die Vorlage durch die von dem Evangelisten vertretene Theologie der „geheimen Epiphanien" motiviert ist.[14] Die Erforschung der Sammlungen, die Markus übernommen hat, hat übrigens nur kleinere Katenen nachgewiesen.[15] Die Passionsgeschichte hat man dagegen als selbständiges Ganzes überliefert.[16]

1.5 Man muß also in Markus 16,8 den absichtlichen Schluß des Evangeliums sehen.[17] Eine derartige literarische Struktur steht also am Anfang der Evan-

---

[7] Vgl. *K. Aland*, Markusschluß 9. Seine Argumente gelten gegen jede Hypothese, die mit einem verlorengegangenen Schluß rechnet, auch gegen *R. Bultmann*, Erforschung 45, und *E. Schweizer*, Markus 216.

[8] Zusammenfassend *K. Aland*, Markusschluß; *W. G. Kümmel*, Einleitung 70ff; *R. H. Lightfoot*, Mark 8off.

[9] Vgl. z.B. *Th. Zahn*, Einleitung 232; *G. Wohlenberg*, Markus 385.

[10] *R. H. Lightfoot*, Mark 8off; *W. G. Kümmel*, Einleitung 72 u.a.

[11] *W. Schmithals*, Markusschluß 384ff, 398ff.

[12] Ebd. 394f, 410.

[13] Ebd. 401f.

[14] Vgl. *M. Dibelius*, Formgeschichte 219, 232.

[15] Vgl. *P. J. Achtemeier*, Origin. Dort finden sich auch Hinweise auf weitere bekannte Arbeiten dieser Art. Vgl. auch *H.-W. Kuhn*, Sammlungen 214–226.

[16] Vgl. zusammenfassend *J. Gnilka*, Christus 117–136.

[17] So *J. Wellhausen*, Evangelium Marci 136f; *J. Weiß*, Evangelium 345; *R. H. Lightfoot*, Mark 80. 113–116; *W. Grundmann*, Markus 326; *R. Pesch*, Naherwartungen 233; *J. Schreiber*, Markuspassion 31 u.a.

gelienbildung.[18] Den Einwand, daß kein Buch mit γάρ endet, kann man mit van der Horst z.B. mit dem Hinweis auf den Schlußsatz von Plotins Enneaden V,5 entkräften.[19]

2 Unser Problem ist jetzt die Erklärung der theologischen bzw. liturgischen Absicht, die Markus zu solcher Gestaltung seines Werkes geführt hat.

2.1 E. Lohmeyer hat die These geprägt, wonach der „offene" Schluß auf die bald erwartete Parusie hinweist. „Dort (in Galiläa) werdet ihr ihn sehen (ὄψεσθε)" bezieht sich danach auf die apokalyptische Epiphanie des Herrn.[20] W. Marxsen hat diese These unterbaut. Markus habe danach die Christen während des jüdischen Krieges zum Auszug nach Galiläa aufgefordert, wo sie die Parusie erleben sollten.[21] Vor kurzem wurde diese Auffassung auch von N. Perrin vertreten.[22] Das Markusevangelium müsse als apokalyptisches Drama aufgefaßt werden mit Instruktionen für die bevorstehende Parusie.[23] Der Aufruf zum Auszug nach Galiläa werde in diesem Zusammenhang nach dem Modell des alttestamentlichen Exodus interpretiert.[24] So interessant diese Hypothese auch angesichts einiger literarischer Probleme des Markusevangeliums sein mag, so schwer ist es, sie in einen breiteren geschichtlichen Rahmen einzuordnen.

2.1.1 Man kann kaum voraussetzen, daß Markus die kurzen Erscheinungsberichte, die schon vor Paulus einen weitgehenden Einfluß gewonnen haben (vgl. 1 Kor 15,1–7), nicht gekannt hätte. Und falls sie ihm bekannt waren, müßte er ihre Rolle zwischen Passion und Parusie erwähnen, denn sie waren mit dem Namen des Apostels Petrus verbunden, der noch Mk 16,7 erwähnt ist, obwohl er in der Zeit des jüdischen Krieges für die Christen in Palästina keine spezifische persönliche Bedeutung gehabt hat.[25] Wenn Markus die drei Leidens-

---

[18] Vgl. *W. Schneemelcher*, in: E. Hennecke – W. Schneemelcher I, 47; *J. Gnilka*, Christus 179; *U. Wilckens*, Auferstehung 50. Eine Sonderstellung nimmt *E. Trocmé*, Marc 53, ein, der den Schluß in 16,8 für beabsichtigt hält, aber den ursprünglichen Schluß am Ende des 13. Kapitels sucht (ebd. 51, 188).

[19] Vgl. *P. W. van der Horst*, ΓΑΡ; *ders.*, Musonius Rufus, mit Hinweis auf das Ende des XIII. Traktats des Musonius Rufus. Vgl. auch *J. L. Richardson*, St. Mark 16,8: JThS 49 (1948) 144ff. *R. H. Lightfoot* macht auch darauf aufmerksam, wie Markus das γάρ benutzt, z.B. 11,18 am Ende einer Perikope.

[20] Vgl. *E. Lohmeyer*, Markus 356.

[21] Vgl. *W. Marxsen*, Markus 74ff, 142.

[22] Vgl. *N. Perrin*, Interpretation 39.

[23] Vgl. *N. Perrin*, Introduction 162f; *N. Q. Hamilton*, Tradition 420f.

[24] Vgl. *G. C. Hobbs*, Methodology 85ff. Das Modell des Exodus setzt in seiner eigenwilligen Monographie auch *J. Bowman* voraus (Marc, bes. 310f).

[25] Vgl. *W. Grundmann*, Markus 324.

ankündigungen (8,31; 9,31; 10,33f) unterstreicht, die in den Auferstehungsvoraussagen gipfeln,[26] müßte Marxsen erklären, weshalb derselbe Evangelist
die Tradition über die Begegnung mit dem Auferstandenen unterdrückt und
die 16,6 bezeugte Auferstehung nachträglich (um das Jahr 70) in die Nähe der
Parusie verschiebt.[27]

2.1.2 Es ist auch schwer zu erklären, weshalb die Jünger die Parusie in Galiläa
erleben sollten, wenn die Parusie als Äonenwende, als kosmischer Umbruch
verstanden wurde.[28] Hält man Galiläa für den Ort der Tätigkeit Jesu (Mk 1,7f),
wo sein Werk vollendet werden soll, kann die Vollendung ebensogut die
Erscheinung des Auferstandenen sein.[29]

2.1.3 Das ὄψεσθε in Mk 16,7 muß nicht auf eine mit der Äonenwende ver-
bundene Theophanie hinweisen wie Mk 13,26; 14,62 oder zum Beispiel
Offb 1,7. Die Aussage über die Auferstehung Jesu in Mk 16,6, die den Namen
Gottes durch das Passiv umschreibt (ἠγέρθη), ist von der Osterverkündigung
her geprägt (1 Kor 15,4; Röm 6,9), zu der auch das ὤφθη gehört (1 Kor 15,5ff;
Lk 24,34). Will man auf das Ereignis des ὤφθη in der Zukunft hinweisen, muß
man das Futurum ὄψεσθαι benutzen.[30] Grammatisch ist es also möglich, die
Botschaft des Engels (16,6) auf die Erscheinungen des auferstandenen Jesus
zu beziehen.

2.1.4 Auch die programmatische Bemerkung über die Mission (13,10) steht der
ultraapokalyptischen Deutung des Wortes Markus 16,7 im Wege. Markus hat
zwar eine verkürzte eschatologische Perspektive gehabt (13,30) und der
jüdische Krieg dürfte die Gestalt seines Werkes mitbeeinflußt haben. Aber
gerade der Krieg ist noch „nicht das Ende" (13,7). Die Generation der Leser
soll noch das Evangelium verkünden und es wäre einseitig, das sorgfältig
konzipierte Markusevangelium mit mehreren Anleitungen zur Mission (3,13f;
5,19f; 6,6b–13; 9,37) nur als einen „last call" vor dem erwarteten Weltende zu
begreifen. Das Werk soll erst noch verbreitet werden, denn es gehört zum
Evangelium (1,1).

2.1.5 Zuletzt seien noch die transparenten Aufrufe zur Nachfolge erwähnt
(1,17; 2,14; 8,34). Daß es sich dabei um die Nachfolge nach Galiläa handelt,
ist undenkbar.[31] Der Aufruf aus 16,7 bezieht sich auf die unmittelbare Zukunft,

---

[26] Markus hat mindestens die dritte Voraussage selbst formuliert, vgl. *G. Strecker,* Voraussagen 29.
[27] Die Bedeutung der Leidensankündigungen für die Interpretation des Markusevangeliums von der Osterbotschaft her hat auch *G. Schille,* Offen 78, betont.
[28] Vgl. *J. Blinzler,* Jesusverkündigung 102.
[29] Gegen *E. Lohmeyer,* Markus 356, und *W. Marxsen,* Markus 70f.
[30] 1 Kor 9,1 sagt Paulus, daß er den Herrn gesehen hat (ἑώρακα), vgl. *E. Best,* Temptation 176.
[31] So richtig *E. Schweizer,* Eschatologie 45–48.

die für Markus offensichtlich noch vor der Flucht in die Berge (13,14) liegt und die vom Standpunkt des Lesers aus zur Vergangenheit gehört.[32]

2.2 Es gibt auch andere Erklärungen des abrupten Schlusses des Markusevangeliums. M. Karnetzki legt das προάγειν in 16,7 als Aufruf zur Mission aus,[33] Maria Horstmann als Aufruf zur Re-Lektüre des Buches im Lichte der Auferstehungsbotschaft (16,6),[34] E. Trocmé als Ausdruck einer Ehrfurcht vor dem Numinosum, die dem Evangelisten nicht erlaube, von den Ostererscheinungen zu sprechen.[35] Direkt oder indirekt verbinden diese Exegeten den Schluß des Markusevangeliums mit der Auferstehungsbotschaft. Sie beschäftigen sich jedoch nicht näher mit der Auslegung des siebten Verses des letzten Kapitels.

2.3 Markus 16,7 bezieht sich offensichtlich auf die Ostererscheinungen. Einige Gründe habe ich schon oben (2.1) erwähnt.

2.3.1 Entscheidend spricht für diese Behauptung der Vergleich mit dem elementaren Abriß der Heilsgeschichte im ersten Korintherbrief 15,3b-5. Es wird dort über das *Kreuz*, die Bestattung[36] und die *Erweckung* von den Toten gesprochen. Dann wird bezeugt, daß *Petrus* und *andere Jünger* (die Zwölf) den auferstandenen Jesus *gesehen haben* (ὤφθη). In Markus 16,6 werden die Ereignisse des 15. Kapitels rekapituliert: „Ihr sucht ... den *Gekreuzigten*". Dann kommt das Neue: „Er wurde *auferweckt* ..., aber sagt seinen *Jüngern* und *Petrus*: Er geht euch voran nach Galiläa; dort werdet ihr ihn *sehen* (ὄψεσθε)".[37] Die Analogien gewinnen an Gewicht, wenn man bedenkt, daß die Formel aus 1 Kor 15,3-5 in 1 Kor 15,1 als Evangelium bezeichnet wird und daß die Worte „Anfang des Evangeliums" am Anfang des markinischen Werkes stehen (1,1). Es ist sehr wahrscheinlich, daß Markus auf den Höhepunkt des Evangeliums zumindest hingewiesen hat.[38]

2.3.2 Die Auslegung, die Mk 16,7 als Hinweis auf das Osterfest begreift, hilft auch andere Schwierigkeiten zu lösen, die mit dem abrupten Schluß verbunden sind. Es handelt sich vor allem um das Schweigemotiv, das im Zusammenhang mit der Priorität der Auferstehungszeugnisse zu erklären ist.[39] Die Aufer-

---

[32] Das Wort über das baldige Sehen (ἰδεῖν) des Reiches Gottes Mk 9,1 bezieht Markus auf die Verklärung, vgl. 9,2-8!

[33] Vgl. *M. Karnetzki*, Redaktion 249ff; *R. Pesch*, Naherwartungen 233.

[34] Vgl. *M. Horstmann*, Studien 134.

[35] Vgl. *E. Trocmé*, Marc 52f; *H. Balz*, Art. φοβέω 206; vgl. oben Anm. 18.

[36] Vgl. unten unter 3 und 5.1.

[37] Vgl. *R. H. Lightfoot*, Mark 94; *J. Blinzler*, Jesusverkündigung 102ff.

[38] Vgl. *S. Schulz*, Botschaft 141; *J. Blinzler*, Jesusverkündigung 102; *N. R. Petersen*, Composition 184. *Th. Boman*, Jesus-Überlieferung 97f, hat diese Beziehung unterstrichen, er unterschätzt jedoch die theologische Leistung des Markus (ebd. 100).

[39] Vgl. *H. Graß*, Ostergeschehen 22.

stehungszeugnisse haben, wie 1 Kor 15,3b–5 zeigt, in der Kirche grundlegende Bedeutung gewonnen. Sie waren früher als die Erzählung vom leeren Grab verbreitet, die zwar vor Markus existierte, aber keinen breiteren Einfluß gewonnen hatte. Paulus kennt diese Erzählung nicht. Er setzt das leere Grab voraus (1 Kor 15,12.42ff), aber nicht die Grabestradition, obgleich er mit ihr gut argumentieren könnte. Wenn Markus das grundlegende Zeugnis über die Ostererscheinungen mit der Erzählung vom leeren Grab verbinden wollte, mußte er erklären, weshalb sie früher nicht bekannt war. Darum gibt er die Auskunft: Die Frauen haben geschwiegen.[40] Gleichzeitig liegt darin vielleicht eine Warnung gegen die Verehrung des Grabes auf dem Grundstück des Josef von Arimatäa. Dort ist der Auferstandene nicht zu finden.

2.3.3 Auch wenn man die Verlegung der Ostererscheinungen nach Galiläa (Mt 28; Joh 21) für eine sekundäre Entwicklung hält, die von der markinischen Theologie abhängig ist, oder aber, was wahrscheinlicher ist, für ein ursprüngliches Zeugnis, so ist doch eines nicht zu bestreiten: Der Hinweis auf die Ostererscheinungen in Galiläa (Mk 16,7) hat den Christen geholfen, sich mit dem Fall Jerusalems abzufinden. Die Verbindung des Markusschlusses mit dem jüdischen Krieg kann dadurch geklärt werden.

3 Nun haben wir die Funktion des Begriffs εὐαγγέλιον bei Markus zu bestimmen. Bei Paulus ist das εὐαγγέλιον die Bezeichnung für die Auferstehungsbotschaft (siehe unten 5.1).
In Markus 1,1 kann man das Wort Evangelium also nicht auf das Werk als Buch oder als literarische Gattung beziehen. Im Neuen Testament bezeichnet εὐαγγέλιον immer die wörtlich überlieferte Botschaft. Als Bezeichnung für das schriftliche Evangelium setzt sich der Begriff erst bei Irenäus durch.[41] Der markinische Wortgebrauch geht also von der Terminologie aus, der wir auch beim Apostel Paulus begegnen. Gleichzeitig kommt es bei Markus zu einer Akzentverschiebung. Das ergibt sich aus der Untersuchung der Stellen, in denen Markus das Wort εὐαγγέλιον benutzt. Mk 1,14 und 15 ist das εὐαγγέλιον die Botschaft Jesu von dem nahegekommenen Reich Gottes. Diese Bedeutung klingt auch Mk 8,35 und 10,29 mit. Die Verbindung mit dem Zeitwort κηρύσσειν[42] und der Gedanke des Leidens für das Evangelium

[40] Vgl. ebd. 22.289; *G. Bornkamm,* Jesus 167f; *R. Bultmann,* Tradition 308. Diese Folgerung kann man auch dann ziehen, wenn man einen verlorengegangenen Markusschluß mit Ostererscheinungen voraussetzt.
[41] Vgl. die Übersicht bei *J. A. Baird,* Analysis 15.
[42] Vgl. 1,14 mit Gal 2,2 und 1 Tim 3,16.

deuten an, daß Markus[43] gleichzeitig an das Evangelium als Auferstehungsbotschaft gedacht hat. In dieser Bedeutung ist das Wort Evangelium Mk 13,10
gebraucht. Die missionarische Verkündigung der Kirche wird da in der Form
einer prophetischen Aussage Jesu bestätigt. Besonders wichtig ist der 9. Vers
des 14. Kapitels, in dem die Erzählung über die Salbung in Betanien ihren
Höhepunkt findet: „Überall auf der Welt, wo das Evangelium verkündet wird,
wird man auch an sie denken und erzählen, was sie getan hat". Die Salbung
wird als Salbung zum Begräbnis gedeutet (V. 8). Die Salbungsgeschichte
gehört danach zur erzählenden Darstellung des „starb . . . und wurde begraben"
(1 Kor 15,3.4) als Vorgeschichte des Evangeliums. Markus umgreift also mit
seinem Begriff Evangelium auch die Vorgeschichte der Passion.[44] Sein ganzes
Buch gehört zum Evangelium. In diesem Zusammenhang versuchen wir den
ersten Satz des Buches auszulegen (1,1). Es wird hier erklärt, daß mindestens
ein Teil der Tradition über das Leben Jesu in das Evangelium gehört. Und
umgekehrt ist es das Evangelium im engeren Sinne, wie es Paulus bezeugt, das
diese Ausdehnung legitimiert.

Die zwei Ebenen der Bedeutung des Begriffs εὐαγγέλιον in Markus 1,14f
(Reichs- und Osterverkündigung) hält eine Klammer zusammen: Die Überzeugung, daß Jesu mit seiner Geschichte, die in der Kreuzigung gipfelte, in
den καιρός des Evangeliums (1,15) gehört und von der Osterverkündigung
nicht getrennt werden kann.[45] Auch die Botschaft Jesu (1,14f) gehört zum
Evangelium.[46] Und gleichzeitig wird sie in der Osterbotschaft bestätigt.[47] Die
Auferstehungsbotschaft steht nach Markus zwischen dem irdischen Jesus und
der Parusie.

4 Das umfassende Verständnis des Begriffs Evangelium ist ein wichtiges
Element in der theologischen Konzeption des ältesten Evangelisten. Um das
näher zu beleuchten, müssen wir uns kurz mit einigen neueren Entwürfen der
markinischen Theologie beschäftigen.

---

[43] Die εὐαγγέλιον-Belege im Markusevangelium sind höchstwahrscheinlich dem Evangelisten
als Redaktor zuzuschreiben, vgl. G. Strecker, Überlegungen 104; W. Marxsen, Markus 82.

[44] Vgl. R. Schnackenburg, Evangelium 316ff.

[45] Vgl. ebd. 316.318.

[46] G. Strecker, Überlegungen 94.103, betont die Vorläufigkeit der Verkündigung Jesu im Vergleich
mit der kirchlichen Osterbotschaft, jedoch gehöre beides zusammen. R. Schnackenburg, Evangelium 321, rechnet damit, daß Mk 1,15 aus der Tradition stammt, während G. Strecker,
aaO. 96ff, nur mit der älteren christlichen Begrifflichkeit rechnet, die Markus redaktionell
bearbeitet habe.

[47] Vgl. R. Schnackenburg, Evangelium 320f.

4.1 Die Doppeldeutigkeit des Begriffes εὐαγγέλιον bei Markus (vgl. oben 3) und die engagierte Darstellung zeigen, daß der Verfasser die Geschichte Jesu aktualisieren wollte. Einige Forscher haben deshalb betont, daß Jesus hier im Lichte der Auferstehung als ein Gottmensch dargestellt wird, als ein vorbildlicher Weiser und Träger der Wundermacht Gottes.[48] Das irdische Leben Jesu wird bei Markus wirklich an einigen Stellen auf „johanneische" Weise durch absichtlich doppeldeutige Ausdrücke aktuell gedeutet, 8,14–21 ist z.B. das einzige Brot auf dem Boot Jesus.[49] Die Verklärung, die in der Mitte des Markusevangeliums steht, unterstreicht diese Tendenz, die in der Gnosis bedeutenden Einfluß gewonnen hat.[50] H. Köster macht in diesem Zusammenhang auf den griechischen Roman und auf die Aretalogien aufmerksam, weil sie mit dem Markusevangelium den biographischen Rahmen gemeinsam haben. Er vermutet, daß bei Markus, ähnlich wie in den Aretalogien[51], die Tendenz vorhanden ist, ein Ideal zu personifizieren.[52] Es sind begreifliche Ideen, denn Markus will Jesus wirklich aktualisieren.[53] Er polemisiert nicht gegen die Überlieferung, die Jesus als Gottmenschen schildert. Er übernimmt sie und deutet sie nur um. Das εὐαγγέλιον bildet den Rahmen, das Fenster, das den Blick auf die Geschichte Jesu eröffnet.[54] Die älteren Überlieferungen werden von einem bestimmten Winkel her gezeigt. Und dies Evangelium, zu dem auch die Frau aus Betanien gehört (14,9) und das den Völkern verkündigt werden soll (13,10), ist offensichtlich die Osterbotschaft (vgl. 4.3). Von ihr her ist auch die Geschichte Jesu als εὐαγγέλιον zu begreifen, denn das Markusevangelium hat in den Ostererscheinungen seinen Angelpunkt (vgl. 2.3).

---

[48] So *J. M. Robinson,* Mark 107 (unter Anlehnung an *M. Wrede*).

[49] Vgl. *J. Mánek,* Mark 12ff.

[50] Von den Belegen, die *J. M. Robinson* (aaO. 116f) anführt, ist vor allem das Gespräch aus dem Buch des Tomas (NHC II/7) wichtig: Sp. 139 (bei R. durch Versehen als Sp. 141 bezeichnet), Zeile 30f.

[51] Vgl. *H. Köster,* Romance 136–147. Auch *S. Schulz,* Botschaft 38, betont die Beziehungen zwischen dem Markusevangelium und der antiken Biographie. Er rechnet jedoch mit dem Einfluß des Auferstehungszeugnisses bei der Entstehung des Evangeliums als Buch (ebd. 33). Zur Kritik seiner Thesen vgl. *Ph. Vielhauer,* Geschichte 350f; *E. Schweizer,* Leistung 42.

[52] Zur Definition der Aretalogie vgl. *M. Hadas – M. Smith,* Heroes 5. Man sollte besser von aretalogischen Tendenzen sprechen. M.E. ist es *M. Hadas* und *M. Smith* nicht gelungen, die Existenz der Aretalogie als einer literarischen Gattung nachzuweisen. Und im Roman, der zwar eine religiöse Dimension hat, kann man wieder die Helden nicht als ideale Gestalten ansehen, vgl. *B. E. Perry,* Romances 122f.

[53] Vgl. *G. Schille,* Offen 79, er erkennt die Bedeutung der Osterbotschaft für Markus durchaus an. Er interpretiert jedoch das Markusevangelium gleichzeitig als einen Aufruf zur Glaubensentscheidung (Mk 8,27–30) (vgl. *ders.,* Prolegomena 487), die durch die Konfrontation mit der Gestalt Jesu in ihrer ganzen Komplexität hervorgerufen werden soll (ebd. 484).

[54] Es ist wahrscheinlich, daß schon Jesus von der frohen Botschaft *(b-s-r)* gesprochen hat (vgl. Mt 11,5 par Lk 7,22 = Q). Aber wir haben oben gezeigt, daß Markus vom εὐαγγέλιον-Begriff der Osterverkündigung ausgeht.

Markus will Jesus aktualisieren, aber gerade durch Vermittlung, durch Ostern aktualisieren. Und die Osterverkündigung im vollen Sinne kommt erst nach der Passion.

4.2 Einen bedeutenden Beitrag zur Erforschung der Christologie des Markusevangelium hat Ph. Vielhauer geleistet. Er hat die Bedeutung des Gottessohn-Titels bei Markus erkannt,[55] der im positiven Sinne dreimal auftaucht (1,11; 9,7; 15,39). Er steht am Anfang, in der Mitte und am Schluß des Werkes. Zweimal wird er von der Himmelsstimme verwendet, zuletzt hören wir ihn aus dem Munde eines Menschen – des heidnischen Offiziers. Mit dieser Akklamation gipfelt das Evangelium als Darstellung der Inthronisation Jesu als des Gottessohnes. Was am Anfang nur Jesus und der Leser wußten, kommt in dem Bekenntnis zu Jesus innerhalb der heidenchristlichen Kirche zur Vollendung. Durch den pointierten Gottessohn-Titel wird die übernommene Tradition über Jesus als Gottmensch (vgl. 4.1) „überformt".[56] Diese Beobachtung ist zumindest in ihrem Kern bedeutend. Man kann mit Vielhauer über die Bestimmung der religionsgeschichtlichen Vorbilder streiten, man mag auch die Inthronisation schon in der Taufe sehen, doch wird zutreffend gezeigt, wie Markus die übernommenen Traditionen mit Hilfe der christologischen Titel bearbeitet. Man könnte sogar sagen: Jesus, den die Menschen als Messias bezeichnen (8,29), nimmt die Sendung des Menschensohnes auf (8,31) und gerade als solchen bestätigt ihn Gott als seinen Sohn (9,7).[57] Der Titel Gottessohn ist in den ältesten christlichen Belegen (Röm 1,3f, vgl. Apg 13,33ff) mit der Auferstehung verbunden.[58] Vielhauer meint zwar, daß Markus die Auferstehung in die Mitte seines Werkes versetzt habe (9,2-8).[59] Da aber das ἠγέρθη und das ὄψεσθε (16,7)[60] eine Schlüsselstellung am Ende seines Werkes haben (siehe 2.3.1), will der Gottessohn-Titel eher über den „offenen" Schluß hinaus auf das Ostergeschehen verweisen.

4.3 Wir haben schon festgestellt, daß das Markusevangelium eigentlich eine Erweiterung des ersten Teiles des εὐαγγέλιον als Osterbotschaft ist. Nach 1 Kor 15,3b-5 endet dieser erste Teil mit dem Tode Jesu. Das mit dem Tod beendete Leben Jesu kann man zwar von dem zweiten Teil des Evangeliums nicht trennen, aber man muß die beiden Teile gut unterscheiden. Der erste Teil bezieht sich auf einen Zeitabschnitt, den Markus als Vergangenheit sehen muß.

---

[55] Vgl. *Ph. Vielhauer*, Erwägungen 208f; *H. Weihnacht*, Menschwerdung 142 u.a. Weihnachts Gedankengang ist mir jedoch nicht immer ganz durchsichtig.

[56] Vgl. *Ph. Vielhauer*, Erwägungen 210f; *ders.*, Geschichte 344.350f; *G. Schille*, Offen 52f.

[57] Vgl. *M. Horstmann*, Studien 102f; *P. Pokorný*, Marka 183.

[58] Vgl. *W. Kramer*, Christos 107.

[59] Vgl. *Ph. Vielhauer*, Erwägungen 208.

[60] Das ὄψεσθε bezieht sich nicht auf die Parusie, siehe oben 2.1.3.

„Diese Intention setzt ein zwischen Vergangenheit, Gegenwart und Zukunft des Heils differenzierendes Denken voraus, zugleich aber ein Wissen um die Relevanz eines bestimmten Zeitraumes der Vergangenheit für die Gegenwart".[61] Dieses vergangene Geschehen ist „in der Verkündigung des Evangeliums aufgenommen und festgehalten. In diesem Sinne ist das Evangelium Erinnerung ..."[62] N. Petersen hat sogar versucht, die markinische Gliederung des Evangeliums in Zeitabschnitte aufgrund verschiedener Anwendung des Zeitwortes ὁρᾶν[63] zu bestimmten: 9,4.8 – Vergangenheit, 16,7 – Gegenwart des Lesers, 13,26 – die eschatologische Zukunft.[64] Die Erzählung endet dort, wo die irdische Gegenwart Jesu aufhört – mit dem Tod und mit dem leeren Grab. Das leere Grab ist zwar schon ein Zeichen des Neuen, aber immer noch ein indirektes, räumlich begrenztes und zweideutiges Zeichen, das erst im Licht der in 16,6 angekündigten Begegnung eindeutig wird. Das leere Grab ist noch kein Beweis der Auferstehung, es dient eher der Identifizierung des erhöhten Gottessohnes mit dem irdischen Jesus, dessen Geschichte das Markusevangelium erzählt. Die Betonung des ersten Teils bedeutet eine gewisse „Erdung" der Auferstehungsbotschaft. Solche „Erdung" sollte in der hellenistischen Umwelt die Auffassung Jesu als eines Heroen oder Übermenschen korrigieren.[65] Die Aufmerksamkeit wird auf den irdischen Jesus gelenkt, der zur Vergangenheit gehört[66] und trotzdem die erwartete endgültige Zukunft hat.[67] Nur auf diese Weise kann der Name Jesus Christus und der Titel Gottessohn zum Trost

---

[61] *J. Roloff,* Markusevangelium 92.
[62] *R. Schnackenburg,* Evangelium 317; vgl. ebd. 323; *H. Weihnacht,* Menschwerdung 120f.177.
[63] Siehe oben 2.1.3.
[64] Vgl. *N. R. Petersen,* Composition 184f.
[65] *Th. G. Weeden* begreift das ganze Markusevangelium als eine Polemik gegen diese Häresie. Markus hat jedoch diese Strömung noch nicht als Häresie empfunden. Er wollte nur ihre einseitige Auffassung durch die Verbindung mit anderen Traditionen, besonders solchen von der Passion, vermeiden. – *W. Schenk,* Deutung 237; *ders.,* Passionsbericht 37–51, findet auch hinter den Passionsperikopen einen „gnostisch-apokalyptischen" Strang der Erzählung. Seine Ausführungen haben mich bisher nicht ganz überzeugt. Es scheint mir, daß im Kreuzigungsbericht die Wiederholungen eher der bekannten markinischen Neigung zur Verdoppelung zuzuschreiben sind. Beim Verhör, wo man wirklich zwei Fassungen der Anklage greifen kann, scheint mir wieder der gnostische Strang (vgl. Passionsbericht 243) wenig gnostisch zu sein. Für unseren Zusammenhang ist jedoch bedeutend, daß W. Schenk der markinischen Redaktion die Absicht zuschreibt zu historisieren (vgl. Deutung 241ff; Passionsbericht 52–63).
[66] Es ist nicht ausgeschlossen, daß auch das Imperfektum im Gottessohn-Bekenntnis des Hauptmann (Mk 15,39) als Bekenntnis zum Gekreuzigten gedacht ist (vgl. *W. Schenk,* Passionsbericht 61).
[67] *H. C. Kee,* Transfiguration 149f, betont, daß die Verklärung eine proleptische apokalyptische Vision sein soll, die die apokalyptische Naherwartung zwar relativiert, aber als Erwartung bestätigt.

für die konkreten, sterblichen Menschen werden, nur auf diese Weise kann er auch zur Nachfolge aufrufen.[68] Mutatis mutandis gilt auch für die Theologie des Markus, was E. Käsemann im Gespräch mit der neueren Jesus-Forschung gesagt hat: „Der irdische Jesus mußte den gepredigten Christus davor schützen, sich in die Projektion eines ethischen Selbstverständnisses aufzulösen und zum Gegenstand einer religiösen Ideologie zu werden".[69]

5 Die nächste Frage, mit der wir uns beschäftigen wollen, ist die der literarischen Struktur des Markusevangeliums.

5.1 Markus hat das mündliche Evangelium in eine Erzählung umgesetzt (vgl. oben 3). Aber angesichts des „offenen" Schlusses ist diese Ausdehnung einseitig. Im Vergleich mit dem εὐαγγέλιον aus 1 Kor 15,3b–15 wird nur der erste Teil, das „Christus starb für unsere Sünden nach den Schriften und wurde begraben" dargestellt. Der Rest ist nur in den Hinweisen anwesend: „... er wurde auferweckt" (16,6 vgl. 1 Kor 15,4b), „... Am ersten Tag der Woche" (16,2a vgl. 15,4b), „... sagt seinen Jüngern und Petrus: ... dort werdet ihr ihn sehen" (16,7 vgl. 1 Kor 15,5). Die Übereinstimmung ist so auffallend, daß man die quantitative Verschiebung des Nachdrucks nicht durch die Annahme erklären kann, Markus habe da ein „anderes Evangelium" vor Augen gehabt. Wenn man das Markusevangelium mit dem εὐαγγέλιον nach Römer 1,3f vergleicht, das die Form einer Erhöhungsformel hat, stellen wir fest, daß auch in diesem Fall das Markusevangelium die Ausführung des ersten Teils dieser Formel wäre. Der Unterschied zwischen dem Evangelium in Römer 1 und in 1 Kor 15 ist jedoch groß. Man kann sagen, daß für das mündliche εὐαγγέλιον nur die Auferstehungsbotschaft bezeichnend war. Im Römer 1 begegnen wir nicht dem tiefen Bruch zwischen Tod und Auferweckung. Die davidische Herkunft (vgl. Ps Sal 17,4.21) ist hier als die Vorstufe der Thronbesteigung des Gottessohns gemeint, wobei vorausgesetzt wird, daß Jesus die Sendung des Gottessohns von Anfang an gehabt hat.[70] Welche konkrete Form des mündlichen Evangeliums Markus vor Augen hatte, ist schwer zu entscheiden. Unsere Beobachtungen sprechen mehr für eine Formel wie 1 Kor 15,3b–5. Jedenfalls bearbeitet Markus die auf das irdische Leben bezogene Vorstufe, den Anfang des Evangelium.

5.2 Dadurch sind wir zu unserer These gekommen. Die Verschiebung des Nachdrucks in der „erzählenden" Fassung des Evangeliums bedeutet keine

---

[68] Vgl. E. Schweizer, Leistung 36–42.
[69] E. Käsemann, Sackgassen 69.
[70] Vgl. E. Käsemann, Römer 7–11.

grundsätzliche Änderung seiner theologischen Struktur. Es handelt sich um eine bewußte Begrenzung des Werkes auf den „Anfang" des Evangeliums. Es ist sehr wahrscheinlich, daß gerade der erste Satz des Buches diese Begrenzung programmatisch ankündigen will: „Anfang des Evangeliums von Jesus Christus". – Diesen Schluß kann man noch durch folgende Beobachtungen und Feststellungen unterstützen.

5.2.1 Zuerst sind es mehr oder weniger selbstverständliche Feststellungen, zum Beispiel, daß hier ἀρχή mit „Anfang" zu übersetzen ist und daß darin neben der zeitlichen Bedeutung des Beginns (vgl. Mk 13,8 – im übernommenen Stoff) wahrscheinlich auch die Bedeutung des Anfangs als Voraussetzung mitklingt, wie Mk 10,6.[71] – Es ist auch klar, daß sich hier das εὐαγγέλιον nicht auf das vorliegende Buch bezieht (vgl. oben 3). Das Werk bezieht sich auf das Evangelium als Osterbotschaft, und zwar als ihr Anfang oder ihre Voraussetzung.

5.2.2 Man muß die Vermutung ablehnen, es handele sich in Mk 1,1 um die spätere Glosse eines Schreibers.[72] In diesem Fall stünde dort wohl eher ἄρχεται oder ἄρχομαι.[73] Es ist auch sehr unwahrscheinlich, daß sich eine solche Glosse in der ganzen Tradition durchsetzen würde.

5.2.3 Ernster zu nehmen ist die Deutung, wonach mit dem Wort „Anfang" nur die ersten Verse (4–8 oder 4–13) oder das Auftreten Johannes des Täufers[74] gekennzeichnet werden sollen. Zwar ist eine solche Überschrift für eine Perikope nicht üblich, aber Johannes der Täufer als Repräsentant des alten Bundes kann innerhalb des Markusevangeliums eine besondere Rolle spielen. Gegen solche Auslegung des ersten Satzes spricht jedoch das Fehlen einer ähnlichen Hervorhebung vor dem entscheidenden Teil, etwa vor dem Beginn des öffentlichen Wirkens Jesu. Mk 1,14f kann diese Rolle nicht spielen. Es handelt sich um keine Überschrift und da der Begriff εὐαγγέλιον hier zum ersten Mal in dem eigentlichen Text auftaucht, ist es wahrscheinlicher, daß Markus die Verkündigung Jesu gerade zu dem Anfang des Evangeliums rechnet.[75]

5.2.4 Mehrere Forscher haben erkannt, daß sich der erste Satz auf das ganze Markusevangelium bezieht.[76] Einige meinen jedoch, daß es sich hier um die Anfangsstufe der Verkündigung handelt (vgl. Phil 4,15; 1 Klem 47,2), d.h. um

---

[71] Diese Bedeutung überwiegt in Joh 1,1 und 1 Joh 1,1.
[72] Als Möglichkeit hat es zuletzt *G. Friedrich,* Art. εὐαγγελίζομαι 724, Anm. 52, in Betracht gezogen.
[73] Vgl. *G. Wohlenberg,* Markus 14f.
[74] Vgl. *F. Hauck,* Markus 11 mit Hinweis auf Hos 1,2.
[75] Vgl. *M. E. Glasswell,* Beginning 40.
[76] Vgl. den Bericht bei *V. Taylor,* Mark 152.

das katechetisch Leichtere.[77] Was wäre dann angesichts der zusammenfassenden und theologisch komplizierten Arbeit das Anspruchsvollere? Die Auferstehungsbotschaft, auf welche zum Schluß des Markusevangeliums hingewiesen wird, war der missionarische Anfang der Katechese, also das Einfachere. Es handelt sich also um Anfang und Voraussetzung des Ereignisses, das das Zentrum oder die Vollendung des Evangeliums ist. Es ist das Ostergeschehen, das man im Zusammenhang mit den Ostererscheinungen verkündigt hat. Das Zeugnis vom irdischen Jesus wird hier also als der Anfang der Osterbotschaft begriffen.[78] Den zweiten Teil erzählt Markus nicht, weil er eben nur den Anfang erzählen will. So hängt das Problem des Anfangs mit dem Problem des Schlusses des Markusevangeliums zusammen. Sachlich liegt der Nachdruck auf dem Schluß, „pastoral", in die konkrete Situation hinein betont jedoch Markus, daß zur glaubwürdigen Osterbotschaft auch der Anfang, der irdische Jesus, gehört.

6 Wir haben festgestellt, daß Markus an das mündliche Evangelium anknüpft, daß er dessen ersten Teil entfaltet. Wie hat er sich jedoch die Fortsetzung vorgestellt?

6.1 Man kann nicht beweisen, daß Markus einen zweiten Band schreiben wollte. Seine Absicht war offensichtlich, das irdische Leben und Verhalten Jesu für die Leser hervorzuheben, die es wenig gekannt oder unterschätzt haben. Markus führt seinen Leser durch die Zeit der öffentlichen Tätigkeit Jesu, durch die Zeit der Erfolge und des Leidens. Nur in den Epiphanien wird den Jüngern oder zumindest dem Leser (1,11) gesagt: Das ist der Gottessohn, der hier lebt und handelt, der, den Gott auferweckt hat, wenn ihn auch die Menschen nicht begreifen. Markus will die unterschätzten Traditionen rehabilitieren, aber er will die im Leben der damaligen christlichen Gemeinden fest verankerten und gut „funktionierenden" Formen der mündlichen Tradition nicht ersetzen und deshalb nimmt er sie auch nicht auf. Er respektiert sie in ihrer selbständigen Form und Funktion innerhalb der Kirche. Er hat das Vaterunser nicht aufgenommen, das in der Kirche allgemein bekannt war (vgl. Mt 6,9b–13 par mit Gal 4,6; Röm 8,15). Er hat wahrscheinlich auch die von Mattäus und Lukas benutzte Spruchquelle gekannt, aber doch nicht übernommen. Wahrscheinlich, weil solche Worte eine feste Stellung in der ethischen Unterweisung der Kirche hatten. Paulus zitiert die λόγια des Herrn als eine Autorität, die höher ist als seine apostolische Autorität (1 Kor 7,10, vgl. damit 7,25). Sie waren für ihn

[77] Vgl. G. Wohlenberg, Markus 18–36; A. Wikgren, APXH 16–20.
[78] Vgl. A. Menzies, Gospel 57; C. G. Montefiore, Gospels 3; R. Schnackenburg, Evangelium 322f.

Aussagen, für die der Auferstandene bürgt.[79] – Es ist deshalb begreiflich, daß Markus auch das εὐαγγέλιον nicht im vollen Umfang zitiert und entfaltet. Er erzählt es nur bis zum Begräbnis, nur so weit, wie es zum Nachweis der persönlichen Identität des Auferstandenen mit dem Gekreuzigten notwendig ist. Sonst läßt er das Evangelium als Auferstehungszeugnis gelten, sei es in der Form der sogenannten Pistisformel (Röm 10,9; 1 Kor 15,3b–5 – 2. Teil) oder einer Erhöhungsformel (Röm 1,3; 2 Tim 2,8). Markus vermittelt seinem Leser die Begegnung mit dem irdischen Jesus, und zwar bis zum Ostermorgen. Die Antwort, das eigentliche Evangelium, muß der Leser in der Versammlung der Gemeinde hören, für welche Markus seinen „Anfang des Evangeliums" geschrieben hat. Der irdische Jesus kann nämlich mißverstanden werden, wie Markus – bis zu 16,8 – zu zeigen versucht. Das Osterbekenntnis der Gemeinde und des einzelnen innerhalb der Gemeinde ist ein lebendiges Zeugnis. Es ist ein Ja zum apostolischen Auferstehungszeugnis, dem Fundament und Urdatum aller christlichen Paradosis und Katechese. Und es ist ein Ja zu der Akklamation des Herrn, die für den christlichen Gottesdienst bezeichnend war.

Eine indirekte Analogie kann man in den lukanischen Verkündigungsreden finden, etwa Apg 10,34–43, wo es mit der verkündigten Auferweckung in V. 40 auch zu einem gewissen Umbruch der Form und der Funktion kommt. In den Versen 34–39 ist das Subjekt Jesus. Mit ihm fängt man an (V. 37). Nur ein Nebensatz spricht von Gott, der Jesus gesalbt hat (V. 38). In den Versen 40–42 wird Gott als Subjekt der Handlung verkündigt, der durch seine Zeugen zum Glauben aufruft. – Die Einteilung des lukanischen Doppelwerkes stimmt mit dieser Struktur nicht überein.[80] Der πρῶτος λόγος, das Lukasevangelium (Apg 1,2.22), reicht bis zu der sogenannten Himmelfahrt. Da aber nach Lukas erst Pfingsten die Verkündigung des Auferstandenen eröffnet (Lk 24,49), kann man dem lukanischen Werk zumindest das Bewußtsein des Umbruchs zwischen Jesus als Zeugen und als dem Bezeugten entnehmen. Damit befinden wir uns jedoch in einer späteren Etappe, in welcher man auch die bewährten Traditionsformen in die christliche Literatur aufgenommen hat – in die Werke, die man heute auch Großevangelium nennt.

6.2 Der „offene" Markusschluß ist ein fast modernes literarisches Element. Die ernste und bedeutende Geschichte wird bei Markus im „niedrigen" Stil *(sermo humilis)* erzählt[81] und mit einer abrupten Bemerkung abgeschlossen. In

---

[79] Zum Problem und zur These dieses Beitrages vgl. auch *P. Pokorný,* Worte 172ff.

[80] Dieser Unterschied kann ein Zeugnis für den vorlukanischen Ursprung des Grundbestandes der Rede in Apg 10,34–43 sein.

[81] Auf diese Beobachtung *E. Auerbachs,* Mimesis 44–46, hat *H. Schürmann,* Überwältigung 209ff.214, aufmerksam gemacht.

der modernen Prosa wird ein solcher Schluß als Ansporn zum Nachdenken konzipiert. Auch Markus hat sein Werk als Aufruf zu einer eigenen Stellungnahme des Lesers gedacht. Der Unterschied besteht darin, daß Markus den Leser mit Blick auf das soziale Milieu der christlichen Gemeinden hin anspricht. Die persönliche Antwort, die er von ihm erwartet, ist mit der Bejahung dieser Gemeinschaft gleichbedeutend, vielleicht sogar mit der Wiederholung der Tradition, die er während der Katechese übernommen hat. Das Markusevangelium als literarisches Zeugnis zeigt als der Anfang über sich hinaus zu dem lebendigen sozialen Milieu der betenden und bekennenden Gemeinde.

Nachtrag:
Nach Abfassung meines Beitrags ist der 1. Band des Markus-Kommentars von R. Pesch erschienen (Das Markusevangelium, [1. Teil = Herders Theologischer Kommentar zum Neuen Testament II/1] Freiburg i. Br. 1976). Die Ausführungen zu Mk 1,1 betreffen unmittelbar die Thesen meines Beitrags, wenn sie auch nicht zu ihnen im Widerspruch stehen.

Literatur

Achtemeier, P. J., The Origin and Function of the Pre-Marcan Miracle Catenae: JBL 91 (1972) 198–221.

Aland, K., Der wiedergefundene Markusschluß?: ZThK 67 (1970) 1–13.

Auerbach, E., Mimesis, Bern ²1959.

Baird, J. A., Genre Analysis, in: *H. Köster* (Hrsg.), The Genre of the Gospels, Missoula 1972, 1–28.

Balz, H., Art. φοβέω etc. (C–E), in: ThWNT IX (1973) 201–216.

Bartsch, H. W., Der Schluß des Markusevangeliums: ThZ 27 (1971) 241–254.

Best, E., The Temptation and the Passion. The Marcan Soteriology, Cambridge 1965.

Betz, H. D. (Hrsg.), Christology and a Modern Pilgrimage. A Discussion with N. Perrin, Claremont ²1971.

Blinzler, J., Jesusverkündigung im Markusevangelium, in: *W. Pesch* (Hrsg.), Jesus in den Evangelien (SBS 45), Stuttgart 1970, 71–104.

Boman, Th., Die Jesus-Überlieferung im Lichte der neueren Volkskunde, Göttingen 1967.

Bornkamm, G., Jesus von Nazareth, Stuttgart ²1957.

Bowman, J., The Gospel of Mark. The New Christian Jewish Passover Haggadah (Studia postbiblica 8), Leiden 1965.

Bultmann, R., Die Erforschung der synoptischen Evangelien, Berlin ⁵1966.

Ders., Die Geschichte der synoptischen Tradition, Göttingen ⁴1958 (Nachdr. Berlin 1961).

Dibelius, M., Die Formgeschichte des Evangeliums, Tübingen ³1959 (Nachdr. Berlin ⁵1966).

Dungan, D. L., Reactionary Trends in the Gospel Producing Activity of the Early Church: Marcion, Tatian, Mark, in: *H. Köster* (Hrsg.), The Genre of the Gospels, Missoula 1972, 65–107.

Ders., On the Gospel of Mark, in: Jesus and Man's Hope, Pittsburgh 1970, 51–98.

Farmer, W. R., The Last Twelve Verses of Mark, Cambridge 1974.

Friedrich, G., Art. εὐαγγελίζομαι etc., in: ThW II (1935) 705–735.

Glasswell, M. E., The Beginning of the Gospel, in: *ders.* und *E. W. Fasholé-Luke,* New Testament Christianity for Africa and for the World (Festschr. f. H. Sawyerr), London 1974, 36–43.

Gnilka, J., Jesus Christus nach den frühen Zeugnissen des Glaubens (Die Botschaft Gottes, Ntl. Reihe H. 29), Leipzig 1972.

Graß, H., Ostergeschehen und Osterberichte, Berlin ²1964.

Grundmann, W., Das Evangelium nach Markus (ThHK 2), Berlin ⁶1973.

Hadas, M. – Smith, M., Heroes and Gods. Spiritual Biographies in Antiquity, New York ²1970.

Hamilton, N. Q., Resurrection Tradition and the Composition of Mark: JBL 84 (1965) 415–421.

Hauck, F., Das Evangelium des Markus (ThHK 2), Leipzig 1931.

Hennecke, E. – Schneemelcher, W., Neutestamentliche Apokryphen. Bd. I: Evangelien, Tübingen 1959 (Nachdr. Berlin 1968).

Hobbs, G. C., N. Perrin on Methodology in the Interpretation of Mark, in: *H. D. Betz* (Hrsg.), Christology and a Modern Pilgrimage. A Discussion with N. Perrin, Claremont ²1971, 79–91.

Horst, P. W. van der, Can a Book End with ΓΑΡ?: JThSt 23 (1972) 121–124.

Ders., Musonius Rufus and the New Testament: NovT 16 (1974) 306–315.

Horstmann, M., Studien zur markinischen Christologie (NTA 6), Münster 1969.

Käsemann, E., Sackgassen im Streit um den historischen Jesus, in: *ders.,* Exegetische Versuche und Besinnungen, Bd. II, Göttingen ²1965, 31–68 (Nachdr. Berlin 1968, 132–169).

Ders., An die Römer (HNT 8a), Tübingen ²1974.

Karnetzki, M., Die galiläische Redaktion im Markusevangelium: ZNW 52 (1961) 238–272.

Kee, H. C., The Transfiguration in Mark: Epiphany or Apocalyptic Vision? in: Understanding the Sacred Text (Festschr. f. M. J. Enslin), Valley Forge 1972, 135–152.

Köster, H., Romance, Biography, Gospel, in: *ders.* (Hrsg.), The Genre of the Gospels, Missoula 1972, 120–147.

Kramer, W., Christos Kyrios Gottessohn (AThANT 44), Zürich 1963 (Nachdr. Berlin 1970).

Kümmel, W. G. (– Feine, P. – Behm, J.), Einleitung in das Neue Testament, Heidelberg ¹⁷1973 (Nachdr. Berlin 1965).

Kuhn, H.-W., Ältere Sammlungen im Markusevangelium (StUNT 8), Göttingen 1971.

Lightfoot, R. H., The Gospel Message of St. Mark, Oxford 1950.

Linnemann, E., Der (wiedergefundene) Markusschluß: ZThK 66 (1969) 255–287.

Lohmeyer, E., Das Evangelium des Markus (Meyer K I/2), Göttingen ¹⁵1959.

Mánek, J., Mark VIII, 14–21: NovT 7 (1964) 10–14.

Marxsen, W., Der Evangelist Markus (FRLANT 67), Göttingen 1956.

Menzies, A., The Earliest Gospel, London 1901.

Metzger, B. M., A Textual Commentary on the Greek New Testament, London-New York 1971.

Montefiore, C. G., The Synoptic Gospels, Bd. I, London ²1927.

Perrin, N., Towards an Interpretation of the Gospel of Mark, in: *H. D. Betz* (Hrsg.), Christology and a Modern Pilgrimage. A Discussion with N. Perrin, Claremont ²1971, 1–78.

Ders., The New Testament. An Introduction, New York 1974.

Perry, B. E., The Ancient Romances, Berkeley – Los Angeles 1967.

Pesch, R., Naherwartungen. Tradition und Redaktion in Mk 13, Düsseldorf 1968.

Petersen., N. R., Composition and Genre in Mark's Narrative, in: H. Köster, The Genre of the Gospels, Missoula 1972, 174–200.

Pokorný, P., Die Worte Jesu der Logienquelle im Lichte des zeitgenössischen Judentums: Kairos 11 (1969) 172–180.

Ders., Výklad evangelia podle Marka, Praha 1974.

Robinson, J. M., On the Gattung of Mark (and John), in: Jesus and Man's Hope, Pittsburgh 1970, 99–130.

Roloff, J., Das Markusevangelium als Geschichtsdarstellung: EvTh 27 (1969) 73–93.

Schenk, W., Die gnostisierende Deutung des Todes Jesu und ihre kritische Interpretation durch den Evangelisten Markus, in: *K. W. Tröger* (Hrsg.), Gnosis und Neues Testament, Berlin 1973, 231–243.

Ders., Der Passionsbericht nach Markus, Berlin 1974.

Ders., Besprechung von W. R. Farmer, The Last Twelve Verses: ThLZ 100 (1975) 680–682.

Schille, G., Prolegomena zur Jesusfrage: ThLZ 93 (1968) 481–488.

Ders., Offen für alle Menschen. Redaktionsgeschichtliche Beobachtungen zur Theologie des Markusevangeliums, Berlin 1973.

Schmithals, W., Markusschluß, Verklärungsgeschichte und die Aussendung der Zwölf: ZThK 69 (1972) 379–411.

Schnackenburg, R., „Das Evangelium" im Verständnis des ältesten Evangelisten, in: Orientierung an Jesus (Festschr. f. J. Schmid), Freiburg–Basel–Wien 1973, 309–324.

Schreiber, J., Die Markuspassion, Hamburg 1969.

Schürmann, H., Die Überwältigung der antiken Stilregel durch die Geschichte Jesu Christi (1969), in: *ders.,* Das Geheimnis Jesu (Die Botschaft Gottes, Ntl. Reihe, H. 28), Leipzig 1972, 208–220.

Schulz, S., Die Stunde der Botschaft. Einführung in die Theologie der vier Evangelisten, Berlin 1969.

Schweizer, E., Die theologische Leistung des Markus, in: *ders.,* Beiträge zur Theologie des Neuen Testaments, Zürich 1970, 21–42.

Ders., Das Evangelium nach Markus (NTD 1), Göttingen 1967.

Ders., Eschatologie im Evangelium nach Markus (1969), in: *ders.,* Beiträge (s.o.) 43–48.

Strecker, G., Die Leidens- und Auferstehungsvoraussagen im Markusevangelium: ZThK 64 (1967) 16–39.

Ders., Literarkritische Überlegungen zum εὐαγγέλιον-Begriff im Markusevangelium, in: Neues Testament und Geschichte (Festschr. f. O. Cullmann), Zürich–Tübingen 1972, 91–104.

Taylor, V., The Gospel According to St. Mark, London 1953.

Trocmé, E., La formation de l'Évangile selon Marc, Paris 1967.

Vielhauer, Ph., Erwägungen zur Christologie des Markusevangeliums (1964), in: *ders.,* Aufsätze zum Neuen Testament (ThB 31), München 1965, 199–215.

Ders., Geschichte der urchristlichen Literatur, Berlin–New York 1975.

Weeden, Th. G., The Heresy that Necessitated Mark's Gospel: ZNW 59 (1968) 145–158.

Weihnacht, H., Die Menschwerdung des Sohnes Gottes im Markusevangelium (HUTh 13), Tübingen 1972.

Weiß, J., Das älteste Evangelium, Göttingen 1903.

Wellhausen, J., Das Evangelium Marci, Berlin ²1909.

Wikgren, A., ΑΡΧΗ ΤΟΥ ΕΥΑΓΓΕΛΙΟΥ: JBL 61 (1942) 11–20.

Wilckens, U., Auferstehung, Stuttgart–Berlin 1970.

Wohlenberg, G., Das Evangelium des Markus (KNT 2), Leipzig ³1903.

Zahn, Th., Einleitung in das Neue Testament, Bd. II, Leipzig ³1924.

20. Die Bedeutung des Markusevangeliums für die Entstehung der christlichen Bibel

Petr Pokorný

1. Markus als Gründer einer neuen literarischen (Unter)Gattung

Der großen Flut der neueren Studien über das Markusevangelium, die meistens die Zweiquellentheorie vertreten, läßt sich fast als ein Konsensus die Überzeugung entnehmen, wonach diese Schrift eine Wende im Leben der christlichen Kirche markiert und für die Entwicklung der späteren Orthodoxie mit ihrer kanonisierten Sammlung der Schriften (dem Neuen Testament) die Weichen stellt. Das hängt damit zusammen, daß das Markusevangelium als Quelle von Matthäus und Lukas die erste Schrift dieser Art (oder sogar dieser [Unter]Gattung) ist und daß in ihm die spätere theologische Entwicklung vorgeprägt ist. Diese These könnte nur der mögliche Nachweis der Unabhängigkeit des Johannesevangeliums von Markus relativieren, denn die ganze gemeinsame Struktur der Evangelien, ihre *pattern*, müßte dann schon vor Markus vorhanden sein. Diejenigen, die das, wohl sehr behutsam, behaupten[1], haben jedoch eine positive Antwort auf die Frage nach dem Ursprung der gemeinsamen Struktur der kanonischen Evangelien bisher nicht gegeben. Die einzige Lösung hat C. H. Dodd mit seiner Annahme des Urmodells des Evangeliums in Apg 10,36. 38-43 angeboten[2]. Da jedoch die Apostelgeschichte vom Autor des Lukasevangeliums stammt und die Kenntnis des Markusevangeliums voraussetzt, hat diese Hypothese keinen großen Widerhall gefunden[3] und die Stimmen, welche die (mindestens vermittelte) Abhängigkeit des Johannes-evangeliums vom Markusevangelium voraussetzen, sind sehr ernst zu nehmen[4]. Markus hat also eine literarische Untergattung gegründet, die für den christlichen Kanon eine grundlegende Bedeutung gewonnen hat.

---

[1] Schnackenburg 1965, 16; Brown 1985, XLVII.

[2] Dodd 1931-32.

[3] Einwände hat schon Nineham 1955, 228f. erhoben.

[4] Neirynck 1977; Barrett 1990, 33.

2. Die durch spätere Tradition beeinflußte Deutung seiner Leistung

Im Rahmen dieses allgemeinen Konsensus sind jedoch recht unterschiedliche Vorstellungen über die Entstehung des Markusevangeliums, über seine Theologie und ihre Bedeutung zu finden. Es gibt zum Beispiel zwei Sammelbände aus Tübingen (P. Stuhlmacher [Hg.], *Das Evangelium und die Evangelien* [1983], und H. Cancik [Hg.] *Markus-Philologie* [1984]), welche die Rolle von Markus sehr positiv einschätzen: Die ziemlich gut erhaltenen Traditionen[5] habe er logisch in ein größeres literarisches Ganzes verbunden, wobei der Begriff εὐαγγέλιον, der zur Interpretation jener Traditionen dient, nachösterlich, aber vorpaulinisch ist[6].

Die letzte Behauptung ist einleuchtend, aber im Ganzen handelt es sich um ein Bild, das zwar einige Züge des Markusevangeliums trefflich wiedergibt, aber seine Funktion im Rahmen des Urchristentums nicht ausdrücken kann. Wie reimt sich die Einrahmung der Worte Jesu in sein Leben, der wir im Markusevangelium begegnen, zu der Anwendung der Worte des Herrn (ursprünglich offensichtlich der Worte des irdischen Jesus) bei Paulus? Paulus hält sie nämlich für Sprüche, die der erhöhte κύριος in der je konkreten Situation als seine entscheidende Richtlinie proklamiert (1Thess 4,15f.; 1Kor 7,10; 9,14) oder die er als Aussagen der Vergangenheit für die Gegenwart authentisiert (1Kor 11,23ff.). Das Thomasevangelium, wo die Sprüche im Prolog als Worte des lebendigen Jesus eingeleitet sind, wurde in den gnostisierenden Endredaktion auch als eine Sammlung aktueller autoritativer Aussagen aufgefaßt und James M. Robinson hat schon im Jahre 1971 auch die Spruchquelle der Synoptiker (Q) als eine Sammlung gesehen, die eine solche Auffassung der direkten aktuellen Geltung der Worte Jesu voraussetzt[7], wobei wir jetzt die heftig diskutierte Frage, nämlich, ob die Q eine weisheitliche[8] oder eher eine prophetische[9] Sammlung war, außer Acht lassen können: in jedem Fall war die Autorität solcher Sprüche von ihrer gegenwärtigen Bestätigung durch den auferstandenen Herrn abhängig, während im Markusevangelium die Worte Jesu (auch dort fast ein Drittel des Textes) durch ihre Zugehörigkeit zur irdischen Geschichte des Sohnes Gottes legitimiert werden. Die von Robinson skizzierte alternative Gestaltung christlicher Tradition und von ihr abhängigen Literatur läßt sich kaum als ein nur von den Gnostikern hochgespielter Nebenstrom relativieren, wenn es auch gerade in gnostischem Milieu literarisch weitergelebt hat und in den Dialogen mit den Auferstandenen von Apokryphon des Johannes (BG, NH II/1; III/1; IV/1) bis zur Pistis

---

[5] Lampe – Luz 1983, 430f.
[6] Hengel 1983, 257ff.
[7] Robinson 1971.
[8] Kloppenborg 1987, 238ff.
[9] Sato 1988, 371ff.; s. auch das Gespräch zwischen Robinson 1993 und Sato 1993.

Sophia eine verwandte Untergattung fand. Walter Bauer hat schon vor sechzig Jahren daran aufmerksam gemacht, daß die später kanonisierten Texte mit den früher, in den wirklichen Anfängen geschätzten Traditionen nicht immer identisch sind[10]. Und J. M. Robinson hat m.E. überzeugend nachgewiesen, daß sich die alternative Tradition, welche die Gnosis weiter getragen hat, theologisch mit dem Auferstehungskerygma und der Tradition über die Offenbarungen des Auferstandenen vertragen kann[11].

Die harmonisierende Deutung hat also ihre Schwächen. Aus dem Gesagten geht schon hervor, daß die Entstehung des Markusevangeliums keinesfalls als eine logische Folge der inneren Tendenzen christlicher Tradition zu deuten ist. Seine Entstehung ist mit einer neuen theologischen Entscheidung verbunden, es ist wirklich ein Meilenstein in der Entwicklung sowohl der christlichen Literatur als auch der Theologie überhaupt.

3. Die kritische Beurteilung der Rolle des Markusevangeliums als einer grundsätzlichen Umdeutung der Jesus-Traditionen

Auf der anderen Seite gibt es den schon erwähnten anderen Strom, den ich am Beispiel des Buches von B. L. Mack über Markus und die Anfänge des Christentums charakterisieren kann[12], wonach Markus, der mit seiner Schrift einen wesentlichen Beitrag zur Entstehung des Christentums leistete, gleichzeitig das Bild des historischen Jesus und die authentische Jesustradition umgedeutet und verzerrt hat. Mit dieser These müssen wir uns besonders aufmerksam auseinandersetzen. Sie bietet nämlich ein alternatives Bild von Markus und seiner Rolle in den Anfängen des Christentums, das, wie wir sehen werden, unhaltbar ist, aber trotzdem neue Einzelbeobachtungen bringt und zu einem mehr differenzierten Bild des Markusevangeliums im Rahmen der urchristlichen Theologiegeschichte inspiriert. Dieser Auseinandersetzung mit Mack und dem Versuch, die Rolle des Markusevangeliums in mehr umfassenden Zusammenhängen zu definieren, soll dieser Beitrag dienen.

Nach B. L. Mack hat Markus zwar die älteren Traditionen sorgfältig aufbewahrt, aber gleichzeitig in ein radikal neues Ganzes gesetzt. Unter dem Einfluß von Paulus, einem genialen und autoritären neurotischen Visionär, der das Bild von Christus als den für die Sünden der Menschheit geopferten Unschuldigen und seiner Auferstehung entwarf[13], habe Markus sein Buch von Jesus in einer praktisch von ihm

---

[10] Bauer 1934, 231ff.
[11] Robinson 1982.
[12] Mack 1988.
[13] Mack 1988, 98ff., 319f., 323 u.a.

selbst aus kleineren Stücken zusammengestellten Passionsgeschichte gipfeln lassen und dadurch dem paulinischen Gründungsmythus des Christentums angepaßt[14]. Soweit Mack.

Seine radikale These ist jedoch mit einigen Beobachtungen verbunden, welche den werdenden Konsensus in einigen Teilbereichen der Forschung widerspiegeln. Zusammen mit V. K. Robbins hat er sich an der Untersuchung der rhetorischen Formen beteiligt, welche im Neuen Testament, besonders in der synoptischen Tradition benutzt sind. Es hat sich gezeigt, daß mehrere synoptische Geschichten Jesu, die in einem Spruch gipfeln (*pronouncement stories*, früher von der Formgeschichtlichen Schule *Paradigmata* oder *Apophthegmata* genannt), nach den Regeln der griechischen *chreia* überliefert, interpretiert und transformiert sind, was auch einen beträchtlichen Teil der Reich-Gottes-Verkündigung Jesu verbunden betrifft[15]. Zusammen mit den Untersuchungen, welche die Authentizität der apokalyptischen Menschensohn-Worte Jesu in Frage gestellt haben[16], hat dies die Schlußfolgerung unterstützt, wonach die Verkündigung Jesu nicht ausgesprochen apokalyptisch eingestellt war, wie man es unter dem andauerndem Einfluß von Albert Schweitzer behauptet hat.

Wenig überzeugend sind jedoch einige Folgerungen, welche Mack daraus gezogen hat, wie z.B. die These, wonach die apokalyptischen Züge der Verkündigung Jesu, die man unter dem Einfluß der nachösterlichen apokalyptischen Stimmung hervorgehoben hat, zum Bild des irdischen Jesus überhaupt nicht gehören. Dies behauptet nicht nur Mack, sondern auch andere amerikanische Forscher, wie z.B. Marcus J. Borg[17]. Das Werk unseres Jubilars hat die tiefen Wurzeln des urchristlichen eschatologischen Denkens gezeigt[18]. Nach Mack ist dagegen erst Markus der Vater des apokalyptischen Jesusbildes, das er in das Leben Jesu aus der nachösterlichen Naherwartung eingetragen hat. Markus habe das authentische Bild Jesu unterdrückt – das Bild eines Wanderlehrers etwa kynischer Art, dessen Reich-Gottes-Lehre ein ideales Modell alternativer zwischenmenschlicher Beziehungen war.

In Auseinandersetzung mit dieser Auffassung müssen wir eine unterschiedliche Darstellung der Rolle des Markusevangeliums in der Geschichte der christlichen Literatur anbieten und seine Beziehung zu den christlichen literarischen oder vorliterarischen Texten seiner Zeit genauer charakterisieren. Es handelt sich um seine

---

[14] Ebd. 308., 323., 363-69 u.a.

[15] Mack – Robbins 1989, 1ff., 31ff., 195ff.

[16] Mehr überzeugend sind die Arbeiten, welche die Worte Jesu im synoptischen Kontext untersucht haben, wie z.B. Perrin 1967, 154-206; Schürmann 1983 oder Wanke 1981, als die Arbeiten, welche das Thema Menschensohn religionsgeschichtlich (mit uneinheitlichem Ergebnis) behandelt haben.

[17] Borg 1987; ders. 1991, 13.

[18] Hartman 1966, 244-48.

Beziehung zu den ältesten christlichen Bekenntnisformeln und christologischen Titeln, zu der Passionsgeschichte, den Sammlungen der Gleichnisse Jesu (Mk 4), zur Logienquelle (Q), bzw. auch zum Thomasevangelium, zu Paulus oder zu einigen Texten, die von Markus unabhängige Gestaltungen der Jesus-Tradition sein könnten, und schließlich zu den Synoptikern. Was ich jetzt vorlege, sind keine radikal neue exegetische Beobachtungen, sondern eher ein Versuch, die Beziehungen zwischen den bekannten Beobachtungen zu entdecken und daraus die notwendigen Folgen für das umfassende Bild der Anfänge christlicher Theologie und Literatur zu ziehen.

4. Markus und die älteren christologischen Formeln

Es gehört zum Konsensus der Markusforschung, daß der Evangelist mit einigen nachösterlichen christologischen Formeln vertraut war, die in seiner Zeit unter den Anhängern Jesu und unter neuen Christen offensichtlich schon ziemlich weit verbreitet waren. Mit einer Anspielung auf die sog.Pistisformel aus 1Kor 15,3b-5 gipfelt in Mark 16,6-7 das ganze Evangelium[19]. Und da sie in 1Kor 15,1 als εὐαγγέλιον bezeichnet wird, ist sehr wahrscheinlich, daß mit dem "Anfang des Evangeliums" im ersten Vers des Markusevangeliums die ganze Schrift als Anfang (im Sinne der notwendigen Vorgeschichte) des Evangeliums (im Sinne des Auferstehungskerygmas)[20] oder als Evangelium im erweiterten, von dem Evangelium als Osterkerygma abgeleiteten Sinn bezeichnet ist[21]. Da Paulus in 1Kor 15,5-8 (vgl.V.11) eine relativ breite ökumenische Gemeinschaft nennt, welche die Pistisformel als den Ausdruck ihres Glaubens anerkannt hat, ist es klar, daß das umfassende Gestaltungselement des Markusevangeliums kein nur paulinischer "Mythus" über Tod und Auferstehung Jesu ist, wie Mack behauptet[22], sondern eine Formel, die schon vor Paulus für mehrere Gruppen der "Jesusleute" vor- und nachösterlicher Ursprungs bezeichnend war.

Schon im Jahre 1964 hat Philipp Vielhauer nachgewiesen, daß auch der vorpaulinische Jesus-Titel Sohn Gottes eine bedeutende Rolle in der theologisch literarischen Gestaltung des Markusevangeliums spielt (siehe Mark 1,11; 9,7; 15,39, ev. auch 1,1 nach B,D,L,W u.a.)[23]. Seine These, wonach das Markusevangelium als Thronbesteigung des Gottessohnes gestaltet ist, läßt sich zwar nicht halten, aber die

---

[19] Pokorný 1985, 1985ff.

[20] Pesch 1976, 62; Pokorný 1977, 126f.; ders. 1985, 1994; Baarlink 1977, 291ff.; Rau 1985, 2064; Schenke 1988, 148-53 u.a.

[21] Dormeyer (– Frankenmölle) 1984, 1582f.

[22] Mack 1988, 98ff.

[23] Vielhauer 1965.

Schlüsselrolle des Titels Sohn Gottes, wie er vor allem in der Sohnesformel aus Röm 1,3f. vorkommt, wurde als ein bedeutendes Kompositionselement des Markusevangeliums allgemein anerkannt: das, was zunächst nur Jesus und der Leser (Hörer) des Markusevangeliums weiß (1,11), wird zuletzt von dem Hauptmann am Kreuz als dem Modell eines Heidenchristen erkannt und bekannt (ἀναγνώρισις). Und die Tatsache, daß die Christologie der Sohnesformel, die das Kreuz Jesu überhaupt nicht erwähnt, der paulinischen Christologie und Soteriologie nicht entspricht, bestätigt nur unsere Behauptung, (1) daß Paulus mit seiner Theologie die älteren christlichen liturgischen Formeln zwar neu interpretiert hat, aber keinen neuen Mythus konstruierte und (2) daß Markus mit seinem Buch die christlichen Traditionen zwar neu gestaltete, aber sein theologisches Grundanliegen in vorpaulinischen christlichen Bekenntnissen verwurzelt sein muß.

Das, was wir jetzt über das Verhältnis des Markusevangeliums zu den älteren christlichen Formeln gesagt haben, schließt u.a. auch die Deutung des Markusevangeliums als eines Dokuments der radikalen Parusieerwartung aus, wie es E. Lohmeyer, W. Marxsen, N. Perrin und andere mit Hinweis auf Mark 16,7 (ὄψεσθε) vorausgesetzt haben. Der Hinweis auf das Sehen des Auferstandenen bezieht sich offensichtlich auf die Ostererscheinungen Jesu und die eben erwähnten christologischen Formeln widerspiegeln schon das Bewußtsein, daß die apokalyptische Naherwartung nicht die entscheidende Folge der Osterereignisse ist. Wenn Markus die Jesus-Traditionen mit den christlichen nachösterlichen Bekenntnissen verbunden hat, war es also keine Begründung eines neuen Christus-Mythus, sondern es war ein aus christlicher Sicht erfolgreicher Versuch, die damals schon in mehreren christlichen Gruppen verbreiteten christologischen Formeln und Titel zu literarischer Gestaltung und theologischer Deutung der parallel laufenden Traditionen über die Worte und Taten Jesu zu benutzen. Es war eine wirklich bedeutende neue Entscheidung, denn z.B. Paulus hat zwar sowohl die christologischen Formeln und Titel gekannt und anerkannt, aber ihre Verbindung in ein literarisches Ganzes noch nicht beabsichtigt. Was die Tradition über die Wundertaten Jesu betrifft, hat sie Paulus offensichtlich wenig nützlich für die Förderung des Glaubens gehalten: die Juden (nicht die wahren Christen) fordern Zeichen (1Kor 1,22). In seiner Courage zu literarischer Synthese und in seiner Fähigkeit, die Synthese theologisch zu gestalten, ist Markus wirklich eine bahnbrechende Gestalt.

5. Markus und die Passionsgeschichte

Die Passionsgeschichte hat man schon seit K. L. Schmidt als den Grundstein markinischer Erzählung betrachtet und Rudolf Pesch hat zu der vorausgesetzten vormarkinischen Leidensgeschichte Jesu einen wesentlichen Teil der zweiten Hälfte des Markusevangeliums gerechnet[24]. Seit den sechziger Jahren hört man in der exegetischen Debatte jedoch auch Stimmen, wonach es vor Markus nur verstreute kurze Erzählungen gab, die erst Markus in eine zusammenhängende Erzählung verbunden hat. Außer der möglichen Dekomposition der Passionsgeschichte wird diese These durch die Beobachtung unterstützt, wonach in ihr mehrere Themen des Markusevangeliums ihren Höhepunkt und Abschluß finden. Diese Spur hat schon W. Kelber verfolgt und sie gipfelt in dem Werk von B. L. Mack[25], der die Passionsgeschichte als Ganzes dem Evangelisten zuschreibt. Der Tod Jesu hat danach in den narrativen Traditionen vor Markus keine entscheidende Rolle gespielt. Es ist wohl wahr, daß die stellvertretende Deutung des Todes Jesu der eigentlichen Passionsgeschichte (Verhaftung, Verhör und Kreuzigung) fremd ist. Das Leiden Jesu ist dort eher als die *passio iusti* interpretiert, der sich darüber hinaus zum Menschensohn berufen kann und von ihm beim jüngsten Gericht seine Rehabilitierung erwarten kann (Mark 14,62). Dies letzte Motiv hat den Christen schon vor Markus ermöglicht, sich mit dem Leiden Jesu positiv auseinanderzusetzen und die Passionsgeschichte als einen Teil des endzeitlichen Geschehens aufzufassen, das in der Ankunft des Menschensohnes als des Richters der Richter Jesu gipfeln wird. Mit der markinischen Christologie, die nach der Pistis- sowie der Sohnesformel mit der Auferstehung Jesu noch vor der Endzeit rechnet, ist dies nicht identisch. Markus mußte mit Hilfe von Sprüchen wie Mark 10,45 und den Leidensankündigungen Jesu die Passionsgeschichte seinem Konzept anpassen, aber das gerade ist schon ein Argument gegen die Hypothese, wonach Markus die Passionsgeschichte geschaffen hat. Eine solche Hypothese setzt übrigens voraus, daß die spezifischen Züge der lukanischen und johanneischen Fassung der Passionsgeschichte eine redaktionelle Bildung der Evangelisten sind und daß man sie von keiner von Markus unabhängigen Erzählung über das Leiden Jesu ableiten kann. Und das ist auch sehr unwahrscheinlich. Schwer ist jene Hypothese auch mit der Tatsache zu vereinigen, daß schon vor Paulus die Geschichte von der Verhaftung (und dem Prozeß und Kreuzigung?) Jesu mit der Erzählung über die Einsetzung des Herrenmahls verbunden war, wie es Paulus vor den Worten der Einsetzung ausdrücklich bemerkt: "Der Herr Jesus, in der Nacht, als er verraten wurde, nahm das Brot..." (1Kor 11,23b). Eine Vorform der Passionsgeschichte war also schon zur Zeit des Paulus bekannt.

Was Markus neu gemacht hat, war also (1) das biographische Arrangement des gesammelten Stoffes als Vorgeschichte der Passion und (2) die Deutung der Passionsgeschichte im Sinne des Evangeliums als Auferstehungsbotschaft.

---

[24] Pesch 1977, 1-27.
[25] Mack 1988, 262f.

6. Das Messiasgeheimnis und die Gleichnisse bei Markus

Die Gleichnisse Jesu, besonders die Gleichnisse des Wachstums aus Mark 4, sind offensichtlich ein Teil der anschaulichen Darstellung des Reiches Gottes. Jesus hat mehrere Gleichnisse erzählt, um den durch eine Metapher (βασιλεία τοῦ θεοῦ) ausgedrückten eschatologischen Zielwert durch weitere Aussagen in analogischer Rede zu vergegenwärtigen und seinen aktuellen Anspruch zu signalisieren[26]. Die Gleichnisse Jesu stehen in der Tradition der jüdischen *meshalim*, aber sie transzendieren die Grenzen dieser rhetorischen Untergattung. Schon Amos Wilder hat auf ihren säkularen Charakter und ihre schockierenden Züge aufmerksam gemacht, die den Hörer in eine aktive Mitarbeit hineinreißen[27]. Mehrere Bereiche, denen der Stoff der Gleichnisse entnommen wird, wie gerade auch das Wachstum des Samens, gehörten damals zu den Topoi geistiger Unterweisung überhaupt. Man kann fast sagen, daß das Judentum dadurch aus seinen besten Voraussetzungen den Bereich der universalen hellenistischen *paideia* betrat. Burton Mack hat es zur Interpretation der Gleichnisse Jesu in den Kategorien kynischer Unterweisung inspiriert[28].

Umso störender scheint die in Mark 4,10-12 ausgedrückte Parabeltheorie des Markus zu sein, welche die allegorische Deutung des Gleichnisses von Sämann einleitet. Die Gleichnisse scheinen dort ein Mittel zur Geheimhaltung der Wahrheit vor den Nichteingeweihten zu sein. William Wrede hat dies zur Formulierung seiner Theorie des Messiasgeheimnisses Anlaß gegeben, mit deren Hilfe Markus den Widerspruch zwischen dem nachösterlichen Dogma mit dem unmessianischen Leben Jesu versöhnen wollte[29]. Die formgeschichtlichen und redaktionsgeschichtlichen Untersuchungen haben jedoch überzeugend nachgewiesen, daß diejenigen Züge in der Komposition des Markusevangeliums, nach welchen Jesus seine in Wort und Tat ausgedrückte wahre Identität bis zu seiner Passion und Auferstehung geheimhalten wollte, eher die schon durch den Osterglauben geprägte Jesus-Tradition entchristologisieren sollte. Dadurch hat Markus erreicht, daß die Geschichte Jesu erst in Ostern gipfelt und aus der Sicht von Ostern und Auferstehung her gelesen wird[30].

Die Analyse der Geheimnistheorie als eines markinischen Gesamtkonzepts unterstreicht die Tatsache, daß Markus in seiner Darstellung Kreuz und Auferstehung als tragende Faktoren hervorhebt und zu diesem Zweck auch einige andere Elemente als Kompositionsmittel benutzt. Z.B. einige Schweigegebote, die in der mündlichen Tradition nur die Unaufhaltsamkeit der Wirkung Jesu unterstreichen sollten

---

[26] Perrin 1976, 89ff.

[27] Wilder 1971, 71ff.

[28] Mack (– Robbins) 1989, 143ff.

[29] Wrede 1963, 66ff.

[30] Strecker 1979.

(z.B. 7,36), gewinnen bei Markus eine neue Funktion: sie zeigen, daß die Popularität Jesu als eines Wundertäters und Thaumaturgen nicht die von Jesus gewollte und von der Kirche hervorgehobene ist[31]. Die markinische Parabeltheorie ist im Grunde ein Ausdruck der negativen Erfahrung der ersten Christen mit ihrer jüdischen Umwelt (οἱ ἔξω – 4,11), die sowohl die Botschaft Jesu als auch die nachösterliche Jesusverkündigung abgelehnt hat. Nicht weil sie es intellektuell nicht verstanden hätte, sondern weil sie es existenziell nicht bejahen konnte[32]. Markus hat es als *vaticinium ex eventu* mit den Parabeln Jesu verbunden[33], um zu zeigen, daß die Ablehnung der Umwelt keinen Strich durch die Pläne Gottes bedeutet, daß sie vorgesehen war. Mack hat es nur soziologisch interpretiert – als Ausdruck des Bewußtseins einer Gruppe, die sich von der Umwelt schon abgegrenzt hat[34].

7. Die erste Zwischenbilanz

In der markinischen Bearbeitung der älteren Stoffe sehen wir also eine doppelte Tendenz. Auf der einen Seite wird Jesus mit seinen Worten und Taten aus der nachösterlichen Sicht gesehen, auf der anderen Seite ist gerade das, was als Ostergeschehen bezeugt wird, der tiefste Grund für das Interesse an dem irdischen Jesus. Aus der Sicht des christlichen Glaubensbekenntnisses gewinnen seine irdischen Worte und Taten ein neues Gewicht. Die Deutung, die Mack anbietet, nämlich daß Jesus durch den Mythus von dem inkarnierten Unschuldigen verschlungen wurde, ist einseitig. Besser hat die Funktion des Mythischen in dieser ersten christlichen Schrift narrativer Art J. M. Robinson definiert: Die kosmisch-mythische Kulisse hebt in Wirklichkeit die Bedeutung des Geschehens hervor, das sich innerhalb der Geschichte abspielt. Es bedeutet, "daß das Ringen zwischen Geist und Satan auf der Ebene der Geschichte und nicht des Mythos ausgetragen wird"[35]. Die gnostische Weiterentwicklung der präsentischen Christologie, welche an den Auferstehungsglauben anknüpft, und welche J. M. Robinson in ihren gnostischen Auswirkungen verfolgt hat, kann also aus ihren inneren Voraussetzungen auch die Rückkoppelung mit dem irdischen Jesus hervorheben. Das hat Markus zur Gestaltung seines Jesusbuches benutzt. Die Gleichnisse Jesu können da als Modell dienen: Was "jetzt", d.h. in der Zeit des irdischen Jesus, geschieht (z.B. das Säen) hat eschatologische Folgen (Ernte) und der Leser (Hörer) muß darauf achten, weil es für die ganze Orientierung in seinem "Leser-Jetzt" von entscheidender Bedeutung ist. Das Evangelium als Ost-

---

[31] Luz 1965, 23f.; Theißen 1974, 153.
[32] Rau 1985, 2109.
[33] Haufe 1972, 421.
[34] Mack 1989, 164.
[35] Robinson 1989a, 36.

erbotschaft (vgl. Mark 16,6f.) hat die Bindung des eschatologischen Heils an die Person von Jesus aus Nazareth noch deutlicher hervorgehoben.

8. Markus und die Logienquelle (Q)

Nach der Zweiquellentheorie war die Sammlung der Sprüche Jesu (Q) neben dem Markusevangelium die zweite gemeinsame Quelle des Matthäus- und Lukasevangeliums. Wie wir schon gezeigt haben, ist das Markusevangelium eine Schrift, die sich mit Erfolg um eine Synthese des mündlichen Evangeliums und der Jesus-Tradition bemüht hat. Umso verwunderlicher ist es, daß Markus so viele bedeutende Sprüche Jesu in sein Buch nicht aufgenommen hat. Die Lösung dieses Problems kann man, grob gesagt, in drei Richtungen suchen[36].

Die einfachste Erklärung wäre, daß Markus die Logienquelle (Q) nicht gekannt hat. Dies ist jedoch unwahrscheinlich, denn die Logienquelle — soweit wir sie rekonstruieren können – scheint als Ganzes von den nachösterlichen Bekenntnissen weniger beeinflußt zu sein als andere Bereiche und Schichten der uns bekannten urchristlichen Literatur. Gegen eine solche Erklärung spricht auch die Tatsache, daß sowohl Matthäus als auch Lukas in ihrer christlichen Gemeinden sowohl das Markusevangelium als auch die Logienquelle kennengelernt haben. Es muß nicht bedeuten, daß diese beiden Texte in ihren Gemeinden liturgisch gleichrangig waren, aber es bedeutet jedenfalls, daß sie beide hohe Autorität besaßen. Wenn Markus und Logienquelle etwa in den achtziger Jahren in zwei verschiedenen Bereichen der Urkirche liturgisch koexistierten, ist es sehr wahrscheinlich, daß auch Markus die Logienquelle gekannt hat.

Die zweite Möglichkeit ist also, daß Markus die Logienquelle zwar gekannt hat, aber nicht aufnehmen wollte, weil sie für ihn theologisch nicht annehmbar war. Diese Vermutung haben mehrere Exegeten geäußert[37]. Die Aufforderung zur Feindesliebe, die in der Logienquelle eine bedeutende Position hat (Q /Lk/ 6,27-28 vgl. *Pap. Oxyrh.* 1224, p.176), hat man in der Kirche wirklich etwas schockierend empfunden und manchmal in einer mehr behutsamen Formulierung weitergegeben, wie es z.B. bei Paulus in Röm 12, 17-21 der Fall ist. Die Verlegenheit, in welche ein Spruch Jesu einige Christen gebracht hat, konnte jedoch nicht zur Ablehnung einer ganzen Sammlung der Herrenworte führen, die sich inhaltlich sogar mit einem Teil seiner Überlieferung deckt. Ernster muß man erwägen, daß vielleicht der Spruch "Warum sagt ihr zu mir Herr, Herr (κύριε, κύριε) und tut nicht, was ich euch sage" (Q 6,46) für Markus unannehmbar war, falls er unter dem Einfluß von Paulus stand.

---

[36] Boring 1977, 373ff.

[37] Als Möglichkeit führt es auch Schweizer 1967, 3 an, s. Boring 1977, 374.

Es widerspricht nämlich der Maxime, die Paulus geprägt hat, wonach das Bekenntnis zu Jesus als dem Herrn (und der Glaube) selbst zum Heil führt (Röm 10,9).

Jedenfalls waren die Sammlungen der Worte Jesu, die man ohne den narrativen Rahmen überliefert hat, der Gefahr einer Mißdeutung und verzerrenden Neuinterpretation ausgesetzt, wie das Thomasevangelium zeigt. Solche Worte haben offensichtlich die christlichen Propheten überliefert, die sie als Aussagen des im Geist gegenwärtigen Herrn auf konkrete Probleme appliziert haben[38]. Sie besaßen als Propheten ohne zweifel eine beträchtliche Autorität, aber wenig wahrscheinlich ist, daß sich die Warnung vor den falschen Propheten, die "Ich bin es" (Mark 13,6) sagen, auf die Tradenten von Q bezieht, denn die Autorität jener Worte ist nur von Jesus als dem Herrn abgeleitet. Die paulinische Ablehnung der nur die Weisheit ($\sigma o\phi i\alpha$) Suchenden (1Kor 1,18f. 22) ist jedoch offensichtlich gegen eine Denkweise gerichtet, die in der Kirche mit der Überlieferung der Worte Jesu verbunden sein konnte, aber nichts spricht dafür, daß sie eine soziale Gruppe – eine profilierte Gruppe der Jesus-Anhänger repräsentieren. Möglichen Neuinterpretationen waren übrigens auch die Sammlungen der Gleichnisse Jesu ausgesetzt, die Markus in sein Werk aufgenommen hat. Wir sehen zwar, daß bei Markus außer der allgemeinen Aufforderung "Tut Buße!" in 1,15b nur wenig Aufforderungen zu innerer Umkehr, also nur wenig Aussagen in der "conversionist rhetoric" zu finden sind[39], aber auf der anderen Seite kann gerade dies ein Indiz für eine andere Erklärung der Abwesenheit von Q im Markusevangelium sein: Es ist möglich, daß Markus die Spruchsammlung, die eine andere Funktion als sein Buch in der Kirche hatte, bei aller möglichen Distanz zu einigen Sprüchen in seinem "Sitz in Leben" respektierte und weder in sein Werk integrieren noch herausdrängen wollte.

Die letzte Möglichkeit ist also, daß es sich im Verhältnis von Markusevangelium zur Logienquelle weder um Unkenntnis, noch um Ablehnung, sondern um parallele Koexistenz handelt. Für diese Lösung sprechen einige gewichtige Gründe. Markus hat offensichtlich das Vaterunser gekannt (vgl. Mark 14,36 mit Gal 4,6; Röm 8,15) und doch zitiert er dies Gebet in seinem Evangelium nicht. Er hat damit gerechnet, daß die Autorität dieses Gebets durch seinen Sitz in dem liturgischen Leben der Kirche garantiert ist. Ähnlich kann er sich auf die feste Rolle der Logienquelle im Leben der Kirche verlassen haben. Wir haben gesehen, wie verschieden und doch in ihren Funktionen komplementär die Rollen des (mündlichen) Evangeliums und der Worte des Herrn beim Apostel Paulus waren. Das Evangelium als Auferstehungsbotschaft war die Voraussetzung zur Weiterüberlieferung jener Sprüche. Die Logienquelle hat die Auferstehungsbotschaft konkretisiert und ihren ethischen Gehalt

---

[38] Sato 1988, 99f.
[39] Robbins 1993.

verkörpert. Die gegenseitige Beziehung hat die Koexistenz beider Formen der Überlieferung als autosemantischer Einheiten ermöglicht.

9. Die zweite Zwischenbilanz

Das von J. M. Robinson und noch viel radikaler von B. L. Mack entworfene Bild der Rolle von Markus in der urchristlichen Theologie- und Literaturgeschichte widerspiegelt zweifellos einige geistige Tendenzen, die innerhalb der Urkirche gewirkt haben. Als Ganzes wird jedoch ihr kritisches Bild durch folgende Feststellungen relativiert:

Erstens haben wir Belege, daß die alternativen christologischen Konzepte schon in den ältesten uns erreichbaren Schichten der urchristlichen Literatur mit der Auferstehungs- bzw. Erhöhungschristologie koexistiert haben, die auf dem mündlichen Evangelium gegründet war: Paulus, der seine ganze Theologie als Deutung des (Oster)Evangeliums begreift, zitiert die Worte des Herrn und hält sich für einen christlichen Propheten und Geistträger (1Kor 7,25. 40), ähnlich wie die Träger der Worte-Jesu-Tradition. Auch in der vormarkinischen Passionsgeschichte sind mehrere christologische Konzepte miteinander verbunden (leidende Gerechte, apokalyptischer Menschensohn, Auferstehung) und sogar schon in der vorpaulinischen Pistisformel aus 1Kor 15 ist die Auferstehungs-Christologie mit der Aussage über den stellvertretenden Tod kombiniert. Das mündliche Evangelium hat also sehr früh zur Integration oder mindestens Koexistenz mehrerer christologischer Konzepte beigetragen.

Zweitens ist es bisher nicht gelungen, die rekonstruierten alternativen Christologien mit den Berichten und Indizien zu harmonisieren, welche die historischen urchristlichen Gruppen betreffen, wie die "Hellenisten" um Stephanus, Petrus, den Herrenbruder Jakobus, Paulus und die Gruppen seiner Schüler, die Christen aus Alexandrien (Apollos), die Gruppe in Antiochien, den Johanneischen Kreis usw.[40]. Dies ist zwar noch kein Argument gegen die Existenz solcher Gruppen, aber es bedeutet jedenfalls, daß sie als selbständige Strömungen weniger einflußreich waren, als die Vertreter der These über viele vormarkinische alternative Christologien voraussetzen.

Dies bedeutet nicht, daß das Markusevangelium eine logische Entwicklungsphase der urchristlichen Literatur war. Es bedeutet nur, daß mit der Entstehung des Markusevangeliums keine bedeutende alternative Christologie herausgedrängt wurde. Die Weise, auf welche Markus seine Synthese mehrerer (nicht aller) Formen und Tendenzen christlicher Überlieferung durchgeführt hat, war jedoch neu und schöpferisch.

---

[40] Holtz 1991, 35f.

10. Der narrative Rahmen und seine theologische Bedeutung

Es ist allgemein bekannt, daß K. L. Schmidt schon kurz nach dem Ende des ersten Weltkrieges (1919) entdeckt hat, daß der narrative Rahmen des Markusevangeliums, der seine ganze Komposition bestimmt, von Markus selbst stammt. Seine theologische Leistung, die mit der Bildung eines solchen umfassenden Rahmens verbunden war, hat er jedoch unterschätzt, ähnlich wie später Rudolf Pesch in seinem großen Kommentar. Wir haben schon gesagt, daß dieser Rahmen nicht nur ein literarisches Skelett ist, sondern daß er mit Hilfe des Titels Sohn Gottes und der inneren Struktur des mündlichen Evangeliums das ganze Werk auch theologisch akzentuiert. In einem wichtigen Punkt fallen die literarische und theologische Funktion des Rahmens ineins: Jesus mit seinen Worten und Taten ist hier der vorösterliche Jesus. Er hat zwar die wahre Autorität erst durch seinen Tod und seine Auferstehung erreicht und sein Anspruch ist erst von Ostern her verständlich (erst nach Ostern ist er kein μυστήριον mehr), aber was die konkrete Orientierung in der Geschichte und im persönlichen Leben betrifft, muß man von dem irdischen Jesus, seinen Worten und seinem Verhalten ausgehen. Im Unterschied zu dem Glauben, der sich nur auf die Auferstehung, bzw. Erhöhung Jesu konzentriert, tritt hier stark die Rückkoppelung zum irdischen Jesus hervor. Im Vergleich mit der Funktion und literarischer Gestalt der Spruchsammlungen (Logienquelle, die Sammlung der Sprüche Jesu, die Paulus zitiert, das Thomasevangeliums usw.) ist dies eine bedeutende Weichenstellung.

Keineswegs kann es jedoch als ein Schritt zurück, in die Verhältnisse vor Ostern betrachtet werden. Wir haben schon gesehen, daß Markus die Autorität des irdischen Jesus von seiner Passion und Auferstehung ableitet, wie es die ganze Struktur seines Werkes verrät. Sein Weg zurück in das irdische Leben Jesu ist durch die Notwendigkeit gegeben, die unkontrolliert weiterlaufende Tradition über das Leben Jesu (1) aufzubewahren und (2) zu interpretieren, d.h. vor allem auch eine kritische Auswahl zu treffen. Als ein Weg in die Vergangenheit ist seine Auffassung des Jesus-Buches eigentlich schon in der Grundstruktur der Osterverkündigung impliziert, wonach Gott Jesus erweckt hat. Jesus wurde danach erweckt, aber es ist Jesus von Nazareth, der gekreuzigte Jesus, zu dem sich Gott auf diese Weise bekannt hat. In der zweiten Generation und außerhalb Palästina mußte man fragen, wer dieser Jesus war, zu welchem sich Gott auf eine so einmalige Weise bekannt hat. Die kombinierten Formeln, die Jesus auch als den Gekreuzigten oder als Sohn David vorstellen sind schon fähig, ein solches *feedback* des christlichen Bekenntnisses ausdrücklich zu motivieren. Man kann es auch als eine Art Erdung betrachten, welche zum besseren Hören der Stimme des irdischen Jesus dient. Wir können nicht genau sagen, gegen welche Gefahr sich Markus durch die ganze Gestaltung seines

Buches gewandt hat. Ob es der apokalyptische Enthusiasmus war, wie es W. Schmithals behauptete, die ersten Zeichen des Doketismus (so W. Schenk) oder das Bild von Jesus als dem Wundertäter (L. Schenke, Th. J. Weeden)[41]. Der Hauptgrund war jedenfalls die Tendenz zur Synthese, die Polemik hat offensichtlich nicht die entscheidende Rolle gespielt. Erst in der späteren Phase der theologischen Reflexion hat die Orientierung am irdischen Jesus deutlich als eine antidoketische Sicherung fungiert, welche die Inkarnation hervorhebt, wie es in 1Joh 4,2f. und 2Joh 7 (vgl. 1Kor 12,2f.; Eph 4,20f.) ausdrücklich gefordert wird.

Der Weg zurück, in die Zeit der Offenbarung, ist also an sich keine Relativierung des Osterkerygmas, keine triumphalistische Zurückversetzung des hermeneutischen Wendepunktes von Ostern zur Zeit nach dem Bekenntnis des Petrus, wie J. M. Robinson anhand des Vergleichs zwischen dem Wort über die verdeckte Rede Jesu in 4,34, das wir in dem Abschnitt über die Parabeln besprochen haben, und der Erklärung in 8,32 behauptet, wonach Jesus begonnen hat, das Wort "offen" (παρρησία) zu reden[42]. Das "offen" in 8,32 bezieht sich nämlich auf die Rede im Kreis der Jünger, was in 4,34 auch schon vorausgesetzt wird. Es stimmt zwar, daß die Tradition von dem irdischen Jesus nach Ostern seine Worte und Taten immer aktualisierte. Seine innergeschichtlichen Wunderheilungen werden gleichzeitig als Bilder des eschatologischen Heils präsentiert, Jesu Worte sollen manchmal direkt auch die Leser anreden und z.B. zur Aufnahme christlicher Missionare auffordern (9,37), Jesus wird als das wahre Brot des Lebens präsentiert (8,14-31) und z.B. dient die Geschichte von der Syrophönizierin (7,24-30) als Modell zur Lösung des Problems der Interkommunion der beschnittenen und unbeschnittenen Christen, wie es in dem dritten Viertel des ersten Jahrhunderts aktuell war. Das alles geschieht jedoch im Rahmen der Erzählung, welche die Bindung der Geschichten und der Sprüche an die Zeit und den Raum des irdischen Jesus nicht leugnet. Das Markusevangelium versteht sich als Darstellung einer vergangenen, von der Gegenwart grundsätzlich abgehobenen Geschichte, wie Jürgen Roloff nachgewiesen hat[43]. Die Geschichte Jesu von seiner Taufe bis zur Passion und zum leeren Grab ist dadurch konserviert. Im Unterschied zu der direkten prophetischen Applikation der Worte Jesu als der Worte des Erhöhten, wie wir es in der Logienquelle oder bei Paulus gesehen haben, gehören hier die Worte Jesu und seine ganze Geschichte zum "Anfang" und dürfen als Ganzes nicht auf eine synchrone Weise aktualisiert werden[44]. Es handelt sich um ein Zeugnis, das auch seine referierende Dimension hat.

---

[41] Über die einzelnen Vorschläge s. Pokorný 1985, 1981-1986, 2007f., 2013 u.a.

[42] Robinson 1989b, 125.

[43] Roloff 1969, 92f.; vgl. Strecker 1979, 50f.

[44] Dormeyer 1989, 126f.

11. Die Folgen für die Entstehung der Idee eines christlichen Kanons

Die Pharisäer, die nach dem Jüdischen Krieg zur führenden Kraft des Judentums geworden sind, haben mit einer schriftlichen Fortsetzung der Schrift (des Gesetzes, der Propheten und der Psalmen /Luk 24,44/, bzw. der Schriften) nicht gerechnet. Der prophetische Geist war nach ihrer Meinung in Israel schon nicht mehr präsent (Ps 74,9) und die mündliche Tradition ist an seine Stelle getreten. Die erwartete neue Gabe des Geistes hat man als ein eschatologisches Ereignis erwartet (Joel 2,28-32), das die Ankunft des Tages des Herrn signalisiert (Joel 2,30f.). Die endgültige Offenbarung Gottes wurde schon als eine Theophanie erwartet, von der es nicht nötig sein wird, ein schriftliches Zeugnis abzugeben. Von der Überzeugung, daß alle Verheißungen auf die Endzeit hin gerichtet sind, wurde schon die Tradition der prophetischen Stoffe bezeichnet und dieselbe Überzeugung hat später im Talmud ihren Niederschlag gefunden (*b.Ber* 34b)[45]. Wenn Markus gewagt hat, von Jesus als dem Sohn Gottes ein Buch zu schreiben, war es also etwas Neues. Die mit Tinte auf Papyrus geschilderte Ankunft des Messias, war eine *contradictio in adiecto*. Ein umso größerer Einschnitt muß es in den Augen der pharisäischer Kreise gewesen sein mit ihrem Schriftverbot, wonach es nicht erlaubt war, die Deutung der Schrift aufzuschreiben. Die älteste Gestalt christlicher Überlieferung war die des eschatologischen und endgültigen mündlichen Kommentars zur Schrift – zur jüdischen Bibel. Die jüdische Bibel war in christlichen Gottesdiensten auch noch in der Zeit von Markus der "Text". Das christliche Zeugnis in narrativer, kerygmatischer oder paränetischer Form hat als authentische Predigt fungiert, nicht als der Text.

Was Markus, der offensichtlich als hellenistischer Jude erzogen war, mit der Sammlung, der narrativen Strukturierung und schriftlichen Konservierung der christlichen Tradition gemacht hat, war der erste Schritt zur Entstehung der Idee eines zweiteiligen christlichen Kanons. In seiner Zeit ist es schon klar geworden, daß die christliche eschatologische Erwartung zweipolig[46] oder "teleskopisch" ist: Das neue Zeitalter ist noch nicht da, aber der Messias ist schon bekannt, es ist schon klar, wer und was die Zukunft Gottes hat. Die Sünde und das Leiden der Welt sind noch nicht beseitigt, aber der Böse hat schon keine absolute Macht, seine Tage sind gezählt. Dies für die Juden unannehmbare Bewußtsein, das im Grunde schon in dem vorpaulinischen Evangelium impliziert ist, hat Markus durch seine Schrift für das liturgische Leben der Kirche literarisch ausgedrückt.

Sobald man diesen Schritt getan hat, ist es deutlich geworden, daß die konservierte Norm, auf welche die lebendige Verkündigung ständig hinweisen muß, einer Interpretation, eines Kommentars bedarf. Matthäus und Lukas (so nenne ich tradi-

---

[45] Pokorný 1993, 90f.
[46] Das Problem hat J. B. Souček analysiert, s. Pokorný 1972.

tionell die Autoren der anderen synoptischen Evangelien) haben die synthetische Tendenz weiter ausgezogen und auch die Kindheitslegenden, Logienquelle und die narrativen Schilderungen des eigentlichen Evangeliums – die Begegnungen mit dem Auferstandenen – in ihre Jesus-Bücher aufgenommen. Sie wollten beide das Markusevangelium ersetzen, ähnlich wie Johannes später ihre Schriften. Er wußte schon, daß die christlichen Schriften solcher Art in der Kirche praktisch die Rolle einer neuen Thora spielen und hat sein Buch mit den Worten eröffnet, mit welchen auch das Buch Genesis eröffnet wird: ἐν ἀρχῇ... (Joh 1,1). Es ist wahrscheinlich, daß sich dieser gewagten Analogie auch Matthäus (βίβλος γενέσεως Matth 1,1) und vielleicht sogar schon Markus (ἀρχή – Mark 1,1) bewußt waren. Im Matthäusevangelium lesen wir zum Schluß, daß die Lehre des Auferstandenen durch die Jünger, also vermittelt, weitergegeben werden soll (Matth 28,19f.). Und Lukas hat den ganzen zweiten Band seines Werkes, die Apostelgeschichte, als Modell des neuen Anfangs – der Predigten und der existentiellen Antwort auf die im ersten Band kodifizierte Geschichte und Verkündigung Jesu – konzipiert.

Die allmählich sich durchsetzende Sitte der aktualisierenden Predigt, deren Grundlage die Texte aus Evangelien geworden sind, war eine bedeutende indirekte Wirkung des Markusevangeliums – seiner Konservierung der Norm im Rahmen der irdischen Geschichte Jesu. Die Idee des christlichen zweiteiligen Kanons wurde dadurch schon unmittelbar gefördert.

Bibliographie

Baarlink, Heinrich 1977: *Anfängliches Evangelium*, Kampen: J. H. Kok 1977.

Barrett, Charles K. 1990: *Das Evangelium des Johannes* (KEK – Sonderband; übersetzt v. Hans Bald), Göttingen: Vandenhoeck & Ruprecht 1990.

Bauer, Walter 1934: *Rechtgläubigkeit und Ketzerei* (BHTh 10), Tübingen: Mohr (Siebeck) 1934.

Borg, Marcus J. 1987: *A New Vision*, San Francisco: Harper & Row 1987.

— 1991: "Portraits of Jesus in Contemporary North American Scholarship", in: *HThR* 84 (1991) 1-22.

Boring, M. Eugene 1977: "The Paucity of Sayings in Mark: A Hypothesis", in: *SBL.SP* 11 (1977) 371-77.

Brown, Raymond E. 1985: *The Gospel According to John I-XII* (AncB 29), Garden City, NY: Doubleday ^{2}1985.

Cancik, Hubert (Hg.) 1984: *Markus-Philologie*. Historische, literargeschichtliche und stilistische Untersuchungen zum zweiten Evangelium (WUNT 33), Tübingen: Mohr (Siebeck) 1984.

Dodd, Charles H. 1931-32: "The Framework of the Gospel Narrative", in: *ET* 43 (1931-32) 396-400.

Dormeyer, Detlev (– H.Frankenmölle) 1984: "Evangelium als literarische Gattung und als theologischer Begriff", in: *ANRW* II,25,2, Berlin/New York: de Gruyter 1984, 1543-1704.

— 1989: *Evangelium als literarische und theologische Gattung* (EdF 263), Darmstadt: Wissenschaftliche Buchgesellschaft 1989.

Dupont, Jacques (Hg.) 1975: *Jésus aux origines de la christologie* (BEThL 40), Leuven – Gembloux: Leuven University Press – Duculot 1975.

Hartman, Lars 1966: *Prophecy Interpreted* (CB.NT 1), Lund: Gleerup 1966.

Haufe, Günther 1972: "Erwägungen zum Ursprung der sog. Parabeltheorie Markus 4,11-12", in: *EvTh* 32 (1972) 413-21.

Hengel, Martin 1983: "Probleme des Markusevangeliums", in: Peter Stuhlmacher (Hg.) 1983, 221-65.

Holtz, Traugott 1991: "Überlegungen zur Geschichte des Urchristentums", in: idem, *Geschichte und Theologie des Urchristentums*, Tübingen: Mohr (Siebeck) 1991, 31-44.

Kloppenborg, John S. 1987: *The Formation of Q*, Philadelphia, PA: Fortress 1987.

Lampe, Peter (mit U.Luz) 1983: "Diskussionsüberblick", in: Peter Stuhlmacher (Hg.) 1983, 413-31.

Luz, Ulrich 1965: "Das Geheimnismotiv und die markinische Christologie", in: *ZNW* 56 (1965) 9-30.

— 1983: see Lampe 1983.

Mack, Burton L. 1988: *A Myth of Innocence. Mark and Christian Origins*, Philadelphia, PA: Fortress 1988.

— 1989: (mit V. K. Robbins): *Patterns of Persuasion in the Gospels*, Sonoma, CA: Polebridge Press 1989.

Neirynck, Frans 1977: "John and the Synoptics", in: M. de Jonge (Hg.), *L'Évangile de Jean* (BEThL 44), Leuven – Gembloux: Leuven University Press – Duculot 1977, 73-106.

Nineham, D. E. 1955: "The Order of Events in St.Mark's Gospel – An Examination of Dr. Dodd's Hypothesis", in: D. E. Nineham (Hg.), *Studies in the Gospels* (FS R. H. Lightfoot), Oxford: Blackwell 1955, 223-39.

Perrin, Norman 1967: *Rediscovering the Teaching of Jesus*, London: SCM 1967.

— 1976: *Jesus and the Language of Kingdom. Symbol and Metaphor in the New Testament Interpretation*, Philadelphia, PA: Fortress 1976.

Pesch, Rudolf 1976-77: *Das Markusevangelium I-II* (HThK II/1-2), Freiburg i Br. u.a.: Herder 1976-77.

— (Hg.) 1979: *Das Markus-Evangelium* (WdF 411), Darmstadt: Wissenschaftliche Buchgesellschaft 1979.

Pokorný, Petr 1972: "Der Theologe Josef B. Souček", in: *EvTh* 32 (1972) 241-51.

— 1977: "Der Anfang des Evangeliums", in: R. Schnackenburg – J. Ernst – J. Wanke (Hgg.), *Die Kirche des Anfangs* (FS H. Schürmann), Leipzig: St.Benno 1977, 115-29.

— 1985: "Das Markusevangelium. Literarische und theologische Einleitung", in: *ANRW* II,25,3, Berlin/New York: de Gruyter 1985, 1969-2035.

— 1993: "The Problem of Biblical Theology", in: *Horizons in Biblical Theology*, 15 (1993) 83-94.

Rau, Gottfried 1985: "Das Markusevangelium. Komposition und Intention der ersten Darstellung christlicher Mission", in: *ANRW* II,25,3, Berlin/New York: de Gruyter 1985, 2036-2257.

Robbins, Vernon K. 1989: see Mack 1989.

— 1993: "Interpreting Miracle Culture and Parable Culture in Mark 4-11": Vorlesung an der Karlsuniversität zu Prag 5.10.1993 [Now published in: *SEÅ* 59 (1994) 59-81].

Robinson, James M. 1971 "LOGOI SOPHON: Zur Gattung der Spruchquelle Q", in: Helmut Köster – James M. Robinson, *Entwicklungslinien durch die Welt des frühen Christentums*, Tübingen: Mohr (Siebeck) 1971, 67-106.

— 1982: "Jesus: From Easter to Valentinus (or to the Apostles' Creed)", in: *JBL* 101 (1982) 5-37.

— 1989a: *Messiasgeheimnis und Geschichtsverständnis* (TB 81), München: Kaiser (z.T. 2. Aufl.) 1989.

— 1989b: "Gnosis und Neues Testament", in: Robinson 1989a, 115-25.

— 1993: "Die Logienquelle: Weisheit oder Prophetie?", in: *EvTh* 53 (1993) 367-89.

Roloff, Jürgen 1969: "Das Markusevangelium als Geschichtsdarstellung", in: *EvTh* 29 (1969) 73-93.

Sato, Migaku 1988: *Q und Prophetie* (WUNT 2/29), Tübingen: Mohr (Siebeck) 1988.

— 1993 "Q: Prophetie oder Weisheit?", in: *EvTh* 53 (1993) 389-404.

Schenke, Ludger 1988: *Das Markusevangelium* (UB 405), Stuttgart: Kohlhammer 1988.

Schmidt, Karl Ludwig 1919: *Der Rahmen der Geschichte Jesu* (Berlin 1919; Nachdruck Darmstadt: Wissenschaftliche Buchgesellschaft 1964). Zuletzt Teilabdruck in: Pesch (Hg.) 1979, 48-67.

Schnackenburg, Rudolf 1965: *Das Johannesevangelium I* (HThK VI/1), Freiburg u.a.: Herder 1965.

Schürmann, Heinz 1983: "Beobachtungen zum Menschensohn-Titel in der Redequelle", in: R. Pesch u.a. (Hgg.), *Jesus und der Menschensohn, FS A. Vögtle*, Freiburg i. Br.: Herder 1975, 124-47; Zitiert nach idem, *Gottes Reich – Jesu Geschick*, Freiburg i. Br. u.a.: Herder 1983, 153-82.

Schweizer, Eduard 1967: *Das Evangelium nach Markus* (NTD 1), Göttingen: Vandenhoeck & Ruprecht 1967.

Souček, Josef B. 1972: see Pokorný 1972.

Strecker, Georg 1979: "Zur Messiasgeheimnistheorie des Markusevangeliums", in: F. L. Cross (Hg.), *Studia Evangelica* III (TU 88), Berlin: Akademie Verlag 1964, 87-104; Zitiert nach idem, *Eschaton und Historie*, Göttingen: Vandenhoeck & Ruprecht 1979, 33-51.

Stuhlmacher, Peter (Hg.) 1983: *Das Evangelium und die Evangelien* (WUNT 28), Tübingen: Mohr (Siebeck) 1983.

Theißen, Gerd 1974: *Urchristliche Wundergeschichten* (StNT 8), Gütersloh: G. Mohn 1974.

Vielhauer, Philipp 1965: "Erwägungen zur Christologie des Markusevangeliums", in: idem, *Aufsätze zum Neuen Testament* (TB 31), München: Kaiser 1965, 199-215.

Wanke, Joachim 1981: *"Bezugs- und Kommentarworte" in den synoptischen Evangelien* (EThS 44), Leipzig: St. Benno 1981.

Wilder, Amos 1971: *Early Christian Rhetoric*, Cambridge, MA: University Press ^{2}1971.

Wrede, Wiliam 1963: *Das Messiasgeheimnis in den Evangelien* (1901), Göttingen: Vandenhoeck & Ruprecht ^{3}1963.

21. The Temptation Stories and their Intention

Petr Pokorný

I. THE TWO VERSIONS

Extensive literature about the Temptations[1] provides a collection of parallels from the history of religion, biblical material and a wide range of individual observations.

In spite of this there is no broad agreement on the conclusions to be drawn. Only the legendary character of the setting and the fact that in all three Synoptics the Temptations obviously occupy an important position at the beginning of Jesus' public activity represent a narrow basis for agreement.

In this contribution I shall endeavour to re-examine the problem with regard to the intention of the story. In Mark i. 12–13, Matt. iv. 1–11 and Luke iv. 1–13 we have before us three versions of the Temptations. The two longer versions obviously originate from a common source used by both Matthew and Luke, an assertion which can be supported by the following arguments:

Study of the individual New Testament authors (*Redaktionsgeschichte*) enables us to explain the difference in the sequence of the second and third temptation as a deliberate alteration with a clear purpose. Luke locates the major temptation, the worship of the Devil, in the middle and the other temptation at the end. In his day (after A.D. 70) the dispute with the Jews concerning the Temple was topical[2] and was characteristic of the last epoch, the time of the Church.[3] In Luke, Jerusalem is the city of the revelation of the power of Jesus exerted through the Holy Spirit.[4] If the Lucan sequence is original, which is less probable, the reason for the inversion would be

---

[1] See E. Fascher, *Jesus und der Satan* (Halle, 1949); J. Dupont, 'L'arrière-fond biblique du récit des tentations de Jésus', *N.T.S.* III (1956–7), 287–304; J. Dupont, 'L'origine du récit des tentations de Jésus', *Rev. Bibl.* LXXIII (1966), 30–76 (he also gives a bibliography on the problem); P. Doble, 'The Temptations', *Exp. T.* LXXII (1959–60), 91–3; B. Gerhardsson, *The Testing of God's Son*, I (Lund, 1966). For an almost complete bibliography see H. Schürmann, *Das Lukasevangelium I* (Herders Kommentar III, Freiburg etc. 1969), pp. 204 f. For the history of the exegesis see K. P. Köppen, *Die Auslegung der Versuchungsgeschichte unter besonderer Berücksichtigung der Alten Kirche* (Tübingen, 1961).

[2] W. Schmauch, *Orte der Offenbarung und der Offenbarungsort im Neuen Testament* (Berlin, 1956), p. 98.

[3] Acts vi. 8 – vii. 60; xxi. 17 – xxii. 21 cf. Fascher, *op. cit.* p. 24 note 1. E. Percy, *Die Botschaft Jesu* (Lund, 1953), p. 18 note 1 objects that the third Lucan temptation is not related in its intention to the Temple. But for Luke the original intention was not the only one. The decisive thing was that the Temple and Jerusalem are mentioned here.

[4] Luke xxiv. 49; Acts i. 4.

obvious: as a climax, the last temptation would correspond to the climax of the whole gospel of Matthew in xxviii. 18: 'Full authority in heaven and on earth has been committed to me.' In both cases the change of sequence can be ascribed to the authors of the gospels.

The varying length of the Old Testament quotations is due to the common practice of shortening well-known quotations.[1] That is why in spite of small differences we can assume there is a common source Q which Matthew and Luke obviously used in other passages too. In our further considerations we shall pay attention only to the two basic versions, the first from Q^2 and the second from Mark.[3]

M. Albertz and R. Bultmann characterized the longer version as a polemic (*Streitgespräch*)[4] similar to other dialogues between Jesus and his adversaries. A. Meyer, R. Bultmann and in recent years J. Dupont and B. Gerhardsson have pointed out that in fact this is a learned dispute in the style of a rabbinic, haggadic Midrash.[5] They have stressed the close continuity of all three temptations based on their common background in Deut. vi–viii, from which all the replies in the dialogue are taken. In this way they have also proved that Matthew and Luke already knew all three temptations as a closely connected unit.[6] Only the question of the sequence of the last two temptations is in dispute. What is the mutual relation between these two basic versions, i.e. Mark and Q?

At first glance the Marcan version in its enigmatic character seems to be a fragment or even an extract from the longer version.[7] The wilderness (ἔρημος), the forty days and the temptation (πειράзεσθαι) seem to support the hypothesis that Deut. vi–viii also lies behind the Marcan version. In addition we find in Matth. iv. 6 par. 'he will put his angels in charge of you...', a direct quotation; and in Matt. iv. 11 par. a motif from Ps. xci. 11 f. and Mark i. 13 'wild beasts and angels' could show that the narrator also alludes to Ps. xci, at least to verses 12 and 13 – lion, adder, dragon = beasts.[8] But in my opinion Deut. vi–viii need not be the only background of the term 'wilderness', 'forty days' and 'temptation', and whereas in Matt. iv. 6 par. Ps. xci

[1] Observe how differently Matthew and Luke reproduce the quotation from Mark i. 2–3 or how Matthew gives a more complete text in xix. 4–5 as compared with Mark x. 6–8. See K. Stendahl, *The School of St Matthew* (Philadelphia, 1969²), pp. 47 f., 59 f., 88; T. Holtz, *Untersuchungen über die alttestamentlichen Zitate bei Lukas* (T.U. 104; Berlin, 1968), pp. 61–4; C. H. Dodd, *According to the Scriptures* (London, 1952), p. 47 note 1.
[2] Without regard to the question of the character of this source.
[3] Against the hypothesis that the unit was created only by Matthew and Luke.
[4] M. Albertz, *Die synoptischen Streitgespräche* (Berlin, 1921), p. 41; R. Bultmann, *Die Geschichte der synoptischen Tradition* (Göttingen, 1958⁴), p. 272; Percy, *op. cit.* pp. 13 ff.
[5] Bultmann, *loc. cit.*; Dupont, *N.T.S. op. cit.* pp. 287 ff.; Gerhardsson, *op. cit.* pp. 11–13, 70; A. Meyer, 'Die evangelischen Berichte über die Versuchung Christi', *Festgabe H. Blümner* (Zürich, 1914), pp. 434–68, esp. p. 458.
[6] Against J. Jeremias, *Die Gleichnisse Jesu* (Berlin, 1953³), pp. 101 f. and Percy, *op. cit.* p. 18.
[7] Dupont, *N.T.S. op. cit.* pp. 298 f.; Gerhardsson, *op. cit.* p. 81. It was J. Weiss, *Das Markusevangelium* (Göttingen, 1917), p. 75 who expressed this opinion.
[8] Dupont, *N.T.S. op. cit.* pp. 288, 294 f.

is mentioned by Satan, in Mark i. 13 the allusion assumes that Jesus was given power and protection by God. So the arguments supporting the hypothesis that Mark i. 13 is an abstract from the longer version are not sufficient. Why should Mark omit the core of the story? The conflict between Jesus and Satan plays an important part in his gospel.[1] He also points out that the demons and unclean spirits have supernatural knowledge of Jesus being the 'Son of God'.[2] Though he does not frequently quote the Old Testament he would not have omitted the core of such a story, had he known it, and he would have mentioned some of its other features.

Those who consider the shorter version to be an extract from the longer one would also have to explain why Mark added the 'beasts' in v. 13. The only possibility is to suppose that there was an original version similar to the longer one, but containing more quotations from Ps. xci.[3] According to such an assumption, the original story would be a conflation of a legend and a learned polemic, which is a very unusual form, common only in a developed literary stage of tradition, e.g. in the canonical gospels of Matthew and Luke. The assumption of a lost original version would imply that there was a proto-Matthew, which was known to Mark.[4] A better solution is to recognize that the dialogue from the longer version originates in a tradition that was known to Matthew and Luke, but not to Mark, most probably in Q.[5] The mention of the Spirit, the angels and the beasts originates in the short Marcan narrative. As we shall see (§iii), the terms resembling Ps. xci in the Marcan version can have another explanation.

In conclusion we can say that Mark i. 12–13 can hardly be considered to be an extract from Matt. iv. 1–11 par. We have to start with the analysis of the Marcan *narrative* and regard it as independent of the longer version,[6] which is a *dialogue*. To what degree the longer version is dependent on the Marcan narrative will also be discussed.

II. AN APOLOGY FOR JESUS' AUTHORITY

What is the intention of the shorter version? Bultmann assumes that it is a fragment of a more extensive legend, probably derived from a nature

[1] iii. 22–7; viii. 33 cf. V. Taylor, *The Gospel According to St Mark* (London, 1953²), p. 163.

[2] iii. 11 and i. 24 (34); v. 7 cf. U. Luz, 'Das Geheimnismotiv und die markinische Christologie', *Z.N.W.* lvi (1965), 9–30.

[3] Dupont, *N.T.S. op. cit.* pp. 294 f.

[4] E.g. B. C. Butler, *The Originality of St Matthew* (Cambridge, 1951), pp. 112 f. For a more modified form of this thesis see L. Vaganay, *Le problème synoptique* (Paris, 1954).

[5] For a survey of arguments in favour of Q see W. G. Kümmel, P. Feine and J. Behm, *Einleitung in das Neue Testament* (Heidelberg, 1964¹³), pp. 32–41. D. Lührmann, *Die Redaktion der Logienquelle* (Neukirchen, 1969), p. 56 presupposes that the longer version originates in a tradition known to Matthew and Luke, but he doubts whether this tradition belonged to Q. I consider the Temptations to be a part of Q; see below p. 125 note 3 and p. 126 note 3.

[6] Meyer, *op. cit.* p. 437; J. Schniewind, 'Das Evangelium nach Matthäus', *N.T.D.* 1 – Gesamtausgabe (Göttingen, 1962²), p. 29; Bultmann, *op. cit.* pp. 270 f.; E. Lohmeyer, *Das Evangelium nach Markus*, Meyer's Commentary (Göttingen, 1959¹⁵), p. 28.

myth.[1] But we have no direct evidence in support of such hypotheses. Our main task is therefore to analyse New Testament texts that could have been related to the Marcan temptation story.

In Mark, the temptation of Jesus is closely connected with his baptism (Mark i. 9–11).[2] Matthew and Luke follow this scheme (Matt. iii. 13–17 par.). Many scholars have drawn attention to the fact that in religion initiation and temptation often go together.[3] In Matthew and Luke this connection is obvious. Baptism is Jesus' messianic enthronement – 'This is my Son, my beloved' – and the Temptations his messianic test 'If you are the Son of God'. In Mark it is only the two key-words 'wilderness' (ἔρημος) and 'spirit' that string together the sources of chapter i, verses 1–13. And the fact that in theory Jesus finds himself in the desert from i. 9 is a sign of an additional 'seam' obviously created by Mark himself. Matthew and Luke took this connection over from Mark and gave it a new interpretation. But the Fourth Gospel does not refer to any temptation after the baptism. The conclusion is that the connection of the Temptations with the Baptism of Jesus is secondary.[4]

On the other hand, the Marcan connection with baptism was not merely accidental. There was obviously a tradition according to which the temptation took place at the beginning of Jesus' public activity. It is possible that the other version of the Temptations was also placed at the beginning of Q as a kind of summary.

The other indication for the connection of the Temptations with the beginning of Jesus' public activity is the parallel with Old Testament characters who experienced the Spirit of God immediately following their vocation (Ezek. iii. 14 f.) or underwent temptations: Job, where Satan appears at the beginning (i. 6–12; ii. 1–8), and above all Adam (Gen. iii) – though the term נסה 'tempt' does not occur in Gen. iii.[5]

The third area of evidence does not concern the possible historical influence but only parallels from the history of religion that give evidence in support of the phenomenological regularity of temptation ascribed to the beginning of the activity of great religious personalities – Zarathustra, Buddha, Mohammed.[6]

All this leads to the conclusion that within a certain part of the Christian tradition the shorter temptation story was originally considered to be an

---

[1] *Op. cit.* pp. 270 f. Cf. already Meyer, *op. cit.* pp. 437, 441 ff.; E. Klostermann, 'Das Markusevangelium', *Handb. z. N.T.* (Tübingen, 1936³), p. 11; Albertz, *op. cit.* pp. 44 ff.

[2] U. W. Mauser, *Christ in the Wilderness* (London, 1963), pp. 77 ff.; cf. p. 98.

[3] The Pauline midrash in I Cor. x. 1–22 provides N.T. evidence in favour of this observation. See Meyer, *op. cit.* p. 459; B. M. F. van Iersel, *'Der Sohn' in den synoptischen Jesusworten* (Leiden, 1961), pp. 161 f.

[4] Cf. Lohmeyer, *op. cit.* p. 28; Dupont, *Rev. Bibl. op. cit.* pp. 46 f. against Doble, *op. cit.*, Mauser, *op. cit.* p. 79.

[5] H. Seesemann, 'πεῖρα etc.', *Th. Wb. z. N.T.* vi, 23–7, esp. p. 25.

[6] See Meyer, *op. cit.* p. 467; Albertz, *op. cit.* pp. 45 f.

introduction, a proto-story. What was an important enough reason for creating such a proto-story? Let us start with the important word σατανᾶς[1] (Mark i. 13).[2] In Mark iii. 15 and vi. 7 par. Jesus gave his disciples the authority 'to drive out demons'. It is a widespread tradition and appears in Mark in a dual form. According to this tradition Jesus had exceptional authority. In the apocalyptic literature of his time, the dethronement of Satan was anticipated as an eschatological event.[3] And the early Christian traditions understand Jesus' activity as a conflict with Satan and the supra-individual 'principalities and powers' that Satan has misused: Acts x. 38; Luke x. 17–20; John xii. 31; xvi. 11; Eph. vi. 12;[4] Rev. xii. 9. The most important argument supporting the authenticity of this tradition is the dispute on collusion with Satan: Mark iii. 22–7; Matt. ix. 32–4; Matt. xii. 22–30: Luke xi. 14–15, 17–23. Here there is a common tradition behind both versions – Mark and Q.[5] Jesus is accused of 'driving out demons by the prince of demons'.[6] It is generally agreed that this is an authentic argument used by Jesus' adversaries; the assertion that it originated later cannot be substantiated. We also find traces of this accusation in Mark iii. 21 b: ἔλεγον γὰρ ὅτι ἐξέστη; in John vii. 20: Δαιμόνιον ἔχεις; but especially in Mark iii. 30: πνεῦμα ἀκάθαρτον ἔχει, in connection with the dispute about the sin against the Holy Spirit (Mark iii. 28–30 par. – conflated with Q in Matt. xii. 31 b–32; Luke xii. 10 a). In Mark these sayings are obviously aimed at the defamation of Jesus' authority or, we may say, of his messianic consciousness. There is also another example of defamation, concerning Jesus' low birth from Mary and Joseph (Mark vi. 2 f.).[7] These objections against Jesus as well as the fact of his trial reveal indirectly that he was aware of his messianic mission. They also reveal the character of the Messiah as expected by Jesus' contemporaries.

We know, of course, that Jesus was calumniated just because he rejected these common messianic images which were applied to him (see, e.g., Mark viii. 27–33 par.).[8] It is highly improbable that he himself expressed his aware-

---

[1] Fascher, *op. cit.* pp. 22 ff.

[2] Because we have no evidence of an Anthropos myth behind the Synoptic traditions: see C. Colpe, *Die religionsgeschichtliche Schule* (Göttingen, 1961); H. M. Schenke, *Der Gott 'Mensch' in der Gnosis* (Berlin, 1962); P. Pokorný, *Počátky gnose – The Gnostic Origins* (Praha, 1969²), we are not entitled to leave out the phrase 'tempted by Satan' as a later addition, as G. Erdmann does (*Die Vorgeschichten des Lukas- und Matthäusevangeliums* (Göttingen, 1932), p. 122 note 4).

[3] W. Foerster, 'σατανᾶς A–B', *Th. Wb. z. N.T.* VII, 151–64, esp. p. 156. The most important texts: 1QS iv. 18–23; Ass. Mos. x. 1; Jub. xxiii. 29; I Enoch lxix. 29; Matt. xxv. 41; Rom. xvi. 20, cf. H. L. Strack–P. Billerbeck, *Kommentar zum Neuen Testament aus Talmud und Midrasch,* IV (München, 1965⁴), 527.

[4] See H. Bietenhard, *Die himmlische Welt im Urchristentum und Spätjudentum* (Tübingen, 1951), p. 214.

[5] In Q esp. Matt. xii. 27–8; Luke xi. 18 b–20.

[6] I.e. Beelzebub: Mark iii. 22 par., cf. Matt. xii. 27 par.

[7] Cf. Luke iv. 22; John vi. 42, 46; vii. 25–9.

[8] See E. Dinkler, 'Petrusbekenntnis und Satanswort', *Zeit und Geschichte* (Tübingen, 1964), pp. 127–53.

ness of the particular mission given him by God with the help of messianic titles. He did not need any external support for his authority. He was the 'stronger one' (Mark iii. 27) because of his spiritual sovereignty. But his followers were shocked by the sharp opposition to their master when the people called him a demoniac. Their answer was the temptation narrative. Consequently the temptation narrative (the shorter temptation-story) is an apology for Jesus' authority to drive out devils and to speak in the name of God himself. Why does he have this authority? The answer of the disciples was: because at the very beginning he was able to face Satan himself and resist temptation.

The fact that his authority is not supported by references to his resurrection enables us to assume that the story originated among Jesus' followers at a very early period.

III. THE NEW MAN

In order that we may indicate how the general intention was carried through, we shall analyse the contents of the shorter version.

We have seen that neither Ps. xci nor Deut. vi–viii can sufficiently explain the background of the story in its shorter version. On the other hand we should not underestimate the fact that we find there many particular features that are also to be found in Mark i. 12–13.[1]

Some exegetes refer to the story of Adam in paradise as the background. The roots of this understanding go back to Early Christianity (Just. Mart. *dial. c. Tryph.* 103).[2] Adam was Lord over the beasts (Gen. i. 26–8), but he did not resist temptation (Gen. iii). Later the idea of divine protection and of the coexistence of men with beasts became part of an eschatological image (Isa. xi. 1–9; lxv. 25; Hos. ii. 18),[3] influenced by the Jewish paradise tale according to the oriental principle τὰ ἔσχατα ὡς τὰ πρῶτα.

When Paul developed the Adam–Christ typology, where Adam was the antitype of Christ (Rom. v. 12–21; I Cor. xv. 22, 45–9),[4] it was possible only in contrast to the Jewish image of Adam as a personality with messianic features. He was a luminous personality, full of glory.[5] In the days of the Messiah the glory of Adam will return to men.[6] In the Qumran sect the 'Sons of Light' expected in the last days victory over Satan and the revelation of Adam's glory.[7]

---

[1] Against W. Foerster, 'θηρίον', *Th. Wb. z. N.T.* iii, 133–6, esp. p. 134.

[2] See Köppen, *op. cit.* p. 79.

[3] In a general context: Test. Naph. viii. 4; cf. J. Héring, *Die biblischen Grundlagen des christlichen Humanismus* (Zürich, 1946), pp. 16 f.

[4] L. Goppelt, τύπος etc.', *Th. Wb. z. N.T.* viii, esp. pp. 252 f.; J. Schniewind, 'Das Evangelium nach Markus', p. 15; J. Jeremias, 'Ἀδάμ', *Th. Wb. z. N.T.* i, 141–3.

[5] Ecclus. xlix. 16; cf. J. Jervell, *Imago Dei* (Göttingen, 1960), pp. 100–7.

[6] See above and Billerbeck, *op. cit.* pp. 887 f.; C. Colpe, 'ὁ υἱὸς τοῦ ἀνθρώπου', *Th. Wb. z. N.T.* viii, 403–81, esp. p. 413 note 67.

[7] 1QS iv. 15–26 esp. 23, cf. Zadok. fragm. iii. 20; E. Brandenburger, *Adam and Christus* (Neukirchen, 1962), p. 110.

The most striking parallels are offered to us in the apocalyptic Books of Adam. In the Apocalypse of Moses we read of a dialogue between Eve and Seth and a wild beast that had assailed them, because men had lost their authority over the animals through Eve's failure to resist temptation.[1] In paradise, Adam and Eve ate the food of angels.[2] After they had been driven out of paradise, Adam decided to do penance and spent forty days fasting.[3] During this time they were once more tempted by Satan, who had been driven out of heaven.[4] Tempting them he transformed himself into the brightness of angels.[5]

Here we find almost all the elements of Mark i. 12–13. The supposedly original Hebrew text of the Book of Adam originates most probably from before A.D. 70 and the passages just mentioned belong to the bulk of the old Jewish apocalyptic Adam tradition.[6]

Against this background Mark i. 12–13 seems to be a transformation of a Jewish Adam-legend, some features of which are related to Jesus who, in contradistinction to Adam, overcame temptation, and to whom the wild beasts did no harm.[7] Therefore Jesus is entitled to drive out demons and the last days become present in him.[8]

We may say in conclusion that the shorter version of the temptation narrative alludes to a Jewish Adam-apocalypse and expresses the authenticity of Jesus' authority through a comparison with Adam, his antitype, who lost his struggle with Satan. Like the proclamation of the Kingdom of God and some of the sayings about the Son of Man,[9] the conviction that Jesus must have won the struggle with Satan probably belongs to the pre-Easter tradition. It does not yet mean any elaborated Jesus–Adam typology, but all those various elements, though they are of different origin,[10] were present in the Church or Churches of Jerusalem.[11] In the Early Church the tidings of Jesus' victory over Satan were expressed mainly against an apocalyptic background.[12] It was probably only the Apostle Paul himself who developed

---

[1] Apoc. Mos. x. 1 – xii. 2: *Vit. Ad.* xxxvii. 1 – xxxix. 2.

[2] *Vit. Ad.* iv. 2. Most of the passages indicated in notes 39–42 have parallels in the Slavonic version of *Vit. Ad.*

[3] *Vit. Ad.* vi. 1–2; xvii. 3.

[4] *Vit. Ad.* ix. 1 – xvi. 4.

[5] *Vit. Ad.* ix. 1, cf. II Cor. xi. 14.

[6] R. H. Charles, *The Apocrypha and Pseudepigrapha of the Old Testament*, ii (Oxford, 1913), 126–9; E. Kautsch, *Die Apokryphen und Pseudepigraphen des Alten Testaments*, ii (Tübingen, 1900), 508–12.

[7] See D. E. Nineham, *Saint Mark* (The Pelican Gospel Commentaries, Harmondsworth, 1963), p. 64; Brandenburger, *op. cit.* p. 239. On the later history of this idea in the Early Church see W. A. Schulz, 'Der Heilige und die wilden Tiere', *Z.N.W.* xlvi (1955), 280–3.

[8] The destruction of Satan is the sign of the last days: Rom xvi. 20; Rev. xx. 10; Jub. xxiii. 29; I Enoch lxix. 29. See also p. 119 note 3, above.

[9] See Colpe, *Th. Wb. z. N.T.* viii, *op. cit.* p. 443; cf. H. E. Tödt, *Der Menschensohn in der synoptischen Ueberlieferung* (Gütersloh, 1959), pp. 207–12.

[10] Against the harmonizing tendencies in O. Cullmann, *Die Christologie des Neuen Testaments* (Tübingen, 1958²), pp. 169 f.

[11] R. Bultmann, *Die Theologie des Neuen Testaments* (Tübingen, 1959³), pp. 43 f., 45, 52.

[12] II Thess. ii. 4, 8, 12; Rev. xii. 7–18; xx. 1–10.

the Adam–Christ typology.[1] Mark combined the temptation with the baptism of Jesus. According to this Marcan concept Jesus confirms his messianic mission in a confrontation with Satan.

Even if the shorter version is mainly an apology for Jesus' special authority, its theological contents are not poor: Satan's function at the time of Jesus was an actual one. He was the cause of disease, hate, lies and despair. Jesus stresses the perverse character of Satan who, in contrast to his Old Testament image, became the adversary of God. The intention of the temptation narrative is to say that Satan can and should be resisted just as he was by Jesus.[2]

IV. THE TRUE MESSIAH

In §1 we stated that according to its form the longer version is a dialogue or polemic. The basis of the answers is Deuteronomy vi–viii. In fact, the question is the dispute with the Jews – with the synagogue. Van Iersel has proved that the Church in Jerusalem considered all traditions of the conflicts of Jesus with Jewish representatives as a 'temptation'.[3] Because the Old Testament quotations are taken from the Septuagint,[4] we have to place the origin of the longer version in a Christian group in a Greek-speaking Jewish setting. In its core, the longer version depends most probably on the same traditional consciousness of Jesus' temptations as the shorter version.[5] Also the Christian exorcist formula ὕπαγε, σατανᾶ (Matt. iv. 10), which was most probably left out by Luke rather than added by Matthew,[6] clearly reveals the connection of the dialogue with the problem of Jesus' authority over unclean spirits.

But in Q the motif of the Temptation was fundamentally transformed. To say only that Jesus had authority over Satan was no longer sufficient. It was necessary to deal with the objections of Jewish opponents to the content of Jesus' teaching. Under these circumstances, the Christians tried to explain how Jesus won his authority. That is why the tradition about the three temptations was developed as a midrash, in which Jesus became the true Son of God. Allusions to the Jewish Adam-legend faded, because in the new version they lost their function and did not correspond to the form of the dialogue. The double occurrence of the title Son of God (Luke iv. 3, 9 / Matt. iv. 3, 6) indicates that at least in Q the temptation was considered to

---

[1] Colpe, *Th. Wb. z. N.T.* VIII, *op. cit.* pp. 476 f.

[2] P. Pokorný, 'Kirche und Mächte', *Communio viatorum*, II (1959), 71–82.

[3] (ἐκ)πειράζειν: Mark viii. 11 par.; x. 2 par.; xii. 15 par.; Matt. xxii. 35; Luke x. 25; xi. 16; van Iersel, *op. cit.* p. 167.

[4] Stendahl, *op. cit.* pp. 88 f.; Holtz, *op. cit.* pp. 61–4.

[5] If we read the three dialogues we have in Q – the Temptations, the Centurion's Servant (Luke vii. 1–9 / Matt. viii. 5–10) and On Collusion with Satan (Luke xi. 14–15, 17–23 / Matt. xii. 22–8, 29b–30) – we discover that they all concern authority over evil spirits and over the Devil.

[6] See Mark viii. 31–3, where in the Lucan parallel the same formula is left out too. Cf. H.-W. Bartsch, *Wachet aber zu jeder Zeit* (Hamburg, 1963), p. 59.

be a test of Jesus' messiahship. Bultmann denies that the story rejects a false image of messiahship.[1] He says that in the Early Church miracles were of supreme importance (Acts ii. 22) and the exhortation to worship Satan would be no temptation for a Messiah. But these arguments do not take into consideration the fact that the dispute, because it was formulated by Christians, is not an unprejudiced record, but also a Christian evaluation of the Jewish objections to the messiahship of Jesus: they are satanic temptations[2] or, expressed in other words – against the background of Deut. vi–vii – an act of idolatry (cf. Deut. vi. 13 ff.; vii. 16; viii. 19).[3]

Let us start with the third temptation according to the Matthean order. Its core is obviously the authentic objection that Jesus did not fulfil the expectations connected with the Jewish Messiah who would announce the coming of the New Age and establish an eschatological kingdom. Jesus died on the cross and the Church did not become a political kingdom. Though the Christians confessed Jesus as Pantocrator and lived 'on account' of his final victory over evil (e.g. Rom. xvi. 20; Eph. vi. 10f.), they did not accept the image of a miraculous political Messiah. The old root of this conviction is the fact that Jesus rejected zealotism as a satanic temptation. The best evidence of this is given by the pericope on the confession at Caesarea Philippi (Mark viii. 27–33 par. esp. verse 33: ὕπαγε ὀπίσω μου, σατανᾶ).[4] The same can be said of the hidden polemics against John the Baptist and his disciples in the collection of Jesus' sayings in Luke vii. 18–35 / Matt. xi. 2–11, 16–19. John obviously expected apocalyptic revenge, and only later did the Christian tradition understand John the Baptist as Jesus' conscious forerunner.[5] The general tension between the old tradition of Jesus on the one hand, and the zealotism, or later on the Jewish expectation of the miraculous political Messiah[6] on the other, is a generally accepted fact.[7] The awareness that the final victory can be reached only through service is not only one of the old features of the Son of Man christology (Mark x. 45 par.), but is most probably an authentic feature of the teaching of Jesus (Mark x. 43 f.).[8] After

---

[1] *Synopt. Trad.* pp. 272 f.

[2] The same also holds good for E. Percy, *op. cit.* p. 15, and B. Gerhardsson, *op. cit.* p. 60, who consider that if it were a messianic dispute it would be necessary to have some spectators. But the 'spectators' are the hearers or readers of this pericope.

[3] Gerhardsson, *op. cit.* p. 65, has proved the traditional connection of Satan and idolatry in Judaism.

[4] Dinkler, *op. cit.* pp. 127–53, cf. O. Cullmann, *Jesus und die Revolutionären seiner Zeit* (Tübingen, 1970), pp. 56 ff.

[5] See H. Thyen, 'ΒΑΠΤΙΣΜΑ ΜΕΤΑΝΟΙΑΣ ΕΙΣ ΑΦΕΣΙΝ ΑΜΑΡΤΙΩΝ', *Zeit und Geschichte* (Tübingen, 1964), pp. 97 ff.

[6] As it is expressed e.g. in 1QSb v. 23–8, where we read of the nations that will be compelled to serve the 'Prince of the community'. See esp. P. Hoffman, 'Die Versuchungsgeschichte in der Logienquelle', *Bibl. Zeit.* N.F. XIII (1969), 207–23.

[7] It was O. Cullmann in particular who pointed this out: *Der Staat im Neuen Testament* (Tübingen, 1961[2]), esp. p. 35. The only noteworthy opponent of this view is S. G. F. Brandon, *Jesus and the Zealots* (Manchester, 1967); see the review by M. Hengel: *Evang. Kommentare*, II (1969), 694.

[8] Cf. the context in *vv.* 41 f. and 45 par.

Easter, in spite of all misinterpretations, the Messiah nailed to the cross became the antitype of contemporary Jewish images of the Messiah.

In the first temptation the Devil mentions bread. This could allude to the manna, מָן, which was the food given to Israel in the wilderness (Deut. viii. 3, 16). But already in Deuteronomy we read a warning against the plentifulness of food that causes the people to forget God (viii. 12–14). The Lord's Prayer (Luke xi. 2–4/Matt. vi. 9–13) is a comprehensive expression of similar intention: the necessity of bread on the one hand and the warning against assigning it unqualified importance on the other. In the feeding of the five thousand (Mark vi. 31–44 par., cf. viii. 1–10 par.), feeding with bread was connected with the messianic expectations of the crowd: '...they sat down in groups on the green grass, and they sat down in companies, a hundred companies, of fifty each' (vi. 40). This is reminiscent of the eschatological days, in which, according to the Qumran sect, the last battle against the enemy was awaited.[1] In John vi. 15 we read that the people intended 'to seize him to proclaim him king', because he fed them with bread.[2] And Jesus escaped.

In the tradition on the Eucharist (I Cor. xi. 23–6 par.), where the bread was closely connected not only with the remembered liberation from Egypt, but also with the 'coming of the Lord', the eschatological expectation is purposely connected with the death of the Christian Messiah. According to the first temptation, a Messiah who brings only bread is a dangerous expectation.

The second temptation concerns the desire for miracles which was certainly current in the Early Church too (Acts ii. 22). Bultmann considers that the only matter of importance is 'in which name' such miracles are done.[3] We read of false prophets or even of Satan who can produce signs and wonders.[4] But on the whole, from the very beginning we can trace two tendencies in the Christian Church; on the one hand the increasing affinity with miracles culminating in the Christian apocrypha,[5] on the other the absence of miracles that would be *Schauwunder* and the warning against asking for a sign.[6] The Apostle Paul belongs to the second group. He polemicizes against apocalyptic expectations based on miracles (I Cor. i. 22). The Fourth Gospel with its spirituality again represents a transformation of the so-called σημεῖα-source. The last manifestation of this second tendency is the limitation of the New Testament canon, excluding the apocryphal writings, which contain the most striking miracle stories. This does not mean

[1] 1QM ii. 16; iv. 3 f.; for other similar texts see Dupont, *Rev. Bibl. op. cit.* pp. 64 f.

[2] Cullmann, *Jesus...*, pp. 48 f.

[3] *Syn. Trad.* p. 273. Cf. e.g. Mark iii. 22 par.

[4] Mark xiii. 22; II Thess. ii. 9.

[5] See H. Köster, 'Grundtypen und Kriterien christlicher Glaubensbekenntnisse', H. Köster and J. M. Robinson, *Entwicklungslinien durch die Welt des frühen Christentums* (Tübingen, 1971), pp. 191–215, esp. pp. 201–4 (E.V.: *Trajectories Through Early Christianity* (Philadelphia, 1971)).

[6] Matt. xii. 39 / Luke xi. 29, cf. Mark viii. 12 par.

mistrust of 'deeds of God' done through men, but it implies a warning against miracles that work only from outside without changing the man himself. We have to read the second temptation in connection with the warning against asking for signs,[1] which are obviously signs of the Messiah.[2] Such a desire is classified as murmuring against God.[3]

To sum up: the intention of the longer version is to reject the contemporary Jewish concepts of the Messiah,[4] especially those which were current in Greek-speaking Judaism. All three temptations allude to the life and teaching of Jesus on whom messianic hopes were concentrated.[5] That is why some scholars have tried to ascribe the dispute in its present form directly to Jesus. But in fact the dialogue was composed by a learned Christian. The answers Jesus gives there are an attempt to teach a correct evaluation of the demands, offers and objections of the early Christians' Jewish opponents; these are temptation, initiated by the Devil himself.[6] And in the form of a midrash we hear in the longer version that to yield to them would in fact be an act of idolatry[7]

The whole polemic presupposes a tradition of the miracles of Jesus that would support his confession as Messiah.[8] Such a Christology was considered to be dangerous. In the temptation narrative the Christological title 'Son of God', rooted deeply in the Christian tradition (Rom. i. 2–4),[9] is being defended against the Hellenistic idea of a divine man who performs miracles. In this way the older 'authentic' temptations from Jesus' life are made understandable. So the intention of the longer version is to correct the false image of the Son of God who was comprehended as a divine personality in terms of Hellenistic Judaism.[10] That is why we should regard the title 'Son of God' as an organic part of the longer version of the temptation.

V. FURTHER APPLICATION

Because the longer version is so closely associated with the 'Son of God' title and corrects its misinterpretation, we have to place its origin in the time when the material of Q was being collected by a Christian from Greek-speaking

---

[1] Cf. Pesiq. Rab. 36. 162a, on the revelation of the Messiah on the roof of the Temple.

[2] Cf. Lohmeyer, *Markus...*, p. 156; W. Grundmann, *Das Evangelium nach Markus* (Berlin, 1959), p. 117; J. Gnilka, *Jesus nach dem frühen Zeugnis des Glaubens* (München, 1970), p. 123.

[3] See Deut. vi. 16 and cf. Exod. xvii. 2 ff. In Q this polemic against messianic miracles means a judgment upon Israel; Lührmann, *op. cit.* p. 41.

[4] Schniewind, *Matthäus...ad loc.*; Seesemann, *op. cit.* p. 35; Jeremias, *Gleichnisse...*, p. 102.

[5] A detailed survey of these allusions has been given by Dupont, *Rev. Bibl. op. cit.*

[6] See Dupont, *Rev. Bibl. op. cit.* pp. 49 f.

[7] Gerhardsson, *op. cit.* considers that even the classification of the temptations into three types can be explained against the background of the rabbinical exegesis of Deut. vi. 5.

[8] E. Schweizer, 'υἱός etc.', *Th. Wb. z. N.T.* viii, 379 and cf. p. 124 note 5.

[9] For a discussion of the 'Son of God' title in Hellenistic Judaism see F. Hahn, *Christologische Hoheitstitel* (Göttingen, 1963), p. 281 and P. Pokorný, *Der Gottessohn* (Zürich, 1971), pp. 32 f.

[10] G. Bornkamm, 'Enderwartung und Kirche im Matthäusevangelium', *Ueberlieferung und Auslegung im Matthäusevangelium* (Neukirchen, 1968⁵), p. 34.

Judaism.[1] I should not like here to raise the problem of the literary character of Q. But if we assume that Q was an entirety, we can understand the temptation narrative as a summary created by its learned collector.[2] It would be a summary of its eschatological message, in which Jesus as the victorious Lord is actualized in his word, a summary of the new ethic of love directed against apocalyptic expectations of revenge.[3] But because the position of the Temptations in the context of Q is a controversial issue these last conclusions are only tentative.

The Matthean and Lucan versions are a conflation of the shorter story from Mark and of the longer version originating most probably from Q.[4] Since, compared with the oral tradition, the gospels as a large literary unit contain a wide tradition, it was possible not only to combine the two versions but also their intention: the story of the new Adam and the revelation of the Son of God, who has obtained his power by service and love.

There are others who have examined the position of the temptations in the context of the Synoptic Gospels by means of *Redaktionsgeschichte*. Here I only want to mention that, in Matthew, the temptations outline a new image of the Messiah,[5] who rejects the help of legions of angels (Matt. xxvi. 53) but who nevertheless after his suffering becomes Pantocrator (xxviii. 18). In Luke, the Adam–Christ typology again plays an important role (cf. Luke iii. 38).[6] Adam wanted to be 'as God' and lost his human mission. Jesus remained obedient and became Lord of the new mankind through the confession of the Church. The second temptation becomes, in Luke, a hidden confrontation with the ideology of the Roman *imperium*,[7] a proclamation of the Kingdom of God that became present in Jesus.[8]

Often, in contemporary interpretation, the stress does not lie only on obedience to God as was the original intention, but rather the theological content is developed. In practice it is quite valid to do this. The fact that the temptations contain allusions to Jesus' life and teaching entitles us to explain the temptations in terms of the general Synoptic tradition. We can rightly say that human hope cannot consist only in 'bread' – in the fulfilling of social needs – provided we ourselves at the same time help starving people. We also have to warn against hope that is built upon miracles. Every interpretation has to culminate in the statement that the promised Kingdom

---

[1] Lührmann, *op. cit.* p. 88. This is the solution of the polemic between A. W. Argyle and B. M. Metzger in *Exp. T.* LXIV (1952–3), 282 and LXV (1953–4), 125 and 285f. Lührmann proved that the Greek version of Q was not only a translation, but also a new interpretation.

[2] Against Lührmann, *op. cit.* see above p. 117 note 5.

[3] The theological relation between the temptations and the basic tradition of the Sermon on the Mount supports my assumption that the temptations also belonged to Q: P. Pokorný, 'Die Worte Jesu der Logienquelle im Lichte des zeitgenössischen Judentums', *Kairos* IX (1969), 172–80.

[4] Cf. Mauser, *op. cit.* p. 97.

[5] Schniewind, *Matthäus...*, p. 31.

[6] W. Staerk, *Soter* (Gütersloh, 1933), p. 157.

[7] Cf. R. Morgenthaler, 'Roma – Sedes Satanae', *Theol. Zeitschr.* XII (1956), 289–304.

[8] H. Conzelmann, *Die Mitte der Zeit* (Tübingen, 1957²), pp. 18 f.

of God, the hope of a new community, cannot be based on violence, on conceit and on human self-glorification. But we cannot give up the hope of the final victory of Jesus that makes all our 'earthly' efforts meaningful. On the other hand the figure of Satan shows us that what is called sin is not a merely individual matter.

False human decisions influence directly or mediately supra-individual structures – social, religious, political. Satan was obviously the personification of the almost mysterious fact of the misuse of the structures, traditions and ideas that become independent of men and often exert an almost personal pressure on them. The longer version of the Temptations is a catechetic parenesis.[1] Its nearest parallels in this sense are Luke xxii. 31 f.[2] and the promise of the inward power of faith for the true followers of Jesus (Matt. xvii. 20 / Luke xvii. 6). The pericope does not attempt to convince us of the existence of Satan, which of course was not doubted either by the Jews or by Jesus, or by the Early Church, but to proclaim the promise of his definite defeat. Here again, according to the principles of critical hermeneutics, we cannot accept the idea that the defeat of what is called Satan is a matter of the immediate future. But the promise of his defeat makes resistance to all evil in social life, religion and politics meaningful in spite of all the bad experiences of the past. The misuse of religion in all these areas is apparently the worst danger.

With these remarks I find myself almost beyond the scope of an exegetical contribution. But sometimes it is useful to ask whether the gap between critical exegesis and topical interpretation can be bridged from the exegetical point of view. In this case the way from exegesis to interpretation is, in contradistinction to many other texts, a comparatively short and direct one. And at the same time the interpretation from the point of view of practical involvement casts a new light on history. The image of the victorious Jesus who abandons violence and miracles has never lost its attraction in history. There have always been people who confess him as the Resurrected One. In this century of atomic weapons his way has become the only hope for humanity. The way of Jesus is not only right, but also realistic.

---

[1] M. Dibelius, *Die Formgeschichte des Evangeliums* (Tübingen, 1959³), p. 274; Dupont, *N.T.S. op. cit.* p. 299.

[2] Cf. the context: Luke xxii. 24–30.

22. Salz der Erde und Licht der Welt

Zur Exegese von Matth. 5,13–16

Josef B. Souček

Der bei Matthäus überlieferte Doppelspruch vom Salz der Erde und Licht der Welt gehört zu den bekanntesten und am meisten exegesierten und erbaulich angewandten Stellen des Neuen Testaments. Es wäre anmaßend, über eine solche Perikope etwas schier Neues sagen zu wollen. Trotzdem aber könnte es nützlich sein, einen kurzen Rechenschaftsbericht über die wichtigsten dabei begegnenden exegetischen Einzelprobleme und dann eine zusammenfassende Besinnung über die Ausrichtung und Bedeutung der Stelle im Rahmen der matthäischen Bergrede zu versuchen. Ein solcher Versuch könnte auch als Probe der bei uns stattfindenden theologischen Bemühung und so als Zeichen des gemeinsamen Auftrages und der ökumenischen Verbundenheit von einer gewissen Bedeutung sein .

1.

In seiner gegenwärtigen Gestalt und Einreihung ist der Doppelspruch als eine Schöpfung des Matthäus allgemein anerkannt. Zu seiner Erhellung ist es aber notwendig, zuerst eine Orientierung über seinen traditionsgeschichtlichen Hintergrund zu gewinnen. Jeder seiner Bestandteile ist dabei unterschiedliche Wege gegangen.

Das *Salzwort* hat in unserem ältesten Evangelium eine sonderbare und wenig durchsichtige Gestalt. Am Ende der stichwortartig zusammengefügten Reihe von Sprüchen über die Nachfolge Jesu und die dabei geforderte Bereitschaft zur radikalen Entsagung (Mark. 9, 42–50) finden wir drei Logien, die mit dem Vorangehenden durch das Stichwort «Feuer» (V. 48–49), miteinander aber durch das Stichwort «Salz» verbunden sind:

Denn jeder wird mit Feuer gesalzen werden. Gut ist das Salz; wenn aber das Salz salzlos wird, womit sollt ihr es würzen? Habet Salz in euch und haltet Frieden untereinander (Mark. 9, 49–50).

Das mittlere dieser Logien erinnert unmittelbar an Matth. 5, 13, es scheint sozusagen seine Urgestalt zu sein, ist aber an sich wenig durchsichtig. Was soll das Salz bildhaft bedeuten, was sollen wir uns unter dem unwiederbringlichen Verlust seiner Salzigkeit vorstellen? Den unmittelbaren Zusammenhang dürfen wir nur mit Vorsicht zur Beantwortung dieser Frage heranziehen, da die Aneinanderreihung der Logien eben wesentlich durch die Stichwörter bestimmt zu sein scheint. Darüber hinaus scheinen die rückwärtige und die vorwärts weisende Beziehung in entgegengesetzte Richtungen zu zeigen. In der unmittelbar folgenden Vershälfte: «Habet Salz in euch und haltet Frieden untereinander», meint das Salzwort wohl etwas Innerliches: die innere Einstellung oder Gesinnung des Menschen, die dann zur Friedfertigkeit führen soll. Eine solche Betonung des Inwendigen innerhalb eines synoptischen Kontextes kann befremdlich erscheinen. Kein Wunder, daß Johannes Weiß dieses Wort als «johanneisch» empfand[1], wenn man auch seine Meinung, daß es deshalb nicht für einen Bestandteil des ursprünglichen Markus zu halten ist, als übereilt ansehen dürfte. Dagegen ist die rückwärtige Anknüpfung, soweit sie gesichert ist, klarer im Einklang mit der eschatologischen Objektivität des Hauptstromes der synoptischen Überlieferung. Die etwas verworrene textkritische Lage erlaubt doch als den ursprünglichen Wortlaut ein kurzes Logion anzunehmen, das vielleicht im Anschluß an Lev. 2, 13 gemünzt wurde: «Denn jeder wird mit Feuer gesalzen» (Mark. 9, 49). Dieses kurze Logion gibt eine gute Anknüpfung an das Vorangehende, d. h. an die Worte über Abhauen der Glieder und Ausreißen des Auges als eine mögliche Bedingung oder Folge der Berufung in das Reich Gottes. Nicht nur das Stichwort «Feuer», sondern auch das Motiv der «Salzung», d. h. wahrscheinlich der Prüfung oder Läuterung durchs Feuer, führen im kräftigen Bild den Gedanken weiter: Der so drastisch abgebildete äußerste Einsatz in der Nachfolge Jesu wird in dem ersten Salzlogion als Abbild oder Vorwegnahme des eschatologischen Gerichtes verstanden und so in das Licht der eschatologischen Verheißung gestellt.

Ist es auch nicht völlig gewiß, ob diese Zusammenhänge wirklich schon bei der Zusammensetzung des marcinischen Kontextes entscheidend waren oder wenigstens mitwirkten und ob der Zusammenhang mit V. 49, und nicht derjenige mit V. 50b, im Sinne des Mar-

---

[1] J. Weiss: Die Schriften des Neuen Testaments neu übersetzt und für die Gegenwart erklärt[2], 1 (1907), S. 166.

kus für das Verständnis des mittleren Logions ausschlaggebend sein soll, eines ist jedenfalls einleuchtend: Die weiterschreitende Tradition hat das Salzwort gerade in jenem ersten Sinne verstanden und verwendet.

Bei Lukas erscheint das Salzwort in folgender Gestalt:

Gut ist das Salz; wenn aber das Salz kraftlos wird, womit soll es gewürzt werden? (Luk. 14, 34–35).

Die erste Hälfte weicht nur geringfügig vom Markus ab, die zweite führt das Bild und den Gedanken in der dann bei Matthäus begegnenden Richtung weiter. Interessanter und bedeutender ist hier aber der Zusammenhang. Das Salzwort wird bei Lukas an einen Abschnitt angeschlossen, in dem mit scharf formulierten Logien und mit dem Doppelgleichnis vom unüberlegten Turmbau und von ungenügender Kriegsvorbereitung an die Kosten der Nachfolge Jesu hingewiesen und vor leichtfertiger Nachfolge gewarnt wird (Luk. 14, 25–33). Dieser Abschnitt endet mit dem Wort:

So kann keiner von euch, der nicht entsagt allem, was er hat, mein Jünger sein (Luk. 14, 33).

Dieser lukanische Zusammenhang kann als Entfaltung und Betonung des marcinischen betrachtet werden. Er zeigt uns, wie Lukas das an sich mehrdeutige Salzwort verstanden haben will: Die durch das Salz abgebildete Besonderheit des Auftrages, ohne welche die Jüngerschaft jeden Sinn und Wert verlieren müßte, besteht in der letzten Freiheit von allen, auch den natürlichsten und einleuchtendsten Bindungen, in der Bereitschaft zum Leiden in der Nachfolge Jesu, in der Entschiedenheit, alles einzusetzen und allem Besitz zu entsagen.

Der gleiche Zusammenhang wird aber auch bei Matthäus, wenn auch in einer etwas anderen Weise, aufrechterhalten. Das Salzwort knüpft dort unmittelbar an die verdoppelte (und in zwei auch formal verschieden aufgebauten Gestalten dargebotene) Seligpreisung der Verfolgten und Geschmähten an (Matth. 5, 10–12). Wir dürfen diesen Zusammenhang beim Verständnis des matthäischen Doppelspruches nicht vergessen[2].

---

[2] O. Cullmann, Que signifie le sel dans la parabole de Jésus?: Rev. hist. phil. rel. 37 (1957), S. 36ff. Ich habe nachträglich festgestellt, daß ich durch Cullmanns Ausführungen in der Gesamtausrichtung (wenn auch nicht in allen Einzelheiten) meinen Versuch bestätigt finden kann.

Bevor wir aber an die Erklärung dieses Doppelspruches heran-
treten, müssen wir auch etwas über die Vorgeschichte des *Lichtwortes*
sagen. Bei Markus erscheint das entsprechende Logion nach dem
ältesten erreichbaren Text in einer ungewöhnten Gestalt und verknüpft mit einem anderen Spruch:

> Kommt etwa das Licht, um unter den Scheffel gestellt zu werden oder
> unter das Bett? Doch wohl, um auf den Leuchter gestellt zu werden! Denn
> es gibt nichts Verborgenes, außer damit es offenbar wird, und nichts ist ein
> Geheimnis geworden, außer damit es an den Tag kommt! (Mark. 4, 21–22).

Die Anfangsworte: «Kommt etwa das Licht...» sind so sonderbar
und unerwartet, daß auch die meisten modernen Übersetzungen sie
in die aus Matth. und Luk. vertraute Form umbiegen: «Bringt man
etwa das Licht...» Diese Form ist übrigens auch in der späteren
Texttradition bei Mark. bezeugt. Man ist offenbar weithin der Meinung, daß es sich bei der Sondergestalt des ältesten Textes von
Markus um nichts weiteres handelt als um eine unbeholfene Form
derselben Aussage wie bei Matth. und Luk. Dies ist aber keineswegs
sicher, im Gegenteil, nach meiner Meinung sehr unwahrscheinlich.
Schon Johannes Weiß[3], und nach ihm noch deutlicher Ernst Lohmeyer[4], haben darauf hingewiesen, daß im Sinne des Markus die
Fassung: «Kommt etwa das Licht...» gar nicht sonderbar ist, sondern auf das eschatologische Ereignis des Kommens des Reiches
Gottes in Jesus hinweisen soll, also als eine leicht allegorisierende
Metapher zu verstehen ist. Das Lichtwort ist hier demnach eine
kleine Parabel, die wesentlich dasselbe aussagen soll, wie die anderen, größeren Gleichnisse von Mark. 4: Gottes Königreich ist in
diese Welt hinein wirklich, wenn auch verborgen, eingebrochen,
wirkt darin und wird von keinen menschlichen oder überirdischen
Mächten und Gewalten überwältigt werden, sondern die Oberhand
gewinnen und das letzte Wort erhalten. Dieses Doppellogion – übrigens auch das nachfolgende Doppellogion von dem Maße, mit dem
man mißt, und vom Geben und Nehmen – ist also ein eschatologisches Trostwort oder vielmehr ermutigendes Mahnwort: Fürchtet
euch nicht, wenn ihr keine eindeutigen, greifbaren Beweise des
Königreiches Gottes seht; harret in freudiger Ausdauer auf sein
gewisses Kommen. Und es dürfte auch kaum ein Zweifel darüber

---

[3] Weiss (A. 1), S. 113.
[4] E. Lohmeyer, Das Evangelium des Markus (1937), S. 85.

berechtigt sein, daß für Markus diese Verheißung im Lichte des Kreuzes und der Auferstehung Jesu stand; es handelt sich ja um ein Evangelium, wo alles mit eindeutigem Gefälle und mit unmißverständlichem Drang zu der großen Peripetie der Leidens- und Auferstehungsgeschichte hinzielt[5].

Luk. 8, 16ff. bringt das kleine Doppelwort von dem für den Leuchter bestimmten Licht und von dem zu offenbarenden Verborgenen im Anschluß an die Deutung des Säemannsgleichnisses (Luk. 8, 11–15), also in demselben Zusammenhang wie Markus. Darüber hinaus aber bringt er das Lichtwort auch noch in 11, 33. Diese offenbar aus der Logienquelle (Q) stammende Dublette stellt das Lichtwort in den Zusammenhang mit den Worten hinein, die vom Licht «in euch» reden, also versteht es als ein Gleichnis des aufrichtigen, bußfertigen (Luk. 11, 29ff.), ganzheitlichen Glaubens, nicht aber als einen direkten Hinweis auf die bevorstehende große eschatologische Wende. Auch die Umgestaltung der marcinischen Fassung bei Luk. 8, 16 weist in dieselbe Richtung: nicht vom Kommen, sondern vom Anzünden des Lichtes ist die Rede, und in Verbindung mit einer parallelen Umgestaltung des Schlusses der Deutung des Säemannsgleichnisses wird das Lichtwort als Mahnung zum fruchttragenden Aufnehmen der Verkündigung und zum Offenbarwerden des Glaubens im geduldigen und gehorsamen Leben verstanden. Dadurch wird die imperativische Fassung des Matth. 5, 14ff. vorbereitet.

2.

Matthäus hat die früher geschieden überlieferten und unterschiedlichen Sprüche – das Salzwort und das Lichtwort – nicht nur miteinander verbunden, sondern auch sprachlich und sachlich umgestaltet und ergänzt und so zu einem prägnanten, einheitlich ausgerichteten *Doppelspruch* ausgestaltet.

Erstens hat er diese Sprüche durch die einheitliche Einleitung «Ihr seid...» zu einem Berufungs- und Auftragswort gemacht. In

---

[5] Die Meinung Lohmeyers (ebd.), dies sei zwar ungefähr die Meinung des Markus gewesen, aber gegenüber der matthäischen und lukanischen sei seine Fassung als die weniger prägnante, «zersagte und zerdeutete» und deshalb weniger ursprüngliche zu betrachten, erscheint mir wenig einleuchtend.

Erinnerung an Ex. 19, 6 sagt E. Lohmeyer, daß diese Worte «erwählend» sind[6]. Erwählung aber bedeutet in der Schrift – bei Paulus sowie bei den Propheten – nicht ein persönliches Privilegium, sondern Beauftragung, Sendung zum Dienst. Dies wird in unserem Logion durch Hinzufügung von «Salz der Erde», «Licht der Welt» zum Ausdruck gebracht. Die Jüngerschar – und im Kontext des Matthäusevangeliums ist gewiß auch die Gemeinde, die junge Kirche, gemeint – erhält hier ihre Berufung für die Erde, für die Welt. Sie ist dazu da, um durch ihr Wort, ihren Wandel, ihr ganzes Dasein und Sosein Dienerin, ja Werkzeug der gnadenvollen Herrschaft Gottes über die Welt zu sein.

Auf Grund seiner Vorgschichte wie auch seines unmittelbaren Zusammenhangs betont dabei das Salzwort vor allem die Besonderheit der Gemeinde. Salz der Erde kann sie nur sein, wenn sie im Vertrauen auf die Verheißungen ihres Herrn alle Entbehrungen, Entsagungen und Drangsale mutig und freudig auf sich nimmt, bis zum freudigen Ertragen der Verfolgung. Wir haben bereits gesehen, daß solches entschlossene Tragen des Kreuzes schon nach Luk. 14, ja wahrscheinlich schon nach Mark. 9, das Wesentliche am Salzsein der Gemeinde ist. Der Imperativ des Auftrags ist so in dem Indikativ der Erwählung verankert. Das Imperativische wird aber im weiteren durch den Hinweis auf die drohende negative Gefahr eingeschärft: Wenn das Unmögliche des Salzverlustes des Salzes geschehen, wenn die Gemeinde Jesu sich der Welt angleichen und das Kreuz scheuen sollte, würde sie nicht nur zu nichts taugen, sondern müßte der Verachtung, Verdammung und Vernichtung preisgegeben werden. Dies besagt das Bild vom Hinauswerfen und Zertreten. Es sollen die Menschen sein, die es durchführen. Dies gehört wohl zunächst zur Bildhälfte, soll also als ein Bild der Verurteilung und Verdammung Gottes verstanden werden. Aber es bleibt nicht bloß beim Bild. Wir werden kaum fehlgreifen, wenn wir hier nach der prophetischen Weise (Jes. 10) die Menschen als die Ausführenden der Gerichte Gottes verstehen. Das Positive aber, das Salzsein der Gemeinde, sollen wir wohl nach dem in Lev. 2, 13 angedeuteten Gedanken, Salz mache die Opfergaben Gott annehmbar[7], in dem Sinne

---

[6] Lohmeyer, Das Evangelium des Matthäus, herausgegeben von W. Schmauch (1956), S. 99.

[7] Vielleicht auch nach dem Sinn der Sodomsgeschichte, Gen. 18, 23–32.

verstehen, daß das getreue, gehorsame und opferbereite Sein der Gemeinde vor Gott für die Welt eintritt und sie so vor dem Endzorn Gottes bewahrt. Es handelt sich demnach nicht um immanentes Durchdringen und Beeinflussen der Welt, sondern um eschatologisches Einstehen für sie. Dies ist der erste, grundlegende Auftrag der Gemeinde.

Die positiv-aktive Seite des Auftrags, die Sendung der Gemeinde, wird mehr im zweiten Glied des Doppelspruches, in dem Lichtwort hervorgehoben. Wenn die Gemeinde wahrlich da ist, wenn ihr Salz nicht verschwunden ist, ist sie das Licht der Welt. Eine Ergänzung des Matthäus fügt hinzu: Sie ist die Stadt auf dem Berge, d. h. sie steht auf der Stelle, wo nach der alttestamentlichen Prophetie der Berg Sion gestanden hat[8]. Diese Stadt wird nicht verborgen bleiben können. Wir werden gut tun, wenn wir auch aus diesem Spruch zuerst noch den tröstenden, ermutigenden Ton heraushören. Aber der V. 15, wo der bei Markus klar indikativische, ermutigende Spruch von dem für den Leuchter bestimmten Licht bereits in der aus Luk. 14 bekannten mahnenden Umgestaltung vorkommt, bildet den Übergang zu dem eindeutig imperativischen V. 16, der eine weitere Ergänzung des Matthäus darstellt. Im wahren Sein der Gemeinde ist der Auftrag und die Vollmacht einbegriffen, das Licht der Welt zu sein. Es geht hier um die Möglichkeit, den Mut und die Pflicht zur Mission. Bestimmt denkt Matthäus gerade an diese konkrete Verpflichtung – der Auftrag des auferstandenen Herrn in Matth. 28, 18–20 ist hier schon im Blickfeld. Und zweifelsohne muß diese Verpflichtung durch Verkündigung mit menschlichen Worten erfüllt werden. Es ist aber wichtig, daß Matth. dies nur voraussetzt, ausdrücklich aber nur das andere hervorhebt, daß dieser Auftrag, Licht der Welt zu sein, durch das ganze Leben der Gemeinde und ihrer Glieder bestätigt und getragen werden soll:

So soll euer Licht vor den Menschen leuchten, damit sie eure guten Werke sehen und ihren Vater, der in den Himmeln ist, preisen (Matth. 5, 16).

Bloße Worte taugen nichts. Das ist keine moderne Entdeckung, sondern wurde von den urchristlichen Verkündigern klar gesehen, betont und eingeschärft – bis zu dem fast schockierenden Wort des ersten Petrusbriefes (1. Petr. 3, 1), daß die frommen Frauen ihre

---

[8] Vgl. Jes. 2, 1–4; Jes. 60; Hagg. 2, 6–9. Dazu G. von Rad, Die Stadt auf dem Berge: Gesammelte Studien zum A. T. (1958), S. 214ff.

Männer ohne Wort für Christus gewinnen sollen. Gegen religiös-moralisches Selbstbewußtsein, gegen pharisäischen Hochmut wird diese Mahnung dadurch abgegrenzt, daß nicht unser Ruhm, sondern der Lobpreis Gottes seitens der Menschen gesucht werden soll.

Was aber sind die guten Werke, die das Licht der Wahrheit Gottes vor den Menschen leuchten lassen sollen? Gewiß handelt es sich nicht um einzelne kultische oder moralische Leistungen, sondern um ganzheitliche Ausrichtung des Lebens, um Leben aus dem zu uns in Jesus kommenden Wort der göttlichen Liebe und Strenge. So haben wir uns aber in einer modernen, allgemeinen, abstrakten Weise ausgedrückt, weil wir anders die ganze Reichweite der Worte kaum verstehen könnten. Die von Matthäus verarbeitete Jesustradition denkt aber gleich wie das Alte Testament konkret. Die «guten Werke» werden paradigmatisch in den nachfolgenden Partien der Bergpredigt geschildert, besonders aber in den Antithesen Matth. 5, 20–48. Diese literarisch ziemlich komplizierte Zusammenstellung gipfelt in den wesentlich mit Luk. 6, 28–36 parallel gehenden Schlußabschnitten vom Nichtwiderstehen dem Bösen und von der Feindesliebe (Matth. 5, 38–48). Aber auch vieles von den weiteren Stücken in Matth. 6–7 gehört dazu: Warnung vor dem Schätzesammeln, dem Mammondienst, der glaubenslosen Sorge, dem selbstsicheren Richten, der tatenlosen und unverbindlichen Anbetung u.a.m. Diese Weisungen sind zu außerordentlich, um einfach als Anweisungen zu allgemein vorgeschriebenen gesetzlichen Leistungen verstanden werden zu können, aber sie sind andererseits viel zu konkret und lebensnah, um nur als übertriebene Illustrationen innerlicher Gesinnung verharmlost werden zu dürfen. Sie sind als sehr konkrete Taten gemeint – freilich als außerordentliche, weil prophetische Taten.

Der Begriff des Prophetischen hat sich uns schon vorher sozusagen aufgedrängt. Er ist nach meiner Meinung als Schlüssel zum rechten Verständnis unserer Perikope und so der ganzen Bergrede zu betrachten. Man darf in dieser Hinsicht auch an das unserem Abschnitt unmittelbar vorangehende Wort hinweisen:

Denn ebenso haben sie die Propheten verfolgt, die vor euch waren (Matth. 5, 12).

Aber das Prophetische ist in der Bergpredigt viel tiefer verankert als in einem isolierten und vielleicht an sich zufälligen Wort. Die Gemeinde soll zum Salz der Erde dadurch werden, daß sie durch ihre

Besonderheit, Unbeflecktheit und Leidensbereitschaft für die Welt vor Gott einsteht. Dies könnte als der priesterliche Dienst der Gemeinde bezeichnet werden. Sie soll aber das Licht der Welt dadurch sein, daß sie mit ihren guten Werken, d. h. mit ihrem vom Gehorsam gegen die Weisungen Jesu geformten Sein und Handeln, mit ihrer Nachfolge Jesu, die neue durch Gottes Liebe und Verheißungen bestimmte Existenzweise vorlebt.

Diese wesenhaft prophetische Existenz der Gemeinde wird sich dann gewiß auch in einzelnen Einsichten auswirken – darin, daß das vom demütigen und hoffnungsvollen Glauben erleuchtete Auge die wahre Lage der Gemeinde und der Welt wahrhaftiger und durchdringlicher zu sehen vermag, daß es die Welt und die Menschen in Einzelfällen besser als sie sich selbst verstehen kann. Dies ist aber eben erst die Frucht des Seins der Gemeinde, die Frucht der Tatsache, daß hier, inmitten dieser Welt, eine Gemeinschaft lebt, wo unsere menschliche Selbstsucht und unser Hochmut, unsere Selbstgerechtigkeit und Härte, unsere Furcht und Verzweiflung durch die angenommene und erlebte Macht der überwältigenden Liebe Gottes gehemmt, ja jeweils neu überwunden wird. Daß da Menschen sind, die einander vergeben und helfen, statt miteinander zu rechten und einander zu richten; die nicht wie die Heiden zuerst ihren Vorteil und Nutzen, sondern das Reich Gottes und seine Gerechtigkeit suchen; nicht nach Rache des ihnen zugefügten Unrechts lüstern sind, sondern ihre Feinde lieben und für ihre Verfolger beten; Menschen, die miteinander den Frieden halten, wie es schon die marcinische Ergänzung des Salzwortes zum Ausdruck bringt.

Das soll für die anderen Menschen, für die Außenstehenden, die Heiden, die Welt, gelebte Prophetie sein, Verheißung einer besseren Möglichkeit, ja einer neuen Welt. Und damit Einladung, zu dem Vater, von dessen Vollkommenheit und Barmherzigkeit alles kommt, zurückzukehren und in ihm das neue, wahre Leben zu finden.

3.

Zu der bisher entworfenen Auslegung unseres Doppelspruches möchte ich nur noch drei Bemerkungen hinzufügen:

1. Die erste betrifft den *Aufbau der Bergpredigt*. In dieser Hinsicht hat unser Doppelwort eine Mittel- und Schlüsselstellung in-

mitten des 5. Kapitels, vielleicht sogar inmitten des Ganzen. Es stellt nämlich einen Übergang, sozusagen eine Brücke zwischen den Verheißungen der Seligpreisungen und den Verpflichtungen der Antithesen und weiterer Weisungen der großen Redekomposition dar. Einen parallelen Übergang vom Indikativ zum Imperativ haben wir aber bereits in der vorhergehenden Tradition des Lichtwortes beobachtet. So ist schon in der synoptischen Tradition die bei Paulus explizierte Zuordnung von Indikativen und Imperativen vorgebildet.

2. Wir haben soeben von der synoptischen Jesustradition geredet, und im ganzen Vortrag haben wir die Botschaft und die Theologie des Matthäus und seiner Vorgänger klarzustellen versucht. Wie steht es aber mit der Botschaft und Theologie *Jesu selbst?* Ist sie uns völlig unerreichbar oder gleichgültig? Dies ist nicht meine Meinung. Es ist aber klar, daß wir seine Botschaft und Theologie zunächst nur in der Zusammenstellung, Anwendung, Umgestaltung, Ergänzung und der darin enthaltenen Auslegung der Evangelisten vor uns haben. Es kann wohl auch nichts anders sein. Worte, die uns anreden und Entscheidungen von uns fordern, können wir sachgemäß nicht anders weitergeben, als so, daß in dieser Weitergabe unsere Antwort, d. h. auch unser Verständnis, irgendwie miteinbegriffen ist. Deshalb können wir die Antworten und Auslegungen der ersten uns zugänglichen Tradenten nicht umgehen, sondern müssen bei ihnen mit großer Aufmerksamkeit verharren. Zum geschichtlichen Jesus selbst zu durchdringen wird es uns nur in Ausnahmefällen in der Gestalt gelingen, daß wir seine «verba ipsissima» zurückgewinnen könnten – und auch dann werden es nicht unausgelegte Worte sein. Meistens werden wir zu ihm nur so durchdringen können, daß wir beim vergleichenden Eindringen in die verschiedenen Umgestaltungen, Auslegungen und Ergänzungen seiner Worte mit größerer oder kleinerer Klarheit einzusehen vermögen, daß und wie diese Variationen doch in dieselbe Richtung zeigen und so auch offenbar von derselben Quelle fließen. Ich meine begriffen und auch einigermaßen klar gemacht zu haben, daß in unserem Abschnitt ein in hohem Maße günstiger Fall vor uns liegt, daß wir auch in der relativ späten und am meisten gereiften Fassung des Matthäusevangeliums dem lebendigen, uns anredenden, aufrüttelnden und richtenden Worte Jesu begegnen.

3. Selbst einen akademischen Vortrag dürfen wir nicht abschlie-

ßen, ohne uns selbst diesem Worte zu öffnen und auszusetzen. Es ist
für uns an erster Stelle ein Wort des *Gerichtes*. Die herben Worte
von dem salzlos gewordenen Salz, das zu nichts taugt, als heraus-
geworfen und von den Menschen zertreten zu werden, klingen be-
unruhigend und anklagend in unseren Ohren. Als Exegeten haben
wir zuerst die Verpflichtung, diese und die ihnen ähnlichen Worte
des Evangeliums in ihrer ganzen beunruhigenden Herbheit und
Strenge zu belassen und auf der Hut zu sein, daß wir sie durch unsere Auslegungen nicht verharmlosen. Das haben wir Theologen nur
allzu oft getan. Wir kommen alle von einer kirchlichen Tradition
her, die meinte, die Bergpredigt sei in ihrer Strenge zu herb, zu extrem, zu weltfremd, um im wirklichen Leben wirklich ernst, und
sogar wörtlich, genommen werden zu können. Wir haben es auf verschiedene Weisen getan. Einmal auf die orthodoxe Weise, indem wir
in der Bergpredigt nur den Spiegel zur Erkenntnis unserer Sündhaftigkeit und Heilsbedürftigkeit, nicht aber konkret gemeinte und
verpflichtende Weisungen sehen wollten. Das andere Mal auf die
historisch-kritische Weise, indem wir dieselbe herbe Strenge als
durch einen übertriebenen und mythisch fundierten eschatologischen
Radikalismus bedingt erklären wollten. Wahres Ernstnehmen der
Bergpredigt haben wir einigen «Sekten» (die wir vielleicht besser
die andere oder erste Reformation⁹ nennen sollten) oder einigen
großen Außenstehern überlassen.

Jetzt aber hat uns Gott in eine Welt hineingestellt, von der wir
uns zwar immer noch nicht vorstellen können, wie sie «mit der
Bergpredigt regiert» zu werden wäre, von der wir aber immer klarer
wissen oder wenigstens ahnen, daß sie einfach nicht mehr sehr lange
existieren kann, wenn ihr nicht wenigstens in entscheidenden Mo-
menten einige letztlich von dem Licht der Bergpredigt fließenden
Einsichten, ja Erleuchtungen gegeben werden. Laßt uns auf der
Hut sein, daß nicht wieder einmal die Söhne dieser Welt klüger sind
in ihrem Geschlecht als die Söhne des Lichts!

Josef B. Souček, Prag

---

⁹ Den Begriff der «ersten» und «zweiten» Reformation habe ich A. Molnár
(Prag) entnommen; vgl. z. B. Říčan-Molnár: Die Böhmischen Brüder (1961),
S. 284f.

23. Lukas 15,11–32 und die lukanische Soteriologie

Petr Pokorný

1 Das Problem

Die lukanische Christologie hat Philipp Vielhauer als vorpaulinisch charakterisiert[1], und in gewisser Hinsicht könnte es auch von der Soteriologie gesagt werden, weil Lukas die stellvertretende Bedeutung des Todes Jesu nicht hervorhebt. Die Formeln über den Tod Jesu „für uns" (bzw. „für die vielen" oder „für die Sünder"), die man schon vor Paulus mit dem Kerygma über die Auferstehung Christi verbunden hat (z. B. 1Kor 15,3b–5), zitiert er ausdrücklich nur im Rahmen der Abendmahls- überlieferung in Lk 22,19b–20, zu der sie organisch gehören.[2] Die Aussage über das Leben des Menschensohnes als Lösegeld für viele aus Mk 10,45 läßt er aus, und in der indirekten Parallele spricht er von Jesus als dem Dienenden (Lk 22,27c). Die von Paulus gelehrte Rechtfertigung durch den Glauben faßt er als eine Er- gänzung der Rechtfertigung durch das Gesetz auf (Apg 13,38f) und thematisiert sie sonst nicht. Das Heil wird nach ihm durch die Vergebung Gottes erreicht (Apg 10,43; 13,38f; Lk 1,77). Er sagt nicht, daß die Taufe das Sterben mit Christus als Unterpfand der künftigen Auferstehung ist, wie Paulus (Röm 6,1–11). Die Taufe ist nach Lukas einfach mit der Vergebung der Sünden im Namen Jesu verbunden (Apg 2,38; 22,16).[3] Lukas hat also die Tradition über den stellvertretenden Tod Jesu gekannt, er hat sie jedoch nicht zum Grund seiner Heilslehre gemacht.

2 Lk 15,11–32 – Bedeutung und das Problem der Deutung

Die Grundintention der lukanischen Soteriologie versuchen wir aufgrund der Ana- lyse eines Textes zu demonstrieren, der u. E. für die Theologie des lukanischen Doppelwerkes von besonderer Bedeutung ist. Es ist das Gleichnis vom verlorenen Sohn (bzw. von verlorenen Söhnen) und dem barmherzigen Vater, das in der Mitte des mittleren Teiles des Lukasevangeliums steht. Schon die Einordnung deutet also die Bedeutung an. Und die wiederholte Hervorhebung der Tatsache, daß es sich um eine Geschichte über die Rettung, über das Heil handelt (15,24.32), signalisiert, daß hier wirklich ein bedeutendes christliches Thema behandelt wird. Selbstver- ständlich kann die Bedeutung dieses Gleichnisses für die lukanische Soteriologie erst dessen Analyse nachweisen, aber auf der anderen Seite muß man die eben erwähnten Zeichen für die Schlüsselstellung dieses Textes innerhalb der literari- schen Makrostruktur des lukanischen Werkes bei seiner Auslegung sich vor Augen halten.

Da wir das Gleichnis im Rahmen der lukanischen Theologie untersuchen, müssen

---

[1] *Ph. Vielhauer*, Zum „Paulinismus" der Apostelgeschichte (1950/51), zuletzt in: *ders.*, Aufsätze zum Neuen Testament (ThB 31), München 1965, 9–27, hier 26.

[2] Auch dort fehlen sie nach D, it u. a.

[3] *J. Dupont*, Les discours de Pierre dans les Actes et le chapitre 24 de l'Évangile de Luc, in: *F. Neirynck* (Hrsg.), L'Évangile de Luc (BETL 32), Gembloux 1973, 329–374, hier 345f.

wir gleich zu Anfang fragen, auf welche Weise hier die lukanische Theologie zu Wort kommt.[4] In der neuzeitlichen Exegese hat die Schlüsselstellung von Lk 15, 11–32 innerhalb des Lukasevangeliums einige Forscher zu der Schlußfolgerung geführt, daß das Gleichnis als Ganzes von Lukas verfaßt wurde.[5] Eine größere Gruppe von Forschern, die an Julius Wellhausen anknüpfen können,[6] hält nur den zweiten Teil des Gleichnisses für sekundär, d. h. praktisch lukanisch,[7] wobei sie sich vor allem auf die häufigen Aramäismen im ersten Teil berufen.[8] Dies ist zwar kein stichhaltiges Argument, weil die Koine semitisch klingende Stilelemente trug,[9] aber für die Vermutung jener Ausleger spricht die Tatsache, daß der zweite Teil in den lukanischen redaktionellen Kontext gut paßt. Die Pharisäer und die Schriftgelehrten sind nach der lukanischen Verbindungspassage die Adressaten des Gleichnisses (15,2), und der ältere Bruder stellt sich im Rahmen dieses Textes als derjenige vor, der das Gebot des Vaters nie übertreten hat (15,29). Dadurch identifiziert er sich mit dem pharisäischen Ideal. Die Worte über das Gebot des Vaters sind also offensichtlich der lukanischen Bearbeitung zuzuschreiben, aber das Gleichnis als solches hat Lukas u. E. doch aus der älteren Tradition übernommen.[10] Außer einigen Argumenten, die wir im Rahmen der Auslegung erwähnen, spricht dafür vor allem der Vergleich mit dem Gleichnis von den Arbeitern im Weinberg (Mt 20,1–16), das sowohl in der Struktur als auch in der theologischen Intention mit Lk 15,11–32 eng verwandt ist und sicher nicht von Lukas stammt. In beiden Fällen begegnen wir einer Schlüsselgestalt, von der die anderen Akteure abhängig sind. In Mt 20,10ff werden zwei Gruppen der Arbeiter einander gegenübergestellt, von denen die weniger arbeitenden schon direkt vom Verhungern bedroht waren (die arbeitslosen Tagelöhner haben gehungert) und nur durch die unerwartete Entscheidung der Schlüsselgestalt gerettet wurden. In beiden Fällen fühlen sich die mehr Arbeitenden geschädigt, und in beiden Fällen werden sie darauf aufmerksam gemacht, daß sie nichts verloren haben. Sie sollen jedoch ihre gesicherte Zukunft auch den anderen wünschen. Diese auffällige Parallelität kann nur durch die Ableitung beider

---

[4] Zur Auslegungsgeschichte Y. *Tissot*, Allégories patristiques de la parabole lucanienne des deux fils (Luc 15,11–32), in: *G. Antoine* u. a., Exegesis, Neuchâtel-Paris, 243–272.

[5] L. *Schottroff*, Das Gleichnis vom verlorenen Sohn, in: ZThK 68 (1971) 27–51; vgl. *G. Sellin*, Lukas als Gleichniserzähler, in: ZNW 65 (1974) 166–189; 66 (1975) 19–60, der auch Lk 10,25–37 für eine lukanische Komposition hält (S. 31).

[6] J. *Wellhausen*, Das Evangelium Lucae übersetzt und erklärt, Berlin 1904, 83ff; vgl. *F. Bovon*, L'exégèse de Luc 15,11–32 par Julius Wellhausen, in: Exegesis (Anm. 4) 82–85.

[7] E. *Schweizer*, Zur Frage der Lukasquellen. Analyse von Lk 15,11–32, in: ThZ 4 (1948) 469–471; ders., Antwort, in: ThZ 5 (1949) 231–233; *J. T. Sanders*, Tradition and Redaction in Luke XV. 11–32, in: NTS 15 (1968–69) 433–438.

[8] Gegen die Meinung, daß der erste Teil mehr aramäisch geprägt ist als der zweite, hat sich *J. Jeremias*, Zum Gleichnis vom verlorenen Sohn. Lukas 15,11–32, in: ThZ 5 (1949) 228–231, gewandt; s. auch *ders.*, Tradition und Redaktion in Lukas 15, in: ZNW 62 (1971) 172–189; *J. J. O'Rourke*, Some Notes on Luke XV,11–32, in: NTS 18 (1971–72) 431–433; zur Einheitlichkeit des Gleichnisses überhaupt: R. *Bultmann*, Die Geschichte der synoptischen Tradition, Göttingen [4]1958, 212; *G. Eichholz*, Gleichnisse der Evangelien, Neukirchen 1971, 216; *F. Schnider*, Die verlorenen Söhne (OBO 17), Freiburg (CH)–Göttingen 1977, 87; *C. Carlston*, Reminiscence and Redaction in Luke 15,11–12, in: JBL 94 (1975) 368–390, 390; C. findet Aramäismen und lk. Spracheigentümlichkeiten in beiden Teilen gleichmäßig verteilt (S. 383).

[9] Siehe *M. Reiser*, Syntax und Stil des Markusevangeliums (WUNT 2/11), Tübingen 1984, 168.

[10] Zur Redaktion des Gleichnisses s. *C. Carlston*, Reminiscence (Anm. 8) 369ff.

Gleichnisse aus gemeinsamer Tradition erklärt werden, die den Menschen lehrt, „im Ereignis der Güte Gottes sich selbst und sein Werk mit den Augen Gottes zu sehen"[11]. Die lukanische Absicht müssen wir also der Wahl, der Einordnung und der Interpretation dieses Gleichnisses entnehmen.

3 Die Deutung des Gleichnisses

3.1. Die Eröffnung

Nach der redaktionellen Einführungsphrase folgt der Satz, der die Hauptakteure vorstellt. „Ein Mann mit zwei Söhnen" ist eine soziale Konstellation, die in den narrativen Stoffen analogischer Art öfter vorkommt. Im Neuen Testament kommt sie noch in Mt 21,28–31 vor, und auch dort werden die zwei verschiedenen Verhaltensweisen der beiden Söhne gegenübergestellt. Die Textgestalt jenes Gleichnisses ist nicht einheitlich, aber es ist deutlich, daß derjenige gelobt wird, der zunächst weniger sympatisch war. Er wird zwar wegen seines Tuns gelobt, aber sein Tun ist nur die Konsequenz der Buße und der Reue (μεταμέλεσθαι, Mt 21,29 vgl. 32). Man kann deswegen nicht sagen, daß das lukanische Gleichnis eine Entfaltung des matthäischen ist, aber beide Gleichnisse von den zwei Kindern des einen Vaters drücken eine ähnliche Tendenz der synoptischen Überlieferung aus, und das Motiv der Buße im matthäischen Gleichnis ist ein indirekter Beweis für die Bedeutung desselben Motivs in der vorlukanischen Fassung des Gleichnisses vom barmherzigen Vater.

Es ist wahrscheinlich, daß in der älteren Tradition der Vater näher bezeichnet wurde, aber Lukas, der sich in der metaphorischen Rede auf die Grundbeziehungen konzentriert, hat, ähnlich wie in 10,30; 14,16; 16,1.19; 19,12 und 20,9, nur „ein Mensch"[12] gesagt. Als er die Szene mit dem Vater formulierte, hat er wahrscheinlich daran gedacht, daß alle Menschen Kinder Gottes sind (Apg 17,28 – Aratus Phainom. 5)[13] und dem einen oder anderen Sohn in der einen oder anderen Etappe ihrer Geschichte ähneln.

3.2. Der jüngere Sohn – I. Teil

V. 12 Die Geschichte fängt mit dem jüngeren Sohn an, der das väterliche Haus verlassen will. Oft wird schon hier der Anfang seines Verloren-Seins gesehen. Es war jedoch nichts Außergewöhnliches, daß die jüngeren Söhne das Haus verließen.[14] Der Vater hat auch ohne Zögern die Erbteile bestimmt, damit der jüngere Sohn

---

11 *E. Jüngel*, Paulus und Jesus (HUTh 2), Tübingen 1962 (und Neuausgaben), 168.

12 Zu den „Ein-Mensch"-Gleichnissen s. *G. Sellin*, Lukas als Gleichniserzähler (Anm. 5) 188f.

13 *F. Bovon*, Gott bei Lukas, zuletzt in: *ders.*, Lukas in neuer Sicht, Neukirchen 1985, 98–119, bes. 118ff; vgl. *J. W. Taeger*, Der Mensch und sein Heil. Studien zum Bild des Menschen und zur Sicht der Bekehrung bei Lukas (StNT 14), Gütersloh 1982, 104f. 227f. *E. Güttgemanns*, In welchem Sinne ist Lukas „Historiker", in: LB Nr. 54 (1983), 9–26 bezeichnet dies vorchristlich (S. 11). Es ist jedoch eine Art Generalisierung der Glaubenserfahrung.

14 *J. D. M. Derrett*, Law in the New Testament: The Parable of the Prodigal Son, in: NTS 14 (1967–68), 56–74.

abgeschichtet werden kann.[15] Mit einer Schenkung des Restes an den anderen Sohn scheint das nicht verbunden zu sein,[16] denn in 15,31 ist der Vater immer noch der Inhaber. Die mögliche Spannung zwischen V. 12 und 31 (bzw. V. 22 – Vaters Diener) könnte ein Zeichen des verschiedenen Ursprungs der beiden Teile des Gleichnisses sein, aber theologisch ist das Gleichnis einheitlich (s. zu V. 31); die juristischen Kategorien treten nicht in den Vordergrund.[17]

(Es soll uns nicht wundern, daß eine patriarchalische Familie den Rahmen der Erzählung bildet und daß die Mutter in dem Gleichnis überhaupt nicht auftaucht. Das Gleichnis übernimmt die Kategorien der damaligen Clan-Gesellschaft, und mit ihrer Hilfe drückt es etwas Neues aus.)

V. 13 „Nach kurzer Zeit" (vgl. Apg 1,5) hat der jüngere Sohn alles (d. h. seinen ganzen Anteil) „zu Geld gemacht" (συνάγειν) und ist in ein fernes Land gegangen. Er kann sein Geld mit sich nehmen; das väterliche Erbe ist also nicht an ein Gebiet gebunden. Das Geld als übertragbarer Wertmesser beim Austausch von Gütern[18] drückt hier die „Übertragbarkeit", d. h. die Universalität der Fürsorge des Vaters aus. – In Apg 2,39 und 22,21 deutet das „fern" (μαχράν) die Reichweite des Auftrags Gottes in der Mission an.

Der Umbruch kommt erst im letzten Teil des Verses: Der jüngere Sohn ist mit seinem Erbteil auf eine Weise umgegangen, die seiner Bestimmung nicht entsprach. Er hat ihn unverantwortlich „verpraßt" (διασχορπίζειν, vgl. Lk 16,1). Statt sein Geld als die anvertraute Mine zu vermehren (Lk 19,12–27 par), hat er es vergeudet. Er hat haltlos (ἀσώτως) gelebt. Das Vergeuden des Besitzes ist nach Spr 29,3 der Gegensatz der Weisheit als der Lebensweise, die dem Willen Gottes entspricht. Erst im V. 30 erfahren wir aus dem Munde des älteren Bruders, daß das liederliche Leben die Gemeinschaft mit den Dirnen bedeutete, was der näheren Bestimmung des Verprassens des Besitzes in Spr 29,3 entspricht. Unzucht ist im Alten Testament ein bedeutender Ausdruck der Untreue Jahwe gegenüber (Jer 3,1 – 4,2 u. a.), und im wörtlichen Sinne war es für die Christen eine Sünde, die den Menschen vom Volk Gottes trennen kann (Apg 15,20.29).

Das soziale Verhalten des jüngeren Sohnes kann man als extremes Konsumieren charakterisieren;[19] psychologisch kann es als ein pubertärer Protest gegen die Autorität des Vaters qualifiziert werden.[20] Der Sohn hat seine Identität verloren, er hat nicht das Leben, sondern lediglich das Geld genossen. Daß es sich im fast modernen Sinne um die Entfremdung handelt, kann indirekt Vers 17 entnommen werden, wo der Sohn wieder „zu sich" kommt. Bei Epiktet (diss. 3,1,15) bedeutet das „Zu-sich"- oder „In-sich"-Kommen die Wahrnehmung eigener Menschlichkeit.

V. 14 Die Erzählung ist drastisch knapp. Lukas ist Meister der dramatischen Ellipse,

---

[15] W. *Pöhlmann*, Die Abschichtung des verlorenen Sohnes (Lk 15,12b) und die erzählte Welt der Parabel, in: ZNW 70 (1979) 195–213.

[16] W. *Pöhlmann*, Abschichtung (Anm. 15) 199f.

[17] Ebd. 200f.

[18] H. G. *Kippenberg*, Religion und Klassenbildung im antiken Judäa (StUNT 14), Göttingen 1978, 49ff.

[19] Eine Ausnahme war es nicht; s. die Beispiele der Schwelgerei bei W. *Foester*, in: ThWNT I, 504.

[20] D. O. *Via*, The Prodigal Son: A Jungian Reading, in: Semeia 9 (1977) 21–43.

der hier auch der genitivus absolutus dient.[21] Der jüngere Sohn hat alles ausgegeben. Der Konsum zielt auf Verbrauch. Beigetragen hat dazu die Hungersnot, die als besonders hart geschildert ist. Hunger bedeutet immer Versuchung und Prüfung (so auch Apg 7,11). Auch für die Christen war die Hungersnot (Apg 11,28) eine Zeit der Krise. In ihr hat sich jedoch nach Lukas auch die christliche Bruderliebe konkret bewährt (11,29f). Der Heilige Geist hat die Christen auch vorher gewarnt. Aber der jüngere Sohn war „außer sich". Sein Genießen des Geldes hat die Erinnerung an den Vater verdrängt (vgl. Lk 16,13 par). Sobald der Hunger kommt und das Geld aus ist, fängt er an, Not zu leiden – ein Gegenbild der Jünger Jesu, die ohne Geldbeutel (Lk 9,3; 10,4) und nur mit dem Wort des Evangeliums (Lk 9,6), bzw. des Reiches Gottes (Lk 10,11), gesandt sind und doch keine Not haben (ὑστερεῖσθαι). – Die Verlassenheit der Schwachen ist die Kehrseite der Konsumgesellschaft.

V. 15 Die Notlage des Sohnes, die im V. 14 erst angefangen hat, führt dazu, daß er von einem Bürger des fremden Landes abhängig wird,[22] der Heide ist. Er züchtet Schweine – die unreinen Tiere (Lev 11,7; Dtn 14,8). Der Sohn muß gerade diese Arbeit leisten, die für den Juden eine religiöse Disqualifizierung bedeutete.[23]

V. 16 Die Not des Sohnes gipfelt darin, daß er selbst hungert. Und die äußere Bedrängnis verdeutlicht seine Entfremdung. Er will das Futter der Schweine essen, ist also auf die Ebene der Tiere gesunken. – Die Wendung ἐπιθυμεῖν χορτασθῆναι kommt auch in dem Gleichnis über den armen Lazarus vor (Lk 16,21), und auch dort deutet es die Not an, die den Menschen auf die Ebene der Tiere (dort: Hunde) herabsetzt. Es kann sein, daß diese Wendung von dort in unseren Text übernommen wurde und daß die naturalistische Wendung „den Bauch zu füllen" (A, K, Θ etc.) die ursprünglichere ist. – Aber auch dieser bescheidene Wunsch bleibt unerfüllt. Rein rechtlich genommen, müßte ihm der Arbeitgeber etwas geben, aber das wird nicht erzählt; es wird nur die Wehrlosigkeit des Sohnes demonstriert: „. . . dem aber, der nicht hat, wird auch das genommen, was er hat" (Lk 19,26 par vgl. 8,18 par). Das sind die Konsequenzen der Kommunikation auf der Basis des Besitzes. Das Ende eines solchen Weges ist das Verderben: „Ich aber gehe hier an Hunger zugrunde" (V. 17b).

V. 17 In dieser Lage fängt etwas Neues an.[24] Der Sohn wendet sich von den Werten des „fremden" Landes ab und fängt an, seine Perspektiven auf den Horizont des väterlichen Hauses auszurichten. Er „geht in sich", er überwindet seine Entfremdung. Er ist sich seiner Sünde bewußt, denn er wagt nicht, an die Wiederaufnahme in die Würde des Sohnes zu denken. Und doch inspiriert ihn das väterliche Haus zur Vision einer alternativen Gesellschaft, in der alle Brot genug haben. Das

---

[21] Lukas benutzt ihn mit Vorliebe: Lk 3,1; 14,29.30; 15,14.20 u. a. s. *J. A. Fitzmyer*, The Gospel according to Luke I–II (AncB 28), Garden City (NY) 1981. 1985, 108.

[22] Part. von πορεύεσθαι und εἰς + genit. partit. sind lukanische Wendungen; *J. A. Fitzmyer*, Luke (Anm. 21) 122. 1088.

[23] Bill. 492f.

[24] *J. Smit Sibinga*, Zur Kompositionstechnik des Lukas in Lk 15,11–32, in: Tradition and Re-Interpretation in Jewish and Early Christian Literatur (FS J. C. H. Lebram), Leiden 1986, 97–113, auf der S. 100, sieht in Lk 15,17 den Anfang eines zweiten Abschnittes. Der dritte fängt nach ihm mit 15,24c an.

Reich, wo die Hungernden gesättigt werden (Lk 6,21a), ist das Reich Gottes (6,20). Das ist die Bekehrung, die im V. 18 ausdrücklich als Umkehr von der Sünde bezeichnet ist. Es wird noch nicht über das Wesen der Gemeinschaft mit dem Vater gesprochen, es wird nur ihre Grundkonsequenz formuliert: Die Beseitigung der Widersprüche, damit alle leben können. Es ist eine Verheißung für die Armen und Warnung für die Reichen (Lk 6,20ff.24ff), die Verheißung der Erhöhung der Täler und Erniedrigung der Berge (Lk 3,4–6 vgl. 6,17[25]), eine Verheißung, deren Erfüllung in dem lukanischen Bild über das Leben der ersten Christen vorweggenommen ist (Apg 2,42–47; 4,32–35).

V. 18 Die Umkehr wirkt sich sofort im Handeln aus. Mit einer semitisierenden Phrase, die auch in der Septuaginta vorkommt (ἀναστὰς + ein Zeitwort der Bewegung, vgl. Gen 22,3 [LXX], hier noch im V. 20), wird fast feierlich angekündigt, daß das Vorhaben verwirklicht wird. Der rasche Gang der Erzählung verlangsamt sich, damit der Leser (Hörer) die Wende aufmerksam verfolgen kann.

Die neue Entscheidung wird zunächst als die intendierte Buße, als das Sündenbekenntnis ausgedrückt (vgl. Ex 10,16), das inhaltlich mit dem Bekenntnis des Zöllners in Lk 18,13b identisch ist. Es ist als ein Parallelismus formuliert, in dem die Sünde gegen den Vater der Sünde gegen Gott entspricht. Die Ebene des Gleichnisses deckt sich hier mit der Realität. Die Weise, auf welche der Sohn mit seinem Erbe umgegangen ist, wird als Sünde bezeichnet.

V. 19 Die Folge des Sündenbekenntnisses ist das non sum dignus. Der Zurückkehrende weiß, daß er als Sohn keine legalen Ansprüche erheben darf, wodurch er gleichzeitig die Normen des Lebens im väterlichen Haus anerkennt. Er weiß jedoch, daß der Vater auch für die Tagelöhner sorgt, und ist bereit, ihm zu dienen. Das Brot, das der Vater täglich gibt (vgl. Lk 11,3), ist seine einzige Rettung (vgl. V. 17). Durch die Wiederholung im V. 21 wird das Sündenbekenntnis hervorgehoben. Ein anderes wiederholtes Lexem ist in den Versen 24 und 32 zu finden (s. hier unter 3.5).[26]

V. 20 Über die ganze Rückreise wird in einem Satz berichtet, mit fast gleichen Worten, wie es im V. 18a als Vorsatz formuliert wurde. Nun wird jedoch das im V. 18 programmierte Handeln und Reden unterbrochen. Seit 15,12, wo von der Bestimmung der Erbteile die Rede war, ist der Vater als Subjekt nicht aufgetaucht. Jetzt greift er unerwartet ein, während der Sohn noch „weit entfernt" ist, noch im fremden, heidnischen Wirkungsbereich (vgl. μαϰϱάν in 15,13 und 7,6). Die „in der Ferne" sind nach Apg 2,39 die Diasporajuden, nach 22,21 die Heiden, die die christliche Verkündigung erreichen soll.[27]

Entscheidend ist jedoch der Inhalt der Verkündigung, das, was der Vater dem Sohn sagt, weil er das eigentliche Subjekt des Geschehens ist. Er „offenbart" sich als derjenige, der sich erbarmt. Σπλαγχνίζεσϑαι ist einer der Wortstämme, die Gnade und Erbarmen ausdrücken und die Lukas alle verhältnismäßig oft benutzt. Es ist der emphatischste von ihnen. Konkretes Erbarmen wird so in Lk 7,13 zu Wort gebracht; im Rahmen eines Gleichnisses kommt dieses Zeitwort noch in Lk 10,33 vor.

---

[25] *J. Mánek*, On the Mount – on the Plain (Mt V,1 – Lk VI,17), in: NovT 9 (1967) 124–131.
[26] Siehe *F. Schnider*, Söhne (Anm. 8) 44ff.
[27] *F. Schnider*, ebd. 83f, bestreitet, daß Lukas hier an die Heiden gedacht hat.

Mit Hilfe des entsprechenden Substantivs wird in Lk 1,78 die Barmherzigkeit Gottes zum Ausdruck gebracht, die mit der Vergebung der Sünden identisch ist und das Heil bedeutet (1,77). In seiner Barmherzigkeit „sieht" der Vater auch diejenigen, die noch in der Ferne sind, und er „läuft" ihnen entgegen. Es ist eine dramatische Szene, in der das Geschehen gipfelt,[28] ein Zug, der der gemeinsame Nenner aller drei Gleichnisse dieses Kapitels ist. Es ist das Suchen und Finden des Verlorenen, wie es in Lk 19,10 als Zusammenfassung der Sendung Jesu und eigentlich der ganzen Inkarnation formuliert ist.

3.3. Das Suchen des Verlorenen bei Lukas

Lukas 19,10 ist ein lukanischer Spruch,[29] der jedoch seinen Hintergrund in den anderen Ich-bin-gekommen-Sprüchen der synoptischen Tradition hat, besonders in Mk 2,17b parr und Mk 10,45 par.[30] Im Vergleich mit dem ersten ist 19,10 deutlicher soteriologisch akzentuiert, der zweite Spruch, der von der Stellvertretung Jesu spricht, wurde von Lukas an der entsprechenden Stelle nicht übernommen. Auch in Lk 19,10 fehlt der Begriff Lösegeld als Ausdruck der Stellvertretung, der mit der Abendmahlstradition verbunden war. Die Abhängigkeit von Jesus wird durch das Bild des Suchens und Rettens ausgedrückt. Wir haben schon erwähnt, daß Lukas die Tradition über die Stellvertretung gut gekannt hat. Er hat sie als jüdische soteriologische Erwartung einigemal erwähnt (Lk 1,68; 2,38; 21,28; 24,21), im Abendmahlsbericht beibehalten (s. oben § 1) und als Osterverkündigung bestätigt (Apg 7,35);[31] er hat sie jedoch nicht thematisiert, und der Spruch Lk 19,10 ist offensichtlich ein Versuch, sie zu modifizieren.

Die Gründe dafür können wir nur indirekt den breiteren Zusammenhängen lukanischer Theologie entnehmen. Lukas wollte vielleicht auf seine heidenchristlichen Leser Rücksicht nehmen. In den außerbiblischen Texten begegnen wir der Vorstellung der Erlösung als der Rettung im Tode fast nur im Zusammenhang mit dem Opfer für die „Gerechten" oder Freunde.[32] Alkestis in der gleichnamigen Tragödie von Euripides oder die Geschichten aus dem Dialog Toxaris von Lukian (bes. § 40) sind wohl die bekanntesten Beispiele.[33] Nur an vereinzelten Stellen der griechischen Literatur wird die Möglichkeit der Sühne für die vielen durch eine Person erwähnt (Sophocl. Oed. Col. 498f). Als eine Rettung derjenigen, die mit der Sünde belastet sind, ist der Tod der Märtyrer in 2 Makk 7,37f begriffen, der den Zorn Gottes gegen Israel aufhalten soll.[34] Die ältesten christlichen Formeln, die den Tod Jesu als Sühne

---

[28] Es ist möglich, daß hier die Handlung des Vaters die „dringende Einladung" (s. *D. Kosch*, Die Gottesherrschaft im Zeichen des Widerspruchs. Traditions- und redaktionsgeschichtliche Untersuchungen von Lk 16,16/Mt 11,12f [EHS.T 257], Bern etc. 1985, 77) aus Lk 16,16 veranschaulichen soll.

[29] *E. Arens*, The HΛΘON-Sayings in the Synoptic Tradition (OBO 10), Freiburg (CH)–Göttingen, 179.

[30] Traditionsgeschichtlich kann das Wort vom Lösegeld in Mk 10,45b ein sekundärer Zusatz sein; s. *J. Gnilka*, Das Evangelium nach Markus II (EKK II/2), Zürich–Neukirchen 1979, 100.

[31] *I. H. Marshall*, The Resurrection in the Acts of the Apostles, in: Apostolic History and the Gospels, Exeter 1980, 99–107, bes. 104.

[32] Plato, sympos. 179 b vgl. Röm 5,7.

[33] Weitere Belege bei *M. Hengel*, Atonement, London 1981, 23f.88.

[34] Vgl. *K. Wengst*, Christologische Formeln und Lieder des Urchristentums (StNT 7), Gütersloh

charakterisieren (1 Kor 15,3b; Mk 14,24 par; 10,45 par), haben aus solchen Vorstellungen ihre semantische Tragfähigkeit geschöpft. Die Ostererfahrung hat auch zum Suchen neuer Schriftbelege geführt, unter denen Jes 53 die zentrale Rolle spielte. Die Aussagen über den Sühnetod Jesu, die Paulus in seiner Rechtfertigungslehre entfaltet hat, waren also nicht nur an ein gewisses mythisches Weltbild gebunden (die Beschwichtigung einer übermenschlichen Macht), sondern sie waren mit Vorstellungen verwandt, die auch ethisch gedeutet wurden.[35]

Und doch waren mit der Interpretation des Todes Jesu als Sühne theologische Schwierigkeiten verbunden, die ein falsches Ärgernis erwecken konnten. Die Sühne war in dem außerbiblischen Bereich doch mit der Vorstellung einer unbarmherzigen Macht verbunden.[36] Deshalb hat Paulus die Erlösung als Rechtfertigung aus Gottes Gnade interpretiert und dadurch den Gedanken des unbarmherzigen Empfängers der Sühne oder des Lösegeldes in den Hintergrund gedrückt. Er hat also das alttestamentliche Anliegen des Sühnegedankens hervorgehoben, wo die Sühne eigentlich als metaphorische Bezeichnung für den Heilszuspruch Gottes benutzt wird (Jes 44,22).[37] Gott selbst verwirklicht die Versöhnung durch das Opfer Jesu. Wer im Lichte der Auferstehungsverkündigung die Versöhnung mit Gott im Glauben aufnimmt, kann im Gericht Gottes bestehen (Röm 3,21–26).[38] Die Betonung des Glaubens, auch wenn er als Antwort auf die Treue Gottes aufgefaßt wurde, hat bei Paulus den anderen Nachteil des Sühnegedankens beseitigt – sein mögliches „objektivierendes" Verständnis. Es bestand nämlich die Gefahr, daß die Heilsverkündigung nur als Belehrung über die technische Durchführung der stellvertretenden Leistung begriffen wird, die für die Lebensweise der Adressaten nicht verbindlich ist (Röm 6,1ff. 15ff; Gal 5, 13). Deswegen hat Paulus auch das Sterben mit Christus hervorgehoben (Röm 6,4ff; Gal 5,24). Lukas war sich der eben skizzierten Schwierigkeiten wahrscheinlich bewußt[39] und wußte gleichzeitig, daß Paulus den Kern der älteren Tradition in der Verkündigung der Gnade und Erbarmung Gottes sah. Und dies Anliegen wollte er auf seine eigene Weise interpretieren. Er hat mit demselben Problem wie Paulus gekämpft – mit dem Problem der Souveränität Gottes im Verhältnis zum Kreuzestod Jesu auf der einen und der menschlichen Verantwortung auf der anderen Seite. Für Paulus war das Kreuz Jesu das eschatologische Ereignis, das den Weg in die neue Welt durch das Jüngste Gericht hindurch eröffnet und die Unzulänglichkeit des Gesetzes als des Heilswegs deutlich macht (z. B. Gal 3,13ff). Für Lukas repräsentiert Jesus durch sein Leben und durch seine Lehre Gott und wird so der prophetische Verkündiger seiner Barmherzigkeit,[40] der in das

---

1972, 69; *M. Hengel*, Atonement (Anm. 33) erwähnt auch den Tod des jüngeren Cato, der nach Lucanus, Pharsalia 2,304–9, die Sünden des Bürgerkrieges sühnen wollte.

[35] Das hat *M. Hengel* (ebd. 32) gegen R. Bultmanns Qualifizierung solcher Vorstellungen als Mythos nachgewiesen.

[36] Lucanus, Pharsalia 2,304f – das Beispiel, das *M. Hengel* (ebd.) für die Verständlichkeit dieser Vorstellung anführt; für die Apokalyptik s. 4Esr 7,33ff.

[37] Siehe *O. Hofius*, Zum paulinischen Versöhnungsgedanken, in: ZThK (1980) 186–199.

[38] Die spätere Satisfaktionslehre kann von diesen Stellen nicht abgeleitet werden; *E. Käsemann*, An die Römer (HbNT 8a), Tübingen ²1974, 90.

[39] Vgl. *F. Bovon*, Luc le théologien. Vingt-cinq ans de recherches (1950–1975), Neuchâtel–Paris 1978, 277–79, mit Hinweis auf *J. Dupont*, Etudes sur les Actes des apôtres, Paris 1967, 145, Anm. 27.

Reich Gottes „dringend einlädt" (Lk 16,16)[41]. Sein Tod zeigt, daß er sich mit dem Anliegen des himmlischen Vaters trotz der menschlichen Sünde identifizierte. Durch seine Auferstehung wird das Anliegen Gottes bestätigt.[42] Mehr als ein eschatologisches Ereignis ist sein Tod der Gipfel seiner Geschichte, die als Ganzes die endgültige Offenbarung Gottes[43] und sein einmaliges umfassendes Gleichnis in dieser Welt ist. Es kann dadurch mitbeeinflußt sein, daß Lukas mehrere Traditionen über das Leben und die Lehre Jesu integrierte, aber im Grunde ist es ein alternativer Versuch, die ältere Traditionen über die stellvertretende Bedeutung Jesu als des realen Vermittlers der Gnade Gottes zu deuten. Markus hat die narrative Tradition über den irdischen Jesus durch die Bekenntnisformeln (die Glaubensformel, der Titel „Sohn Gottes") gedeutet. Lukas hat durch die Bearbeitung der Erzählungen über Jesus und seiner Sprüche die älteren Bekenntnisformeln neu interpretiert. Auch das Gleichnis vom barmherzigen Vater deutet also die älteren Aussagen über die Sendung Jesu samt ihrer Wirkung (Umkehr, neue Werke – Apg 26,20)[44] auf eine neue Weise. Seine Theologie ist nicht so tief wie die des Paulus, aber die breite Palette neuer Probleme der Kirche auf der Schwelle der nachapostolischen Zeit hat er versucht redlich zu bewältigen.

Wenn in Lk 19,10 die Sühne als das Suchen und Retten des Verlorenen interpretiert ist, so ist es in Lk 15,20 als das Verhalten des Vaters bechrieben, wobei Jesus als der Erzähler (15,11a) im Rahmen des ganzen Lukasevangeliums für das Gesagte durch sein ganzes Leben bürgt. Auch in seinem Sterben wird er, trotz der menschlichen Sünde, Gott als den Barmherzigen repräsentieren (23,43 vgl. 34 nach Aleph u. a.).

3.4. Der jüngere Sohn – Teil II

V. 20b Das Suchen und das Entgegenkommen des Vaters gipfelt darin, daß er seinen Sohn umarmt und küßt. Dadurch äußert er seine Liebe und erneuert die tiefste Gemeinschaft mit ihm (vgl. Gen 33,4; 45,14f; Tob 11,9). Der Kuß ist ein Zeichen der Vergebung (2 Sam 14,33),[45] die keine Bedingungen stellt.

V. 21 Die Initiative des Vaters hat das im V. 18 Geplante unterbrochen, so daß das Sündenbekenntnis des Sohnes erst nach der Manifestation der Gnade des Vaters kommt. Vorbedingung des Heils[46] ist also nicht etwas, was durch die Drohung des Gesetzes hervorgerufen wird. Es wird als die Wirkung der Barmherzigkeit Gottes

---

[40] *I. H. Marshall*, Resurrection (Anm. 31) 103ff; *D. A. S. Ravens*, St. Luke and Atonement, in: ET 97 (1986) 291–294, bes. 294.

[41] Siehe *D. Kosch*, Gottesherrschaft (Anm. 28) 74ff.

[42] Näheres über die Unterschiede zwischen der paulinischen Theologie (und der Pistis-Formel) und der Theologie der Apg s. *U. Wilckens*, Die Missionsreden der Apostelgeschichte (WMANT 5), Neukirchen 1961, 77.

[43] *H. Flender*, Heil und Geschichte in der Theologie des Lukas (BEvTh 41), München 1965, 140f.

[44] Dies ist jedoch, wie wir eben demonstriert haben, keine „Ethisierung" der Bekehrung; gegen *H. Conzelmann*, Die Mitte der Zeit (BHTh 17), Tübingen [4]1962, 198.

[45] Vgl. *J. A. Fitzmyer*, Luke (Anm. 21) z. St.

[46] *H. Weder*, Die Gleichnisse Jesu als Metaphern (FRLANT 120), Göttingen 1980, 262: „Das Heil kommt der Buße zuvor."

geschildert, als ein Teil des Heilgeschehens.[47] Der Sünder, dem mehr vergeben wurde, liebt mehr den Herrn (Lk 7,36–50). Die Erlösung aus der Gnade ist also der lukanischen Theologie nicht fremd. Lukas setzt zwar die christliche Verkündigung mit der Johannes des Täufers (Buße zur Vergebung der Sünden – vgl. Lk 3,3 mit 24,47; Apg 5,31b u. a.) in eins, aber die Proklamierung des Auferstandenen als des Herrn und Heilands bildet den breiteren Rahmen solcher Aufrufe (Lk 24,46; Apg 5,31a; 17,31 u. a.). Die Bekehrung ist für Lukas also keine Vorleistung. Im Lichte der Gleichnisse vom barmherzigen Vater und vom Pharisäer und Zöllner (Lk 18,9–14) und der Geschichten über Zachäus (Lk 19,1–10) und über die Sünderin (Lk 7,36–50) ist es deutlich, daß die Aufforderung zur Umkehr im Rahmen der Verkündigung der Gnade verstanden werden soll. Dies ist zwar noch nicht mit der paulinischen Rechtfertigungslehre identisch, aber es bedeutet, daß das Gleichnis vom barmherzigen Vater kein Fremdkörper in der lukanischen Theologie ist.[48] Die Wiederholung des Lexems aus V. 18b im V. 21 nach der Demonstration der Gnade des Vaters im V. 20 ist als Andeutung des inneren Grundes der Buße zu betrachten. Das Sündenbekenntnis ist effektiv, weil die Gnade Gottes mächtiger ist als die Sünde des Menschen. In Lk 1,76–79 wird die Geschichte Jesu als die Verwirklichung der Gnade Gottes interpretiert (vgl. Lk 7,36–50).

V. 22 Der Vater (offensichtlich ständig der Herr des Hauses) demonstriert, daß der heimgekehrte Sohn nicht als Diener, sondern als der Sohn aufgenommen ist. Es handelt sich nicht um seine Re-Investitur im Sinne der Aufhebung seiner „Abtrennung" und Enterbung (der sog. kesāsāh).[49] Aus dem eben Gesagten folgt, daß der Vater sein Verhältnis zu seinen Kindern nie geändert hat (s. zu V. 20a) und daß das Gleichnis auf dem juristischen Hintergrund nicht zu erfassen ist (s. zu V. 12).[50] Es scheint eher, daß die Szene das Übermaß der Gnade Gottes darstellen soll, die den Hungernden Brot und den Armen das Reich Gottes gibt (Lk 6,20f). Die Beschreibung der Investitur ist durch die Szene über die Investitur von Josef in Ägypten inspiriert (Gen 41,42).[51] Der Ring und das Gewand sind Zeichen der Würde des Königs (vgl. auch 1 Makk 6,14f).[52] Die Schuhe (in Gen 41,42 ist statt dessen die Halskette genannt) sind ein Zeichen des freien Herrn (Lk 3,16).[53] Eine auffällige Parallele zum Anziehen des besten[54] Gewandes finden wir in dem gnostischen (bzw. manichäischen) Perlenlied der Thomasakten (108–113),[55] wo der wiederge-

---

[47] *I. Broer*, Das Gleichnis vom verlorenen Sohn und die Theologie des Lukas, in: NTS 20 (1973–74) 453–462; vgl. *L. Schottroff*, Gleichnis (Anm. 5) 29ff. 52 (Lukas als legitimer Erbe paulinischer Rechtfertigungslehre).

[48] Gegen *C. Carlston*, Reminiscence (Anm. 8) 385; *J. W. Taeger*, Der Mensch und sein Heil (Anm. 13) 203ff, meint, daß der Vater entgegenkam, weil er von dem Sündenbekenntnis des Sohnes wußte.

[49] So *K. H. Rengstorf*, Die Re-Investitur des Verlorenen Sohnes in der Gleichniserzählung Jesu, Lk 15,11–32, Köln/Opladen 1967, 21ff.

[50] *F. Bovon*, La parabole de l'enfant prodigue, in: Exegesis (Anm. 4) 36–51. 291–306, bes. 51.

[51] *W. Grundmann*, Das Evangelium nach Lukas (ThHK 3), Berlin ⁹1981 z. St.

[52] Näheres zu V. 22 s. bei *K. H. Rengstorf*, Re-Investitur (Anm. 49) 39ff.

[53] Ebd. 29.

[54] Πρῶτος im Sinne von πρότερος (vgl. Apg 1,1), hier jedoch höchstwahrscheinlich „das beste", vgl. Ez 27,22 LXX.

[55] *K. H. Rengstorf*, Re-Investitur (Anm. 49) 56ff.

fundene Prinz sein königliches Gewand anzieht und dadurch sich mit dem König identifiziert.[56] In diesem Sinne taucht das Bild des (weißen) Gewandes in der urchristlichen Literatur als ein Zeichen des Lebens im neuen Äon (Mk 16,5; Offb 6,11 u. a., vgl. das Bild des Anziehens des neuen Leibes in 1 Kor 15,53f oder des neuen Menschen in Kol 3,10 u. a.) auf. Die Investitur des verlorenen Sohnes deutet also sein eschatologisches Heil an. Auch quantitativ ist dies die Mitte des Gleichnisses.[57]
V. 23 Die Art des Schlachtens (θύειν) des Mastkalbes bedeutet, daß es sich um ein jüdisches Haus handelt (vgl. Apg 11,7; Lk 22,7), und die Freude ist im Unterschied zu der vorübergehenden Freude der Entfremdeten (Lk 12,19; 16,19) die Freude des neuen Lebens (VV. 24 u. 32), die nach Lukas das Feiern des Herrenmahls begleitete (Apg 2,46 vgl. Lk 19,6), die Freude über den heimgekehrten Sünder (Lk 15,5; Apg 15,3). Das Mahl wird zur Vorwegnahme der eschatologischen Freude, und der verlorene Sohn repräsentiert die vielen, die aus Ost und West kommen, um mit den Vätern zu Tische zu liegen (Lk 13,28f).

3.5. Tod und Leben des Verlorenen (Lk 15,24.32)

V. 24 ist eine Begründung der Investitur und des Mahles. Es wird durch zwei Begriffspaare ausgedrückt, von denen der zweite (verloren – gefunden) schon in den ersten zwei Gleichnissen dieses Kapitels enthalten ist (15,4–10). Es ist also deutlich, daß der verlorene Sohn immer dem Vater gehört hat und daß der Vater ihn entbehrte.
Totsein und leben scheint eine Metapher innerhalb des Gleichnisses zu sein (vgl. Lk 9,60), ein überschwenglicher Ausdruck für das Schicksal des Sohnes. So wird es von den meisten Exegeten gedeutet. Die Verwandtschaft beider Begriffspaare dieses Verses mit der Zusammenfassung lukanischer Soteriologie in Lk 19,10 sowie ihre feierliche Wiederholung im V. 32 deuten jedoch an, daß da eine theologische Schlüsselaussage vorliegt. Wenn die Rettung des Sohnes als eschatologisches Heil geschildert ist, ist es wahrscheinlich, daß auch in Lk 15,24 und 32 die Grundaussagen christlicher Verkündigung reflektiert sind.[58]
Schon vor Paulus wurde das Christ-Werden als die Aufnahme in die eschatologische Hoffnung gedeutet, die der Auferstandene den Gläubigen eröffnet (1 Thess 1,9f). In 1 Thess 4,14 appliziert sie Paulus auf die persönliche Hoffnung im Tode, und in Röm 6,5.8 wird sie als theologischer Hintergrund der christlichen Wassertaufe vorausgesetzt. Die Verbindung mit der Umkehr und dem Titel Sohn in 1 Thess 1,10 deuten an, daß die Hoffnung auf das eschatologische Leben auch schon vor Paulus mit der Taufe verbunden war. In Kol 2,12 (1,13), Eph 2,5f u. a. beobachten wir jedoch eine Akzentverschiebung: Die Auferstehung ist im Glauben schon zur Wirklichkeit geworden (vgl. Joh 5,24). Praktisch kann es eine Schwächung der eschatologischen Spannung bedeuten, aber angesichts einer Relativierung christlicher Hoffnung, hat es die gegenwärtige, durch den Glauben aufgenommene Dimension des Heils hervorgehoben. Es kann zwar eingewandt werden, daß das Verlorensein des

---

[56] ActThom 113.
[57] *J. Smit Sibinga*, Kompositionstechnik (Anm. 24) 107.
[58] Aus den Auslegern haben das nur *L. Schottroff*, Gleichnis (Anm. 5) 42; *E. E. Ellis*, The Gospel of Luke (NCBC), London 1966, 198, und *G. Schneider*, Das Evangelium nach Lukas (I–II) (ÖTK 3/1–2), Gütersloh – Würzburg 1977, 329, angedeutet.

Sohnes kein Tod mit Christus war. Das Gleichnis war ursprünglich wirklich kein Kommentar zur christlichen Taufe, aber Lukas hat die innere Affinität dieser Erzählung zu der Wirklichkeit entdeckt, die die Taufe vergegenwärtigt. Auch bei Paulus hat übrigens das Totsein zwei Bedeutungen. Auf der einen Seite sind alle Menschen tot als Sünder, so daß der Begriffspaar Tod – Leben mit dem Paar Sünde – Gnade identisch ist (Röm 5,12–21; 1 Kor 15,20ff); auf der anderen Seite bedeutet Glaube, als Sterben mit Christus, das Absterben gegenüber der Sünde, das gleichzeitig die künftige Auferstehung garantiert (Röm 6,2–11) oder mit ihr dialektisch ineinsfällt. Das Gleichnis schildert den Weg von der Sünde zur Gnade, und Vers 24 soll seine Zusammenfassung sein. Lukas hat ihn jedoch als die Neuinterpretation der Aussage über den Tod und über die Auferstehung mit Christus begriffen – eine Interpretation für seine Leser, die mit den Vorstellungen über die Auferstehung, die den neuen Äon eröffnet, nicht vertraut waren. Die Auferstehung bedeutet nach Lukas die Rehabilitierung Jesu (Apg 2,24; 3,15 u. a.) und die Garantie der Sündenvergebung, die mit der Bekehrung verbunden war (μετάνοια, Apg 5,31 vgl. 11,18; 20,21).[59] Weil die Umkehr und die Sündenvergebung mit der Taufe besiegelt wurde (Apg 2,38), ist das Sündenbekenntnis in den Versen 18 und 21 als das Taufbekenntnis und als der Tod des Sterbens (15,17) zu begreifen.[60] Die semantische Achse Tod – Leben wird hier also auf mehreren Ebenen benutzt:
A) Tod Jesu – Auferstehung Jesu (der indirekte Hintergrund)
B) Tod des Menschen durch die Sünde – neues Leben als Vergebung, die die Teilnahme am Herrenmahl ermöglicht
C) Bekenntnis der Sünden als der Tod mit Christus – Bekenntnis zur Gnade als der Auferstehung mit Christus (bzw. ihre Verheißung).
Das Gleichnis stellt also in der lukanischen Auffassung eine Deutung der älteren Bekenntnistradition dar, die trotz der eben erwähnten Polysemie des Textes deutlich bleibt. Der Tod und die Auferstehung mit Christus werden als die vom gekreuzigten und auferstandenen Jesus proklamierte und verwirklichte Verkündigung des barmherzigen Gottes interpretiert, der das Verlorene sucht und rettet. Das Begriffspaar νεκρὸς ἦν – (ἀν)έζησεν[61] ist durch die Formeln von Tod und Auferstehung Jesu beeinflußt, die manchmal ähnlich ausgedrückt sind (Röm 14,9). Lukas benutzt oft das Zeitwort ζῆν, um die Auferstehung Jesu auszudrücken (Lk 24,5.23; Apg 25,19). Das Paar ἀπολωλώς – εὑρέθη ist eine für das Gleichnis transformierte Parallele von Lk 19,10 (τό ἀπολωλός – ζητῆσαι – σῶσαι). Das εὐφραίνεσθαι und χαρῆναι – 15,32) drückt die eschatologische Freude aus (vgl. 15,6f.9f), für die hier Lukas seine Vorzugsvokabel benutzt. Das Motiv der Mitfreude war schon in seinen Quellen, aber die Verse 24 und 32 hat er also selbst formuliert, weil er das ganze Gleichnis als die Deutung älterer Bekenntnisse begriffen hat. Deshalb werden das Sündenbekenntnis (15,19.21) und der Satz über Tod und Leben als Anspielung auf das Glaubensbekenntnis zweimal wiederholt.[62]
Wenn K. H. Rengstorf dieses Gleichnis und das Perlenlied von einer gemeinsamen

---

[59] *I. H. Marshall*, Resurrection (Anm. 31) 96ff. 103ff. Lukas hat also eine durchdachte Auffassung der „Bekehrung" gegen *H. Conzelmann*, Mitte (Anm. 44) 85.
[60] Vgl. *J. A. Fitzmyer*, Luke (Anm. 21) 239f.
[61] Vgl. dieses Begriffspaar in Mk 12,27 par.
[62] *F. Schnider*, Söhne (Anm. 8) 44ff.

Quelle ableitet,[63] ist es für das Verständnis der Theologie dieses Gleichnisses wenig bedeutend. Die Entfremdung des Prinzen im Perlenlied ist eher ein Unglück als seine Schuld, und seine Rückkehr ist durch die Erkenntnis eigener königlicher Würde herbeigeführt. Bedeutend ist jedoch, daß auch die Geschichte von dem verlorenen Sohn im Perlenlied (ActThom 108–113) die Erlösung darstellen sollte.[64]

3.6. Der ältere Bruder

V. 25 Der ältere Bruder, von dessen Existenz der Leser aus den Versen 11 und 12 weiß, taucht als eine handelnde Person erst jetzt auf. Er arbeitet auf dem Feld, ist also als Gegensatz seines verschwenderischen Bruders charakterisiert. Der wurde zwar auch auf das Feld geschickt, es war aber ein fremdes Feld (V. 15). Als sich der ältere Bruder dem Hause nähert, hört er Musik und Reigentanz. Für ihn ist es etwas Außergewöhnliches, so daß er fragen muß, was das sein kann (V. 26).

V. 27 Der gefragte Knecht berichtet nur über die Tatsachen, und doch wird daraus deutlich, daß das Verhalten des Vaters nicht als sinnlos empfunden wird.

V. 28 Der ältere Sohn reagiert mit Zorn. Es ist der Zorn gegen die Gnade Gottes, der als solcher dem Zorn von Jona ähnlich ist (Jona 3,10; 4,1.4.9).[65] Den Anlaß kann man dem Kontext entnehmen. (a) Er weiß, weshalb sein Bruder arm geworden ist (V. 30a), und (b) er hat Angst um sein Erbteil (das sagt er nicht, aber der Vater weiß es – V. 31).

Der Zorn beeinflußt unmittelbar sein Verhalten – er geht nicht hinein und bleibt außerhalb des Hauses. Der Vater hat wieder nur einen Sohn zu Hause, der ältere Sohn bleibt draußen.[66]

Der Vater reagiert jedoch auch jetzt auf dieselbe Weise wie im Falle des jüngeren Sohns: Er selbst verläßt das Haus und lädt den Sohn dringend ein.[67] Er hat zwar keinen unmittelbaren Erfolg, aber er provoziert den außenstehenden Sohn zur Antwort.

V. 29a Der Sohn argumentiert mit seinem langjährigen Dienst, genauso wie die Arbeiter im Weinberg, die den ganzen Tag gearbeitet haben (Mt 20,12). Lk 15,2 kann man entnehmen, daß es die entrüsteten Pharisäer und Schriftgelehrten waren, für welche der zweite Teil des Gleichnisses als Warnung bestimmt war. Die Analogie zum Gleichnis vom Pharisäer und Zöllner (Lk 18,9–14) ist zu auffällig. Auch hier spricht der Sohn von dem Einhalten der Gebote des Vaters, aber die Ablehnung der Einladung bedeutet, daß seine Treue ihr Ziel nicht erreicht hat. Lukas war jedoch bestrebt, das Gleichnis auch in seine Zeit reden zu lassen. Er hat es wahrscheinlich als die Aufforderung für die rigoristisch eingestellten Christen verstanden, die Sünder und die Abgefallenen aufzunehmen (vgl. Lk 7,47),[68] etwa wie es später der Hirt des Hermas formuliert hat (sim 8,6,4.6; mand. 4,3,6) und gegen

---

[63] *K. H. Rengstorf*, Re-Investitur (Anm. 49) 58ff.

[64] Zur metaphorischen Darstellung des Heils in Apg 27–28 s. *P. Pokorný*, Die Romfahrt des Paulus und der antike Roman, in: ZNW 64 (1973) 233–244.

[65] *F. Bovon*, La parabole (Anm. 50) 49.

[66] *D. O. Via*, The Prodigal Son (Anm. 20) 35.

[67] Vgl. Lk 16,16 und Anm. 28.

[68] *P. Bonnard*, Approche historio-critique de Luc 15, in: *ders.*, Anamnesis, Genève 1980, 93–103, hier 103; *O. Knoch*, Wer Ohren hat, der höre. Die Botschaft der Gleichnisse Jesu, Stuttgart 1983, 248f.

die Praxis, die der Hebräerbrief proklamiert (6,4–6; 10,26–31).[69] Das Gleichnis sucht jedoch Versöhnung und Verständnis. Sein Hörer soll auch die Pharisäer, Judenchristen und Rigoristen verstehen. Der ältere Sohn ist nicht der negative Gegenpol des jüngeren. Sein Dienst wird positiv geschildert (vgl. Lk 15,29 mit Apg 20,19), und die Einladung für ihn ist immer gültig (V. 31).

Im *Vers 29b–30* beklagt sich der ältere Sohn, daß seine Treue nicht einmal durch ein kleines Festmahl belohnt wurde, und vergleicht es mit dem Fest für seinen Bruder, der so schändlich gelebt hat (s. zu V. 12b).

V. 31 Die Antwort des Vaters ist inhaltlich mit der Reaktion auf die Rückkehr des jüngeren Sohnes identisch.[70] Keine Vorwürfe, sondern nur eine Auswertung der Lage und vorbehaltlose Zusage. „Du bist allezeit bei mir." Der Ältere ist wirklich nie den Versuchungen der fremden Welt begegnet und hat nie Hunger, Erniedrigung und unmittelbare Todesangst erlebt. Er hat zwar immer gearbeitet, aber hat dafür nie die Arbeitslosigkeit erfahren und hat an der Autorität des Vaters teilgenommen (V. 26). – Dann kommt die Zusage: „Was mein ist, ist dein", d. h., durch die Rückkehr des Bruders wird er nichts verlieren. Er ist der Erbe. Rechtlich gesehen steht es im Widerspruch mit der Investitur des jüngeren Sohnes. So kann es jedoch nicht verstanden werden. Das Erbe des himmlischen Vaters hat kein Ende. Alle Söhne werden Erben und Herrscher des Reiches des Vaters sein (Lk 12,32; 22,29f). Die Logik des Eigentums gilt da nicht. Es handelt sich also nicht um eine Polemik gegen diejenigen, die der ältere Sohn repräsentieren könnte, sondern um eine Vermittlung zwischen ihnen und den Sündern, die Buße tun. Der ältere Sohn ist nicht der scheinbar Gerechte, sondern der Gerechte, der den Gipfel der Gerechtigkeit – die Vergebung – noch nicht erreicht hat.[71] Seine Entfremdung kann auch durch das Sündenbekenntnis überwunden werden; denn er ist auch zum festlichen Abendmahl eingeladen. Nur muß er lernen, sich über den heimgekehrten Sünder zu freuen (Lk 15,7.9). Ähnlich wie das scheinbar unvollendete Buch Jona stellt auch dieses scheinbar unvollendete Gleichnis eine ständige Einladung für die Sünder dar, aber auch für die Gerechten, deren Gerechtigkeit die Barmherzigkeit entbehrt.

Auch die heutige Kirche wird dadurch aufgefordert, sich über die Anzeichen der Ernüchterung und Überwindung der Entfernung zu freuen und die Barmherzigkeit Gottes zu verkündigen, auch wenn die Entfremdeten „noch weit entfernt sind".

---

[69] Es war also kein Zufall, wenn das Gleichnis vom barmherzigen Vater z. B. Tertullian (de pudic. 8,9) als Grund für die Wiederaufnahme der „Gefallenen" (lapsi), die ihre Sünden bekannt haben, benutzte; s. *J. M. Creed*, The Gospel according to Luke, London 1930, z. St.; vgl. Apg 8,18–24.

[70] *G. Eichholz*, Gleichnisse (Anm. 8) 220.

[71] *I. Broer*, Gleichnis (Anm. 47) 458f. 462 gegen *L. Schottroff*, Gleichnis (Anm. 5) 34ff.

24. „ ... bis an das Ende der Erde"

Ein Beitrag zum Thema Sammlung Israels und christliche Mission bei Lukas

Petr Pokorný

1. Jüdische Erwartung und die christliche Ostererfahrung

Das Zitat aus Apg 1,8, den Titel dieser Arbeit, lesen wir im konkreten Kontext der Himmelfahrtsperikope. Es handelt sich um eine Aussage, die für die Begründung christlicher Mission und für die Bestimmung ihres Verhältnisses zu den jüdischen Erwartungen von besonderer Bedeutung ist. Es wird also günstig sein, zunächst etwas über das ganze Problem (Abschnitt 1) und seine lukanische Lösung (Abschnitt 2) zu sagen.

In der exilischen und nachexilischen Zeit hat Israel in der Endzeit die Sammlung der zerstreuten Reste des Volkes Gottes erwartet (Mi 2,12f; 4,6-8; Zef 3,14-20 vgl. Jes 11,16 u.a.). Oft war diese Sammlung der Reste mit der Vorstellung einer weltumfassenden Versammlung in Jerusalem verbunden, wobei sich auch die Heiden zu Jahwe als ihren Herrn bekennen und nach Zion pilgern werden: Jes 60,1-14; Mi 4,1-5 vgl. Jes 2,1-5. An jenem Tag wird Gott als Schöpfer und Richter der Welt seine Macht und seine Gerechtigkeit offenbaren.

Die verschiedenen Vorstellungen vom Reich Gottes als Gottes offenbarer Herrschaft über den Menschen und über der ganzen Welt sind also nach allen diesen Belegen israelzentrisch gestaltet (vgl. Apg 1,6).

Diese Erwartung hat auch zu der Reich-Gottes-Verkündigung Jesu gehört und die Bildung der Zwölf als des inneren Jüngerkreises soll offensichtlich die zwölf Stämme Israels symbolisieren (Q Mt 19,28 : Lk 22,30). Noch die ersten Jerusalemer Christen haben sich im Tempel auf Zion versammelt (Apg 2,46), wo sie offensichtlich das Kommen des Reiches Gottes erwarteten (Lk 19,11 vgl. 19,11-27; Apg 1,6 vgl. Orac Sib 3,47f. u.a.).

Schon Jesus hat jedoch die zentrale Rolle Israels relativiert und vor Selbstvertrauen prophetisch gewarnt: „Viele werden von Ost und West kommen und mit Abraham und Isaak und Jakob im Himmelreich zu Tisch sitzen, die Kinder des Reiches werden aber hinausgeworfen in die äußerste Finsternis" (Q Mt 8,11-12 a). |

Nach Ostern begannen die ersten Christen Jesus als den Messias und den von Jahwe beauftragten Herren ($\varkappa\acute{v}\varrho\iota o\varsigma$ – Phil 2,11; Röm 10,9 vgl. Ps 110,1) zu verkündigen, weil sie in ihm die entscheidende Offenbarung Gottes erkannt haben. Das war ihre Grunderfahrung. Sie mußten sie mit der Hoffnung Israels konfrontieren und das ganze Problem auch theologisch reflektieren. Ihre Eschatologie war gespalten: Der Messias war schon bekannt, das messianische Reich ist auf die Erde in seiner sichtbaren Fülle noch nicht gekommen. Diese spezifisch christliche Erfahrung der Verdoppelung oder „Spaltung" jüdischer Eschatologie, welche schon in den zwanziger Jahren J.B. Souček in Prag beschrieben hat, wird auch teleskopische Eschatologie (Verschachtelung der Äonen) genannt (L.E. Keck). Da die meisten Juden Jesus als Messias nicht anerkannt haben, ist jene Auseinandersetzung dringend geworden.

Für die Juden war Jesus ein Messiasprätendent, der sich durch die Herbeiführung des messianischen Reiches entweder im Sinne des erneuerten davidischen Imperiums oder im Sinne des Reiches Gottes als endgeschichtlich kosmischer Größe nicht legitimieren konnte.

Paulus hat das Problem im Zusammenhang mit seiner Rechtfertigungslehre durch die These gelöst, wonach die Weisheit Gottes gerade in dem gekreuzigten Messias verborgen ist (1.Kor 1,18-25), der Erlöser ist und vor dem Gericht Gottes rettet (1.Kor 1,30). Das war eine soteriologische Deutung des christlichen Bekenntnisses, die gleichzeitig die Naherwartung relativierte (2.Kor 5,1-10). In Röm 11,25ff. hat Paulus sogar ein heilsgeschichtliches Bild entworfen, wonach das Auftreten des Messias mit Spaltung und nicht mit Sammlung Israels verbunden war (Röm 9,30-33). Die Sammlung soll danach erst als ein Teil des Endgeschehens erwartet werden, und zwar als Folge derselben Erbarmung Gottes, die durch Jesus Christus geoffenbart wurde (Röm 11,25-32).

Lukas (so nenne ich traditionell den Verfasser der zwei Bücher ad Theophilum) hat die paulinische Rechtfertigungslehre in ihrer Tiefe und Schärfe nicht gekannt oder nicht begriffen, aber er wußte wohl, daß Paulus auf der einen Seite die direkte Mission unter den Heiden theologisch begründen konnte und gleichzeitig das Erbe Israels behielt, indem er aus der Schrift argumentierte. Lukas war jedoch der erste, der durch die ganze Struktur seiner zwei Bücher das Problem der Orientierung der Christen in der Geschichte thematisierte und seine Lösung mit einem tiefen soteriologischen Entwurf verband. |

2. Die lukanische Lösung

Lukas hat als erste die Ostererfahrung und die mit ihr zusammenhängende Verdoppelung der Eschatologie mit einem neuen Weltbild verbunden, das sich allmählich und in modifizierter Gestalt als das christliche Paradigma durchgesetzt hat. Sein Entwurf hat nicht nur das Kirchenjahr, sondern das Denken überhaupt auf Jahrhunderte beeinflußt.

Nach Lukas war das Reich Gottes in der Person Jesu präsent. Der letzte Besuch Jesu in Jerusalem, der in der Tempelreinigung und dem nachfolgenden Unterricht im Tempel gipfelte (Lk 19,47), war die Zeit der Begegnung mit Messias – dem Friedensfürst (Lk 19,42 vgl. Jes 9,7), die Zeit der „Heimsuchung" (Visitation, griech. ἐπισκοπή) Gottes (Lk 19,44). Im breiteren Sinne war das ganze Leben Jesu eine Visitation Gottes (Lk 1,68.78; 7,16 – ἐπισκέπτεσθαι). Die Folge dieser Visitation ist die Entstehung des Volkes Gottes aus

Heiden (Apg 15,14 – ἐπισκέπτεσθαι) und die Zeit Israels als des Volkes Gottes kommt dadurch zu Ende.

Auf menschlicher Seite sieht Lukas den Grund jener für Israel ungünstigen Wende in der Unfähigkeit, die Visitation Gottes zu erkennen. Die Repräsentanten Jersualems, des Zentrums Israels, haben die Zeit (καιρός) ihrer Heimsuchung nicht erkannt un Jerusalem hat deswegen (ἀνθ' ὧν) ihre Niederlage erlitten (Lk 19,44 vgl. 19,42). Das wird in Lk 19,44 in der Gestalt eines *vaticinium ex eventu* proklamiert.

In diesem Zusammenhang ist es begreiflich, warum sich die zu Christen gewordenen Juden als der Rest Israels zunächst im jerusalemischen Tempel versammelt haben (Apg 2,46), wo sich laut der Verheißung des auferstandenen Messias (Apg 1,4) auch die Geistesausgießung ereignet (Apg 2,1-13). Lukas sieht darin die Erfüllung der Erwartung Israels (Apg 2,17ff.), die sich jedoch von dem vorgeprägten Bild auffällig unterscheidet. Sie betrifft zwar das ganze Volk Israel, was die Nachwahl von Matthias als des zwölften Apostels ausdrückt (Apg 1,15-26), und die Entstehung der Kirche wird als Vollendung der Sammlung Israels gesehen (Apg 15,13-17), aber die Rolle Jerusalems ändert sich wesentlich. Lukas unterstreicht zwar, daß es immerhin eine Schlüsselrolle ist und unterdrückt deswegen die Tradition über die galiläischen Anfänge der Kirche, aber die heilige Stadt ist schon nicht mehr der Mittelpunkt, sondern nur der Ausgangspunkt der Sammlung (Lk 24,47; Apg 22,17-21). Im Unterschied zu Mk 11,17, wonach Jesus den Jerusalemer Tempel zum Bethaus für alle Völker erklärt, sagt er bei Lukas (wie bei Matthäus) nur, daß es | zum Bethaus wird (Lk 19,46). Zu Lukas' Zeit war der Tempel schon in Ruinen. Und Jerusalem wird nach Lukas schon nicht mehr als das Zentrum der Kirche aus allen Völkern betrachtet. Da Jesus als der von Gott gesalbte Herr und König Apg 17,7 seit der Himmelfahrt „oben" im Himmel ist, wird das Zentrum der Sammlung des Volkes Gottes immer dort, wo er verkündigt wird, und zwar bis an das Ende der Erde (Apg 1,8). Der Geist Gottes als Geist der Vollendung wird mit dem Geist der Verkündigung und des Zeugnisses identisch und der kosmische Kampf, welchen die Juden am Ende dieses Zeitalters erwartet haben (Joel 3,4f. LXX zitiert in Apg 2,19f.), wird durch die Verkündigung der Zeugen Christi errungen (vgl. Lk 10,18), die im Glauben schon mit dem im Himmel vorbereiteten Reich Gottes verbunden sind (Lk 10,20b).

Die eschatologische Wende erstreckt sich also in der Zeit. Das gute Ziel des Prozesses steht fest, weil Jesus Christus seit seiner Himmelfahrt die Schlüsselposition „oben" innehat (Apg 1,6-11), die sichtbare Vollendung liegt jedoch in der Zukunft (Apg 3,21). Die Zeit zwischen den beiden Polen christlicher Hoffnung ist nach lukanischer Sicht die Zeit der Kirche: Die Apostel sollen Zeugen Christi „bis an das Ende der Erde (der Welt)" (ἕως ἐσχάτου τῆς γῆς – Apg 1,8b) sein.

3. Lukanische Theologie und die Struktur der Apostelgeschichte

Das Lukasevangelium als Erzählung beginnt und endet in Jerusalem und seiner Nähe. Die Apostelgeschichte fängt auch in Jerusalem an, aber endet in Rom. Darin widerspiegelt sich die Tatsache, daß die Sammlung der Kirche als des neuen endzeitlichen Volkes Gottes Jerusalem nicht zum Ziel, sondern nur zum Ausgangspunkt hat. Wie schon gesagt, ist diese Neuorientierung in Apg 1,8 als Auftrag für die apostolische Generation proklamiert. Aus den Aposteln tritt jedoch nur Petrus auf, und zwar nur im ersten Teil der Apostelgeschichte. Die apostolische Sendung übernimmt dann Paulus, dessen Beauftragung in Apg 13,47 mit demselben Schlußsatz endet, den wir schon in Apg 1,8 lesen: Er soll Zeuge des Heils „ ... bis an das Ende der Erde sein".

In Apg 1,8 ist es eindeutig ein Auftrag für die Apostel (Apg 1,2). In der Gegenwart des Verfassers, auf deren Probleme er durch *vaticinia ex eventu* reagiert, soll die Kirche vor allem reine Lehre | schützen (Apg 20,18-35)[1] Paulus ist nach Lukas nicht Apostel im vollen Sinne und er nennt ihn bis auf Ausnahmen (Apg 14,4.13) nicht ἀπόστολος. Paulus entspricht nämlich nicht der lukanischen Definition des Apostels, denn er war nicht Jünger Jesu während seines irdischen Lebens (Apg 1,21-22.26). Wenn also sein Auftrag in Apg 13,47 trotzdem mit dem apostolischen identifiziert wird, wird er dadurch sozusagen zum Ehrenapostel erhoben, dessen Geschichte der zweite Teil der Apostelgeschichte gewidmet ist. Er übernimmt die Sendung der Apostel und führt sie durch, aber eindeutig in Abhängigkeit von ihnen. In Apg 15,4-35 lesen wir, wie Paulus seine Verkündigung und seine Auffassung der Heidenmission den Aposteln vorgelegt hat, wie Petrus und Jakobus selbst die direkte Mission unter den Unbeschnittenen mit biblischen Argumenten unterstützt haben (Apg 15,16f. = Mischzitat von Jer 12,15; Am 9,11f.; Jes 45,21) und wie alle Apostel ihn zu seiner Arbeit sogar im Namen des Heiligen Geistes (Apg 15,28) beauftragten (Apg 15,22).

Diese apostolische Bestätigung verrät, daß Paulus von den Aposteln abhängig ist, er wird mit Barnabas zum Instrument der apostolischen Mission. Auch dort, wo es schon früher Christen gab, wird ihre Existenz durch den Auftrag, den Paulus von Gott und von den Aposteln erhielt, offiziell bestätigt. Von den Christen aus Rom hören wir z. B. nur in Apg 28,15 und Paulus tritt als der erste authentische Zeuge Christi in Rom auf. Da Lukas vom Leben des Paulus das Entscheidende erzählen wollte, ist es sehr wahrscheinlich, daß die zweite Hälfte der Apostelgeschichte über die Erfüllung des apostolischen Auftrags erzählt, und daß dies Werk in Rom gipfelt. Nach Lukas gehört zum apostolischen Auftrag nicht nur allein das Zeugnis, sondern auch seine exemplarische Verbrei-

---

[1] *Ch. Burchard, Der dreizehnte Zeuge,* Traditions- und Kompositionsgeschichtliche Untersuchungen zu Lukas' Darstellung der Frühzeit des Paulus (FRLANT 103), Göttingen 1970, S. 179 f.

tung – die geographisch anschauliche Andeutung seiner kosmischen und heils-
geschichtlichen Tragweite.

Wenn Lukas in Lk 1,1 programmatisch erklärt, daß er über die Ereignisse erzählen wird, „die sich unter uns erfüllt haben", dann müssen wir das „uns"
($\dot{\eta}\mu\bar{\iota}\nu$) ähnlich wie das „uns" im V. 2 begreifen, nämlich als das „wir" der ersten
nachapostolischen Generation, die von den apostolischen Augenzeugen oder
von ihren beauftragten Zeitgenossen (wie Paulus) das „Wort" übernommen
hat. Da in Apg 1,1 das ganze Lukasevangelium ($\pi\varrho\tilde{\omega}\tau o\varsigma$ $\lambda\acute{o}\gamma o\varsigma$) als ein Bericht
über den Anfang der Tätigkeit Jesu bezeichnet wird, ist es nötig, die | Erfüllung,
von welcher in Lk 1,1 die Rede ist und welche die entscheidende Wirkung Jesu
darstellt, in der Mission zu sehen. Der auferstandene Jesus bewirkt sie vom
Himmel her durch den heiligen Geist und durch seine Zeugen. So muß es Lukas gemeint haben. Der Prolog in Lk 1,1-14 bezieht sich also auf das ganze
Werk und das Ziel, das der Auferstandene den Aposteln in Apg 1,8 vor Augen
stellt, gehört im Grunde noch zu dem, was sich nach Ostern, aber noch in der
apostolischen Generation, d. h. schon vor der Abfassung des lukanischen Doppelwerkes mindestens im Grunde erfüllt hat. In Apg 1 wurde nicht gesagt, daß
die Erfüllung des Auftrags den neuen Äon herbeiführt. Nicht die Berechnung
der Zeiten (Apg 1,7), sondern die Stetsbereitschaft (Lk 12,37-40; Apg 20,31) ist
die Aufgabe der Christen. Das, was „unter uns geschehen ist", ist die Heidenmission.

In der literarischen und theologischen Struktur des lukanischen Werkes
spielt die Erfüllung des Auftrags aus Apg 1,8 eine bedeutende Rolle. Das ist die
entscheidende weitere Wirkung Jesu (nach seiner Auferstehung und Himmelfahrt) und das notwendige Gegenüber seiner irdischen Geschichte, die erste
und modellhafte Antwort, welche die Visitation Gottes in Jesus von Nazareth
hervorgerufen hat. Deswegen schreibt Lukas nicht nur ein Evangelium im Sinne der durch die Auferstehung gipfelnden *vita Iesu*, sondern auch das zweite
Buch – die Apostelgeschichte. Es ist unwahrscheinlich, daß Lukas beabsichtigt
hat, eine Kirchengeschichte zu schreiben. Er wollte gerade nur die Geschichte
Jesu + die Geschichte der Entstehung der Kirche als die erste Antwort auf das
im Lukasevangelium Bezeugte erzählen.

4. Das Ende der Erde

4.1 Die theologische Bedeutung

Wir haben schon angedeutet, was das, was sich nach Lk 1,1 „unter uns erfüllt
hat", sein kann, aber immer gibt es da einige Ungereimtheiten. Die Apostel sollen das „Wort" bis an das Ende der Erde tragen, aber die Erzählung endet in
Rom. Wie bezieht sich Rom zu den Enden der Erde?

Eines ist klar: Die Apostel sind Träger der Bewegung, die in Jerusalem ihren
Anfang hat, die jedoch die Grenzen Israels überschreitet und auch die Heiden

direkt betrifft. In Apg 22,17-21 erzählt Paulus von einem Dialog, den er, als er nach seiner Bekehrung im Jerusalemer Tempel in Entrückung (ἔκστασις) geraten ist, mit dem auferstandenen Herrn hielt. Der Herr habe ihn aus Jerusalem weg, weit (μακράν) zu den Heiden (ἔθνη) geschickt. Wenn wir dies mit | dem Bericht über die Beauftragung von Paulus aus Apg 13,47 vergleichen, dann ergibt sich fast als Ergebnis einer Gleichung, daß „bis an das Ende der Erde" dem „weit zu den Heiden" in Apg 22 gleicht und daß also auch der apostolische Auftrag in Apg 1,8 vor allem theologisch motiviert ist: Das Wort soll sich zentrigual von Jerusalem über ganz Judäa, also von den Juden über die Samariter als Halbjuden (Apg 8,4ff.) zu den Heiden (bes. Apg 13,47) bewegen, wobei in dem Strom der Erzählung die Gottesfürchtigen (σεβόμενοι, φοβούμενοι) die Rolle eines Zwischenglieds spielen.

Die negative Reaktion der Juden (Apg 13,45; 22,22) soll nicht ihre ewige Verwerfung dokumentieren, sondern nur bestätigen, daß sie unfähig waren, in der Zeit der „Visitation" zum Zentrum der Völkerwanderung zu werden. Lukas begründet es gut biblisch mit den Worten des (Deutero)Jesaia, der, nachdem er unter seinem Volk an der Sammlung seiner Stämme vergeblich gearbeitet hat, zu dem Heiden „bis an das Ende der Erde" geschickt wird (Jes 49.4-6, zitiert in Apg 13,47 vgl. 26,23). Jes 49,6 (das Licht der Heiden zu sein) wird in Lk 2,36 auf Jesus selbst bezogen, es ist also deutlich, daß der Weg zu den Heiden eigentlich das Werk des erhöhten Jesus ist, das, was er nach dem irdischen „Anfang" seiner Tätigkeit getan hat.

Durch unsere bisherigen Überlegungen haben wir eigentlich nur aus anderer Seite, d. h. aus der redaktionsgeschichtlichen und z. T. auch literarischen Sicht bestätigt, was zur Bedeutung von „bis an die Enden der Erde" Jan Heller im Jahre 1982 geschrieben hat.[2] Zunächst hat er festgestellt, daß das Ende der Erde in Jes 49,6 sachlich dasselbe ist, was die „Inseln … und Völker der Erde" in Jes 49,1. Es ist wirklich auffällig, wie trefflich hier Lukas den alttestamentlichen Bezugstext gewählt hat, denn ein direktes Wort an die Heidenwelt ist in der jüdischen Bibel nicht üblich. Im Ebed-Jahwe-Lied ist zwar die Erleuchtung der Heiden wahrscheinlich israelzentrisch, im Sinne der zentripetalen Mission als Sammlung aller Völker in Jerusalem gedacht,[3] aber die Spannung zwischen Gottes Absicht und dem konkreten Verhalten Israels und die universale Herrschaft Gottes, welche auch die Heiden umschließt, sind der auffällige gemeinsame Nenner. Heller hat auch mit Recht betont, daß es sich um eine eschatologische Erwartung handelt und daß die in Apg 1,8 proklamierte Sendung ein |durch die Schöpfermacht Gottes getragenes Geschehen ist, das schon zu dem neuen Äon gehört.[4] Der Ausdruck ἔσχατον τῆς γῆς hat mehrere hebräische Äquivalente, von denen קְצֵה אָרֶץ das häufigste ist und auch in Jes 49,6 vor-

---

[2] *J. Heller*, Až do posledních končin země, in: *Do posledních končin* (FS J. Smolík), Praha 1982, S. 5–25.

[3] *W. Grimm, K. Dittert, Deuterojesaia*, Stuttgart 1990, S. 322.

[4] *Heller* (s. Anm. 2), S. 9f. 15.

kommt. Es handelt sich um die Enden der Erde als der auf Ur-Ozean schwimmenden Scheibe im Rahmen des mythischen Weltbildes, also um den Teil der Erde, der ständig von dem gefährlichen Element bedroht ist. Das Erreichen des Endes der Erde ist sowohl im positiven (universales Heil) als auch im negativen Sinne (Gericht Gottes) ein eschatologisches Geschehen, das die souveräne Herrschaft Jahwes bezeugt. Seine heilbringende Macht bezieht sich auf die ganze Schöpfung, wie z. B. Ps 46 (LXX 45),10; Jes 48,20; 49,6[5] bezogen. Das Ergebnis Hellers Untersuchungen ist also, daß der Auftrag von Apg 1,8 nicht nur ein Programm, sondern – da im mythischen Weltbild das zeitlich und räumlich Letzte eng zusammenhängt – vor allem eine Zusage der siegreichen Auseinandersetzung mit den Wirklichkeiten, welche die Menschen von Gott trennen möchten.[6]

Es ist ein religionsgeschichtlich theologischer Schluß, der eine bedeutende Dimension des Textes hervorhebt und sich mit der oberen zusammengefaßten lukanischen Ekklesiologie gut vertragen kann. Nach Lukas proklamieren die Apostel im Namen Jesu das alle Völker umschließende Reich Gottes, wobei die Ausdehnung bis an das Ende der Erde (im Unterschied zu den meisten alttestamentlichen Erwartungen eschatologischer Offenbarung der Herrschaft Gottes) die zentrale Rolle Jerusalems in Frage stellt.

Und doch können wir mit diesen Ergebnissen die Exegese von Apg 1,8 nicht für vollständig halten. Der Auftrag des auferstandenen Herrn spielt eine bedeutende Rolle auch in der literarischen Struktur der Apostelgeschichte und, wie wir schon erwähnt haben, muß die darauffolgende Erzählung bis zum Ende des zweiten Buches des lukanischen Doppelwerkes als seine Verwirklichung betrachtet werden. Außerdem dürfen wir nicht vergessen, daß Lukas sein Werk auch als ein Historiker schreibt und daß sein historisches Interesse untrennbar zu seiner Theologie gehört. Er spricht doch von Gott, der die Welt im konkreten Menschen Jesus Christus heimgesucht hat, so daß seine Visitation konkrete Folgen auch in der gegenständlichen Geschichte | hinterlassen hat. Und seine Schilderung der entscheidenden anfänglichen Etappe des Lebens der Kirche endet in Rom. Wie verhält sich also Rom zu dem Ende der Welt?

4.2 Die literarische Funktion

Die einfachste Lösung wäre, Rom mit dem Ende der Welt zu identifizieren, wie man es mit Berufung auf die Psalmen Salomos 8,15 öfter gemacht hat. Dort lesen wir, daß Gott „jemanden vom Ende der Erde" gebracht hat, der gegen Jerusalem kämpfen sollte. Es bezieht sich auf den Römer Pompejus, der im Jahre 63 v. Chr. Jerusalem eroberte. Diese Lösung vertritt auch der bekannte Kommentar von Ernst Haenchen.[7] Es ist jedoch nicht sicher, daß das Ende der Erde in Ps

---

[5] *Heller* (s. Anm. 2), S. 17. 21.
[6] *Heller* (s. Anm. 2), S. 23 f.
[7] *E. Haenchen*, Die Apostelgeschichte (*KEK* 3), 3. Aufl., Göttingen 1959, S. 112, Anm. 6.

Sal 8,15 Rom bedeutet, denn Pompejus ist nach Syrien aus Spanien gekommen, wo er in den siebziger Jahren die Legien kommandierte. Diese Möglichkeit wird durch Sallustius unterstützt, der in Bellum Catillinarium XVI,5 schreibt, daß *Pompeius in extremis terris bellum gerebat.*

In seinem Aufsatz zu Apg 1,8 hat der niederländische Exeget W. C. van Unnik im Jahre 1966 betont, daß der Ausdruck τό ἔσχατον τῆς γῆς sich auf die Ränder der Weltscheibe in allen vier Erdrichtungen bezieht. Außer den Belegen, die später auch Heller angeführt hat, argumentierte er auch mit außerbiblischen Stellen (z. B. Strabo I,1,6; Philostratos, Vita Apollonii VI,1,1).[8] Weitere Belege, die in ähnliche Richtung zeigen, hat P. W. van der Horst gesammelt (z. B. Herodotos III,25, wonach Kambyses ἐς τὰ ἔσχατα γῆς ἔμελλε στρατεύεσθαι).[9] E. E. Elis hat daraus die Folgerung gezogen, daß Lukas mit dem Ausdruck „das Ende der Erde" in Apg 1,8 seine Kenntnis der paulinischen Mission in Spanien (Röm 15,24.28) verrät, die er vielleicht auch schildern wollte. In 1. Klem 5,7 wird auf die in Römerbrief geplante Spanienreise (es handelt sich um die Provinz Spanien, die | auch Portugal umschließt) mit den Worten anspielt, wonach er τὸ τέρμα τῆς δύσεως erreicht hat, was sachlich dasselbe wie τὸ ἔσχατον τῆς γῆς ist. Wo über die Ränder der Erde die Rede ist, wird meistens im Plural τὰ ἔσχατα τῆς γῆς gesprochen, so daß Lukas hier (nach Ellis) konkret auf Spanien als den westlichen Rand denken mußte.[10] Singular wird jedoch manchmal auch dort gebraucht, wo es sich eindeutig um alle Ränder der Erde handelt (z. B. LXX Jes 8,9; 45,22; 1. Mak 3,9). Dies Argument scheidet also aus.

Ellis bildet mit seiner geographisch biographischen Deutung von Apg 1,8 Gegenpol zu Hellers Exegese. Er hat überzeugend nachgewiesen, daß in Apg 13 der apostolische Auftrag auf Paulus übergeht und daß die Tradition über die beabsichtigte Spanien-Reise des Paulus in einigen urchristlichen Kreisen verbreitet war, was u. a. auch die Anspielung im 1. Klemensbrief bezeugt. Es ist jedoch sehr unwahrscheinlich, daß Lukas in der Apostelgeschichte die Spanien-Reise des Paulus schildern wollte. Nach Apg 20,23 hat er offensichtlich gewußt, daß Paulus nach der Verhaftung in Jerusalem schon nie frei geworden ist. Der abrupte Schluß der Apostelgeschichte ist kein Beleg der äußeren Unterbrechung der schriftstellerischen Tätigkeit des Autors. Seine Absicht war, wie wir schon aufgrund von Apg 1,1 erkannt haben, Acta Iesu und nicht Acta Pauli zu schreiben. Übrigens der mythischen Geographie entsprechend war auch

---

So auch G. *Lüdemann, Das frühe Christentum nach den Traditionen der Apostelgeschichte,* Göttingen 1987, S. 32.

[8] *W. C. van Unnik,* Der Ausdruck ἕως ἐσχάτου τῆς γῆς (Apostelgeschichte 1,8) und sein alttestamentlicher Hintergrund (1966), zuletzt in: *ders., Sparsa collecta* 1, Leiden 1973, S. 386–391. Ähnliche Meinung hat auch *T. C. G. Thornton* geäußert: To the End of the Earth: Apg 1.8, *ET* 89 (1977/78), S. 374–375.

[9] *P. W. van der Horst,* Hellenistic Parallels to the Acts of the Apostles: 1,1-26, *ZNW* 74 (1983), S. 17–26, bes. 20.

[10] *E. E. Ellis,* Das Ende der Erde (Apg 1,8), in: *Der Treue Gottes trauen* (FS G. Schneider), Freiburg etc. 1991, S. 277–288, bes. 281 f. 286.

Äthiopien, wo das Christentum nach Apg 8,26ff. noch vor der Bekehrung des Paulus kam, eines der entferntesten Länder (Odysseia I,23). Und die entscheidende Tat des erhöhten Jesus war ohne Zweifel, daß das Zeugnis von ihm und die Botschaft vom Reiche Gottes Rom als das Zentrum der Weltmacht erreicht hat und dort frei ($\mu\epsilon\tau\grave{\alpha}$ $\pi\alpha\sigma\acute{\eta}\varsigma$ $\pi\alpha\varrho\varrho\eta\sigma\acute{\iota}\alpha\varsigma$) wirken konnte.

Die Deutungen, welche das Ende der Erde in Apg 1,8 als Ränder der Weltscheibe verstehen (bes. die von van Unnik und Ellis), relativieren die Bedeutung von Apg 1,8 für die literarische Struktur der Apostelgeschichte in ihrer erhaltenen Gestalt. Rom ist nicht das Ende der Erde. Die Diskrepanz müßte dann durch Inkonsequenz des Verfassers oder durch einen äußeren Eingriff verursacht sein. Da jedoch das Ergebnis mehrerer Untersuchungen des lukanischen Werkes ist, daß die Apostelgeschichte als Makrotext bewußt strukturiert ist und der Auftrag in 1,8 in der Struktur eine Schlüsselrolle spielt, müssen wir doch fragen, wie Rom und das Ende der Welt zusammenhängen. |

Der gemeinsame Nenner von Rom und dem Ende der Welt ist, daß es sich um zwei Stellen handelt, deren Nennung die Bewegung von Jerusalem zu den Heiden illustrieren kann. In seiner Rede in Apg 7, in welcher er die Rolle des Jerusalemer Tempels relativierte, hat Stephanus proklamiert, daß Gott innerhalb der ganzen Welt zu erreichen ist. Wir haben schon gesehen, daß statt einer Israel- bzw. Zion-zentrischen Erwartung eine Erwartung kommt, die auf die ganze bewohnte Erde orientiert ist, weil ihr Zentrum der erhöhte und im Himmel weilende Jesus ist. Er steht an der Rechten Gottes, dessen Thron der Himmel und dessen Piedestal die Erde ist (Apg 7,49f. mit Berufung auf Jes 66,1-2). Dementsprechend spielt der Ausdruck $o\grave{\iota}\varkappa o\upsilon\mu\acute{e}\nu\eta$ als Bezeichnung der ganzen bewohnten Erde in den lukanischen Schriften eine bedeutende Rolle. In Lk 2,1 wird eindeutig gesagt, daß der römische Kaiser sich für den Herrn der ganzen $o\grave{\iota}\varkappa o\upsilon\mu\acute{e}\nu\eta$ fühlte. Und wenn der Teufel in Lk 4,5 Jesus die Herrschaft über allen Reichen der $o\grave{\iota}\varkappa o\upsilon\mu\acute{e}\nu\eta$ anbietet, ist es schon klar, daß die durch politische Macht erreichte Weltherrschaft ein Gegenüber im Reiche Gottes hat. Mit der christlichen Osterbotschaft ist eng die Proklamation von Christus als Richter des Erdkreises ($o\grave{\iota}\varkappa o\upsilon\mu\acute{e}\nu\eta$) verbunden (Apg 17,31), die auf alttestamentliche Sprüche über Jahwe als den endzeitlichen Richter des ganzen Erdkreises (LXX: $o\grave{\iota}\varkappa o\upsilon\mu\acute{e}\nu\eta$) anknüpft: Jes 10,14.23; 13,5.11; 14,26 u.a.[11] Die sündigen und entfremdeten Menschen vernehmen es als ihre Bedrohung: die Christen haben danach den ganzen Erdkreis ($o\grave{\iota}\varkappa o\upsilon\mu\acute{e}\nu\eta$) in Erregung gebracht (Apg 17,6 vgl. 19,27; 24,5). Da die Wendung des $\emph{\'e}\omega\varsigma$ $\emph{\'e}\sigma\chi\acute{\alpha}\tauο\upsilon$ $\tau\tilde{\eta}\varsigma$ $\gamma\tilde{\eta}\varsigma$ in Apg 1,8 und 13,47 (vgl. Jes 49,6) nicht nur die Ränder, sondern den ganzen betreffenden Raum bis zu den Rändern bedeutet (siehe z.B. Jes 8,9; 48,20; 1. Makk 4,9), muß der Raum „bis zum Ende der Erde" in Apg 1,8 mit „allen Völkern" aus Lk 24,47 identisch

---

[11] Das hebräische Äquivalent in EREC oder TEBEL. Lukas hat jedoch mit Septuaginta gearbeitet: *T. Holtz*, Untersuchungen über die alttestamentlichen Zitate bei Lukas (*TU* 104), Berlin 1968, S. 166. Er hat wohl relativ frei zitiert [*S. M. Rese*, Alttestamentliche Motive in der Theologie des Lukas (*StNT* 1), Gütersloh 1969, S. 212], aber das ändert nichts daran, daß er mit griechischer Bibel gearbeitet hat.

sein[12] und Rom ist dann der Ort, von dem die Ränder der Erde zugänglich sind, der den Schlüssel zu jenem | ganzen Raum bietet. In Apg 9,15 wird der in Apg 13,47 als das Tragen des Heils bis an das Ende der Erde interpretierte Auftrag des Paulus als das Tragen des Namens des Herrn „von Heiden und vor Könige sowie vor das Volk Israel" definiert. Paulus bemüht sich wirklich, vor dem Kaiser zu stehen (Apg 25,6-12.21; 26,32; 28,19) und der Leser soll wissen, daß es dem Willen Gottes entspricht (Apg 27,24).

Das offizielle Verzeichnis der Taten von Kaiser Augustus Octavianus *(Res gestae divi Augusti)* ist voll von Verzeichnissen der Länder, die der Kaiser erobert oder mindestens erreicht hat, wobei ausdrücklich die damals als Ränder der Erde betrachteten Länder wie Äthiopien (26) und Spanien genannt sind (28). Rom ist danach der Schlüssel zur ganzen Welt, einschließlich ihrer „Enden". Es ist also verständlich, daß Paulus gerade im Römerbrief über seine beabsichtigte (und wahrscheinlich nie verwirklichte) Reise nach Spanien schreibt.

Das alles kann jedoch die Spannung nicht ganz verwischen, die zwischen Apg 1 und 28 besteht. Die Apostelgeschichte fängt mit dem Auftrag, durch das „Wort" die ganze bewohnte Erde zu erreichen und endet mit der Auskunft von Paulus nach Rom. Die erste Aussage drückt das Bewußtsein von der universalen Geltung der apostolischen Sendung und der damit verbundenen Verheißung aus (Apg 1), wie es nicht nur im lukanischen Bereich, sondern auch in breiteren Kreisen der Urkirche (siehe Mt 28,19f.) verbreitet war. Die zweite Aussage bezieht sich auf die erste, auf eine bewußte, aber indirekte Weise. Wie gesagt, wußte Lukas, daß Paulus in Rom sterben mußte und Spanien nicht erreicht hat (Apg 20,25.38). Und durch die ganze Gestaltung seines Werkes will er sagen, daß die apostolische Generation den Auftrag des Herrn trotzdem erfüllt hat, indem sie den Schlüssel zu dem Raum fand, der zu missionieren war.[13] Da Paulus in Rom, trotz seiner Haft, ungehindert (ἀκωλύτως) und mit aller Freimut (μετὰ πασῆς παρρησίας) Jesus Christus verkündigte und von dem Reich Gottes lehrte, ist es schon klar, daß die apostolische Zeit Voraussetzungen zur Erfüllung jenes Auftrags wirklich geschafft hat: die theologischen (das Heil Gottes ist den Heiden gesandt – Apg 28,28) als auch die strategischen (aus Rom konnte man die ganze Welt erreichen). Wenn auch Rom nicht das Ende der Erde ist und sein Erreichen nicht die Ankunft des Reiches Gottes, ist dadurch die | eschatologische Erfüllung nicht in eine ferne Zukunft verschoben.[14] Nach Lukas war das Erreichen des Endes der Erde ein Auftrag für die apostolische Generation und kein unmittelbares Vorspiel des neuen Äons. Und die

---

[12] So *R. Pesch*, Die Apostelgeschichte 1 (*EKK* V,1), Zürich/Neukirchen 1986, S.70, ähnlich. *Schneider*, Die Apostelgeschichte 1 (*HThK* V,1), Freiburg 1980, S.203, vgl. *F. Bovon, Luc le théologien*, Genf 1988, S.344.

[13] Diese Deutung vertreten z.B. *Burchard* (s. Anm.1), S.134, Anm.309; *J. Roloff*, Die Apostelgeschichte (*NTD* 5), Göttingen 1981, S.23; *ders.*, Die Kirche im Neuen Testament (*NTD* Erg.10), Göttingen 1993, S.211.

[14] So *E. Gräßer*, Das Problem der Parusieverzögerung in den synoptischen Evangelien und in der Apostelgeschichte (*BZNW* 32), Berlin 1957, S.207.

apostolische Generation hat überzeugend nachgewiesen, daß das Ende der Erde (auch Ende im Sinne der angeblichen Gottverlassenheit) dem Zeugnis von
der Herrschaft Gottes durch Jesus nicht widerstehen kann, weil es schon Rom
als das Zentrum der bewohnten Welt erreicht hat. Und das „Wort" konnte
Rom und kann das Ende der Erde erreichen, weil das Reich Gottes die verhei-
ßene letzte Perspektive der Geschichte ist. |

25. Der irdische Jesus im Johannesevangelium

Petr Pokorný

1.

In seiner Studie 'Jesu letzter Wille nach Johannes 17' hat Ernst Käsemann ein Bild des Johannesevangeliums als das eines Dokuments einer Christologie des auf Erden schreitenden göttlichen Logos entworfen.[1] Worte, die auf die Inkarnation hinweisen, wie 1. 14, deutet er nicht als Ausdruck der Selbsterniedrigung des Erlösers, sondern als ein Zeugnis seiner triumphierenden Herrlichkeit, die die Barriere der Weltlichkeit überwindet und auch den sündigen Menschen erreicht.[2]

Dieses johanneische Anliegen hat seinen literarischen Ausdruck in den Offenbarungsreden des Evangeliums und in der Selbstoffenbarungsformel 'EGO EIMI', 'Ich bin', gefunden. Jesus stellt sich mit ihr zunächst als der Messias vor (4. 25 f.),[3] später jedoch weisen seine 'Ich-bin'-Worte meistens auf metaphorische Begriffe hin, die eine prädikative Funktion haben. Er ist das Brot des Lebens (6. 35, 41, 48, 51), das Licht der Welt (8. 12; 9. 5), die Tür der Schafe (10. 7, 9), der gute Hirte (10. 11, 14), die Auferstehung und das Leben (11. 25), der Weg und die Wahrheit und das Leben (14. 6) und der wahre Weinstock (15. 1, 5).[4] Der direkte religionsgeschichtliche Hintergrund solcher Redeweise ist uns nicht bekannt. Sie hat jedoch ihre Parallelen in den gnostischen und hermetischen Schriften,[5] in den Qumrantexten[6] und in den mandäischen Texten.[7] Die Beinamen sind göttliche

---

[1] E. Käsemann, *Jesu letzter Wille nach Johannes 17* (Tübingen, 1966), S. 67.

[2] Daselbst S. 82. Joh. 1. 14 hat in diesem Sinne schon M. Hájek ausgelegt; 'K autorství janovských spisů, *Theol. příloha křest. revue* 28 (1961), S. 33–42, bes. S. 34.

[3] G. Delling, *Wort und Werke Jesu im Johannesevangelium* (Berlin, 1966), S. 88 ff.

[4] Vgl. noch 8. 23 'ich bin von oben her'.

[5] Betont bei H. Becker, *Die Reden des Johannesevangeliums und der Stil der gnostischen Offenbarungsreden* (Göttingen, 1956) (F.R.L.A.N.T. - 68). Eine wichtige Rolle werden hier die Texte aus Nag Hammadi spielen: NHC VI/1 (Act. Petr) 9. 14 ('Ich – bin' als Rekognitionsformel); XIII/1 (Protennoia) 35. 1, 2, 7 f., 13 – 'Ich bin das Leben' usw. Diese Stellen sind deshalb besonders bedeutsam, weil der Abschnitt 46. 5–48. 15 Parallelen zu dem johanneischen Prolog aufweist, vgl. C. A. Evans, 'On the Prologue of John and the Trimorphic Protennoia', *N.T.S.* 27 (1980–1), S. 395–401; weitere Parallelen s.u. im §3.

[6] Zusammenfassend G. Baumbach, *Qumran und das Johannesevangelium* (Berlin, 1958) (A.V. Th.R. - 6); J. Charlesworth (Ed.), *John and Qumran* (London, 1972).

[7] R. Bultmann, *Das Evangelium nach Johannes* (Göttingen, 1968¹⁹) (Meyers Kommentar), S. 167 f.; E. Schweizer, *EGO EIMI. Die religionsgeschichtliche Herkunft und theologische Bedeutung der johanneischen Bildreden* (Göttingen, 1965²) (F.R.L.A.N.T. 56), S. 64 ff.; S. Schulz, *Komposition und Herkunft der johanneischen Reden* (Stuttgart, 1960) (B.z.W.A.N.T. - N.F. 1), S. 181 u.a.

Prädikate und Titel, sodaß wir die 'Ich-bin'-Aussagen des Johannesevangeliums wirklich für göttliche Selbstoffenbarungen halten müssen (vgl. corp. herm. 1. 6; od. Sal. 17. 11; Apul. metam. XI,5; Plut. de Iside 9; Ginza 58. 17; 59. 15 u.a.).[8] Als göttliche Selbstoffenbarungen wirken besonders die absolut formulierten EGO EIMI in Joh. 6. 20 und 8. 58. Das erste EGO EIMI ist mit der Formel 'fürchtet euch nicht' ($\mu\dot{\eta}$ $\phi o\beta\epsilon\tilde{\iota}\sigma\theta\epsilon$) verbunden, die, ähnlich wie das $\theta\acute{a}\rho\sigma\epsilon\iota$, die Epiphanie der göttlichen Gnade begleitet.[9] In der zweiten Aussage (8. 58) erklärt Jesus seine Präexistenz. Beide 'Ich-bin'-Aussagen erinnern an die Offenbarung Gottes (Jahwes) aus Ex. 3. 14.[10] Besonders deutlich ist das in 8. 24, wo die Hörer (Leser) aufgefordert werden zu glauben, daß Jesus (es) ist. Wenn hier nicht eine Anspielung an Ex. 3. 14 vorliegt, dann jedenfalls an die Offenbarungen Jahwes in Jes. 41. 4; 48. 12 u.a.[11] Der wahre Messias ist also der 'von oben' Kommende (8. 23) und der Gott Wesensgleiche.[12] Von den Parallelen in der nichtchristlichen Umwelt unterscheiden sich die 'Ich-bin'-Aussagen der johanneischen Reden durch ihre ausschließliche Konzentrierung auf Jesus Christus.[13] |

2.

Gegen die eben skizzierte 'geistige' (nach Käsemann 'doketische') Tendenz kann eingewandt werden, daß das Johannesevangelium ein mehrschichtiges Ganzes ist, das auch recht massive Aussagen über Jesus enthält. So steht z.B. die Theologie der Wundergeschichten aus der Semeia-Quelle in Spannung zu der Christologie der Offenbarungsreden. Die Wundererzählungen entstammen der Volksüberlieferung, deren grobe und mirakulöse Züge die Semeia-Quelle durch ihre Deutung als 'Zeichen' kaum verwischen konnte. Der Evangelist hat jedoch die Tendenz zur zeichenhaften Deutung der Wunder weiter ausgezogen. Die anschaulich geschilderte Erweckung des Toten Lazarus deutet er als Zeichen der endzeitlichen Auferstehung zum

[8] Wahrscheinlich ist diese Vorstellungswelt vom heterodoxen hellenisierten Judentum auf den johanneischen Kreis übergegangen: O. Cullmann, *Der johanneische Kreis* (Tübingen, 1975), S. 49 ff., 53 ff., 102 f.

[9] Im Alten Testament z.B. zu Gideon gesagt (Ri. 6. 23). Zum Problem W. Nicol, *The Semeia in the Fourth Gospel* (Leiden, 1972) (Suppl. N.T. 32), S. 58 f.

[10] Siehe den Ausdruck der Gottesfurcht in Ex. 3, 6 u. vgl. Apoc. Abrah. 8. 4 im Kontext des 8. Kap. Die EGO EIMI bedeuten also praktisch auch die Identifizierung Jesu mit Gott und man hat sie im orthodoxen Judentum für eine Verletzung des Monotheismus betrachtet: K. Matsunaga, 'The "Theos" Christology as the Ultimate Confession of the Fourth Gospel', *Annual of the Japanese Biblical Institute* 7 (1981), S. 124–45 bes. S. 133.

[11] Betont bei A. Jaubert, *Approches de l'Évangile de Jean* (Paris, 1976), S. 164 ff.

[12] Er trägt den 'Namen' Gottes und offenbart ihn den Menschen (Joh. 17. 11 f., 26), s. J. Slabý, 'Trinitární motivy sborového společenství podle Jana' (Diss. Praha, 1980), S. 33 u. vgl. das EGO EIMI als Offenbarung der Messianität bei Markus 6. 34; 14. 62 – A. Hajduk, ' "Ego eimi" bei Jesus und seine Messianität', *Communio viatorum* 6 (1963), S. 55–60.

[13] E. Schweizer (s. oben Anm. 7), S. 126, 167.

neuen Leben (11. 21-27) und transponiert sie damit auf eine andere Ebene.[14] Die Tatsächlichkeit der Wunder wird zwar nicht in Frage gestellt, sie werden aber an die Zeit Jesu gebunden. In der Gegenwart wird Jesus durch den Heiligen Geist repräsentiert (14. 26). Die massive Tendenz der Wundererzählungen, die im 20. Kapitel in der Thomasgeschichte gipfelt, erfährt in 20. 29 durch ein Jesuswort eine Umdeutung: 'Selig sind diejenigen, die geglaubt haben, ohne zu sehen.'

Auch die ohne Zweifel an eine ältere Tradition anknüpfende Passionsgeschichte[15] ist vom Evangelisten, vielleicht auch schon früher von seiner Gemeinde, im Sinne der vorherrschenden Tendenz uminterpretiert worden. Das Leiden Jesu trägt gleichzeitig Züge eines Siegeszuges: Er wird als der König gekreuzigt, und die Kreuzigung selbst wird schon zum Gegenstand der Verkündigung (19. 35). Sie wird als Erhöhung (3. 14; 8. 28; 12. 32) und Verherrlichung (7. 39; 12. 23; 13. 31 f.; 17. 1 f.) aufegefaßt. Jesus offenbart auf der Erde die Herrlichkeit ($\delta \delta \xi a$) Gottes (1. 14). Die 'geistige' Dimension durchzieht also die historischen und literarischen Schichten des Johannesevangeliums.

Hiermit möchte ich nicht die theologischen Akzentverschiebungen leugnen, die sich in seinen literarischen Schichten finden. Die anschauliche Schilderung der Leiblichkeit Jesu im angefügten 21. Kapitel[16] (V. 9-13) jedoch steht nicht in grundsätzlichem Widerspruch zu der eben skizzierten Tendenz, da die Perikope vom Fischfang wieder als ein Symbol der christlichen Mission verstanden wird (21. 1-14, bes. V. 11), die in der eucharistischen Einheit mit dem auferstandenen Herrn begründet ist.[17]

Die Hypothesen über eine nachträgliche Bearbeitung des Johannesevangeliums im Sinne einer Hervorhebung der Inkarnation haben m.E. nicht zu überzeugenden Ergebnissen geführt. Es ist z.B. zwar wahrscheinlich, daß der Prolog auf eine ältere Vorlage zurückgeht, die dann im Sinne der Bekenntnistradition des johanneischen Kreises bearbeitet wurde,[18] aber die Hypothese einer redaktionellen Bearbeitung des gesamten Werkes bleibt

[14] X. Léon-Dufour, 'Autour du ΣΗΜΕΙΟΝ johannique', in *Kirche des Anfangs* (FS H. Schürmann) (Leipzig, 1977) (Erf. Th. St. 38), S. 363-77, bes. S. 373 ff.

[15] Ob wir bei ihr mit einer vorsynoptischen Vorlage rechnen müssen, oder ob es sich um eine Bearbeitung der markinischen oder (und) der lukanischen Passionsgeschichte handelt, kann jetzt dahingestellt bleiben.

[16] Ob das Kapitel ein späteres Werk des Verfassers oder erst seines Schülers ist, spielt in diesem Zusammenhang keine entscheidende Rolle. Das gilt auch für die Frage der möglichen Aufnahme der Semeia-Quelle in dem 21. Kap. (so R. T. Fortna).

[17] R. Pesch, *Der reiche Fischfang. Lk 5,1-11/Jo 21,1-14* (Düsseldorf, 1969), S. 148 ff.

[18] Vgl. z.B. G. Schille, 'Traditionsgut im vierten Evangelium', in *Theol. Versuche* XIII (Berlin, 1981), S. 77-89. Zur 'Verkirchlichung' der johanneischen Tradition s. zusammenfassend H. Köster, *Einführung in das Neue Testament* (Berlin - New York, 1980), S. 632-5.

problematisch.[19] So rechnet z.B. H. Thyen die meisten Stellen, die die |
Menschlichkeit Jesu, die Sakramente oder die Schismen innerhalb der
Kirche betreffen, einem Bearbeiter der Grundschrift zu, der in den Text
auch die Gestalt des Lieblingsjüngers eingeführt habe.[20] Joh. 1. 14 soll
nach seiner Auffassung die Autorität der Lehre des vierten Evangeliums
und die des Lieblingsjüngers als seines Garanten sichern.[21] Der Bearbeitung,
die die doketischen Tendenzen korrigieren soll, müßte man dann jedoch
z.B. 20. 27 zuschreiben, wo der Auferstandene seine Wunden zeigt. Aber
dort handelt es sich offensichtlich um eine ältere Überlieferung, die, wie
wir gezeigt haben, in V. 29 im Sinne der 'geistigen' Tendenz umgedeutet
wurde. Die Heraustrennung von Joh. 1. 14 aus dem Prolog ist also recht
strittig. Auch diejenigen Forscher, die voraussetzen, daß dieser Vers eine
liturgische Antwort der Gemeinde darstellt,[22] oder daß er ein Zitat aus
der älteren Bekenntnistradition ist,[23] rechnen damit, daß ihn schon der
Evangelist aufgenommen und im Sinne seiner Theologie interpretiert hat.[24]
Die theologischen Bearbeitungen des Johannesevangeliums in ihrer erhalten-
gebliebenen Form entsprechen also der theologischen Absicht der Ur-
schrift.[25] Die in gegenseitiger Spannung stehenden Aussagen müssen wir
als komplementäre Teile des im ganzen kontinuierlichen Prozesses johanneischen Denkens zu erklären versuchen, dem in allen seinen Etappen die
'geistige' Tendenz gemeinsam ist. Die Schwierigkeiten, die sich aus der

[19] Vom Problem der möglichen Blattvertauschung, die wir schon dem 'Herausgeber' zuschreiben
müssten, können wir in diesem Zusammenhang absehen.

[20] H. Thyen, 'Entwicklungen innerhalb der johanneischen Theologie und Kirche im Spiegel von
Joh. 21 und der Lieblingsjüngertexte des Evangeliums', in *L'Évangile de Jean* (Gembloux-Leuven,
1977) (B.E.T.L. 44), S. 259-99. Eine andere Rekonstruktion der Redaktionsarbeit, die die anti-
doketischen Aussagen miteinbezogen hat, bietet G. Richter, 'Die Fleischwerdung des Logos im
Johannesevangelium', *Nov. Test.* 13 (1971), S. 81-126. Auch er hält Joh. 1. 14 für einen späteren
Einschub (S. 84).

[21] H. Thyen (s. oben Anm. 20), S. 274.

[22] Ch. Demke, 'Der sog. Logos-Hymnus im johanneischen Prolog', *Z.N.W.* 58 (1967), S. 45-68.

[23] Z.B. L. Schottroff, *Der Glaubende und die feindliche Welt* (Neukirchen, 1970) (W.M.A.N.T.
37), S. 272 vgl. R. Schnackenburg, *Das Johannesevangelium* I (Freiburg, 1965) (Herders Kommentar), S. 207.

[24] Nach R. Bultmann (s. oben Anm. 7), S. 2-5 war die Vorlage des Prologs ein aramäisches Lied
der Täufergemeinde. In der christlichen Gestalt ist der Prolog ein kongruentes Ganzes (S. 1 ff.) vgl.
E. Käsemann, 'Aufbau und Anliegen des johanneischen Prologs', zuletzt in: ders., *Exegetische Versuche und Besinnungen* II (Göttingen, 1965²), S. 155-80. Vom alttestamentlichen Hintergrund her
interpretiert den Prolog als ein einheitliches Ganzes A. Feuillet, *Le prologue du quatrième évangile*
(Paris, 1968); zum Ganzen W. G. Kümmel, *Einleitung in das Neue Testament* (Heidelberg, 1976¹⁸),
S. 174 ff.

[25] Zusammenfassend O. Cullmann (s. oben Anm. 8) 5, 7 f. u.a.; R. A. Culpepper, *The Johannine
School* (Missoula, 1973) (S.B.L. Diss. 26), S. 287 ff.; U. Wilckens, Rez. von G. Richter, *Studien
zum Johannesevangelium* (Regensburg, 1977) (B.U. 13), *Th.Lz.* 106 (1981), S. 815-17 vgl. oben
Anm. 20. Für eine literarische Einheit hält Joh. E. Ruckstuhl, *Die literarische Einheit des Johan-
nesevangeliums* (Fribourg, 1951) (St. Frib. N.F. - 3); ders., 'Johannine Language and Style. The
Question of their Unity', in *L'Évangile de Jean* (s. oben Anm. 20), S. 125-47.

Bestimmung der Grenzen der verschiedenen vorausgesetzten Schichten ergeben, bestätigen nur diese These.

Eine solche Interpretation scheint aber auf ihre Grenzen bei der Auslegung der Johannesbriefe zu stoßen, wo der dritte Brief mit seiner Kritik an der kirchlichen Obrigkeit (Diotrephes) in Spannung zu den beiden anderen Briefen steht, in denen die johanneische Tradition mit einer antidoketischen Polemik verbunden[26] und dadurch 'verkirchlicht'[27] wird. Führt da der johanneische Kreis einen Zweifrontenkrieg,[28] oder ist es innerhalb seiner selbst zu einer Polarisierung gekommen?[29] Die Exkommunikationen, von denen wir in den beiden Briefen lesen (2. Joh. 10 ff.; 3. Joh. 9), sprechen für die zweite Möglichkeit. Die unterschiedlichen Akzente des vierten Evangeliums haben in den johanneischen Episteln ihre jeweiligen sozialen (Gruppen) und literarischen (Schriften) Träger gefunden. Beide Strömungen konnten sich in dieser Spannung auf das Johannesevangelium berufen.[30] Der Streit ging noch immer um das johanneische Erbe. Offensichtlich soll die antidoketische Formel der johanneischen Ketzerbekämpfer (1. Joh. 4. 2 f.; 2. Joh. 7) eine neue Deutung der Aussage von Joh. 1. 14 sein. Eine ähnliche Funktion hat auch in 1. Joh. 1. 1 die Hervorhebung dessen, daß die apostolischen Zeugen nicht nur Augenzeugen waren, sondern auch den Herrn mit Händen betastet haben.[31] Diese letztere Stelle kann auch auf die Thomasgeschichte Joh. 20. 24–29 bezogen werden, wo jedoch Thomas mit seinem Wunsch, die Auferstehung des Herrn durch ein Betasten (20. 25) der Wunden zu verifizieren, als Typus des Kleingläubigen dargestellt wird | (V. 28b), vgl. oben S. 218.[32] Das ist eine Spannung zwischen dem vierten Evangelium und seiner antidoketischen Deutung im 1. Johannesbrief. Aber auch hier können wir nicht von einem Gegensatz sprechen. Auch das vierte Evangelium kennt zumindest die Möglichkeit einer anschaulichen Verifizierung (20. 27 – es handelt sich vielleicht sogar um das größte Zeichen!), wenn auch für die späteren Generationen (d.h. für die Leser/Hörer des Joh.) die Aufforderung zum Glauben gilt (20. 29). Und auch in 1. Johannesbrief wird der Glaube (5. 4 $\pi\iota\sigma\tau\iota\varsigma$; 3. 23; 5. 10 f. $\pi\iota\sigma\tau\epsilon\upsilon\epsilon\iota\nu$) in einer Weise betont, die dem Evangelium sehr nahe steht (Joh. 3. 36; 6. 29).

---

[26] E. Käsemann, 'Ketzer und Zeuge', zuletzt in ders., *Exegetische Versuche und Besinnungen* I (Göttingen, 1960²), S. 168-87, bes. S. 178.

[27] H. Köster (s. oben Anm. 18), S. 632 ff.

[28] E. Käsemann (s. oben Anm. 26), S. 172 f., 178 f.; H. Köster (s. oben Anm. 18), S. 480.

[29] So z.B. M. Hájek (s. oben Anm. 2), S. 35 ff. u. Anm. 16.

[30] Zur Charakteristik dieser Polemik H. Braun, 'Literar-Analyse und theologische Schichtung im ersten Johannesbrief', zuletzt in ders., *Gesammelte Studien zum Neuen Testament und seiner Umwelt* (Tübingen, 1967²), S. 210-42, bes. S. 237 ff.

[31] So R. Bultmann, *Die Johannesbriefe* (Göttingen, 1967) (Meyers Kommentar), S. 14.

[32] Darauf hat mich Herr Kollege M. Rese aus Münster aufmerksam gemacht.

Dafür, daß der Brief die antidoketische Polemik hier spezifisch johanneisch versteht, sprechen die Anwendung typisch johanneischer Begriffe und vor allem seine Auffassung von der gegenständlichen Welt ($\kappa\acute{o}\sigma\mu o\varsigma$), die als die durch die Sünde permanent bedrohte Sphäre dargestellt wird, aus der nur der Herr (und menschlicherseits nur der Glaube) retten kann: 1. Joh. 5. 19, vgl. V. 4. Die 'geistige' Tendenz wird hier nicht einfach verlassen.

3.

Überraschenderweise stellen wir fest, daß es johanneische Aussagen gibt, sogar auch in der Interpretation, wie wir sie im 1. Johannesbrief finden, die einige gnostische Gruppen positiv aufgenommen haben. Deutlich erkennbar ist der Einfluß der johanneischen Theologie im 'Evangelium der Wahrheit' (N.H.C. I/3 und XII/2),[33] das mit dem valentinischen Evangelium Veritatis (Iren. adv. haer. III,11,9) identisch sein wird. Danach geht das Wort ($\lambda\acute{o}\gamma o\varsigma$; Kopt. boh. šeče) vom himmlischen Vater aus (I. 16. 33 ff.; 37. 9, 16), es ist der Erlöser (16. 37), der Träger des Evangeliums (17. 2) und die leibgewordene Liebe (23. 30 f.), keine bloße Stimme (26. 8 f.). Der Vater hat den Menschen die Möglichkeit gegeben, seinen geliebten Sohn sogar anzufassen (30. 31, vgl. 1. Joh. 1. 1), denn er ist in der Form (kopt. smat/smot) der SARX gekommen (31. 4 f.). Form bedeutet hier nicht Schein, sondern die wirkliche leibliche Gestalt, wie das $\dot{o}\mu o\acute{\iota}\omega\mu a$ in Phil. 2. 7 oder Röm. 8. 3.[34] Dies ist ein Unterschied zu der gnostischen Lehre z.B. der Naasener, die betont haben, daß der Erlöser ein nichtfleischlicher ($o\dot{v}\ \sigma a\rho\kappa\iota\kappa\acute{o}\varsigma$) vollkommener Mensch ist (Hipp. phil. V,8, 37).[35] Das Evang. Verit. hebt dagegen das Leiden des Erlösers, der gekreuzigt wurde, hervor (18. 24, vgl. od. Sal. 27. 3; 42. 1 f.). Die 'orthodox' klingende Lehre wird hier aber in einer Absicht entfaltet, die der späteren Inkarnationslehre fremd ist: Die sichtbare Welt ist das Werk einer niederen Gottheit, des Demiurgen, der 'Verwirrung' ($\pi\lambda\acute{a}\nu\eta$) heißt (17. 14–21). Das Kommen des Erlösers in die Welt öffnet nur den Durchgang durch die Barriere der Materie, die den geistigen Menschen von Gott trennt (31. 5–9), und die Inkarnation ist eigentlich nur ein Mittel zur Mitteilung der geistigen

---

[33] So Schon H. M. Schenke, *Die Herkunft des sog. Evangelium Veritatis* (Berlin, 1958), S. 26 ff. Er bestreitet die Identität des Ev. Verit. mit dem valentinianischen Evangelium. Für uns ist jedoch bedeutsam, dass er seine Verwandtschaft mit den Oden Salomos erkannt hat, die auch dem Johannesevangelium nahe stehen. Zum Problem zusammenfassend R. McL. Wilson, *Gnosis und Neues Testament* (Stuttgart, 1971) (Urban Tb. 118), S. 46-9.

[34] S. Arai, *Die Christologie des Evangelium Veritatis* (Leiden, 1964), S. 76 ff.; K.-M. Fischer, 'Der johanneische Christus und der gnostische Erlöser', in K.-W. Tröger (Hg.), *Gnosis und Neues Testament* (Berlin; 1973), S. 262 ff.

[35] P. Pokorný, 'Das sog. Evangelium Veritatis und die Anfänge des christlichen Dogmas', *Listy filologické* 87 (1964), S. 51-9, bes. S. 53.

Wahrheit (30. 32 ff.; deutlich in N.H.C. XIII,47,14–18, vgl. II,57,25–58,7, |
d.h. Evg. Philipp. §26). Der Erlöser erlöst nicht die Sünder aus den Sünden
wie in Joh. 1. 29 oder 1. Joh. 3. 5, sondern erweckt das göttliche Wissen aus
der Vergessenheit in der Materie (19. 27–20. 9, vgl. Ev. Thom. Log. 28).
In diesem Sinne wird auch das Leiden Jesu gedeutet (20. 11-14).

Wir bewegen uns hier schon auf der Grenze zwischen Christentum und
Gnosis, aber diese Grenze ist erst *ex post* sichtbar. In der Zeit des 'Evan-
geliums der Wahrheit' konnten sich einige gnostische Gruppen als diejeni-
gen fühlen, die zusammen mit der johanneischen Rechtgläubigkeit den im
Fleisch gekommenen Jesus bekannten. Das gilt auch für die Valentinianische
Epistel an Rheginos (N.H.C. I/4), in der die Offenbarung des Herrn im
Fleisch ($\sigma\acute{\alpha}\rho\xi$) ebenfalls Mittel zur Rettung des inneren Menschen ist
(N.H.C. I 44.13 ff.). Es handelt sich hierbei um eine christlich beeinflußte
Gnosis, die das johanneische Erbe bona fide so weit aufgenommen hat,
daß sie durch ihre Sicht der 'geistigen' Tendenz wirklich die ganze johan-
neische Tradition deuten konnte.

So hat schon der Gnostiker Kerinthos die Angaben über die leiblichen
Eltern Jesu, die gerade das Johannesevangelium am deutlichsten aufbewahrt hat (6. 42, vgl. 1. 45), hervorgehoben und gnostisch gedeutet. Es
handelt sich offenbar um authentische Einwände, die man gegen Jesus in
der Zeit seines irdischen Wirkens erhoben hat. Einer parallelen Tradition
begegnen wir in Mark 6. 3 ff. Dort wird die Hervorhebung der menschlichen
Herkunft Jesu als eine Äußerung des Unglaubens aufgefaßt. Nach Kerinthos
und anderen Gnostikern war jedoch gerade dies ein Zeichen des äußerlichen,
nur pädagogischen Charakters der Inkarnation des geistigen Christus, der
nur für eine gewisse Zeit mit dem irdischen Sohn Josephs eins geworden
ist. Mit Hilfe solcher neugedeuteten historischen Reminiszenz lehnten sie
also die später entstandene Tradition von der Jungfrauengeburt Jesu ab
(Iren. adv. haer, I,26,1[36]). So entsteht innerhalb der Kirche eine gnostisierende theologische Tradition,[37] die man nur schwer der Häresie über-
führen kann.

[36] Vgl. III,11,3; V,1,3. Die Verbindung des Kerinthos und der johanneischen Tradition bezeugen
die Angabe des Ireneus, dass das ganze Johannesevangelium gegen Kerinthos gerichtet ist (III,11,1)
und die antagonische Angabe aus Euseb. hist. eccl. III,28,2, wonach sich das vierte Evangelium
gerade der Ketzer Kerinthos zu eigen gemacht hat. In der neueren Zeit neigte R. Eisler zu dieser
Lösung: 'Das Rätsel des Johannesevangeliums', in *Eranos-Jahrbuch* 1935 (Zürich, 1936), S. 323–
511. Es wird auch vermutet, dass das Johannesevangelium selbst Elemente des gnostischen Mythus
benutzt hat, um mit ihrer Hilfe die Tragweite des Opfers Jesu zum Ausdruck zu bringen; K.-M.
Fischer (s. oben Anm. 34), S. 263. Die Frage bleibt jedoch offen.

[37] Vgl. H. Köster – J. M. Robinson, *Entwicklungslinien durch die Welt des frühen Christentums*
(Tübingen, 1971), S. 216 ff. (J. M. Robinson).

4.

Wir haben gezeigt, daß die Tendenz, die wir konventionell 'geistig' nennen, und die E. Käsemann als 'doketisch' bezeichnet hat, in allen Teilen und Schichten des Johannesevangeliums präsent ist, und daß die gnostische Fortsetzung der johanneischen Tradition begreiflich ist. Wir haben jedoch auch gesagt, daß die Gnostiker die 'geistige' Tendenz einseitig gedeutet haben. Heißt das, daß es im Johannesevangelium noch einige Schichten oder Aussagen gibt, die von der 'geistigen' Tendenz unberührt geblieben sind, sodaß diese Inkonsequenz der johanneischen Bearbeitung die Bindung an die Großkirche und deren spätere Orthodoxie gerettet hat? Oder heißt das, daß jene Tendenz auch anders als gnostisch zu deuten ist, daß wir sie | nur als eine Seite einer Medaille begreifen dürfen, die auch noch ihre zweite Seite hat und ohne dieselbe eigentlich unvollständig und ungültig ist? Für diese zweite Möglichkeit spricht vorläufig die andere wirkungsgeschichtliche Linie des vierten Evangeliums, die über oder parallel zu Justin dem Märtyrer, über Clemens von Alexandrien und Origenes bis zum Nizänischen Glaubensbekenntnis und in gewisser Hinsicht auch zum Chalcedonense führt. Diese Linie haben schon einige Forscher theologie- und dogmengeschichtlich verfolgt.[38] Ich versuche jetzt, einige Züge der johanneischen Theologie zu beschreiben, die diese alternative Auslegungstradition zulassen und bestätigen.

In §1 haben wir über die besondere Rolle der 'Ich-bin'-Worte im Johannesevangelium gesprochen. Sie bezeugen in ihrer spezifischen Form und in den verschiedenen konkreten Aussagen, daß der 'von oben' gekommene und im Geiste immer präsente Messias redet. Das EGO EIMI taucht jedoch zum Schluß noch dreimal in einem ganz anderen Zusammenhang auf. Bei seiner Verhaftung antwortet Jesus 'Ich bin (es)', als der Mann aus Nazareth gesucht wird. Es sagt es zweimal (18. 5 und 8), und der Erzähler wiederholt es noch einmal (18. 6). Diese abschließend dreimal wiederholten 'Ichbin'-Worte scheinen mir der hermeneutische Schlüssel zu den vorhergehenden EGO EIMI zu sein. Hier wird geoffenbart, WER der wahre Messias ist. Die feierlichen Bildworte über das Licht und die Wahrheit werden hier auf den auf das Kreuz zugehenden Menschen Jesus bezogen. In ihm handelt Gott, sodaß die Gegner auf den Boden fallen (18. 6).[39] Aber er läßt sich festnehmen. Er muß seinen Leidenskelch trinken (18. 11), wenn er auch Angst durchlebt (12. 27). Eine so zentrale und bis zum Tod reichende

[38] Z.B. T. E. Pollard, *Johannine Christology and the Early Church* (Cambridge, 1970).

[39] Ähnlich mussten sie vor dem Gerechten in den Psalmen zurückweichen: Ps. 27(26). 2; 35(34). 4; E. Haenchen, 'Historie und Geschichte in der johanneischen Passionsgeschichte, zuletzt' in ders., *Die Bibel und wir* (Tübingen, 1968), S. 182–207, bes. S. 185.

Inkarnation kennt die Gnosis von ihren Voraussetzungen her nicht.[40] Die letzten EGO EIMI sind nämlich schon keine kommentierenden Worte mehr. Es sind Identifikationsaussagen, in denen das Drama der Offenbarung des Logos gipfelt. Jetzt, nach der Exposition und all den dramatischen Peripetien, inmitten der Krise[41] ereignet sich die Anagnorisis (recognitio) – die Erkenntnis der wahren Identität der Hauptperson. So könnten wir es mit Hilfe der Kategorien aus dem antiken Drama formulieren. Die Stunde ($\check{\omega}\rho\alpha$ – Joh. 2. 4; 7. 30; 8. 20; 13. 1) seines Leidens (12. 27) ist gleichzeitig die Stunde seiner Verherrlichung (12. 23; 17. 1).[42]

Diese These modifiziert das einseitig 'geistige' Bild des Johannesevangeliums. Der religionsgeschichtliche Zusammenhang der 'Ich-bin'-Worte (s.o. §1) wird hier durchbrochen. In den Monographien und Kommentaren werden die letzten drei 'Ich-bin'-Worte oft unterschätzt,[43] wenn auch einige Forscher darauf aufmerksam machen, DASS sie bedeutsam sein können.[44]

Ihre meistvertretene Deutung, die zwar richtig, aber nicht ausreichend ist, besagt, daß es sich hier um die Identifizierung einer Person handelt, die der der Identifizierung des geheilten Blinden in Joh. 9. 9 ähnelt.[45] Und es geht im Unterschied zu den vorhergehenden EGO EIMI wirklich um die Identifizierung Jesu als eines konkreten Menschen. Aber gerade diese Identifizierung führt zu dem wahren Verständnis des himmlischen Offenbarers.

Die Gleichsetzung des Offenbarers mit Jesus von Nazareth, die gerade bei seiner Auslieferung ($\pi\alpha\rho\alpha\delta\iota\delta\acute{o}\nu\alpha\iota$) in die Hände der Menschen (18. 2, 5, 36) erfolgt, ist keine bloße Umdeutung des Ärgernisses der Passion durch

[40] K. M. Fischer (s. oben Anm. 34), S. 262.

[41] Es ist die Krisis, die für den 'Helden' zur KATASTROFĒ zu werden scheint, aber es ist auch die Krisis im Sinne des Gerichts über die Welt: J. Blank, *Krisis. Untersuchungen zur johanneischen Christologie und Eschatologie* (Freiburg, 1964), S. 281 u.a. – Im Kontrast zu dem dreifachen 'Ich bin (Jesus aus Nazareth)' steht die dreifache Verleugnung des Petrus (18. 17, 25, 27), die durch sein dreifaches Bekenntnis in 21. 15, 16, 17 wiedergutgemacht wird.

[42] W. Grundmann, *Zeugnis und Gestalt des Johannesevangeliums* (Berlin, 1961) (A.V.z.Th.R. 19), S. 81.

[43] M. Sabbe, 'The Arrest of Jesus in Jn 18,1-11 and its Relation to the Synoptic Gospels', in M. de Jonge (Ed.), *L'Évangile de Jean* (Gembloux-Leuven, 1977) (B.E.Th.L. 44), S. 203-34, deutet die letzten EGO EIMI als eine bewusste theologische Bearbeitung von Mark 14. 44 f. – unter dem Eindruck von Mark 14. 62 (P.P.)? – A. Dauer, *Die Passionsgeschichte im Johannesevangelium* (München, 1972) (St.z.A.N.T. 30), widmet den letzten EGO EIMI keine spezielle Aufmerksamkeit.

[44] Nach C. H. Dodd, *Historical Tradition in the Fourth Gospel* (Cambridge, 1963), S. 75, hat das EGO EIMI in Joh. 18 'mysterious overtones'. Nach R. Bultmann (s. oben Anm. 7) ad loc. weichen die Häscher zurück, weil hier der Offenbarer spricht; so auch S. Schulz, *Das Evangelium nach Johannes* (Göttingen, 1972) (N.T.D. 4) ad loc. Nach R. Schnackenburg (s. oben Anm. 3) Bd. III (Freiburg, 1975) ad loc. handelt es sich um eine Identifizierungsformel, die gleichzeitig eine Hoheitsäußerung ist.

[45] R. Bultmann (s. oben Anm. 7) ad loc.

die Demonstration (Exhibition) der Vollmacht Jesu. Schon die vormarkinische Passionsgeschichte enthält das Zeugnis, daß der Gerichtete und Hingerichtete eigentlich der wahre vollmächtige Richter ist. Aber bereits vor Markus hat man das 'Ausliefern' Jesu auch als seine Dahingabe für die Menschen begriffen.[46] Das Johannesevangelium verschweigt dieses Motiv der Dahingabe nicht.[47] Die Auslieferung Jesu (6. 64; 18. 36) führt zur Rettung der übrigen Menschen (18. 8 f.). Für sie (seine 'Freunde' 15. 13) gibt er sein Leben (vgl. 10. 11).[48] Die Dahingabe gehört zu seinem Wesen. Diese Auffassung der Inkarnation, die von den älteren Dahingabeformeln beeinflußt ist, hilft uns, sowohl die letzten EGO EIMI als auch die scheinbar zufälligen johanneischen Erwähnungen der menschlichen Herkunft Jesu zu verstehen. In Joh. 6. 42 sagen die Juden, daß er der Sohn des Joseph ist (vgl. 1. 45; s.o. §3). Eine Behauptung, die der Evangelist nicht widerlegt. Der Fehler der Juden besteht nach ihm nur darin, daß sie nicht glauben, daß dieser Sohn Josephs gleichzeitig der Sohn des himmlischen Vaters ist. Gott kann man in dieser Welt nur so erkennen, wie er für das Leben der Menschen gegeben wurde, nämlich als das fleischgewordene Wort[49] (1. 14–18; vgl. 6. 54–58[50]). Wenn man den Sohn Gottes nicht in Jesus von Nazareth erkennt, erkennt man ihn überhaupt nicht.

In Joh. 7. 27 f. dient die menschliche Herkunft Jesu den Gegnern als Argument gegen seine in diesem Fall apokalyptisch aufgefaßte Messianität. Und die Antwort lautet wieder: Jesus ist wohl als einfacher Mensch geboren, aber er ist gleichzeitig von Gott gesandt (V. 28).[51]

Mit der Erwartung eines königlichen Messias aus dem Hause David wird gegen die Messianität Jesu in 7. 41 f. polemisiert. Der wahre Davidide muß aus Bethlehem stammen, aber Jesus kommt doch aus Galiläa. Die Antwort darauf enthalten die vorhergehenden Verse (37–39) und grundsätzlich V. 28. Der Evangelist leitet die Messianität Jesu weder von seiner miraku-

---

[46] Vgl. das (PARA)DIDONAI in der Passionsgeschichte und in 1 Kor. 11. 23 mit Joh. 3. 16; Gal. 1. 4; 2. 20; Mark 10. 45 u.a., d.h. der Dahingabe- und Selbstdahingabeformel; W. Popkes, *Christus traditus* (Zürich, 1967) (A.Th.A.N.T. 49), S. 271 ff.

[47] G. Schille (s. oben Anm. 18), S. 80 f.

[48] Zur Kreuzesthematik in den johanneischen Reden: F. Hahn, 'Die Hirtenrede in Joh. 10', in *Theologia crucis – signum crucis* (FS E. Dinkler) (Tübingen, 1979), S. 184–200, bes. S. 183 f.

[49] Gegen W. Nicol (s. oben Anm. 9), S. 124: 'Jesus is no real man' (d.h. bei Johannes – P.P.).

[50] In 6. 51b oder schon 6. 48 setzt der eucharistische Abschnitt ein, den einige Forscher für einen Einschub oder eine spätere Reinterpretation halten (R. Bultmann, H. Thyen u.a.). Das wäre jedoch eine stilistisch und theologisch kongruente Interpretation (s. R. Schnackenburg [s. oben Anm. 3] ad loc.), denn das Herrenmahl ist in allen neutestamentlichen Schichten sowohl eine Vorwegnahme des Eschatons als auch die vergegenwärtigende Erinnerung an die Gemeinschaft mit dem irdischen Jesus. In diesem Sinne konnte der Evangelist über das Essen des Fleisches des Menschensohnes sprechen (6. 52 ff.).

[51] Diese Paradoxie haben W. Wilkens, *Zeichen und Werke* (Zürich, 1969) (A.Th.A.N.T. 55), S. 95, und früher schon R. H. Lightfoot, *St John's Gospel* (Oxford, 1956), S. 168, gemerkt.

lösen Geburt noch von seiner davidischen Herkunft ab. Seine Messianität liegt nach ihm in der Herkunft von Gott, die ohne den Glauben und ohne die Gabe des Geistes (6. 63) hinter seiner 'reinen Menschlichkeit' unsichtbar bleibt.[52] Der Evangelist hat offensichtlich schon Formeln und Erzählungen gekannt, die die davidische Herkunft Jesu hervorheben,[53] und er hat auch um die Überzeugung von der Jungfrauengeburt Jesu gewußt,[54] die Matthäus und Lukas mit zwei verschiedenen Fassungen der Bethlehemsgeschichte kombiniert haben. Er hat sie jedoch in sein 'Buch der Zeichen' | nicht aufgenommen. Das ECCE HOMO in 19. 5 scheint für ihn in gewisser Hinsicht der Gipfelpunkt der Geschichte Jesu zu sein. Wenn es Papyrus Bodmer (p^{66}) und andere auslassen, dann nicht deshalb, weil sie es für unbedeutsam halten,[55] sondern weil es für die Kopisten oder ihre Gemeinden ein Ärgernis war. Aber der Evangelist hebt das ECCE HOMO gerade im Rahmen der Passion hervor. Jesus erlebt zwar alles auf eine andere Weise als die übrigen Menschen, weil er als der wahre Mensch mit Gott verbunden ist: Er kann mächtige Taten tun und die Offenbarungsreden rezitieren, wie es E. Käsemann richtig betont.[56] Aber er bleibt dabei mit den Menschen solidarisch, weil er auch ihnen die Möglichkeit eröffnet, schon in dieser Welt die Herrlichkeit Gottes zu sehen und noch größere Werke zu tun (14. 12-14; vgl. 17. 18 f.).[57] Auch der Gläubige kann die Taufe als Geburt von Gott erleben (1. 12; 3. 5, 7 f.)[58] und an der Erwählung Jesu teilhaben (15. 19);[59] die späteren Generationen, 'die nicht gesehen haben', und für die der Evangelist sein Zeugnis schreibt, sind also nicht benachteiligt. Gerade der Heilige Geist vermittelt ihnen die Verbindung mit dem fleischgewordenen Sohn Gottes (14. 26). Die Fleischwerdung Jesu wird als

[52] Bultmann (s. oben Anm. 7) S. 40. Die Inkarnation ist für Johannes das entscheidende Zeichen, das durch das Zeugnis des Geistes zu Gott führt: X. Léon-Dufour (s. oben Anm. 14) S. 376.

[53] Röm. 1. 3 f. u.a. Ob es sich dabei um eine historische Wirklichkeit oder um ein Theologumenon handelt, ist in diesem Zusammenhang nicht entscheidend; Bultmann (s. oben Anm. 7) S. 231, Anm. 2.

[54] Schon Mark 6. 3 verrät die Kenntnis solcher Überzeugung (Sohn Marias). s. S. Schulz (s. oben Anm. 44) zu 6. 42; C. K. Barrett, *The Gospel acc. to John* (London, 1955) zu 6. 42.

[55] R. Schnackenburg (s. oben Anm. 3) Bd. III (Freiburg, 1975), S. 294, Anm. 63; zur möglichen älteren Tradition, die hinter diesen Worten steht s. daselbst 295, Anm. 67.

[56] E. Käsemann (s. oben Anm. 1) S. 94.

[57] Zum Problem M. de Jonge, 'Signs and Work in the Fourth Gospel', in *Miscellanea Neotestamentica* II (Leiden, 1978), S. 107-25.

[58] J. H. Neyrey, 'John III - A Debate over Johannine Epistemology and Christology', *Nov. Test.* 23 (1981), S. 115-27.

[59] I. de la Potterie, 'La notion de "commencement" dans écrits johanniques', in *Die Kirche des Anfangs* (s. oben Anm. 14), S. 379-403.

die Katabasis (3. 13, 31 u.a.)[60] indivise et inconfuse mit seiner Doxa verbunden.[61]

Das Nacheinander von Erniedrigung und Erhöhung, das für mehrere alte christologische Formeln und Hymnen bezeichnend ist, wird hier für den Leser (Hörer) im Sinne eines 'simul-simul' interpretiert. Joh. radikalisiert also die ältere Zweistufenchristologie.[62] Aber das Bewußtsein der Diachronie, die mit der Inkarnation zusammenhängt, wird nicht einfach aufgegeben. Der präexistente und erhöhte Sohn wird nämlich ständig auch als der im Fleisch gekommene verkündigt.[63] Nur weil der kommende Sohn Gottes (14. 3) der schon bekannte, fleischgewordene, mit Jesus von Nazareth identische Erlöser ist, kann die johanneische Gemeinde in ihrem scheinbaren Heilsperfektionismus an dem 'Bleiben in . . .' interessiert sein (15. 1–17).[64]

Die eben skizzierte Dialektik des johanneischen Denkens, die alle in dem johanneischen Kreis bearbeiteten Traditionen verbindet und das Erbe des urchristlichen Enthusiasmus in einer kanonisch gewordenen Gestalt aufbewahrt und interpretiert, ist so tief und anspruchsvoll zugleich, daß man sie oft einseitig spiritualistisch interpretiert hat (s.o. §3). Inzwischen hatte sich die Lehre von der Jungfrauengeburt durchgesetzt, die theologisch tief und anschaulich zugleich war und sowohl vor dem entstehenden Doketismus als auch vor dem Adoptianismus warnen konnte. Die Dialektik der johanneischen Christologie beeinflußte später zwar die dogmatische Tradition, und in den Aussagen des Glaubensgekenntnisses von Chalcedon spürt man noch ihre Wirkung. Aber praktisch wird sie auch dort als eine Interpretation der Jungfrauengeburt begriffen. Die johanneische Christologie, die die ganze Wirklichkeit realistisch und zugleich total im Lichte

[60] E. Schillebeeckx, *Christus und die Christen* (Freiburg, 1977), S. 311 ff.

[61] In dieser Hinsicht ist der Urteil E. Käsemanns (s. oben Anm. 1) über den Doketismus des Johannesevangeliums einseitig und die Forderung J. M. Robinsons, das Johannesevangelium im Rahmen seiner Entwicklungslinie zu analysieren (s. oben Anm. 37 - S. 241) kann an sich keine eindeutige Lösung bringen, weil der johanneische Kreis an der Kreuzung zweier späteren Strömungen steht. J. M. Robinson sieht im Johannesevangelium auch eine Bewegung zur Rechtgläubigkeit, die er der Endredaktion zuschreibt (a.a.O. S. 249).

[62] Zur der Zweistufenchristologie (Davidsohn–Gottessohn): F. Hahn, *Christologische Hoheitstitel* (Göttingen, 1963) (F.R.L.A.N.T. 83), S. 278 f.

[63] Betont bei G. Bornkamm, 'Zur Interpretation des Johannesevangeliums', zuletzt in: ders., *Geschichte und Glaube* I (München, 1968) (B.z.E.Th. 48), S. 104–21, bes. S. 112–14 vgl. Yu Ibuki, 'Offene Fragen zur Aufnahme des Logoshymnus in das vierte Evangelium', *Annual of the Japanese Biblical Institute* 5 (1979), S. 105–32.

[64] Den Heilsperfektionismus betont R. Bultmann, 'Die Eschatologie des Johannesevangeliums', zuletzt in ders., *Glauben und Verstehen* I (Tübingen, 1933), S. 134–52. Meine Aussage paraphrasiert den Beitrag von J. B. Souček, 'Problém eschatologie v janovských spisech', *Theol. příl. Křesť. revue* 19 (1952), S. 65–9 vgl. K. Haacker, *Die Stiftung des Heils. Untersuchungen zur Struktur der johanneischen Theologie* (Stuttgart, 1972) (Arb.z.Th. I/47), S. 80 f.

Gottes sieht, ist ein wirklich elementarer Ausdruck christlicher Glaubens-erfahrung und ihre tiefe Reflexion, die mit den anderen, z.T. sogar älteren neutestamentlichen Reflexionen über den Glauben in einer gewissen Span-nung zwar steht, aber in ihrer Tiefe und Authentizität der Grundeinstellung fähig ist, mit ihnen zu kommunizieren. Ein indirektes Zeugnis dessen ist die Präsenz der johanneischen Schriften im Kanon.

Die johanneische Sprache ist zwar voll von Zeichen und Symbolen, aber es wird auch für den heutigen Menschen deutlich, daß dies keine bloß informierende Sprache ist, und daß die Wirklichkeit, von der geredet wird, Vorrang vor den benutzten Ausdrucksmitteln hat. Bei den einseitig 'narra-tiven' Interpretationen ist das nicht der Fall. Der massive johanneische Wunderglaube ist in den Rahmen einer nüchternen Sicht der Wirklichkeit gestellt und wird durch das zentrale Glaubenszeugnis interpretiert: Das wahre Werk Gottes ist der Glaube (6. 29), und das mächtigste Mittel der Mission ist das praktische Leben der christlichen Gemeinde in gegenseitiger Liebe (13. 35).[65]

In der Gegenwart ist die johanneische Christologie in ihrem Grundanlie-gen besonders geeignet, die systematische Reflexion direkt zu beeinflussen.

[65] Zum Problem s. K. W. Tröger, 'Ja oder Nein zur Welt', in *Theol. Versuche* VII (Berlin, 1976), S. 61–80.

Nachweis der Erstveröffentlichung

1. Exegese als Zeugnis
   Bisher unveröffentlicht.

2. In honor of Josef B. Souček (1902–1972)
   Communio viatorum 34 (1992) 35–45, Verlag ISE-OIKOYMENH, Praha.

3. Ein Brief an Willem A. Visser't Hooft vom März 1948
   Ebd. 46–61.

4. Ein Briefwechsel (J.B.Souček und Götz Harbsmeier), Teil I
   Kerygma und Mythos I, hg. v. H.-W. Bartsch, Hamburg-Volksdorf 1951, 150–156,
   Herbert Reich – Evangelischer Verlag, Hamburg-Volksdorf.

5. Die Entmythologisierung in der tschechischen Theologie
   Kerygma und Mythos IV., hg. v. H.-W. Bartsch, Hamburg-Volksdorf 1955, 11–29,
   Herbert Reich – Evangelischer Verlag, Hamburg-Volksdorf.

6. From a puppy to the child. Some problems of contemporary biblical exegesis demonstrated from Mark 7.24–30/Matt 15.21–8
   New Testament Studies 41 (1995), 321–337, Cambridge University Press, Cambridge.

7. Paulus in Athen
   Teologická reflexe 2 (1996), Dossier zu Nr.2 (tschechisch), Verlag ISE-OIKOY-
   MENH, Praha. Deutsch bisher unveröffentlicht.

8. Einheit des Kanons – Einheit der Kirche
   Zeichen der Zeit 22 (1968), 219–224, Evangelische Verlagsanstalt, Berlin.

9. Probleme biblischer Theologie
   Theologische Literaturzeitung 106, (1981), 1–8, Evangelische Verlagsanstalt, Berlin.

10. Das theologische Problem der neutestamentlichen Pseudepigraphie
    Evangelische Theologie 44 (1984), 486–496, Chr. Kaiser Verlag, München.

11. Antigone und Jesus
    Geschichte – Tradition – Reflexion (FS M. Hengel) III, hg. v. H. Lichtenberger, Tü-
    bingen 1996, 49–62, Verlag J.C.B. Mohr (Paul Siebeck), Tübingen.

12. Griechische Sprichwörter im Neuen Testament
    Tradition und Translation (FS C.Colpe), hg. v. Ch. Elsas u.a., Berlin-New York
    1994, 336–343, Verlag Walter de Gruyter, Berlin-New York.

13. Der Ursprung der Gnosis
    Kairos 7 (1967), 94–105, Otto Müller Verlag Freilassing – Salzburg.

14. Israel und die Kirche im Denken des Apostel Paulus
    Communio viatorum 14 (1971), 143–154. Published by the Comenius Protestant Fa-
    culty of Theology, Prague.

15. Wir kennen Christus nicht mehr nach dem Fleisch
    Evangelische Theologie 19 (1959), 300–314, Chr. Kaiser Verlag, München.

16. Das Gegenüber von Gemeinde und Welt nach dem ersten Petrusbrief
Communio viatorum 3 (1960), 5–13, Published by the Comenius Protestant Faculty of Theology, Prague.

17. Zu den Problemen des Jakobusbriefes
Evangelische Theologie 18 (1958), 460–468, Chr. Kaiser Verlag, München.

18. Christologie et baptême à l'époque au christianisme primitif
New Testament Studies 27 (1980–1981), 368–380, Cambridge University Press, Cambridge.

19. Anfang des Evangeliums. Zum Problem des Anfangs und des Schlusses des Markusevangeliums
Die Kirche des Anfangs (FS H. Schürmann), hg. v. R. Schnackenburg, J. Ernst und J. Wanke, Leipzig 1977, 115–132, St.Benno Verlag, Leipzig.

20. Die Bedeutung des Markusevangeliums für die Entstehung der christlichen Bibel
Text und Kontext (FS L. Hartmann), ed. by T. Fornberg and D. Hellholm, Oslo-Copenhagen-Stockholm-Boston 1995, 409–427, Scandinavian University Press, Oslo etc.

21. The Temptation Stories and Their Intention
New Testament Studies 20 (1973–1974), 115–127, Cambridge University Press, Cambridge.

22. Salz der Erde und Licht der Welt. Zur Exegese von Matth. 5,13–16
Theologische Zeitschrift 19 (1963), 169–179, Friedrich Reinhardt Verlag, Basel.

23. Lukas 15,11–32 und die lukanische Soteriologie
Christus bezeugen (FS W. Trilling) (EThSt 59), hg. v. K. Kertelge, T. Holz und C. P. März, Leipzig 1989, 179–192, St. Benno Verlag, Leipzig.

24. „... bis an das Ende der Erde"
Landgabe (FS J. Heller), Praha 1995, 198–210, Verlag ISE-OIKOYMENH, Praha.

25. Der irdische Jesus im Johannesevangelium
New Testament Studies 30 (1984), 217–228, Cambridge University Press, Cambridge.

Stellen

Das Alte Testament

Deuterokanonische Bücher

Das Neue Testament

2,28	232	13	171, 322
2,36	187	13,1–3	173
2,38	301, 312	13,1ff.	171
2,39	304, 306	13,33ff.	245
2,42–47	306	13,38f.	301
2,46	311, 315, 317	13,45	320
3,13–15	114	13,47	318, 320, 323, 324
3,15	312	14,4.13	318
3,17	92	15	79
3,18.20	187	15,1	173
3,21	317	15,3	311
4,32–35	306	15,4–35	318
4,5	184	15,13–17	317
4,19	90	15,14	317
4,26	187	15,16f.	318
4,32	151	15,20.29	304
5,31	312	15,22	318
5,31a	310	15,23–29	126
5,31b	310	15,28	318
5,42	187	17,3	187
6–7	171	17,6	323
6,8–7,60	275	17,7	317
7	323	17,16	88
7,11	305	17,16–34	87
7,35	307	17,18	87
7,49f.	323	17,22	87, 88
8	171	17,22b-31	87
8,4ff.	320	17,23	89, 90
8,9–24	166	17,24–28	103
8,16f.	232	17,27	90
8,18–24	314	17,27–28	91
8,26ff.	172, 323	17,28	91, 303
9,15	324	17,30	92
9,22	187	17,31	87, 94, 310, 323
10–11	171	17,31a	93
10,14b	148	17,32	90, 93
10,34–39	250	17,32b	94
10,34–43	250	17,33	92
10,36.38–43	255	17,34	87, 92
10,37	250	18,5.28	187
10,38	250, 279	18,25	229
10,40	250	19,1–8	229
10,40–42	250	19,5	230
10,41	57, 87	19,19	151
10,43	301	19,27	323
11,7	311	20,18–35	318
11,18	312	20,19	314
11,19–26	173	20,21	312
11,28	305	20,23	322
11,29f.	305	20,25.38	324

Antike Autoren

Orphismus

Papyri

Corpus Hermeticum

Nag Hammadi

Spätjüdische Texte (einschl. hellenistisch-jüdischer und rabbinischer Literatur)

Altchristliche Literatur und Kirchenväter
(einschl. neutestamentlicher Apokryphen)

Sachen

Moderne Autoren

Wissenschaftliche Untersuchungen zum Neuen Testament

Alphabetische Übersicht der ersten und zweiten Reihe

Anderson, Paul N.: The Christology of the Fourth Gospel. 1996. *Band II/78.*
Appold, Mark L.: The Oneness Motif in the Fourth Gospel. 1976. *Band II/1.*
Arnold, Clinton E.: The Colossian Syncretism. 1995. *Band II/77.*
Avemarie, Friedrich und *Hermann Lichtenberger* (Hrsg.): Bund und Tora. 1996. *Band 92.*
Bachmann, Michael: Sünder oder Übertreter. 1992. *Band 59.*
Baker, William R.: Personal Speech-Ethics in the Epistle of James. 1995. *Band II/68.*
Balla, Peter: Challenges to New Testament Theology. 1997. *Band II/95.*
Bammel, Ernst: Judaica. Band I 1986. *Band 37* – Band II 1997. *Band 91.*
Bash, Anthony: Ambassadors for Christ. 1997. *Band II/92.*
Bauernfeind, Otto: Kommentar und Studien zur Apostelgeschichte. 1980. *Band 22.*
Bayer, Hans Friedrich: Jesus' Predictions of Vindication and Resurrection. 1986. *Band II/20.*
Bell, Richard H.: Provoked to Jealousy. 1994. *Band II/63.*
Bergman, Jan: siehe *Kieffer, René*
Betz, Otto: Jesus, der Messias Israels. 1987. *Band 42.*
– Jesus, der Herr der Kirche. 1990. *Band 52.*
Beyschlag, Karlmann: Simon Magus und die christliche Gnosis. 1974. *Band 16.*
Bittner, Wolfgang J.: Jesu Zeichen im Johannesevangelium. 1987. *Band II/26.*
Bjerkelund, Carl J.: Tauta Egeneto. 1987. *Band 40.*
Blackburn, Barry Lee: Theios Anēr and the Markan Miracle Traditions. 1991. *Band II/40.*
Bockmuehl, Markus N.A.: Revelation and Mystery in Ancient Judaism and Pauline Christianity. 1990. *Band II/36.*
Böhlig, Alexander: Gnosis und Synkretismus. Teil 1 1989. *Band 47* – Teil 2 1989. *Band 48.*
Böttrich, Christfried: Weltweisheit – Menschheitsethik – Urkult. 1992. *Band II/50.*
Bolyki, Jànos: Jesu Tischgemeinschaften. 1997. *Band II/96.*
Büchli, Jörg: Der Poimandres – ein paganisiertes Evangelium. 1987. *Band II/27.*
Bühner, Jan A.: Der Gesandte und sein Weg im 4. Evangelium. 1977. *Band II/2.*
Burchard, Christoph: Untersuchungen zu Joseph und Aseneth. 1965. *Band 8.*
Cancik, Hubert (Hrsg.): Markus-Philologie. 1984. *Band 33.*
Capes, David B.: Old Testament Yaweh Texts in Paul's Christology. 1992. *Band II/47.*
Caragounis, Chrys C.: The Son of Man. 1986. *Band 38.*
– siehe *Fridrichsen, Anton.*
Carleton Paget, James: The Epistle of Barnabas. 1994. *Band II/64.*
Crump, David: Jesus the Intercessor. 1992. *Band II/49.*
Deines, Roland: Jüdische Steingefäße und pharisäische Frömmigkeit. 1993. *Band II/52.*
– Die Pharisäer. 1997. *Band 101.*
Dietzfelbinger, Christian: Der Abschied des Kommenden. 1997. *Band 95.*
Dobbeler, Axel von: Glaube als Teilhabe. 1987. *Band II/22.*
Du Toit, David S.: Theios Anthropos. 1997. *Band II/91*
Dunn , James D.G. (Hrsg.): Jews and Christians. 1992. *Band 66.*
– Paul and the Mosaic Law. 1996. *Band 89.*
Ebertz, Michael N.: Das Charisma des Gekreuzigten. 1987. *Band 45.*
Eckstein, Hans-Joachim: Der Begriff Syneidesis bei Paulus. 1983. *Band II/10.*
– Verheißung und Gesetz. 1996. *Band 86.*
Ego, Beate: Im Himmel wie auf Erden. 1989. *Band II/34.*
Ellis, E. Earle: Prophecy and Hermeneutic in Early Christianity. 1978. *Band 18.*
– The Old Testament in Early Christianity. 1991. *Band 54.*
Ennulat, Andreas: Die ›Minor Agreements‹. 1994. *Band II/62.*
Ensor, Peter W.: Jesus and His ›Works‹. 1996. *Band II/85.*
Feldmeier, Reinhard: Die Krisis des Gottessohnes. 1987. *Band II/21.*
– Die Christen als Fremde. 1992. *Band 64.*

Wissenschaftliche Untersuchungen zum Neuen Testament

Feldmeier, Reinhard und *Ulrich Heckel* (Hrsg.): Die Heiden. 1994. *Band 70.*

Fletcher-Louis, Crispin H.T.: Luke-Acts: Angels, Christology and Soteriology. 1997. *Band II/94.*

Forbes, Christopher Brian: Prophecy and Inspired Speech in Early Christianity and its Hellenistic Environment. 1995. *Band II/75.*

Fornberg, Tord: siehe *Fridrichsen, Anton.*

Fossum, Jarl E.: The Name of God and the Angel of the Lord. 1985. *Band 36.*

Frenschkowski, Marco: Offenbarung und Epiphanie. Band 1 1995. *Band II/79* – Band 2 1997. *Band II/80.*

Frey, Jörg: Eugen Drewermann und die biblische Exegese. 1995. *Band II/71.*

– Die johanneische Eschatologie. Band I. 1997. *Band 96.*

Fridrichsen, Anton: Exegetical Writings. Hrsg. von C.C. Caragounis und T. Fornberg. 1994. *Band 76.*

Garlington, Don B.: ›The Obedience of Faith‹. 1991. *Band II/38.*

– Faith, Obedience, and Perseverance. 1994. *Band 79.*

Garnet, Paul: Salvation and Atonement in the Qumran Scrolls. 1977. *Band II/3.*

Gräßer, Erich: Der Alte Bund im Neuen. 1985. *Band 35.*

Green, Joel B.: The Death of Jesus. 1988. *Band II/33.*

Gundry Volf, Judith M.: Paul and Perseverance. 1990. *Band II/37.*

Hafemann, Scott J.: Suffering and the Spirit. 1986. *Band II/19.*

– Paul, Moses, and the History of Israel. 1995. *Band 81.*

Hartman, Lars: Text-Centered New Testament Studies. Hrsg. von D. Hellholm. 1997. *Band 102.*

Heckel, Theo K.: Der Innere Mensch. 1993. *Band II/53.*

Heckel, Ulrich: Kraft in Schwachheit. 1993. *Band II/56.*

– siehe *Feldmeier, Reinhard.*

– siehe *Hengel, Martin.*

Heiligenthal, Roman: Werke als Zeichen. 1983. *Band II/9.*

Hellholm, D.: siehe *Hartman, Lars.*

Hemer, Colin J.: The Book of Acts in the Setting of Hellenistic History. 1989. *Band 49.*

Hengel, Martin: Judentum und Hellenismus. 1969, ^{3}1988. *Band 10.*

– Die johanneische Frage. 1993. *Band 67.*

– Judaica et Hellenistica. Band 1. 1996. *Band 90.*

Hengel, Martin und *Ulrich Heckel* (Hrsg.): Paulus und das antike Judentum. 1991. *Band 58.*

Hengel, Martin und *Hermut Löhr* (Hrsg.): Schriftauslegung im antiken Judentum und im Urchristentum. 1994. *Band 73.*

Hengel, Martin und *Anna Maria Schwemer* (Hrsg.): Königsherrschaft Gottes und himmlischer Kult. 1991. *Band 55.*

– Die Septuaginta. 1994. *Band 72.*

Herrenbrück, Fritz: Jesus und die Zöllner. 1990. *Band II/41.*

Hoegen-Rohls, Christina: Der nachösterliche Johannes. 1996. *Band II/84.*

Hofius, Otfried: Katapausis. 1970. *Band 11.*

– Der Vorhang vor dem Thron Gottes. 1972. *Band 14.*

– Der Christushymnus Philipper 2,6-11. 1976, ^{2}1991. *Band 17.*

– Paulusstudien. 1989, ^{2}1994. *Band 51.*

Hofius, Otfried und *Hans-Christian Kammler:* Johannesstudien. 1996. *Band 88.*

Holtz, Traugott: Geschichte und Theologie des Urchristentums. 1991. *Band 57.*

Hommel, Hildebrecht: Sebasmata. Band 1 1983. *Band 31* – Band 2 1984. *Band 32.*

Hvalvik, Reidar: The Struggle for Scripture and Covenant. 1996. *Band II/82.*

Kähler, Christoph: Jesu Gleichnisse als Poesie und Therapie. 1995. *Band 78.*

Kammler, Hans-Christian: siehe *Hofius, Otfried.*

Kamlah, Ehrhard: Die Form der katalogischen Paränese im Neuen Testament. 1964. *Band 7.*

Kieffer, René und *Jan Bergman* (Hrsg.): La Main de Dieu / Die Hand Gottes. 1997. *Band 94.*

Kim, Seyoon: The Origin of Paul's Gospel. 1981, ^{2}1984. *Band II/4.*

– »The ›Son of Man‹« as the Son of God. 1983. *Band 30.*

Kleinknecht, Karl Th.: Der leidende Gerechtfertigte. 1984, ^{2}1988. *Band II/13.*

Klinghardt, Matthias: Gesetz und Volk Gottes. 1988. *Band II/32.*

Köhler, Wolf-Dietrich: Rezeption des Matthäusevangeliums in der Zeit vor Irenäus. 1987. *Band II/24.*

Korn, Manfred: Die Geschichte Jesu in veränderter Zeit. 1993. *Band II/51.*

Koskenniemi, Erkki: Apollonios von Tyana in der neutestamentlichen Exegese. 1994. *Band II/61.*

Kraus, Wolfgang: Das Volk Gottes. 1996. *Band 85.*

– siehe *Walter, Nikolaus.*

Kuhn, Karl G.: Achtzehngebet und Vaterunser und der Reim. 1950. *Band 1.*

Laansma, Jon: I Will Give You Rest. 1997. *Band II/98.*

Lampe, Peter: Die stadtrömischen Christen in den ersten beiden Jahrhunderten. 1987, ²1989. *Band II/18.*

Lau, Andrew: Manifest in Flesh. 1996. *Band II/86.*

Lichtenberger, Hermann: siehe *Avemarie, Friedrich.*

Lieu, Samuel N.C.: Manichaeism in the Later Roman Empire and Medieval China. 1992. *Band 63.*

Loader, William R.G.: Jesus' Attitude Towards the Law. 1997. *Band II/97.*

Löhr, Gebhard: Verherrlichung Gottes durch Philosophie. 1997. *Band 97.*

Löhr, Hermut: siehe *Hengel, Martin.*

Löhr, Winrich Alfried: Basilides und seine Schule. 1995. *Band 83.*

Maier, Gerhard: Mensch und freier Wille. 1971. *Band 12.*

– Die Johannesoffenbarung und die Kirche. 1981. *Band 25.*

Markschies, Christoph: Valentinus Gnosticus? 1992. *Band 65.*

Marshall, Peter: Enmity in Corinth: Social Conventions in Paul's Relations with the Corinthians. 1987. *Band II/23.*

Meade, David G.: Pseudonymity and Canon. 1986. *Band 39.*

Meadors, Edward P.: Jesus the Messianic Herald of Salvation. 1995. *Band II/72.*

Meißner, Stefan: Die Heimholung des Ketzers. 1996. *Band II/87.*

Mell, Ulrich: Die »anderen« Winzer. 1994. *Band 77.*

Mengel, Berthold: Studien zum Philipperbrief. 1982. *Band II/8.*

Merkel, Helmut: Die Widersprüche zwischen den Evangelien. 1971. *Band 13.*

Merklein, Helmut: Studien zu Jesus und Paulus. 1987. *Band 43.*

Metzler, Karin: Der griechische Begriff des Verzeihens. 1991. *Band II/44.*

Metzner, Rainer: Die Rezeption des Matthäusevangeliums im 1. Petrusbrief. 1995. *Band II/74.*

Mittmann-Richert, Ulrike: Magnifikat und Benediktus. 1996. *Band II/90.*

Niebuhr, Karl-Wilhelm: Gesetz und Paränese. 1987. *Band II/28.*

– Heidenapostel aus Israel. 1992. *Band 62.*

Nissen, Andreas: Gott und der Nächste im antiken Judentum. 1974. *Band 15.*

Noormann, Rolf: Irenäus als Paulusinterpret. 1994. *Band II/66.*

Obermann, Andreas: Die christologische Erfüllung der Schrift im Johannesevangelium. 1996. *Band II/83.*

Okure, Teresa: The Johannine Approach to Mission. 1988. *Band II/31.*

Park, Eung Chun: The Mission Discourse in Matthew's Interpretation. 1995. *Band II/81.*

Philonenko, Marc (Hrsg.): Le Trône de Dieu. 1993. *Band 69.*

Pilhofer, Peter: Presbyteron Kreitton. 1990. *Band II/39.*

– Philippi. Band 1 1995. *Band 87.*

Pöhlmann, Wolfgang: Der Verlorene Sohn und das Haus. 1993. *Band 68.*

Pokorný, Petr und *Josef B. Souček:* Bibelauslegung als Theologie. 1997. *Band 100.*

Prieur, Alexander: Die Verkündigung der Gottesherrschaft. 1996. *Band II/89.*

Probst, Hermann: Paulus und der Brief. 1991. *Band II/45.*

Räisänen, Heikki: Paul and the Law. 1983, ²1987. *Band 29.*

Rehkopf, Friedrich: Die lukanische Sonderquelle. 1959. *Band 5.*

Rein, Matthias: Die Heilung des Blindgeborenen (Joh 9). 1995. *Band II/73.*

Reinmuth, Eckart: Pseudo-Philo und Lukas. 1994. *Band 74.*

Reiser, Marius: Syntax und Stil des Markusevangeliums. 1984. *Band II/11.*

Richards, E. Randolph: The Secretary in the Letters of Paul. 1991. *Band II/42.*

Riesner, Rainer: Jesus als Lehrer. 1981, ³1988. *Band II/7.*

– Die Frühzeit des Apostels Paulus. 1994. *Band 71.*

Wissenschaftliche Untersuchungen zum Neuen Testament

Rissi, Mathias: Die Theologie des Hebräerbriefs. 1987. *Band 41.*
Röhser, Günter: Metaphorik und Personifikation der Sünde. 1987. *Band II/25.*
Rose, Christian: Die Wolke der Zeugen. 1994. *Band II/60.*
Rüger, Hans Peter: Die Weisheitsschrift aus der Kairoer Geniza. 1991. *Band 53.*
Sänger, Dieter: Antikes Judentum und die Mysterien. 1980. *Band II/5.*
– Die Verkündigung des Gekreuzigten und Israel. 1994. *Band 75.*
Salzmann, Jorg Christian: Lehren und Ermahnen. 1994. *Band II/59.*
Sandnes, Karl Olav: Paul – One of the Prophets? 1991. *Band II/43.*
Sato, Migaku: Q und Prophetie. 1988. *Band II/29.*
Schaper, Joachim: Eschatology in the Greek Psalter. 1995. *Band II/76.*
Schimanowski, Gottfried: Weisheit und Messias. 1985. *Band II/17.*
Schlichting, Günter: Ein jüdisches Leben Jesu. 1982. *Band 24.*
Schnabel, Eckhard J.: Law and Wisdom from Ben Sira to Paul. 1985. *Band II/16.*
Schutter, William L.: Hermeneutic and Composition in I Peter. 1989. *Band II/30.*
Schwartz, Daniel R.: Studies in the Jewish Background of Christianity. 1992. *Band 60.*
Schwemer, Anna Maria: siehe *Hengel, Martin*
Scott, James M.: Adoption as Sons of God. 1992. *Band II/48.*
– Paul and the Nations. 1995. *Band 84.*
Siegert, Folker: Drei hellenistisch-jüdische Predigten. Teil I 1980. *Band 20* – Teil II 1992. *Band 61.*
– Nag-Hammadi-Register. 1982. *Band 26.*
– Argumentation bei Paulus. 1985. *Band 34.*
– Philon von Alexandrien. 1988. *Band 46.*
Simon, Marcel: Le christianisme antique et son contexte religieux I/II. 1981. *Band 23.*
Snodgrass, Klyne: The Parable of the Wicked Tenants. 1983. *Band 27.*
Söding, Thomas: Das Wort vom Kreuz. 1997. *Band 93.*
– siehe *Thüsing, Wilhelm.*
Sommer, Urs: Die Passionsgeschichte des Markusevangeliums. 1993. *Band II/58.*
Souček, Josef B.: siehe *Pokorný, Petr.*
Spangenberg, Volker: Herrlichkeit des Neuen Bundes. 1993. *Band II/55.*
Speyer, Wolfgang: Frühes Christentum im antiken Strahlungsfeld. 1989. *Band 50.*
Stadelmann, Helge: Ben Sira als Schriftgelehrter. 1980. *Band II/6.*
Strobel, August: Die Stunde der Wahrheit. 1980. *Band 21.*
Stuckenbruck, Loren T.: Angel Veneration and Christology. 1995. *Band II/70.*
Stuhlmacher, Peter (Hrsg.): Das Evangelium und die Evangelien. 1983. *Band 28.*
Sung, Chong-Hyon: Vergebung der Sünden. 1993. *Band II/57.*
Tajra, Harry W.: The Trial of St. Paul. 1989. *Band II/35.*
– The Martyrdom of St. Paul. 1994. *Band II/67.*
Theißen, Gerd: Studien zur Soziologie des Urchristentums. 1979, ³1989. *Band 19.*
Thornton, Claus-Jürgen: Der Zeuge des Zeugen. 1991. *Band 56.*
Thüsing, Wilhelm: Studien zur neutestamentlichen Theologie. Hrsg. von Thomas Söding. 1995. *Band 82.*
Tsuji, Manabu: Glaube zwischen Vollkommenheit und Verweltlichung. 1997. *Band II/93*
Twelftree, Graham H.: Jesus the Exorcist. 1993. *Band II/54.*
Visotzky, Burton L.: Fathers of the World. 1995. *Band 80.*
Wagener, Ulrike: Die Ordnung des »Hauses Gottes«. 1994. *Band II/65.*
Walter, Nikolaus: Praeparatio Evangelica. Hrsg. von Wolfgang Kraus und Florian Wilk. 1997. *Band 98.*
Watts, Rikki: Isaiah's New Exodus and Mark. 1997. *Band II/88.*
Wedderburn, A.J.M.: Baptism and Resurrection. 1987. *Band 44.*
Wegner, Uwe: Der Hauptmann von Kafarnaum. 1985. *Band II/14.*
Welck, Christian: Erzählte ›Zeichen‹. 1994. *Band II/69.*
Wilk, Florian: siehe *Walter, Nikolaus.*
Wilson, Walter T.: Love without Pretense. 1991. *Band II/46.*
Zimmermann, Alfred E.: Die urchristlichen Lehrer. 1984, ²1988. *Band II/12.*

Einen Gesamtkatalog erhalten Sie gern vom Verlag Mohr Siebeck, Postfach 2040, D–72010 Tübingen.